AF816345

सातवाहन युग

एक अभिलेखीय अध्ययन

सातवाहन युग

एक अभिलेखीय अध्ययन

दीप्ती अग्निहोत्री

रिसर्च इंडिया प्रेस
नई दिल्ली

© **लेखक**

ISBN : 978-93-5171-046-2

मूल्य : ₹ 1500/-

प्रथम संस्करण : 2017

Reprint 2023

प्रकाशक :

रिसर्च इंडिया प्रेस

ई-6/34, संगम विहार

नई दिल्ली-110062

दूरभाष : 011-26047013, मोबाइल : 9818085794

E-mail: researchindiapress@gmail.com

टाईपसेटिंग

जी. आर. शर्मा

परम श्रद्धेय पूज्यनीय माता एवं पिता जी

(श्रीमती सुशीला त्रिवेदी एवं
पिता श्री रमेश चन्द्र त्रिवेदी)

के चरणारविन्द में सादर समर्पित

अनुक्रमणिका

आभार

मानव जब किसी कार्य को करने का संकल्प लेता है, तब उस अभिष्ट कार्य को सार्थक बनाने के लिए यह आवश्यक हो जाता है कि विषय निर्धारण के पश्चात् वह उस विषय पर आधारित प्राथमिक तथा द्वितीयक स्रोतों तथा नवीन सम्भावनाओं के अन्वेषण में लग जाए। इन समस्याओं के निवारण हेतु तथा अपने कार्य को पूर्णता प्रदान करने में उसे स्वमानोभाव, सहमित्रों, संस्थाओं, परिवारजनों तथा परम आदरणीय गुरू का वात्सल्ययुक्त निर्देशन अपेक्षित है। किसी पुस्तक को लिखने हेतु विविध साहित्यिक स्रोतों की आवश्यकता होती है, जिसकी पूर्ति पुस्तकालयों में जाकर होती है। उनकी प्राप्ति से हमारे मनोबल में वृद्धि होती है, नवीन चेतना का संचार हो जाता है, और वह अपने कार्य को पूर्ण करने में तन–मन–धन से लीन हो जाता है। उसका यही परिश्रम सफलता से उसका साक्षात्कार कराता है। अपने इस कार्य में सहयोग प्रदान करने वाले स्वजनों के स्नेह को, वह कभी भी विस्मृत नहीं कर सकता। इस कारण उनके प्रति हृदय में आदर तथा कृतज्ञता की भावना का उत्पन्न होना स्वाभाविक है।

सर्वप्रथम मैं अपने गुरू, परम् श्रद्धेय डॉ० प्रशान्त श्रीवास्तव, के प्रति विशेष आभार व्यक्त करती हूँ, जिनके कुशल एवं वात्सल्यपूर्ण

निर्देशन में मुझे यह कार्य करने का सौभाग्य प्राप्त हुआ। अपने इस कार्य में मुझे अनेक कठिनाईयों का भी सामना करना पड़ा, जिन्हें उन्होंने बड़ी कुशलता से दूर किया। उनके अपरिमित स्नेह तथा आशीर्वाद से प्राप्त आत्मबल द्वारा ही मैं अपनी यह पुस्तक प्रस्तुत करने में समर्थ हूँ। उनके चरणारविन्द में श्रद्धावनत होकर मैं नमन करती हूँ, और अपनी कृतज्ञता ज्ञापित करती हूँ।

प्रस्तुत पुस्तक की प्रेरणास्रोत मेरी पूज्यनीय माँ तथा पिता जी हैं। मेरे इस कार्य में उन्होंने सदैव मुझे प्रेरित किया। कई बार शिथिल पड़ जाने पर उन्होंने मुझमें नवीन चेतना का संचार किया। उनके इस अपरिमित सहयोग के लिए अपनी कृतज्ञता की भावना को शब्दों में व्यक्त करने में मैं पूर्णतया असमर्थ हूँ, तथापि उनके चरणों मे मैं अपनी प्रणति अर्पित करती हूँ। मेरे पति, श्री विवेक आनन्द ने मेरे इस कार्य में मुझे प्रोत्साहन तथा समय–समय पर सहयोग प्रदान कर इसे परिणाम तक पहुँचाने में उल्लेखनीय योगदान प्रदान किया। मैं उनके प्रति भी आभार व्यक्त करती हूँ।

श्री इन्दुप्रकाश, अधीक्षण पुरातत्वविद्, दिल्ली मुख्यालय, भारतीय पुरातत्व सर्वेक्षण, नई दिल्ली; को पुस्तक मे भाषा संबंधी सुधार एवं उनके कृपापूर्ण सहयोग के कारण मैं उन्हें श्रद्धापूर्वक नमन करती हूँ।

इस पुस्तक के टंकण एवं संयोजन कार्य को अत्यन्त परिश्रम तथा रूचि के साथ करने के लिए रिसर्च इंडिया प्रेस के श्री पाठक जी को भी धन्यवाद देती हूँ।

स्थानः नई दिल्ली **दीप्ती अग्निहोत्री**

दिनांकः 17.05.16

अध्याय–एक

भूमिका

अखिल विश्व के संस्कृति–पटल पर भारतीय संस्कृति एवं सभ्यता ध्रुव तारे के सदृश सदैव देदीप्यमान रही है। यहाँ के ऋषि मुनि तथा मनीषीगण प्राचीनकाल से ही विश्व सभ्यता का मार्गदर्शन करते रहे हैं। भारतीय इतिहास अनेक राजवंशों के शौर्यपूर्ण कार्यों, तत्कालीन सामाजिक, धार्मिक, आर्थिक, राजनैतिक, प्रशासनिक, कला तथा साहित्य से सम्बन्धित गतिविधियों का दर्पण है, जो हमारे वर्तमान जीवन में हमारा मार्गनिर्देशन करता है एवं हमें प्रगति के पथ पर अग्रसर होने की प्रेरणा प्रदान करता हैं।

प्रस्तुत पुस्तक के माध्यम से अभिलेखों को मुख्य आधार बनाकर सातवाहनों के शासनकाल का सर्वाङ्गीण विवरण प्रस्तुत करने का प्रयास किया गया है। अभिलेखों के अतिरिक्त सातवाहनों की मुद्राएँ, तत्कालीन साहित्यिक स्रोतों तथा सातवाहनों से सम्बन्धित पुरास्थलों के उत्खनन आदि से प्राप्त पुरावशेष इस कार्य को पूर्ण करने में सार्थक सिद्ध हुए हैं।

सातवाहन वंश महाराष्ट्र का आद्य ज्ञात राजवंश है, जो अपने समय के राज्यशासन, धर्म, साहित्य, कला तथा व्यापारिक उन्नति के कारण गौरवान्वित हुआ है। किन्तु किंचित कारणों से प्राचीन भारतीय इतिहास के पटल पर उसे वह स्थान नहीं मिल पाया,

जैसा कि मौर्य अथवा गुप्त वंश को मिला हैं। इसका कारण सम्भवतः इनके इतिहास को लेकर व्याप्त भ्रांतियाँ हैं। कुछ पुराणों की राजवंशावलि में शिशुक (सिमुक), सातकर्णि, गौतमीपुत्र, पुलुमावि, हाल, यज्ञश्री आदि राजाओं के नाम तथा शासन वर्षों का उल्लेख किया गया है। किन्तु पुराणों में सातवाहनों के सन्दर्भ में दी गई सूचना में परस्पर मतभेद है। इसी प्रकार सातवाहनों के लिए आन्ध्र अभिधान को लेकर भी अनेक भ्रान्तियाँ हैं। अतएव यह अचरज का विषय नहीं है कि उनके इतिहास से लोग पूर्णतया परिचित नहीं हैं। इनके द्वारा महाराष्ट्र में नासिक, कार्ले, कान्हेरी आदि में अनेक गुफाएँ खुदवाकर चैत्यगृह तथा विहार निर्मित कराए गए। किन्तु लोगों में यह प्रचलित था कि ये गुफाएँ अति प्राचीन काल में पाण्डवों द्वारा खुदवायी गई थीं। नासिक की गुफाएँ इसी कारण पाण्डुलेण के नाम से विख्यात है। किन्तु इन गुफाओं से प्राप्त अनेक सातवाहनकालीन अभिलेखों के विशद् अध्ययन से यह ज्ञात हुआ है, कि ये सातवाहन काल में निर्मित की गईं।

सातवाहनों के इतिहास पर कई विद्वत्जनों ने पूर्व में ग्रन्थ लिखे हैं। सर्वप्रथम पुणे में स्थित नानाघाट के सम्बन्ध में सन् 1837 में साइक्स ने, जर्नल ऑफ द रॉयल एशियाटिक सोसाइटी V, पृ० 288, में सूचना प्रकाशित की। 1839 में बर्ड ने एशियाटिक सोसाइटी ऑफ बंगाल, जर्नल, खण्ड 10, पृ० 9, पर मुम्बई के निकट कान्हेरी गुफाओं के विषय में जानकारी प्रकाशित की। फिर स्टीवेन्सन और ब्रेट, एडवर्ड और आर्थर वेस्ट, आदि ने पश्चिमी महाराष्ट्र की नासिक, कार्ले, कान्हेरी आदि गुफाओं के अभिलेखों की यथादृष्ट प्रतियाँ रॉयल एशियाटिक सोसाइटी की मुम्बई शाखा के जर्नल में प्रकाशित कीं। किन्तु वे उन लेखों को पढ़ नही सके। तदन्तर, रामकृष्ण गोपाल भण्डारकर, भगवानलाल इन्द्राजी तथा ब्यूहलर ने उनमें से कुछ का वाचन तथा अनुवाद देकर विमर्श किया। 1902 और 1905 में फ्रेंच विद्वान सेना ने नासिक तथा कार्ले

की गुफा में उत्कीर्ण सातवाहन अभिलेखों का छापे के साथ वाचन एवं अनुवाद एपिग्राफिया इंडिका, VII, एवं VIII में किया।

समय–समय पर प्राप्त मुद्राओं तथा मुद्रानिधिओं का अध्ययन भगवानलाल इन्द्राजी, रैप्सन, अलतेकर, आदि ने करके इससे सम्बन्धित लेख रॉयल एशियाटिक सोसाइटी के जर्नल इंडियन ऐन्टीक्वेरी, न्यूमिसमैटिक सोसाइटी के जर्नल में प्रकाशित किए।

20वीं शती में बर्जेस, फर्ग्यूसन, आई० के० शर्मा, माला दत्ता, शोभना गोखले, अजयमित्र शास्त्री, वा० वि० मिराशी, एम० के० धवलीकर आदि ने सातवाहन युगीन कला, मुद्रा तथा तत्कालीन जीवन पर सराहनीय कार्य किया है।

किन्तु अभिलेखों को मुख्य आधार बनाकर तत्कालीन जीवन के सांगोपांग विवेचन का अभाव अनुभव होने पर मैंने इसे अपनी पुस्तक का विषय बनाया एवं समस्त अभिलेखों का ऐतिहासिक अध्ययन कर तत्कालीन जीवन पर प्रकाश डालने का प्रयास किया है।

मैंने अपनी इस पुस्तक में अभिलेखों में वर्णित तत्कालीन कला, साहित्य, राजनैतिक, धार्मिक, आर्थिक, सामाजिक तथा प्रशासनिक जीवन का सर्वांगमुखी विवरण देने का प्रयास किया है। हाल के कुछ वर्षों में अनेक सातवाहनयुगीन पुरातात्त्विक पुरास्थलों, यथा पौनी, पौनार, तेर, नेवासा तथा अदम आदि का उत्खनन किया गया है। यहाँ से प्राप्त आवासीय योजना तथा पुरावशेषों को भी मैंने अध्ययन का विषय बनाया है। अभिलेखों, साहित्यिक स्रोतों तथा मुद्राशास्त्रीय साक्ष्यों का तुलनात्मक अध्ययन कर स्थिति को और अधिक स्पष्ट करने का प्रयास किया है।

भारतीय संस्कृति, साहित्य एवं इतिहास के नवनिर्माण में दक्षिण के आन्ध्र–सातवाहन शासकों का महत्वपूर्ण योगदान रहा है। मौर्य साम्राज्य के पूर्णतः तिरोहित होने के उपरान्त मगध में शुंग वंश ने अपनी अधिसत्ता स्थापित की। वहीं दक्षिण में, सातवाहनों ने अपनी

स्वतन्त्रता की उद्‌घोषणा कर एक नवीन राजवंश की स्थापना की। प्रथम शती ई० पू० के लगभग दक्षिण में सातवाहन वंश एवं कलिंग में चेदि वंश ने विन्ध्य पर्वत एवं निकटस्थ क्षेत्रों में अपना प्रभुत्व स्थापित किया। चेदि शासकों की शक्ति तो शीघ्र ही पतित हो गई, परन्तु सातवाहन वंश लगभग चार शताब्दियों तक यहाँ पर अपनी सर्वोच्चता बनाये रख सका। सातवाहन युग में समुद्री सीमाओं को लाँघ कर भारतीय संस्कृति का प्रसार जावा, सुमात्रा, मलाया आदि सुवर्ण भूमि के प्रदेशों में हुआ एवं दक्षिण–पूर्वी एशिया में बृहत्तर भारत का निर्माण हुआ। स्पष्ट है कि सातवाहनों ने प्राचीन भारत में एक बड़े गौरवशाली साम्राज्य का निर्माण किया। इन्हीं सातवाहनों के नाम पर शक संवत् को शलिवाहन संवत् का नाम दिया गया।[1] शलिवाहन सातवाहन शब्द का ही एक परवर्ती रूपान्तर है।

जहाँ तक सातवाहनों के इतिहास का सम्बन्ध है, विद्धानों के मध्य आज भी इसके सम्बन्ध में अनेक विवाद हैं। सर्वप्रथम विवाद सातवाहन शब्द को लेकर है। संस्कृत के प्राचीन ग्रन्थों में सातवाहन शब्द में स एवं श दोनों ही प्रयुक्त किए गए हैं।[2] प्राचीन हस्तलिखित प्रतियों के लिपिकर्त्ताओं एवं प्रतिलिपियों में असावधानी से वर्णों एवं शब्दों के प्रयोग की अशुद्धियाँ रह जाना, कोई आश्चर्य की बात नहीं है। इस प्रकार की अनेक त्रुटियाँ अक्सर मुद्रित प्रतियों में भी देखने को मिलती हैं। इस सम्बन्ध में जोगलेकर ने अपना मत व्यक्त करते हुए कहा कि सातवाहन का विशुद्ध सप्तवाहन है,[3] और इस आधार पर सातवाहनों का सम्बन्ध सूर्यवंश से स्थापित किया गया है। उनकी सातकर्णि की उपाधि से भी यही सिद्ध होता है।

सातवाहन और आन्ध्र एक ही हैं अथवा विलग, इस विषय को लेकर विद्धानों में पर्याप्त मतभेद रहा है। पश्चिमी दकन में नानाघाट[4] एवं नासिक[5] तथा आन्ध्र प्रदेश[6] से प्राप्त अभिलेखों में सातवाहन कुल के अनेक राजाओं का नामोल्लेख है। अभिलेखों में इन राजाओं के नाम एवं उनके अनुक्रम प्रायः वही हैं जो पुराणों की

वंशावली में आन्ध्र जाति के राजाओं के हैं। कुछ पुराणों में उनके लिए आन्ध्र भृत्य शब्द का प्रयोग किया गया है।[7] पुराणों तथा अभिलेखों में वर्णित राजाओं के नामों में साम्यता होने के कारण कुछ विद्वानों ने अभिलेखों एवं मुद्राओं में उल्लिखित सातवाहनों को पुराणों में वर्णित आन्ध्र राजाओं से समीकृत किया है। किन्तु विद्वानों का एक वर्ग इस मान्यता को स्वीकार नहीं करता है क्योंकि किसी भी अभिलेख अथवा मुद्रा में सातवाहनों को आन्ध्र या पुराणों में आन्ध्रों को सातवाहन नहीं कहा गया है।

आर० जी० भण्डारकर ने पुराणों में उल्लिखित आन्ध्रभृत्यवंश और अभिलेखों में वर्णित सातवाहनवंश को एक ही मानते हुए आन्ध्रभृत्य शब्द की व्याख्या, जो आन्ध्रों के भृत्य अर्थात आश्रित थे, की है।[8] इन्होंने सिमुक के नेतृत्व में शक्ति अर्जित कर शुंगों एवं कण्वों का मूलोच्छेदन किया था।

विन्सेंट स्मिथ[9] के मतानुसार मेगस्थनीज के समय आन्ध्र जाति गोदावरी और कृष्णा के डेल्टा की निवासी थी। सैन्यशक्ति की दृष्टि से मौर्यों के बाद इनकी ही गणना होती थी। अशोक की मृत्योपरान्त सिमुक नामक राजा के नेतृत्व में इन्होंने अपनी स्वतन्त्रता की घोषणा कर दी थी और अचिर काल में ही इनका राज्य पश्चिम में नासिक तक फैल गया था। स्मिथ का यह भी कथन है कि सभी आन्ध्र राजाओं ने स्वयं को सातवाहनकुल का बतलाया है। इनमें से कई राजाओं ने सातकर्णि की उपाधि भी धारण की थी अथवा उनके नाम सातकर्णि थे।

ई० जे० रैप्सन,[10] स्मिथ के मत का समर्थन करते हुए आगे कहते हैं कि विदर्भ में पुष्यमित्र शुंग के आक्रमण के समय आन्ध्रों ने पूर्वी समुद्र से अपना विस्तार दकन के पार तक कर लिया था।

पी० टी० आयंगर[11] आन्ध्र और सातवाहन को एक ही मानते हैं। लेकिन वे आन्ध्र देश के पूर्वी भाग में उनके राज्य की उत्पत्ति होने की बात को मिथ्या मानकर यह तर्क देते हैं कि आन्ध्र एक

विन्ध्य जाति थी। उनके राजा प्रारम्भ में पश्चिमी भारत पर राज्य करते थे, और वे तेलुगु भाषी न होकर प्राकृत भाषी थे। पश्चिम से गोदावरी, कृष्णा घाटी तक उनका राज्य विस्तारित था। पश्चिम में उनकी शक्ति का ह्रास होने पर वे पूर्व में प्रतिष्ठित हो गए।

वी० एस० सुखठणकर[12] आन्ध्र एवं सातवाहन को एक न मानने के पक्ष में अपना तर्क देते हुए कहते हैं कि सातवाहनों के किसी भी अभिलेख में उन्हें आन्ध्र नहीं कहा गया है। साथ ही अन्य समसामयिक अभिलेखों, यथा हाथीगुम्फा, गिरनार और तालगुंड अभिलेखों में भी उनके लिए सातवाहन शब्द का ही प्रयोग किया गया है, आन्ध्र का नहीं।[13] खारवेल के हाथीगुम्फा अभिलेख से विदित है कि खारवेल ने सातकर्णि की चिंता न करते हुए अपनी सेना पश्चिम दिशा में भेजी थी। यदि यह सातकर्णि वास्तव में आन्ध्र राजा था, तो सातकर्णि के लिए भेजी गई सेना दक्षिण में भेजी जानी चाहिए थी, पश्चिम में नहीं। अपने मत के पक्ष में सबसे तर्कसंगत सुझाव देते हुए वे कहते हैं कि उनके समस्त अभिलेख एवं मुद्राएँ पश्चिम भारत में ही प्राप्त हुए हैं। निःसन्देह उन्होंने आन्ध्र देश को विजित किया था। म्यांकडोनी के अभिलेखों[14], हीरहडगल्लि के ताम्रपट्टों में उल्लिखित सातवाहनिहार और साताहनिरट्ठ शब्दों को सुखठणकर ने अपने तर्क का आधार माना है।[15] म्यांकडोनी एवं हीरहडगल्लि, दोनो ही पुरास्थल आधुनिक बेल्लारी जिले में स्थित हैं। इसलिए इस क्षेत्र अथवा इसके निकटस्थ भू–क्षेत्र सातवाहनों की मूल भूमि होगी। उन दिनों कभी कई जिलों में मूल निवासियों के आधार पर प्रदेश का नाम रखने की परम्परा का प्रचलन था। और सातवाहनिहार नाम पड़ने का यही कारण था। निष्कर्षतः उनका यह मत था कि सातवाहन आन्ध्र क्षेत्र के निवासी नहीं थे। उनकी प्रारम्भिक गतिविधियों का केन्द्र पश्चिम भारत था, और पैठन उनकी राजधानी थी। पुराणों में उल्लिखित आन्ध्रों को सातवाहन स्वीकार करने पर यह मानना पड़ेगा कि या

तो सातवाहन सिमुक से भी पूर्व में गोदावरी–कृष्णा डेल्टा में निवासित अपनी मुख्य जाति आन्ध्रों से अलग होकर पश्चिम में स्थानान्तरित हो गए थे अथवा यह मानना पड़ेगा कि आन्ध्र ही सातवाहनिहार में रहते थे और यहीं से वे पश्चिम एवं पूर्व दिशा में गए थे। सुखठणकर के मतानुसार सातवाहन आन्ध्र थे ही नहीं, और पश्चिम से पूर्व की ओर स्थानान्तरित होने पर उनका सम्बन्ध आन्ध्र देश से हुआ। कुछ पुराणों में सातवाहनों को आन्ध्र एवं कुछ में आन्ध्रभृत्य कहा गया है[16] और कुछ पुराणों में आन्ध्र एवं आन्ध्रभृत्य दोनों ही शब्द उनके लिए प्रयुक्त किए गए हैं। सुखठणकर ने कहा कि इस राजवंश का वास्तविक नाम आन्ध्रभृत्य अर्थात आन्ध्रों के सामंत था और आन्ध्रों के सामंत आन्ध्र ही हो, ऐसा आवश्यक नहीं है।[17]

के० पी० जयसवाल सातवाहनों एवं आन्ध्रों को अलग स्वीकार करते हुए[18] सातवाहन का समीकरण अशोक के अभिलेखों में वर्णित सातियपुत्र से करते हैं, और मानते हैं कि सात मुद्रालेख से युक्त प्राचीन मुद्राएँ इन्हीं के नाम से निकाली गईं थीं। इस प्रकार प्रकारांतर से उन्होंने सातवाहनों को अनार्य मूल का माना है।

रायचौधरी सुखठणकर के मत का समर्थन करते हुए कहते हैं कि जब उनके साम्राज्य का पश्चिमोत्तर भाग उनके अधिकार क्षेत्र से निकल गया था, और उनका राज्य आन्ध्र देश तक ही सीमित रह गया था, जहाँ वे कृष्ण नदी के डेल्टा के आसपास के क्षेत्र पर शासन कर रहे थे, उसी समय इस वंश के शासकों के साथ आन्ध्र नाम जुड़ा।[19]

वी० एस० बाखले ने सातवाहनों का समीकरण सतियपुतो से कर प्रायः वही तर्क दिए, जो सुखठणकर ने दिए।[20] किन्तु सातवाहन बेल्लारी जिले में सातवाहनिहार के मूल निवासी थे, इस मत से वे सहमत नहीं हैं। उनके अनुसार वे यहाँ बाद में आए। वे कहते है कि सातवाहन आन्ध्र नहीं थे। फिर अभिलेखों में वर्णित सातवाहन

शासकों को पुराणों में आन्ध्र क्यों कहा गया है? इस सम्बन्ध में अपना मत व्यक्त करते हुए उन्होंने कहा कि पुराणों का रचनाकाल तीसरी शती के बाद का है। यह वह समय था जब क्षत्रपों ने उन्हें पश्चिम भारत से निष्कासित कर दिया था। फलतः वे आन्ध्र देश में आ गए थे।

के० गोपालाचारी यह स्वीकार करते हैं कि प्रारम्भिक सातवाहन शासकों की शक्ति का केन्द्र पश्चिम दकन में था, न कि वे आन्ध्र देश के शासक थे।[21] वासिष्ठीपुत्र पुलुमावि के शासनकाल से उनके अभिलेख एवं मुद्राएँ आन्ध्र देश में मिलते हैं। किन्तु सुखठणकर और बाखले के मत के विपरीत इनका यह मानना है कि सातवाहन आन्ध्र जाति के थे।[22] उनके मतानुसार या तो आन्ध्र देश के राजवंश में उनका जन्म हुआ होगा अथवा उन्होंने मौर्यों के अधीन पश्चिम दकन में शासन किया होगा। इस प्रकार उनका नाम पुराणों में वर्णित आन्ध्रभृत्य पड़ा होगा। अशोक की मृत्योपरान्त अवसरवादिता दिखाते हुए इस नये प्रदेश को मौर्य साम्राज्य से विलग कर स्वतन्त्रता घोषित कर दी होगी। किन्तु गोपालाचारी का यह मत मात्र अनुमान ही है। मत की पुष्टि हेतु उन्होंने कोई अकाट्य प्रमाण प्रस्तुत नहीं किया है।

निष्कर्षतः हम यह कह सकते हैं कि यह सत्य है कि यद्यपि किसी भी अभिलेख अथवा मुद्रा में सातवाहनों के लिए आन्ध्र शब्द का प्रयोग नहीं किया गया है, तथापि ध्यान देने योग्य बात यह है कि तत्कालीन अभिलेखों में मात्र कुलनाम लिखने की परम्परा थी, यथा शालंकायन, बृहत्फलायन, विष्णुकुंडिन, पल्लव, गंग, कदंब, चालुक्य, वाकाटक, आदि। इनमें से किसी भी राजवंश ने अपनी जाति का नाम अभिलेख में उल्लिखित नहीं किया है।[23] इसी परम्परा का अनुसरण क्षत्रपों ने किया।

नहपान को खखरात (क्षहरात) एवं रूद्रदामन् को कार्दमक कहा गया है। परम्परा की प्रबलता का अनुमान इस बात से लगाया

जा सकता है कि सातवाहनों के शासनकाल के अन्तिम वर्षों में उत्कीर्ण कराए गए अभिलेखों में भी जो कि आन्ध्र क्षेत्र से मिले हैं, उन्हें आन्ध्र नहीं कहा गया है, जबकि उस समय उनका साम्राज्य आन्ध्र क्षेत्र तक ही सीमित रह गया था। अतएव पुराणों में उनके लिए प्रयुक्त आन्ध्र शब्द उनकी जाति की ओर इंगित करता है जबकि उनका 'कुल' नाम सातवाहन था।

उनके लिए आन्ध्रभृत्य शब्द के प्रयोग से इस मत का खण्डन नहीं होता है। जैसा आर० जी० भण्डारकर का कहना है कि इसका तात्पर्य है कि वे आन्ध्र भृत्य थे।[24] सुखठणकर द्वारा इस शब्द के ग्रहण किए गए अर्थ से असमन्जस की स्थिति उत्पन्न होती है। यदि सातवाहन आन्ध्र न होकर उनके भृत्य थे और अपने आरम्भिक दिनों में दकन में शासन कर रहे थे, तो उनके समसामयिक साक्ष्यों यथा साहित्यिक, अभिलेखीय तथा मुद्राशास्त्रीय साक्ष्य में इस प्रकार का कोई उल्लेख क्यों नहीं किया गया है। अनुमानतः ये दोनों ही शब्द परस्पर परिवर्तनीय हैं। स्पष्ट है कि ये राजा आन्ध्र जाति के थे और राजा के भृत्यरूप में उन्होंने शक्ति प्राप्त की थी। पुराणों में वर्णित प्रमाणों की उपेक्षा नहीं की जा सकती है। मत्स्यपुराण, जिसका रचनाकाल लगभग दूसरी शती है, की तीन पाण्डुलिपियों में श्रीयज्ञ का उल्लेख एक राजा के रूप में किया गया है।[25] सर्वप्राचीन भविष्यपुराण की ही विषय सामग्री का उपयोग मत्स्य, वायु, भागवत् एवं विष्णुपुराण की रचना में किया गया। भविष्य पुराण आन्ध्रों के पतन एवं उनके भृत्यों के उदय पर समाप्त हो जाता है।[26] इस प्रकार मत्स्य एवं भविष्य पुराण के रचयिता सातवाहनों के काल के इतने सन्निकट रहे होंगे कि उन्होंने किसी प्रकार की अज्ञानता के कारण ही सातवाहनों को आन्ध्र नहीं कहा होगा। वस्तुतः वास्तविकता यह है कि पौराणिक साक्ष्यों में उनका उल्लेख उनकी जाति के बृहत्तर संदर्भ में किया है। अतः सम्भवतः सातवाहन आन्ध्र जाति के रहे होंगे।

कुछ विद्वतजन आन्ध्र देश से उनके संबधों को अस्वीकार करने के पक्ष में अभिलेखीय भाषा को आधार मानते हैं। अभिलेखों में प्रयुक्त भाषा को एक प्रकार से आद्य महाराष्ट्री कहा गया है, जिसका आन्ध्र देश की भाषा तेलुगु से कोई सम्बन्ध नहीं था।[27] स्पष्ट है कि सातवाहनों की मातृभाषा प्राकृत थी जो आन्ध्रों की नहीं थी। किन्तु सोमशेखर शर्मा[28] ने उपरोक्त मत का खण्डन करते हुए यह तर्क दिया कि यह आवश्यक नहीं है कि सातवाहनों की मातृभाषा को ही अभिलेखों में प्रयुक्त किया जाए।

वास्तविकता यह है कि प्राकृत न केवल सातवाहनों की, वरन् यदि कुछ अपवादों को छोड़ दें तो तीसरी शती ई० पू० से तीसरी शती ई० तक, लगभग सभी भारतीय राजवंशों के अभिलेखों की भाषा थी।[29] राजदरबारों एवं शिष्ट जनों की भाषा के साथ–साथ यह धार्मिक, साहित्य और शास्त्रार्थ की भी भाषा थी। वस्तुतः बुद्ध एवं महावीर द्वारा उपदेशों को प्रचारित करने के लिए प्रयुक्त की गई पालि भाषा इसी प्राकृत का पूर्वरूप थी। वैदिक युग में जो स्थान संस्कृत का था, इस युग में वही प्राकृत का। सातवाहन तथा अन्य तत्कालीन अभिलेखों में श्रमणों, बौद्ध एवं जैन संस्थाओं को दिए गए दानों को लिपिबद्ध किया गया है, इसलिए इसमें प्राकृत भाषा का प्रयोग किया गया है। सातकर्णि द्वारा वैदिक यज्ञों के सम्पादन से इस तर्क पर कोई प्रभाव नहीं पड़ता है, क्योंकि इसके कुछ समय पश्चात् संस्कृत भाषा द्वारा अपना प्राचीन गौरव प्राप्त कर लेने पर तेलुगु के आदि और श्रेष्ठ कवि नन्नयभट्ट ने भी तेलुगु व्याकरण को संस्कृत में अनुवादित किया।[30] अतएव यह निश्चित रूप से कहा जा सकता है कि सातवाहनों की भाषा आद्य महाराष्ट्री थी। उनके अभिलेखों में प्राकृत के प्रयोग से इस बात का कदापि विरोध नहीं है कि सातवाहन और आन्ध्र एक ही थे।

उत्पत्ति

आन्ध्रों का सर्वप्रथम उल्लेख वैदिक ग्रन्थ ऐतरेय ब्राह्मण में किया गया है, जिसका रचनाकाल लगभग दूसरी सहस्त्राब्दि ई० पू० है।[31] इसमें उन्हें विन्ध्य के दक्षिण में निवसित अनार्य जाति माना गया है। अशोक के एक शिलालेख में उन्हें अर्द्धस्वतन्त्र जाति बताया गया है।[32] प्लिनी के अनुसार पूर्वी दकन में आन्ध्र क्षेत्र में दीवारों से घिरे तीस नगर और अनेकानेक ग्राम थे। वहाँ एक सेना रखी जाती थी, जिसमें 100,000 पैदल सेना, 2,000 घुड़सवार और 1000 हाथी थे।[33]

सातवाहन इस वंश का अभिधान क्यों पड़ा, इस संदर्भ में विद्वानों ने विविध मत दिए हैं। साथ ही इनकी उत्पत्ति के सम्बन्ध में विभिन्न पौराणिक ग्रन्थों में भिन्न–भिन्न कथाएँ मिलती हैं। कथासरित्सागर[34] में उल्लिखित है कि दीपकर्णी नामक राजा की पत्नी शक्तिमती की सर्प के काटने से मृत्यु हो जाने पर राजा अत्यधिक निराश हो गया, क्योंकि राजा के कोई पुत्र नहीं था। तब भगवान शिव ने स्वप्न में आकर उसे वन में जाने को कहा। वन में जाने पर वहाँ उसने एक बालक को शेर की पीठ पर बैठे देखा। प्यास के कारण व्याकुल होने पर कुछ ही समय में शेर ने बालक को पीठ से उतार दिया और वह समीप के तड़ाग में पानी पीने चला गया। तब राजा दीपकर्णी ने शेर पर बाण से आक्रमण किया। उसी समय शेर से 'सात' नामक यक्ष अवतरित हुआ और वह उस बालक को राजा के सुपुर्द करके विलुप्त हो गया। कहा जाता है कि इसी बालक ने सातवाहन वंश की स्थापना की। यह शब्द मेघवाहन, बभ्रुवाहन आदि शब्दों की भाँति लिया गया प्रतीत होता है। परन्तु इस विवरण की ऐतिहासिकता संदिग्ध है।

जिन प्रभ सूरि के प्रतिष्ठान पुर कल्प[35] में सातवाहनों के संदर्भ में दी गई कथानुसार दो ब्राह्मण भाई अपनी विधवा बहन के साथ

प्रतिष्ठानपुर आए। यहाँ पर उनकी बहन के सौन्दर्य से प्रभावित होकर सर्पाधिराज नागराज ने मानव रूप ग्रहण कर उनकी बहन से प्रेम किया, और समय आने पर सहायता का आश्वासन देकर विलुप्त हो गए। कुछ माह के तदन्तर बहन के गर्भवती होने पर भाईयों ने उसे घर से निकाल दिया। तब उसने एक कुम्हार के घर आश्रय लेकर पुत्र को जन्म दिया। यही पुत्र मिट्टी के वाहनों के द्वारा राजा का खेल खेलने के कारण सातवाहन कहलाया, और कालान्तर में जब उज्जैन के शासक विक्रमादित्य ने प्रतिष्ठान पर आक्रमण किया तो विक्रमादित्य को पराजित करके सातवाहन वंश की स्थापना की।

इसी प्रकार द्वात्रिंशत्पुत्तलिका[36] नामक ग्रन्थ में सातवाहनों की उत्पत्ति के विषय में निम्न कथा मिलती है। उज्जैन के शासक विक्रमादित्य की मृत्यु एक कन्या से उत्पन्न ढाई साल के बालक के द्वारा होनी निश्चित थी। विक्रमादित्य को जब इस बात का भान हुआ, तब उसने बेतालभट्ट को उस बालक का पता लगाने भेजा। यह ज्ञात होने पर कि वह बालक प्रतिष्ठान में अपनी माँ के साथ है, विक्रमादित्य ने उसे मारने के लिए प्रतिष्ठान पर आक्रमण किया। परन्तु शेषनाग ने उस बालक के मिट्टी के खिलौनों में प्राणों का संचार कर दिया, जिससे विक्रमादित्य पराजित हुआ और इस बालक ने सातवाहन नामक वंश की स्थापना की।

विलफर्ड[37] ने सातवाहनों की उत्पत्ति के सम्बन्ध में अपना मत व्यक्त किया कि सातवाहन के माता–पिता तच्शकस नामक नागकुल के थे। इस कुल के लोगों की यह विशेषता होती थी कि ये इच्छानुसार मानव रूप धारण कर सकते थे। उनके अनुसार सातवाहन शब्द अरबी अथवा फारसी का है। शालि वाहन का अर्थ है जो लकड़ी के क्रॉस पर लटकाया गया हो अर्थात क्राइस्ट। शालिवाहन बढ़ई के लड़के थे एवं तिथिक्रमानुसार ये शालिवाहन क्राइस्ट के

समकालीन थे। उनके अनुसार सातवाहन मुद्राओं पर प्राप्त उज्जयिनी चिह्न वस्तुतः क्रिश्चियन क्रास है।

विलफर्ड की इस कोरी कल्पना का कोई आधार नहीं है। तिथिक्रमानुसार ईसा के पूर्व ही सातवाहन वंश की स्थापना हो चुकी थी। खारवेल का हाथीगुम्फा अभिलेख, प्रथम शताब्दी ईसा पू० का है। उस के अनुसार खारवेल एवं सातकर्णि का युद्ध हुआ था।[38]

प्रिजुलुस्की[39] ने सात शब्द को मुण्डा भाषा के अश्ववाची 'सादम' शब्द से तथा वाहन को पुत्रवाची मानते हुए इसका अर्थ अश्व का पुत्र अर्थात अश्वमेध यज्ञ में पटरानी तथा यज्ञ के अश्व से उत्पन्न पुत्र माना है। किन्तु प्रिजुलुस्की की यह धारण नितान्त भ्रान्तिपूर्ण है। इतिहास साक्षी रहा है कि इसके पूर्व भी अनेक क्षत्रिय राजाओं द्वारा अश्वमेध यज्ञ किया गया, किन्तु कहीं भी उनके पुत्रों का नाम सातवाहन नहीं मिलता है।

अभिधानचिन्तामणि में सातवाहन का अर्थ सुखद वाहन रखने वाला बतलाया गया है।[40] के० गोपालाचारी[41] ने वाहन का अर्थ मौर्य सम्राटों के अधीन उच्च सैनिक अधिकारी से लिया है। महाभारत के एक अंश में विष्णु के एक हजार नामों में सप्तवाहन को भी सम्मिलित किया गया है। गोपालाचारी का मत है कि सातवाहन चूंकि सप्तवाहन शब्द से बना है, और विष्णु सूर्य से सम्बन्धित है, अतएव सातवाहनों को सूर्यवंशी क्षत्रिय मानना चाहिए।[42]

एम० सुब्रमण्यम्, पी० एन० चोपड़ा तथा टी० के० रवीन्द्रन के अनुसार सात या सत का अर्थ सार्थ है। प्रारम्भ में सातवाहन व्यापारी रहे होंगे जो कि कालान्तर में शक्ति सम्पन्न होने पर शासक बन गए थे।[43]

एल० डी० बार्नेट एवं बी० एस० बाखले ने सातवाहनों का सम्बन्ध अशोक के अभिलेखों में वर्णित सतियपुतों से जोड़ा है[44] जबकि कुछ विद्वानों ने उनका समीकरण प्लिनी द्वारा उल्लिखित सत्ताइसे से किया है।[45]

जोगलेकर ने सातवाहन को सप्तवाहन का अपभ्रंश माना है। उनके मतानुसार सप्तवाहन सूर्य का नाम है।[46] स्कन्दपुराण काशीखण्ड में सूर्य के इस नाम की व्याख्या करते हुए यह कहा गया है कि उसका रथ सप्तअश्वों से खींचा जाता है, जो सप्ताह के सात दिनों के प्रतीक हैं। अतएव सातवाहन सूर्यवंशी राजा का नाम प्रतीत होता है। दक्षिण भारत में सूर्यवंशी राजाओं के अनेक साक्ष्य प्राप्त होते हैं।[47] सातवाहनों की मुद्राओं पर अंकित उज्जयिनी चिह्न को उन्होंने सूर्य का प्रतीक माना है। अतः सातवाहन को सूर्यवाची सप्तवाहन का ही रूपान्तर मानना चाहिए। साहित्यिक ग्रन्थों में सातवाहन के शालिवाहन, साताहन, शालाहन एवं हाल आदि अन्य रूप प्राप्त होते हैं।

निष्कर्ष रूप में कहा जा सकता है कि वंशनाम की उपरोक्त व्युत्पत्तियाँ एवं मत भ्रान्तिपूर्ण हैं। इनका कोई अकाट्य प्रमाण नहीं है। सातवाहन नामांकित मुद्राओं से अब यह सिद्ध हो गया है कि सातवाहन एक व्यक्तिनाम है, इसकी व्युत्पत्ति कुछ भी हो। कालान्तर में यही नाम उनके वंश को मिला। सातवाहन का प्राकृत रूप सालाहण प्राप्त हुआ है। आगे उसी का संस्कृतीकरण होकर शालिवाहन राजनाम बना।

जाति एवं वर्ण

सातवाहनों की उत्पत्ति की ही भाँति इस वंश के शासकों के वर्ण के विषय में भी विद्वत्जन में मतैक्य नहीं है। आन्ध्रों का सर्वप्रथम उल्लेख ऐतरेय ब्राह्मण में मिलता है। इसमें उन्हें दस्यु कहा गया है।[48] मनुस्मृति में उन्हें वैदेह पिता एवं कारावर माता से उत्पन्न एक वर्णसंकर जाति का माना है। वे ग्राम के बाहर रहते थे एवं वन्य जन्तुओं का भक्षण कर आजीविका चलाते थे।[49] महाभारत में भी उनका उल्लेख द्रविड़ एवं कान्च्यों के साथ वर्णसंकर के रूप में किया गया है।[50] पाल नरेश देवपाल के नालन्दा अभिलेख में

उन्हें निम्न वर्ण का बतलाया गया है। इस अभिलेख का अपना एक अलग ऐतिहासिक महत्व है। आर्यों के विस्तार क्षेत्र से बाहर के प्रदेश के निवासियों को स्मृतियों अथवा अन्य ब्राह्मणपरक ग्रन्थों में वर्ण संकर कहा गया है।[51] ब्राह्मणपरक ग्रन्थों में सातवाहनों को वर्णसंकर कहा जाना, सम्भवतः इसी भावना का परिणाम है। अतः आन्ध्रवासियों के वर्ण संकर कहे जाने से हम उनकी जाति का अनुमान नहीं लगा सकते हैं।

भागवत् पुराण से उन्हें वृषल बतलाया गया हैं।[52] वृषल शब्द का विभिन्न साक्ष्यों में भिन्न–भिन्न अर्थ ग्रहण किया गया है। कुछ ग्रन्थों में यह शब्द शूद्र के लिए भी प्रयुक्त किया गया है।[53] आन्ध्र जनजाति के लोग आरम्भ में आर्य संस्कृति की परम्पराओं का पालन नहीं करते थे। सम्भवतः इसलिए उपर्युक्त साक्ष्यों में उन्हें शूद्र बतलाया गया हैं।

जैन ग्रन्थ द्वात्रिंशतपुत्तलिका के विवरण के आधार पर एच० सी० रायचौधरी तथा मिराशी ने शालिवाहन (सातवाहन शब्द का प्राकृत) को ब्राह्मण एवं नागजातियों का सम्मिश्रण माना है।[54] उनके अनुसार नागनिका जैसे नामों से भी सातवाहनों के नागवंश से सम्बन्धित होने का संकेत मिलता है। भण्डारकर का मत है कि सातवाहन जिस वर्ण से भी सम्बन्धित रहे हों, ब्राह्मणधर्म के प्रति उनकी गहन निष्ठा थी।[55] नासिक के गौतमीबलश्री के अभिलेख[56] से इस पर यथेष्ट प्रकाश पड़ता है। इसमें गौतमीपुत्र सातकर्णि को एकबम्हणस कहा गया है। सेना इसका अर्थ अद्बितीय ब्राह्मण[57] एवं आर० जी० भण्डारकर ब्राह्मणों का एकमात्र रक्षक[58] ग्रहण करते हैं। डी० आर० भण्डारकर भी इसी अर्थ का समर्थन करते हैं एवं सातवाहनों को ब्राह्मण स्वीकार नहीं करते हैं[59]

के० गोपालचारी का भण्डारकर की भाँति यही मत है कि सातवाहन क्षत्रिय थे और वे अपने मामा का गोत्र धारण करते थे। कतिपय स्थलों में क्षत्रियों में माता का गोत्र धारण करने का

प्रचलन था। सातवाहनों ने इस परम्परा के अनुसरण की प्रेरणा इन्हीं परिवारों से वैवाहिक सम्बन्ध स्थापित कर, ग्रहण की होगी।[60]

कुछ विद्वत्जन सातवाहनों को क्षत्रिय स्वीकार करने के पक्ष में यह तर्क देते हैं कि नासिक अभिलेख[61] में गौतमीबलश्री ने स्वयं को राजर्षिवधू के आचरण की पूर्ण पालक के रूप में उल्लिखित किया है। यह सत्य है कि राजर्षि ब्रह्मर्षि से भिन्न है। किन्तु ध्यान देने योग्य बात यह है कि यद्यपि अधिकांश राजा क्षत्रिय ही थे, तथापि राजन शब्द वर्ण अथवा जाति का सूचक न होकर राजत्व का सूचक था।

वी० एस० वाखले उपरोक्त विद्वत्जनों के मतों का खण्डन करते हुए यह कहते हैं कि अभिलेखीय साक्ष्य यही सिद्ध करते हैं कि सातवाहन ब्राह्मण थे, और गौतमीपुत्र सातकर्णि क्षत्रिय नहीं ब्राह्मण थे।[62] के० पी० जयसवाल का मत है कि शुंग और सातवाहन दोनों ब्राह्मण थे।[63]

सातवाहनों को ब्राह्मण वर्ण का स्वीकार करने का एक पुष्ट प्रमाण यह है कि सातकर्णि के लिए इसमें **खतियदपमान मदनस** विरूद का प्रयोग किया गया है। इससे उसके एकबम्हण होने की पुष्टि होती है। भण्डारकर[64] ने इस पद में प्रयुक्त खतिय का अर्थ क्षत्रिय न स्वीकार कर इसका समीकरण एरियन की क्सट्रोड नामक एक अज्ञात जाति से किया, जो सिन्धु एवं चिनाब के डेल्टा के निकट रहती थी।

प्रस्तुत पुस्तक के प्रथम अध्याय, भूमिका, के पश्चात् अध्याय दो में सातवाहनों की पुराणगत वंशावली तथा उनके कालानुक्रम पर प्रकाश डाला गया है। सातवाहन शासकों की वंशावली को लेकर पुराणों में परस्पर मतभेद हैं। निष्कर्ष रूप में मत्स्य पुराण के इस विवरण को स्वीकार किया गया है कि सातवाहनों के तीस राजाओं ने 460 वर्षों तक राज्य किया। सातवाहन वंश के कुछ शासकों का उल्लेख पुराणगत वंशावली में तो है किन्तु उनकी कोई मुद्राएँ

अथवा अभिलेख प्राप्त नहीं हुये हैं, यथा पूर्णोत्संग, स्कन्दस्तम्भि मृगेन्द्र, पुरीन्द्रसेन, मण्टलक आदि। अतएव अभिलेखों, मुद्राओं तथा पुराणगत वंशावली के सम्मिलित अध्ययनोपरान्त सातवाहनों के आरम्भिक शासक सातवाहन से लेकर पुलुमावि तृतीय तक समस्त शासकों के शासनकाल, उनकी उपलब्धियों तथा सामरिक अभियानों का उल्लेख किया गया है।

अध्याय तीन में तत्कालीन सामाजिक स्थिति पर प्रकाश डालने का प्रयास किया है। समाज में चातुर्वर्ण्य व्यवस्था थी। ब्राह्मण, क्षत्रिय, वैश्य तथा शूद्रों के साथ–साथ कुछ व्यवसायगत जातियाँ भी थीं, यथा हलिक, सेठी, गाधिक, तिलपिषक, कोलिक आदि। किन्तु वर्ण–व्यवस्था के नियम अत्यन्त कठोर नहीं थे। सातवाहन काल में आश्रम चतुष्टय की सामाजिक विचारधारा, जो कि बौद्ध एवं जैन धर्म के प्रचलन के कारण छिन्न–भिन्न हो गयी थी, पुर्नप्रतिष्ठित हुई। उस समय संयुक्त परिवार प्रणाली प्रचलन में थी। अभिलेखों में दान में दी गई वस्तुओं में पुण्य का भागी समस्त परिवारजनों को माना गया है। अंतर्जातीय तथा वर्णेतर विवाह प्रचलन में थे। विवाह के नियम अत्यन्त कठोर नहीं थे। स्वयं सातवाहन शासक ने शक क्षत्रप रूद्रदामन् I की कन्या से विवाह किया। स्त्रियों को समाज में सम्माननीय स्थान प्राप्त था। सातवाहन शासक अपने नाम के पूर्व माता के नाम का उल्लेख करते थे। राजकीय कार्यों के साथ–साथ स्त्रियों को सार्वजनिक रूप से धार्मिक कार्यों के सम्पादन की अनुमति थी तथा आर्थिक स्वतन्त्रता प्राप्त थी। सती प्रथा, तथा पर्दा प्रथा सम्भवतः प्रचलन में नहीं थी किन्तु दास प्रथा की उपस्थिति के साक्ष्य मिलते हैं। वस्त्राभूषण, खानपान, आमोद–प्रमोद के साधन के साथ–साथ सातवाहनकालीन आवासीय संरचनाओं पर यथेष्ट प्रकाश डाला गया है। इसके लिए अभिलेखों के साथ–साथ उत्खनित पुरास्थलों से प्राप्त पुरावशेषों की सहायता ली गई है।

अध्याय चार में सातवाहनयुगीन आर्थिक स्थिति का विवेचन अभिलेखों के साथ–साथ विविध साहित्यिक साक्ष्यों, विदेशी यात्रियों के विवरण, मुद्राओं तथा पुरातात्विक उत्खनन से प्राप्त पुरावशेषों के आधार पर किया गया है। इस युग में विभिन्न प्रकार के खाद्यान्न, यथा गेहूँ, जौ, ज्वार एवं चावल की विभिन्न प्रजातियों, की पैदावार होती थी। नहरों का अभाव होने के कारण कुँओं तथा तड़ागों द्वारा सिंचाई की जाती थी। कृषकों का भूमि पर पूर्ण स्वामित्व था। शासनाधिकारी उचित प्रतिफल का भुगतान किये बिना उसे कृषक से अधिग्रहीत नहीं कर सकता था। कृषि के अतिरिक्त पशुपालन तथा आखेट जीविकोपार्जन के साधन थे।

जमीन का लगान, व्यापारियों तथा अन्य व्यवसायियों पर कर, चुँगीकर, अपराधियों पर जुर्माना, पुत्रहीनों की सम्पत्ति से प्राप्त आय तथा अन्य कर राज्य की आय के प्रमुख स्त्रोत थे। पूर्ववर्ती कालों की भाँति इस काल में भी श्रेणी संगठनों का महत्व था। धानिक, तिलपिषक, कोलिक, सेलवढकि, गन्धिक, आदि श्रेणियों के रूप में संगठित थे। सातवाहन युग अपनी मुद्रा–व्यवस्था के कारण विशेष उल्लेखनीय हैं। उन्होंने स्वर्ण, रजत तथा ताम्र के अतिरिक्त काँसे, सीसे, पोटिन तथा इलेक्ट्रम धातु की मुद्राएँ जारी की। वाह्य व्यापार एवं वाणिज्य को पूर्ण संरक्षण प्रदान कर उसे प्रोत्साहन किया। विशेष रूप से रोम के साथ सामुद्रिक व्यापार चरमोत्कर्ष पर था।

अध्याय पाँच में तत्कालीन धार्मिक स्थिति का वर्णन किया गया है। इस युग में हिन्दू धर्म अपने उत्कर्ष पर था। वैदिक यज्ञों के अनुष्ठान की परम्परा, जिसका क्षरण बौद्ध तथा जैन धर्म के प्रादुर्भाव के कारण हो रहा था, की पुनर्स्थापना हुई। वैदिक धर्म के साथ–साथ वैष्णव तथा शैव धर्म भी अपनी जड़ें मजबूत कर चुके थे। अभिलेखों में वर्णित गोपाल, विष्णुदत्त, विष्णुपालित, आदि नाम वैष्णव धर्म तथा भूतपाल, शिवदत, शिवपालित, शिवमूर्ति,

भवगोप, महादेव आदि नाम शैव धर्म की लोकप्रियता के द्योतक हैं। इनके अतिरिक्त सूर्य, श्री लक्ष्मी, यक्ष तथा नाग पूजा भी प्रचलन में थी। जैन धर्म उतनी लोकप्रियता अर्जित न कर सका, जितना कि बौद्ध धर्म। सातवाहन शासकों, यथा गौतमीपुत्र सातकर्णि, वासिष्ठीपुत्र पुलुमावि, यज्ञश्री सातकर्णि आदि, ने बौद्ध संघ के उपयोगार्थ अनेक स्तूपों, चैत्यगृहों तथा विहारों को निर्मित कराकर दान में दिया। इसके अतिरिक्त राजपरिवारों, विभिन्न श्रेणी संगठनों एवं जनसामान्य ने भी इस प्रकार का दानकर्म किया। धार्मिक जीवन में कट्टरता का अभाव होने के कारण तत्कालीन समाज में हिन्दू तथा बौद्ध धर्म में परस्पर सामंजस्य एवं सुलह की स्थिति थी।

अध्याय छः में अभिलेखों के माध्यम से तत्कालीन प्रशासनिक इकाईयों तथा शासन पद्धति का विवेचन किया गया है। शासन की सुविधा की दृष्टि से सातवाहन नरेशों ने साम्राज्य को जनपद, आहार, कटक, पथक, नगर तथा ग्राम के रूप में विभक्त कर रखा था। राजा सम्पूर्ण राज्य का तथा प्रशासन का शीर्षस्थ अधिकारी था। राजतन्त्रात्मक शासन व्यवस्था के कारण राज्य की अन्तिम शक्ति राजा में होती थी। प्रजारंजन, प्रजापालन तथा प्रजारक्षण उसके निर्धारित कर्त्तव्य थे। राजा के अनियन्त्रित अधिकारों पर धर्म तथा जनमत का अंकुश रहता था। विदेशी आक्रांताओं से राज्य की रक्षा करना, प्रजा में वर्णसंकर को नियन्त्रित करना, उचित कर लगाना, जनोपयोगी कार्य करना, तथा न्याय दान करना राजा के प्रमुख थे। राजा को प्रशासन में सहयोग प्रदान करने के लिए महाभोज तथा महारठी होते थे, जो सामन्त के सदृश थे। इसके अतिरिक्त महासेनापति, महातलवर, अमात्य, राजामात्य, रज्जुक, भांडागारिक, आवेसनिक, पनियघरिक, कर्मान्तिक, दण्डाधिकारी, आदि अन्य प्रशासनिक अधिकारी थे, जो प्रशासन में राजा को सहयोग प्रदान करते थे।

अध्याय सात में सातवाहन युगीन स्थापत्यकला, मूर्तिकला, चित्रकला तथा साहित्य का वर्णन किया गया है। यद्यपि सातवाहनकालीन मन्दिर के स्पष्ट साक्ष्य प्राप्त नहीं हुए हैं, तथापि हाल में ही उत्खनित पुरास्थलों से प्राप्त भग्न संरचनाओं के अवशेष तथा अभिलेखों में वर्णित देवी–देवताओं के उल्लेख इस काल में मंदिर के अस्तित्व का संकेत देते हैं। महाराष्ट्र तथा आन्ध्र प्रदेश में इस काल में प्रचुर संख्या में निर्मित कराए गए स्तूप, विहार, चैत्यगृह प्राप्त हुए है। नासिक, कार्ले, कान्हेरी, अजन्ता, भाजा, पीतलखोरा, कुडा आदि को अनेक गुफाएँ खुदवाकर विहार तथा चैत्यगृह निर्मित किए गए। इसके अतिरिक्त अमरावती, जगय्यपेट, नागार्जुनकोण्डा, भट्टिप्रोलु, आदि में स्तूपों तथा साँची स्तूप के तोरणद्वारों का निर्माण तथा परिवर्द्धन किया गया। मूर्तिशिल्प के दर्शन भाजा, अमरावती, कार्ले, नानाघाट, कान्हेरी, साँची तथा पीतलखोरा से प्राप्त मूर्तियों में होते हैं। अजंता की गुफा सं० 9 तथा 10 में सातवाहनयुगीन चित्रकला के साक्ष्य प्राप्त होते हैं। साहित्य के क्षेत्र में प्राकृत भाषा चरमोत्कर्ष पर थी। इनके अभिलेख प्राकृत भाषा में ही हैं। गाथासप्तशती, वृहत्कथा कातन्त्र के रूप में साहित्य का सृजन किया गया।

संदर्भ

1. वेदालंकार, हरिदत्त, प्राचीन भारत का राजनीतिक तथा सांस्कृतिक इतिहास, पृ० 218.
2. गैरोला वाचस्पति, भारतीय संस्कृति और कला, पृ० 322.
3. पूर्ववत; एनल्स ऑफ भण्डारकर ओरिएंटल रिसर्च इंस्टिट्यूट, इं०, XXVII, पृ० 155.
4. आर्कियोलॉजिकल सर्वे ऑफ वेस्टर्न इंडिया, V, पृ० 60; ल्यूडर्स लिस्ट 1113 से 1118.
5. ल्यूडर्स लिस्ट 1113 से 1118; जर्नल ऑफ द बॉम्बे ब्रांच ऑफ द रॉयल एशियाटिक सोसाइटी, V, पृ० 41, 46, 45; एपिग्राफिया इंडिका, VIII, पृ० 73, 94, 59.

6. शिवराममूर्ति सी०, अमरावती स्कल्पचर्स इन द मद्रास गवर्मेन्ट म्यूजियम, पृ० 283–291; स्टडीज इन एपिग्राफिया I, पृ० 34–39; एपिग्राफिया इंडिका, I, पृ० 95–96; XXXVI, पृ० 273–274; XVIII, पृ० 316–19; XIV, पृ० 143–155.
7. याज़दानी, जी०, दकन का प्राचीन इतिहास, पृ० 64.
8. पूर्ववत्, पृ० 64.
9. स्मिथ, वी० ए०, आक्सफोर्ड हिस्ट्री ऑफ इंडिया, पृ० 119.
10. रैप्सन, ई०, कैम्ब्रिज हिस्ट्री ऑफ इंडिया, I (एन्शियन्ट इंडिया) पृ० 519.
11. एपिग्राफिया इंडिका, XIII, पृ० 276.
12. याज़दानी, जी०, दकन का प्राचीन इतिहास, पृ० 65.
13. पूर्ववत्.
14. एपिग्राफिया इंडिका, XIV, पृ० 143–145.
15. याज़दानी, जी०, दकन का प्राचीन इतिहास, पृ० 65.
16. मिराशी, वा० वि०, सातवाहनों और पश्चिमी क्षत्रपों का इतिहास और अभिलेख, पृ० 7.
17. याज़दानी, जी०, दकन का प्राचीन इतिहास, पृ० 65.
18. जर्नल ऑफ द बॉम्बे ब्रांच ऑफ द रॉयल एशियाटिक सोसाइटी, III, पृ० 442.
19. पॉलिटिकल हिस्ट्री ऑफ ऐन्शियन्ट इंडिया, III, पृ० 280.
20. जर्नल ऑफ द बॉम्बे ब्रांच ऑफ द रॉयल एशियाटिक सोसाइटी, III, पृ० 44.
21. याज़दानी, जी०, दकन का प्राचीन इतिहास, पृ० 66.
22. गोपालाचारी के०, अर्ली हिस्ट्री ऑफ आन्ध्र कन्ट्री, 15–16, 26–27.
23. याज़दानी, जी०, दकन का प्राचीन इतिहास, पृ० 66.
24. पूर्ववत्, पृ० 66–67.
25. पूर्ववत्, पृ० 67.

26. गोपालाचारी, के०, अर्ली हिस्ट्री ऑफ आन्ध्र कन्ट्री, 22–23.
27. श्री निवासन आयंगर, पी० टी०, इंडियन एन्टीक्वेरी, XIII, पृ० 278.
28. भारतीः प्रभाव, वैशाख, पृ० 96–99.
29. याज़दानी, जी०, दकन का प्राचीन इतिहास, पृ० 67.
30. पूर्ववत्, पृ० 67.
31. पाण्डेय, राजबली, प्राचीन भारत, पृ० 72.
32. पूर्ववत्.
33. नीलकण्ठ शास्त्री, के० ए०, दक्षिण भारत का इतिहास, पृ० 77.
34. कथासरित्सागर, 6.73.
35. शर्मा, रीता, प्राचीन भारत का इतिहास, पृ० 258–259.
36. पूर्ववत्, पृ० 259.
37. पूर्ववत्.
38. एपिग्राफिया इंडिका, XX, पृ० 71.
39. वेदालंकार, हरिदत्त, प्राचीन भारत का राजनीतिक तथा सांस्कृतिक इतिहास, पृ० 226.
40. मिश्रा, श्याम मनोहर, दक्षिण भारत का इतिहास, पृ० 60.
41. गोपालाचारी, के, अर्ली हिस्ट्री ऑफ द आन्ध्र कन्ट्री, पृ० 30–31.
42. मिश्र, श्याम मनोहर, दक्षिण भारत का इतिहास, पृ० 61.
43. पूर्ववत्.
44. जर्नल ऑफ द बॉम्बे ब्रांच ऑफ द रॉयल एशियाटिक सोसाइटी, III, पृ० 44.
45. मिश्र, श्याम मनोहर, दक्षिण भारत का इतिहास, पृ० 63.
46. वेदालंकार, हरिदत्त, प्राचीन भारत का राजनीतिक तथा सांस्कृतिक इतिहास, पृ० 227.
47. एनल्स ऑफ द भण्डारकर ओरिएंटल रिसर्च इन्स्टीट्यूट, XXVII, पृ० 255.

48. मिश्र, श्याम मनोहर, दक्षिण भारत का इतिहास, पृ० 63.
49. शर्मा, रीता, प्राचीन भारत का इतिहास, पृ० 260.
50. पूर्ववत्.
51. पूर्ववत्.
52. मिश्रा, श्याम मनोहर, दक्षिण भारत का इतिहास, पृ० 61.
53. पूर्ववत्.
54. मिराशी, वा० वि०, सातवाहनों और पश्चिमी क्षत्रपों का इतिहास और अभिलेख पृ० 11; रायचौधरी, एच० सी०, पॉलिटिकल हिस्ट्री ऑफ एन्शियन्ट इंडिया, पृ० 414.
55. एपिग्राफिया इंडिका, XXII, पृ० 32.
56. जर्नल ऑफ द बॉम्बे ब्रांच ऑफ द रॉयल एशियाटिक सोसाइटी, ट, पृ० 41.
57. एपिग्राफिया इंडिका, VIII, पृ० 60 तथा आगे.
58. पूर्ववत्, XXIII, पृ० 32 तथा आगे.
59. याज़दानी, जी०, दकन का प्राचीन इतिहास, पृ० 71.
60. जर्नल ऑफ द बॉम्बे ब्रांच ऑफ द रॉयल एशियाटिक सोसाइटी, III, पृ० 48.
61. जर्नल ऑफ द बॉम्बे ब्रांच ऑफ द रॉयल एशियाटिक सोसाइटी, V, पृ० 41.
62. याज़दानी, जी०, दकन का प्राचीन इतिहास, पृ० 71.
63. जर्नल ऑफ द बॉम्बे ब्रांच ऑफ द रॉयल एशियाटिक सोसाइटी, III, पृ० 50.
64. याज़दानी, जी०, दकन का प्राचीन इतिहास, पृ० 72.

अध्याय–दो

राजनैतिक स्थिति

राजनैतिक दृष्टिकोण से भारतीय राजनीति में सातवाहनों का महत्वपूर्ण स्थान रहा है। सातवाहन राजवंश महाराष्ट्र का पहला ज्ञात राजवंश है। इनके पूर्व का महाराष्ट्र का इतिहास अधिकांशतः अन्धकारमय है। अशोक के अभिलेखों[1] से विदित होता है कि अशोक के शासनकाल में रठिक, भोजक एवं पेतेनिक जैसे छोटे सामन्त, महाराष्ट्र के कुछ क्षेत्रों में सत्ताधारी शासक थे। किन्तु इनमें व्यक्ति विशेष के नाम का भी उल्लेख प्राप्त नहीं होता है। सातवाहनों के उदयकाल से हमें महाराष्ट्र के राजनैतिक इतिहास की ही नहीं, वरन् तत्कालीन शासनपद्धति, धार्मिक एवं सामाजिक परिस्थिति, स्थापत्य, शिल्प एवं चित्रकला, साहित्य सृजन इत्यादि के सम्बन्ध में भी महत्वपूर्ण जानकारी प्राप्त होती है, जिसके कारण यह राजवंश भारतीय इतिहास में महत्व रखता है।

मौर्योत्तर युग में प्रबल हुई राजनीतिक शक्तियों में सातवाहन प्रमुख थे। उनके द्वारा स्थापित साम्राज्य कई कारणों से महत्वपूर्ण हैं। यह साम्राज्य दक्षिण भारत में पहला ऐसा साम्राज्य था, जिसने उत्तर भारत के मौर्य साम्राज्य की परम्परा का निर्वहन दक्षिण भारत में किया। साढ़े चार शताब्दियों की दीर्घावधि में इस राज्य की सीमाओं में बड़े परिवर्तन एवं उतार–चढ़ाव होते रहे। इस पर

भीषण विदेशी आक्रमण होते रहे, जिनमें शक क्षत्रपों के आक्रमण विशेष रूप से उल्लेखनीय हैं। किन्तु यह साम्राज्य इन सबका सामना करने में सफल हुआ और उसने एक समय अपने लुप्त वैभव और गौरव को फिर से प्राप्त किया।

सातवाहन वंश का इतिहास जानने के साधन अत्यल्प हैं। इनमें साहित्यिक साक्ष्यों के अतिरिक्त अभिलेख, मुद्राएँ तथा उत्खनित पुरावशेष विशेष रूप से उल्लेखनीय है। इन सबके सामयिक अध्ययनोपरांत इनके कालानुक्रम का निर्धारण किया जा सकता है। सातवाहनवंशीय शासकों के कालानुक्रम के विषय में पुराणगत वंशावली विशेष रूप से सहायक है, यद्यपि यत्किंचित ज्ञान ही पुराणों से प्राप्त होता है। कुछ शासकों का उल्लेख पुराणों में प्राप्त नहीं होता है, जबकि उनकी मुद्राएँ विभिन्न पुरास्थलों से प्राप्त हुई हैं। इसके अतिरिक्त सातवाहनयुगीन अभिलेखों से न केवल इनके नामों की, वरन् अन्य राजवंशों के शासकों के साथ समकालीनता का निर्धारण भी किया जा सकता है।

मात्र अभिलेखों के अध्ययन से कुछ एक राजाओं की संभावित समकालीनता के अतिरिक्त हमें इनके राज्यकाल के विषय में न्यूनाधिक जानकारी प्राप्त होती है, किन्तु इनसे हम किसी निश्चित निष्कर्ष पर नहीं पहुँच सकते हैं। यथा नागनिका के नानाघाट अभिलेख का समय दूसरी शती ई0पू0 के मध्य से ईसा की पहली शती के द्वितीयार्द्ध के मध्य कहीं भी[2] और बेसनगर के हेलियोदोरस के स्तंभलेख (प्रथम शती ई0पू0 के प्रारम्भ) और खारवेल के हाथीगुम्फा अभिलेख (प्रथम शती ई0पू0 के अन्त) के मध्य रखा गया है।[3]

अभिलेखों के अतिरिक्त पुराणों में भी परस्पर विरोधी मतों का उल्लेख प्राप्त होता है। मत्स्य, वायु, विष्णु एवं भागवत् पुराणों में प्राचीन भारत के कई राजवंशों के शासकों, उनके राज्यकाल, शासनावधि आदि का उल्लेख किया गया है।[4] वायु, विष्णु एवं

भागवत् पुराणानुसार आन्ध्र वंश में कुल 30 राजाओं ने शासन किया,[5] जबकि मत्स्य पुराण में इस वंश के मात्र 29 शासकों का उल्लेख प्राप्त होता है,[6] जिन्होंने 460 वर्षों तक शासन किया। विष्णु तथा भागवत् पुराण में उनका शासनकाल 456 वर्ष जबकि वायुपुराण के अनुसार 411 या 300 वर्ष था।[7] समस्त पुराणों में राजाओं के शासनकाल को लेकर विसंगतियाँ हैं, निम्नांकित तालिका इसकी पुष्टि करती है:

आन्ध्र शासक

	वायु		*मत्स्य*		*विष्णु*		*भागवत्*	
सामान्य कथन	*राजाओं की संख्या*	*कुल शासन काल*	*राजाओं की संख्या*	*कुल राज्य काल*	*राजाओं की संख्या*	*कुल राज्य काल*	*राजाओं की संख्या*	*कुल राज्य काल*
	30	411 या 300	29	460	30	456	30	456

स्पष्ट है कि वास्तविक रूप में प्रत्येक पुराण में वर्णित नामों की संख्या मोटे तौर पर दी गई उनकी संख्या से भिन्न है और उनके राज्यकालों का योग भी मोटे तौर पर कहे गए, उनके कुल राज्यकालों के योग से भिन्न है। अतः पुराणों के वर्णन पर पूर्णतया विश्वास नहीं किया जा सकता है। फिर भी पार्जिटर[8] ने कहा है कि सम्भवतः इस वंश में तीस राजा हुए और उन्होंने लगभग 460 वर्षों तक राज्य किया। अधिकांश विद्वान इस मत का समर्थन करते हैं।

यदि हम इस मत को सही मानें, तो यह कहा जा सकता है कि सातवाहनों का उदय अशोक के निधन के तुरन्त पश्चात् अर्थात् 230 ई0पू0 के आस–पास हुआ होगा। यदि यह मानें कि इनका

शासनकाल कुल 460 वर्ष का है, तो इनका अस्त 230 ई0 के लगभग हुआ होगा।

रा0गो0 भण्डारकर[9], रायचौधरी[10], डी0सी0 सरकार आदि विद्वान सातवाहनों का उदय ईसा पूर्व पहली शती के दूसरे चरण में मानते हैं। अपने मत के समर्थन में वे तर्क देते हैं कि पुराणों के अनुसार आन्ध्रों (सातवाहनों) का मूल पुरूष सिमुक अंतिम कण्व नरेश सुशर्मा का उच्छेदन करके पृथ्वी का राज्य भोगेगा।[12] चूँकि शुंगों के पश्चात् कण्वों ने ई0पू0 75–30 वर्ष में शासन किया। अतः इनका उदय तीसरी शती ई0पू0 में मानना उचित नहीं होता है।

किन्तु इस कथन का कोई प्रमाण नहीं है कि सातवाहनों के मूल पुरूष ने उत्तरी भारत में शासित कण्वों के राज्य को हस्तगत किया। शुंगों की राजधानी विदिशा में थी, सम्भवतः विदिशा पर सातवाहनों का आक्रमण हुआ हो, किन्तु वह उनके मूल पुरूष ने न करके उनके किसी वंशज ने किया हो, क्योंकि कोई भी वंश संस्थापक इतना प्रबल अथवा शक्तिशाली नहीं हो सकता, जो राज्य स्थापना के तुरन्त बाद दूरस्थ प्रदेश पर आक्रमण कर सके। अतः सम्भवतः कण्वों की राजधानी पर सिमुक ने आक्रमण न करके उसके किसी निकटस्थ वंशज ने किया हो। विदिशा के निकट साँची के स्तूप के तोरण पर सातकर्णि प्रथम के सामन्त का एक अभिलेख उत्कीर्णित है[13] जो उपरोक्त तथ्य की पुष्टि करता है। अक्षरों की बनावट के आधार पर ब्यूह्वर ने इसे दूसरी शती ई0पू0 माना है।[14] पुराणों ने इस सातकर्णि का कर्तृत्व सिमुक पर मढ़ा है।

अपना दूसरा तर्क देते हुए वे कहते हैं कि पुराणगत वंशावली में लगभग पंद्रह–सोलह ऐसे आन्ध्र (सातवाहन) शासकों के नाम प्राप्त होते हैं, जिनकी न तो मुद्राएँ प्राप्त होती हैं, और न ही कोई अभिलेखीय साक्ष्य।[15] अतः ये नाम या तो फर्ज़ी होंगे, अथवा समकालीन सामन्त शासकों के होंगे, जिन्हें सातवाहन वंशावली में सम्मिलित कर दिया गया होगा। मत्स्य पुराण की कई प्रतियों में

सातवाहन शासकों की संख्या उन्नीस दी गई है,[16] जो सही प्रतीत होती है। इन्होंने लगभग तीन सौ वर्षों तक शासन किया होगा। इनका अन्त लगभग 230 ई0 के आस–पास हुआ, अतएव इनके शासन का आरम्भ 70 ई0 पू0 में हुआ होगा।

किन्तु यदि सातवाहनों की वंशावली में वर्णित कुछ नामों का उल्लेख इत्ररत नहीं मिलता है, तो इसका यह अर्थ कदापि नहीं लेना चाहिए कि इस नाम के राजा हुए ही नहीं। 1937 ई0 के पूर्व आपीलक नामक शासक बिल्कुल अज्ञात था, किन्तु तदन्तर मध्यप्रदेश के छत्तीसगढ़ में महानदी के किनारे बालपुर से आपीलक नामांकित ताम्र मुद्रा प्राप्त हुई,[17] जिससे उसका अस्तित्व सिद्ध हुआ। सम्भव है कि आपीलक की भाँति अन्य शासकों की मुद्राएँ अथवा अभिलेख आगे भी प्राप्त हों।

एक अन्य तर्क देते हुए वे कहते हैं कि सातवाहन नरेश कृष्ण के शासनकाल का एक अभिलेख नासिक के पास एक गुफा पर उत्कीर्णित है।[18] उसके पास स्थित एक चैत्यगुफा, जिस पर महाहकुसिरी की पोती भटपालिका द्वारा उस चैत्य गुफा को खुदवाने का उल्लेख किया है,[19] सम्भवतः कृष्ण के शासनकाल में ही खोदी गई हो। जान मार्शल ने इस चैत्य गुफा के प्रवेश द्वार, स्तम्भ के ऊपर के पद्मकोश, पर्सिपोलिटन प्रकार के अर्द्धस्तम्भ एवं द्वारपालों के अंकन की साम्यता साँची के तोरणों से की है,[20] जिनका समय लगभग 50 वर्ष ई0 पू0 है। नानाघाट प्रतिमालेख के आधार पर हकुसिरी सम्भवतः सातकर्णि प्रथम का पुत्र प्रतीत होता है। अतः सातकर्णि दूसरी शती ई0 पू0 में न होकर 250 ई0 पू0 के लगभग हुआ होगा।

किन्तु अलतेकर ने इस तथ्य का खण्डन करते हुए कहा कि चूँकि हकुसिरी के लिए राजन् उपपद का प्रयोग नहीं किया गया है, अतः वह सातकर्णि का पुत्र नहीं हो सकता। किन्तु यह खण्डन तर्कसंगत नहीं लगता है। सेना[21] ने इस संबंध में अपना मत व्यक्त

करते हुए कहा कि भट्पालिका के अभिलेख की लिखावट पुरानी एवं नानाघाट अभिलेख के बाद दो–तीन पीढ़ियों की होगी। सम्भवतः भट्पालिका राजकुल से सम्बन्धित रही होगी। नानाघाट प्रतिमालेख में उसके दादा हकुसिरी को 'कुमार' कहकर सम्बोधित किया है। वह सम्भवतः वेदिश्री के तदन्तर अधिकार पा गया होगा, और **रञो सिरिसतस** लिखित मुद्राएँ उसी ने प्रचलित करवायी होगी। उसके लिए प्रयुक्त महा उपपद राजकुल में उसके जन्म की पुष्टि करता है। अतः सातवाहनों का उदय 50 ई0 पू0 में हुआ, इस तथ्य की पुष्टि भट्पालिका के लेख से नहीं होती है। नासिक की चैत्य गुफा का प्रवेश द्वार उसके पास के स्तम्भ तथा द्वारपाल इत्यादि 50 ई0 पू0 में निर्मित होने के निर्देश अवश्य हैं किन्तु इसका कारण है कि द्वार का अग्र भाग बाद में खोदा गया है और इसका उल्लेख द्वार की मेहराब पर प्राचीन ब्राह्मी लिपि में उत्कीर्णित **नासिककानं धंमिकगामस** दानं अभिलेख में किया गया है।[22]

स्पष्ट है कि भट्पालिका ने इस चैत्यगुफा को खुदवाने का कार्य आरम्भ किया था। किन्तु किसी कारणवश वह पूरा न हो सका। कालान्तर में नासिक के लोगों ने उसका प्रवेश द्वार तथा अग्र भाग खुदवाकर धंमिक गाँव को दानित किया और इसका उल्लेख चैत्यगुफा के प्रवेश द्वार की मेहराब पर लेख में किया गया है। बाद में किया गया यह कार्य सम्भवतः 50 वर्ष ई0 पू0 में किया गया होगा। अतः इसका सम्बन्ध सातवाहनों के उदयकाल से नहीं जोड़ना चाहिए।

अतः यह मत ही युक्तिसंगत लगता है कि सातवाहन वंश के तीस राजाओं ने 460 वर्ष तक शासन किया और चूँकि इस वंश का अन्त 230 ई0 के लगभग हुआ, अतः इसका उदय 230 ई0 के लगभग हुआ होगा।

236 ई0 पू0 में अशोक के निधनोपरान्त उसका विशाल साम्राज्य छोटे–छोटे राज्यों में विभक्त हो गया। कलिंग में जहाँ चेदि वंश अस्तित्व में आया, वहीं महाराष्ट्र में राष्ट्रिक, भोजक, पेतेनिक आदि

छोटे शासक अपना प्रभुत्व स्थापित करने में रत थे। उन्हीं में से सातवाहन नामक एक वीर पुरूष ने अपना प्रभुत्व स्थापित किया एवं सीसे और ताम्र की मुद्राएँ प्रचलित करवायीं[23], जो कि औरंगाबाद[24], हैदराबाद[25], अकोला[26] जैसे पुरास्थलों के साथ–साथ नेवासा[27] तथा कोण्डापुर[28] उत्खनन से भी प्राप्त हुई हैं। इन मुद्राओं के अग्र भाग पर सूँड उठाए हाथी एवं लेख **रञो सिरि–सादवाहनस** अंकित हैं, जबकि पृष्ठ भाग पर उज्जैन चिह्न का अंकन है। सातवाहन राजा के नाम पर ही इस वंश का नाम सातवाहन पड़ा। इसका उल्लेख नासिक के कृष्ण के शासनकाल में उत्कीर्णित अभिलेख में किया गया है।[29]

सातवाहन शासक

आरम्भिक राजा

पुराणगत वंशावली में शिशुक अथवा सिन्धुक को आन्ध्र अर्थात् सातवाहन वंश के संस्थापक के रूप में वर्णित किया गया है। उसका वास्तविक नाम सिमुक (श्रीमुख) था, इसकी पुष्टि नानाघाट के प्रतिमालेख से होती है।[30] अभिलेख में सिमुक सातवाहन के रूप में उसे अभिलिखित किया गया है। कृष्ण, जो कि सिमुक का कनिष्ठ भ्राता था, उसके बाद गद्दी पर बैठा। नासिक गुफा में उसी के द्वारा उत्कीर्ण कराए गए अभिलेख से इसकी पुष्टि होती है।[31] अभिलेख में **सातवाहनकुल कन्हे राजिनी** अर्थात् **सातवाहन कुल के कृष्ण के राज्य करते समय** शब्द प्राप्त होते हैं। अलतेकर ने अपना मत व्यक्त करते हुए कहा कि ये दोनों भाई सातवाहन के पुत्र रहे होंगे।[32] किन्तु यदि यह मानें, तो नासिक के पूर्ववत् लेख में **'सातवाहनपुते कन्हे राजिनि'** का उल्लेख किया गया होता। नानाघाट प्रतिमालेख में भी **सिमुक सातवाहनों** अर्थात् **सातवाहन कुल का सिमुक**, यही अर्थ विवक्षित लगता है। अतएव स्पष्ट है कि

सिमुक एवं कृष्ण सातवाहन के पुत्र न होकर वंशज रहे होंगे।[33]

यद्यपि पुराणगत वंशावली में सिमुक का नाम सबसे पहले आता है, तथापि वह इस वंश का संस्थापक नहीं था। सिमुक से लगभग दो–एक पीढ़ियों पूर्व सातवाहन नामक ब्राह्मण ने अपनी स्वतन्त्रता घोषित कर अपने नाम से ताम्र एवं सीसे की मुद्राएँ प्रचलित करवायीं।[34] उसकी ताम्र मुद्राएँ औरंगाबाद, हैदराबाद आदि स्थलों से एवं सीसे की कुछ मुद्राएँ[36] नेवासा[37] एवं कोण्डापुर पुरास्थलों से उत्खनन में प्राप्त हुई हैं। ये मुद्राएँ किस सातवाहन नरेश की हैं; इस विषय में विद्वानों में तीव्र मतभेद है। विद्वानों के एक वर्ग की यह मान्यता है कि, सातवाहन कुल का मूल पुरूष यदि अशोक के तुरंत बाद उदीयमान हुआ, तो ये मुद्राएँ उसकी नहीं हो सकती, क्योंकि उस समय (लगभग तीसरी शती ई0पू0 के अन्त में) इस प्रकार की राजनामांकित मुद्राएँ प्रचलन में नहीं थीं। अतएव इन मुद्राओं को प्रचलित करवाने का श्रेय नानाघाट प्रतिमालेख में वर्णित कुमार सातवाहन को जाता है।[38] किन्तु वह कुमार सातवाहन अल्पायु में ही दिवंगत हुआ था एवं गद्दी पर ही नहीं बैठा। इसके अतिरिक्त सातवाहन नामक किसी अन्य शासक का उल्लेख प्राप्त नहीं होता है। अतः निष्कर्षतः यह कहा जा सकता है कि यह मुद्राएँ सातवाहन वंशकर्ता की ही होगी। उसका उदय 230 ई0पू0 के लगभग हुआ होगा। प्रारम्भ में उसका राज्य छोटा रहा होगा, जिसे कालान्तर में उसने अपने पराक्रम से विस्तारित किया होगा। उससे उसके वंशज स्वयं को 'सातवाहन' कहने में गर्व का अनुभव करने लगे।

सिमुक

पुराणों में सातवाहनवंशीय राजाओं की सुदीर्घ परम्परा को आरम्भ करने का श्रेय सिमुक को दिया जाता है। पुराणों में उल्लिखित है कि सिमुक काण्वायनों एवं सुशर्मा पर आक्रमण करेगा एवं शुगों की

शक्ति का पूर्ण रूप से विदोहन करके इस पृथ्वी का उपभोग करेगा।[39] वस्तुतः सिमुक ने किसी स्वतन्त्र राज्य की स्थापना नहीं की थी। उस समय आन्ध्रों के पास प्राकारयुक्त तीस नगर थे[40] एवं उनके प्रशासक शक्तिशाली रहे होंगे। सम्भवतः वे एक वंश–परम्परा के न होकर कई वंशों से सम्बन्धित रहे होंगे। सिमुक ने सर्वप्रथम इन सबको सम्मिलित कर उनका नेतृत्व किया और सम्भवतः तीसरी ई0पू0 के अन्तिम चरण में, वह एक प्रमुख व्यक्ति के रूप में भारतीय राजनीति के इतिहास पर देदीप्यमान हुआ।

पुराणों में सिमुक का नाम कई अन्य रूपों में मिलता है। मत्स्य पुराण में उसे शिशुक एवं वायु तथा ब्रह्माण्ड पुराण में सिन्धुक कहा गया।[41] किन्तु अधिकांश पुराणों में उसे सिमुक कहा गया है। सभी पुराण उसकी राज्यावधि तेईस वर्ष मानते हैं। पुराणों में इस विषय में कोई भी उल्लेख प्राप्त नहीं होता है कि सिमुक ने अपने राज्य की स्थापना किस प्रकार की। इस संदर्भ में गोपालाचारी का मत है कि उसने पश्चिमी भारत के प्रतापी सामन्तों, रठिकों, भोजकों (जो कि पूर्व में मौर्य वंश के अधीनस्थ थे), आदि का समर्थन प्राप्त कर उनके सहयोग से शुंगों तथा काण्वों की शक्ति को विनष्ट किया। अपना सहयोग देने वाले रठिकों को उसने महारठी की उपाधि से विभूषित किया एवं उनके साथ वैवाहिक सम्बन्ध भी स्थापित किए।[42]

पुराणों में सिमुक से ही वंशावली आरम्भ करने का कारण सम्भवतः यह रहा होगा कि उसने अपने राज्य की सीमाओं को विस्तारित कर प्रतिष्ठा प्राप्त की।[43] नागनिका के नानाघाट अभिलेख से इसकी पुष्टि होती है। यद्यपि अभिलेख का अधिकांश भाग विनष्ट हो चुका है, तथापि अवशिष्ट भाग में वर्णित है कि नागनिका एक वीर और अजेय दक्षिणापथपति राजा की बहू थी।[44] दक्षिणापथपति उपाधि का प्रयोग सिमुक के लिए किया गया है। इससे यह

अनुमान लगाया जा सकता है कि उसने दक्षिणापथ पर अपना एकल अधिकार स्थापित किया। उसकी ताम्र एवं पोटिन की मुद्राएँ आन्ध्र प्रदेश के करीमनगर जिले में कप्परीवेट गाँव के निकट प्राप्त हुई हैं[45] जिसके अग्रभाग पर सूँड ऊपर या नीचे किए हाथी तथा पृष्ठ भाग पर स्वास्तिक और त्रिकोणीय ध्वज के साथ उज्जैन चिह्न प्राप्त होता है। अग्र भाग पर **'रञो छिमुक सादवाहनस'** लेख अंकित है।

जैन अनुश्रुतियों के अनुसार अपने शासन के प्रारम्भिक वर्षों में वह जैन धर्म का पोषक था।[46] उसने अनेक जैन मंदिरों एवं बौद्ध चैत्यों का निर्माण कराया था। यह सम्भवतः उसने तत्कालीन शक्तिशाली सम्प्रदायों का समर्थन प्राप्त करने के उद्देश्य से किया था। जैन कथानकों में वर्णित है कि अपने शासन के अंतिम वर्षों में वह दुष्ट एवं क्रूर हो गया। साथ ही जैनों की अपेक्षा बौद्धों के प्रति अधिक उदार व्यवहार करने लगा था। इसी कारण वह मार डाला गया।[47] नानाघाट की गुफा में जिन व्यक्तियों की मूर्तियाँ बनाई गई थीं, उनमें सिमुक सम्मिलित है। किन्तु दुर्भाग्यवश वह मूर्ति नष्ट हो चुकी है; मात्र अभिलेख ही शेष हैं।

कृष्ण (कण्ह)

सिमुक के पश्चात् उसका भाई कृष्ण गद्दी पर बैठा। सम्भवतः सिमुक का पुत्र उसकी मृत्यु के समय अल्पायु रहा होगा। उसमें नवीन राज्य को सम्भालने की क्षमता नहीं रही होगी। नासिक की गुफा सं0 19 में कृष्ण के शासनकाल का एक अभिलेख प्राप्त होता है।[48] अभिलेख में उल्लिखित है कि, 'सातवाहन कुल के कृष्ण राजा के रहते हुए नासिक के महामात्र श्रमण ने यह गुफा खुदवायी।' सातवाहन वंश का यह सर्वाचीन उपलब्ध अभिलेख है। अभिलेख में कृष्ण का उल्लेख **'सातवाहन कुल का'** के रूप में किया गया है। इससे प्रतीत होता है कि वह राजा सातवाहन का पुत्र नहीं था,

उसके और सातवाहन के मध्य कम से कम एक पीढ़ी हो चुकी होगी।

अभिलेख में श्रमण महामात्र द्वारा गुफा खुदवाने का उल्लेख किया गया है। सेना ने इस सम्बन्ध में अपना यह मत व्यक्त किया कि सम्भवतः श्रमणों की व्यवस्था के लिए नियुक्त महामात्र (श्रेष्ठ धर्माधिकारी) ने यह कार्य करवाया।[49] महामात्य मौर्यकाल के प्रशासन में महत्वपूर्ण स्थान रखने वाले अधिकारी थे।[50] अभिलेख में इनका उल्लेख इस तथ्य की ओर संकेत करता है कि सातवाहनों ने मौर्यों की शासन–व्यवस्था का निवर्हन दक्षिण भारत में किया। अभिलेख से कृष्ण के समय में उसके राज्य का पश्चिम में नासिक तक विस्तार होने की पुष्टि होती है। कृष्ण ने अपने अठारह वर्ष के शासनकाल में अपने भाई की विजय–नीति को जारी रखा।

सातकर्णि प्रथम

कृष्ण के उपरान्त सातकर्णि प्रथम सिंहासनासीन हुआ। कृष्ण और उसके बीच क्या सम्बन्ध था, विवादास्पद है। पुराणगत वंशावली में उसे कृष्ण का पुत्र माना गया है।[51] किन्तु यदि ऐसा होता तो, नानाघाट में उसकी प्रतिमा निर्मित की गई होती। वहाँ पर (1) राजा श्री सिमुक सातवाहन, (2) देवी नागनिका और राजा श्री सातकर्णि, (3) कुमार भाय (ल), (4) सम्भवतः कुमार वेदिश्री (नाम नष्ट हो चुका है), (5) महारठी त्रनकयिर, (6) कुमार हकुश्री, (7) कुमार सातवाहन की प्रतिमाएँ खोदी गई हैं।[52] इसमें कृष्ण का नाम नहीं है। यदि वह सातकर्णि का पिता होता, तो सिमुक के पश्चात् उसका नाम आता। अतः सातकर्णि उसका पुत्र न होकर सिमुक का पुत्र प्रतीत होता है। वंशावली चूँकि पिता से पुत्र की ओर चलती है, अतएव सिमुक के बाद कृष्ण का उल्लेख न करके सातकर्णि का उल्लेख किया गया है।

नानाघाट की गुफा में खोदी गई इन प्रतिमाओं के क्रम को लेकर विद्वानों की विभिन्न मान्यताएँ हैं। देवी नागनिका और सातकर्णि इनमें केन्द्रीय व्यक्ति हैं; और अन्य इनसे सम्बद्ध हैं। नागनिका की प्रतिमा सातकर्णि से पहले खोदे जाने का कारण कटारे ने यह बताया कि सम्भवतः वह सातकर्णि की रानी न होकर माता होगी।[53] किन्तु यह तर्क अनुचित है। नागनिका की प्रतिष्ठा के कारण ही उसकी प्रतिमा सातकर्णि से पहले खोदी गई। वह सातकर्णि की माता थी इसके खण्डन के लिए सर्वाधिक महत्वपूर्ण प्रमाण यह है कि उसी के नानाघाट से प्राप्त अभिलेख में उसने स्वयं को दक्षिणापथपति सिमुक की बहू के रूप में वर्णित किया है।[54] इसके अतिरिक्त नागनिका तथा सातकर्णि की एक संयुक्त मुद्रा प्राप्त हुई है[55] जिस पर दोनों का उल्लेख प्राप्त होता है। अश्व के अंकन के आधार पर यह कहा जा सकता है कि सम्भवतः अश्वमेध यज्ञ के अवसर पर यह मुद्रा जारी की गई होगी। इस यज्ञ में रानी की भूमिका महत्वपूर्ण होती है। अतएव निःसन्देह नागनिका सातकर्णि की रानी थी।

कालान्तर में नागनिका के पुत्र भायल और वेदिश्री की प्रतिमाएँ खोदी गईं थीं। प्रतिमालेख में वेदिश्री का नाम पूर्णतयाः विनष्ट हो चुका है। इसके बाद नागनिका के पिता महारठी त्रनकयिर की प्रतिमा खोदी गई है, जिसके लिए नागनिका के नानाघाट अभिलेख में अंगियकुलवर्धन, सागरवलयांकित, पृथ्वी पर श्रेष्ठ वीर और महारठी उपाधि का प्रयोग किया गया है।[56] अंत में कुमार हकुश्री तथा कुमार सातवाहन की प्रतिमाएँ खोदी गईं जो नागनिका के पुत्र थे। इनमें से हकुश्री का उल्लेख नानाघाट अभिलेख में सतिसिरी के रूप में आया है।[57]

महत्वपूर्ण एवं विचारणीय प्रश्न यह है कि इन प्रतिमालेखों में नागनिका के पुत्रों का उल्लेख एक साथ न करके दो अलग–अलग भागों में क्यों किया गया है? इसका कारण सम्भवतः यह रहा होगा

कि ये प्रतिमाएँ सातकर्णि के शासनकाल में दो अलग समय पर खोदी गईं थीं।[58] प्रथम छः प्रतिमाएँ – सिमुक, नागनिका, सातकर्णि, भायल, वेदिश्री एवं त्रनकयिर, सातकर्णि के शासनकाल के मध्य में खोदी गई थीं। कालान्तर में नागनिका को दो पुत्र–रत्न की प्राप्ति हुई। अतएव हकुश्री और सातवाहन की प्रतिमाएँ इसके बाद में खोदी गईं होगी। कालान्तर में दीर्घावाधि के बाद जब नागनिका वृद्धावस्था को प्राप्त हो चुकी थी एवं सातकर्णि की मृत्यु हो चुकी थी, उस समय उसका पुत्र वेदिश्री गद्दी पर बैठा। उसी समय नागनिका ने नानाघाट का विस्तृत अभिलेख उत्कीर्ण कराया। उस समय उसके पुत्रों में से मात्र वेदिश्री एवं शक्तिश्री ही जीवित थे, जिनका उल्लेख अभिलेख में किया गया है।

सातकर्णि 'सातवाहन' की उपाधि एवं 'श्री' सम्मानवाची पद को धारण करने वाला प्रथम शासक था।[59] नागनिका उसकी रानी थी एवं उसके चार पुत्र (कुमार) माय, वेदिश्री, सतिसिरि (हकुसिरि) और सातवाहन थे। कुछ विद्वानों के अनुसार अपने पिता सिमुक की परम्परा का निर्वहन करते हुए उसने दक्षिण के साथ–साथ अपने राज्य का विस्तार उत्तर भारत में करने का निश्चय किया। उत्तर में उस समय शुंग शासन कर रहे थे और विदिशा उनकी राजधानी थी। सातकर्णि ने शुंगों की राजधानी विदिशा पर आक्रमण कर उसे अधीनस्थ किया। इसकी पुष्टि साँची स्तूप के दक्षिणी तोरणद्वार पर सातकर्णि के शिल्पिप्रधान वासिष्ठीपुत्र आनन्द द्वारा उत्कीर्ण कराए गए अभिलेख से होती है। अभिलेख में उल्लिखित है कि यह दान राजा श्रीसातकर्णि के आवेशनिक वासिष्ठीपुत्र आनन्द का (है)।[60]

सातकर्णि वैदिक धर्म का प्रबल समर्थक एवं अनुयायी था, किन्तु उसका शिल्पिमुख्य बौद्ध धर्म का अनुयायी था। इसी कारण उसने साँची स्तूप के दक्षिणी तोरणद्वार पर अपने दान का उल्लेख अंकित करवाया।

किन्तु मात्र अभिलेख के आधार पर यह कहना कि साँची का निकटवर्ती मालवा–क्षेत्र सातकर्णि के आधिपत्य में था, उचित नहीं है। यह भी सम्भव हो सकता है कि वासिष्ठीपुत्र आनन्द, जो कि बौद्धानुयायी था, तीर्थयात्री के रूप में बौद्ध स्तूप एवं विहार के दर्शनार्थ गया हो।[61] सातकर्णि द्वारा मध्य प्रदेश के इस भू–भाग पर अधिकार स्थापित करने की पुष्टि जबलपुर के निकट स्थित तेवर (प्राचीन त्रिपुरी) के उद्ध्वस्त भाग से प्राप्त **'सिरि–सातकणिस'** अभिलिखित कांस्य मुद्रा से होती है।[62] मालवा शैली की इस मुद्रा एवं अभिलेख दोनों के सम्मिलित अध्ययनोंपरान्त यह स्पष्ट रूप से कहा जा सकता है कि प्रारम्भिक सातवाहन नरेश सातकर्णि ने मध्य प्रदेश के इस भू–भाग पर कुछ समय तक आधिपत्य बनाये रखा।

सातकर्णि ने पश्चिमी मालवा एवं इसके दक्षिण में अनूप (नर्मदा घाटी) और विदर्भ के प्रदेशों पर आक्रमण कर उन्हें अधीनस्थ किया।[63] उत्तर भारत पर यूनानियों के आक्रमण से अव्यवस्था व्याप्त हो गई थी, जिससे सातकर्णि को उत्तर भारत में राज्य–विस्तार का स्वर्णिम अवसर प्राप्त हुआ।

अपने राज्यकाल में सातकर्णि को सम्भवतः पूर्व के कलिंग (उड़ीसा) नरेश खारवेल के आक्रमण का सामना करना पड़ा। सिंहासनासीन होने के दूसरे वर्ष में सातकर्णि की परवाह किये बिना उसने अपनी चतुरंग सेना को पश्चिम की ओर भेजा। खारवेल के हाथीगुम्फा अभिलेख में इसका स्पष्ट उल्लेख किया गया है।[64] अभिलेखानुसार खारवेल की सेना के कण्हवेणा नदी तक पहुँचने के पश्चात् उसके आक्रमण से अधिक (ऋषीक) देश की राजधानी के लोगों के मन में भय उत्पन्न हो गया। कुछ विद्वान कण्हवेणा को कृष्णा नदी एवं असिक नगर को मुसिक नगर समीकृत कर यह स्वीकार करते हैं कि खारवेल की सेना ने कृष्णा नदी के तट पर पहुँचने पर रायचूर जिले में मस्की के लोगों को भयग्रस्त किया।[65] किन्तु यह तर्क उचित नहीं है, क्योंकि कृष्णा नदी कलिंग के

दक्षिण में है, पश्चिम में नहीं। इसके साथ ही साथ अभिलेख में असिक नगर ही वर्णित है, मुसिक नगर नहीं। वस्तुतः असिक (ऋषीक) वर्तमान के खानदेश का प्राचीन नाम था।

निष्कर्षतः खारवेल की चतुरंग सेना पश्चिम दिशा से आक्रमण कर कण्हबेण्णा (वैनगंगा) नदी के तट तक आई थी। उस समय उस भू–क्षेत्र पर सातकर्णि का आधिपत्य था। वैनगंगा नदी के तट पर स्थित पौनी विदर्भ की राजधानी थी। उत्खनन के फलस्वरूप वहाँ से सातकर्णि की पोटिन की चौकोर मुद्रा भी प्राप्त हुई है।[67]

खारवेल की सेना के वैनगंगा तक जाने का उल्लेख तो हाथीगुम्फा अभिलेख में प्राप्त होता है, किन्तु खारवेल की किसी प्रकार की विजय का उल्लेख नहीं है। अगर खारवेल को यहाँ सफलता प्राप्त हुई होती, तो इसका उल्लेख वह अभिलेख में अवश्य करता। अनुमानतः, उसकी सेना को वैनगंगा के तट पर तीव्र प्रतिकार का सामना करना पड़ा और उसे पीछे हटना पड़ा। दो वर्ष पश्चात् महत्वाकाँक्षी खारवेल ने पुनः सातकर्णि के राज्य पर आक्रमण किया। किन्तु इस बार उसने सातकर्णि के ऊपर सीधे आक्रमण न करके उसके अधीनस्थ सामन्त रठिक तथा भोजक के प्रदेशों पर आक्रमण कर उन्हें अपने समक्ष नतमस्तक किया।[68] हाथीगुम्फा अभिलेख से इसकी पुष्टि होती है।

अपनी विजयों की स्मृति को सुरक्षित रखने हेतु सातकर्णि ने अनेक यज्ञ किए। वह मात्र शूरवीर ही नहीं, वरन् धार्मिक वृत्तिवाला भी था। नागनिका के नानाघाट अभिलेख में उसके द्वारा किए गए अनेक यज्ञों का विस्तार से उल्लेख किया गया है। इन यज्ञों के साथ ही उसने हज़ारों गायें, घोड़े, हाथी, बहुमूल्य वस्त्र, कार्षापण, अनाज आदि ब्राह्मणों एवं यज्ञसेवकों को दान में दिया[69] नागनिका के नानाघाट अभिलेख का अधिकांश भाग विनष्ट हो चुका है। फिर भी अवशिष्ट भाग में जिन श्रौत यज्ञों का उल्लेख है, वे हैं – **दो अश्वमेध, राजसूय, अग्न्याधेय, अन्वारंभणीय, अंगारिक, भगलदशरात्र,**

गर्गत्रिरात्र, गवामयन, अन्तोर्याम, अंगिरसामयन, शतातिरात्र, आंगिरसातिरात्र, छंदोमपवमानत्रिरात्र आदि। इन सभी यज्ञों को सातकर्णि ने अपनी भार्या नागनिका के साथ सम्पन्न किया। लेख में वर्णित है कि दोनों ने मिलकर एक, दो नहीं, वरन् कम से कम अठारह श्रौत यज्ञ किए।

यज्ञ–प्रधान वैदिक धर्म के पुनरूत्थान के लिए पुष्यमित्र शुंग ने जिस प्रकार उत्तर भारत में स्वयं दो अश्वमेध यज्ञ किए, उसी परम्परा का निर्वहन सातकर्णि ने दक्षिण भारत में किया। इस यज्ञानुष्ठान में उसे धार्मिक वृत्तिवाली अपनी रानी नागनिका का न केवल साहचर्य, अपितु प्रोत्साहन भी प्राप्त हुआ। वह स्वयं यज्ञदीक्षादि में निपुण थी एवं वैदिक धर्म में उसकी असीम श्रद्धा थी। इसी कारण सातकर्णि की मृत्योंपरान्त उसने अंगिरसामयन, त्रयोदशात्रिरात्र एवं दशरात्र आदि यज्ञ स्वयं किए।[70]

दो अश्वमेध एवं राजसूय यज्ञ के सम्पादन के पश्चात् सातकर्णि ने **दक्षिणापथपति** तथा **अप्रतिहत चक्र** की उपाधि धारण की,[71] यद्यपि वह उत्तरी भारत के अपने राज्य पर दीर्घावाधि तक आधिपत्य न बनाए रख सका, तथापि उसने वीर एवं धर्मनिष्ठ प्रशासक के रूप में ख्याति अर्जित की। अश्वमेध यज्ञ के सुअवसर पर उसने नागनिका तथा अपनी संयुक्त रजत मुद्रा प्रचलित कराई।[72] सातवाहनों की समस्त रजत मुद्राओं में यह सर्वप्राचीन है। घोड़े की आकृति के अंकन के आधार पर इसे अश्वमेध यज्ञ के अवसर पर जारी माना जाता है। मुद्रा पर सातकर्णि तथा नागनिका दोनों के नाम का उल्लेख है, जो नागनिका की प्रभुता का द्योतक है। इसके साथ ही सातकर्णि ने सीसे[73], पोटिन[74] तथा कॉस्य[75] की मुद्राएँ भी प्रचलित करवाई। हैदराबाद, पौनी, तेवर, जुन्नर, आदि से ये मुद्राएँ प्राप्त हुई हैं।

सातकर्णि के बाद के शासकों ने 'सातकर्णि' कुलनाम ग्रहण कर अपने व्यक्तिगत नाम के साथ जोड़ने की परम्परा आरम्भ कर

दी, यथा कौशिकीपुत्र सातकर्णि, गौतमीपुत्र सातकर्णि, वासिष्ठीपुत्र सातकर्णि, स्कंद सातकर्णि, यज्ञश्री सातकर्णि, कुम्भ सातकर्णि, विजय सातकर्णि, आदि। कालान्तर में यह वंश सातकर्णि नाम से विख्यात हुआ। पुराणों के अनुसार सातकर्णि I ने दस वर्षों तक शासन किया।[76]

पुराणों के विवरणानुसार सातकर्णि के पश्चात् पूर्णोत्संग गद्दी पर बैठा और उसने अठारह वर्ष तक शासन किया।[77] किन्तु नागनिका के नानाघाट अभिलेख के आधार पर रैप्सन[78] एवं ब्यूह्लर[79] ने यह मत व्यक्त किया कि सातकर्णि प्रथम की मृत्यु के समय उनके पुत्र वेदिश्री एवं शक्तिश्री नाबालिग थे। इसीलिए महारानी नागनिका ने अपने कर्त्तव्यों का निवर्हन करते हुए इन राजकुमारों की संरक्षिका के रूप में शासन का संचालन किया। उनके इस मत का आधार नानाघाट अभिलेख की पंक्ति के शब्द **'नमो कुमारवरस वेदिसिरिस रञो'** है। किन्तु मिराशी इस पंक्ति का निम्न अर्थ ग्रहण करते हैं **'नमो कुमारवरस'** का अर्थ है **'कुमारकार्तिकेय को नमस्कार'**। फिर वेदिश्री को **'राजा'** कहा गया है। अभिलेख की चौथी पंक्ति में उसे **'देव'** के रूप में उल्लिखित किया गया है। अतएव निःसन्देह उस समय वेदिश्री स्वयं शासन कर रहा था। अभिलेख में वेदिश्री के सम्बन्ध में निम्न उल्लेख आया है – जो राजा अनेक जनोपयोगी (पूर्ण) काम करता था; लोगों को आश्वासन देकर उनकी इच्छाएँ पूरा करता था और धन दान करकेउनकी दरिद्रता दूर करता था। [84]

वेदिश्री एवं शक्तिश्री

सातकर्णि प्रथम के पश्चात् उसका पुत्र वेदिश्री सिंहासनासीन हुआ। अलतेकर के मतानुसार पूर्णोत्संग वेदिश्री की उपाधि थी,[82] जिसका उल्लेख पुराणगत वंशावली में मिलता है। वेदिश्री का नाम पुराणों में नहीं आता है। किन्तु अलतेकर का यह मत मात्र अनुमान पर आधारित है।

वेदिश्री के शासनकाल में उसकी माता अत्यधिक वृद्ध हो चुकी थी एवं पति के निधनोपरान्त वह यज्ञानुष्ठान सम्बन्धी धार्मिक कार्यों में रत थी। नानाघाट अभिलेख में वर्णित शक्तिश्री, जो कि वेदिश्री का कनिष्ठ भ्राता था, प्रायः युवराज के रूप में राज्य–प्रबन्धन के दायित्व का निर्वहन कर रहा था। वेदिश्री के उपरान्त शक्तिश्री ने शासन किया। जैन साक्ष्यों में वर्णित शक्तिकुमार को शक्तिश्री के साथ समीकृत किया जाता है। शक्तिकुमार के लिए वर्णित है कि 'वह अत्यन्त कामुक था, अतएव इसी कारण मार डाला गया'।[84] किन्तु यह उचित प्रतीत नहीं होता है।

मिराशी के अनुसार शक्तिश्री और हकुश्री एक ही हैं, और **'रञो सिरिसतस'** लेख वाली मुद्राएँ उसी की हैं।[85] उनमें से कुछ त्रिपुरी (जबलपुर के निकट वर्तमान तेवर) से प्राप्त हुई हैं।[86] नानाघाट में वेदिश्री के साथ शक्तिश्री की भी प्रतिमा खोदी गई थी। नासिक की गुफा संख्या 18 में उत्कीर्ण अभिलेख[87] में जिस महाहकुसिरि का उल्लेख है, वह यही कुमार हकुसिरि होगा। इसके लिए प्रयुक्त 'महा' उपपद का प्रयोग उसके राजवंशीयत्व का द्योतक है।

नासिक की इस गुफा में भट्पालिका द्वारा उत्कीर्ण कराए अभिलेख में उसके लिए महाहकुसिरि की पोती तथा राजामात्य की कन्या आदि वाक्यांशों का प्रयोग किया गया है। इसमें वर्णित हकुश्री को, कुछ विद्वत्जन नानाघाट प्रतिमा लेख के हकुश्री से भिन्न मानते हैं, क्योंकि उसके लिए राजन् उपपद का प्रयोग नहीं किया गया है। किन्तु यह तर्क असंगत प्रतीत होता है, क्योंकि यह अभिलेख सातवाहनों का नहीं है। इसके साथ ही राजवंशीयत्व जैसे अन्यत्र 'अरक' (आर्यक) उपपद से व्यक्त किया है,[89] उसी प्रकार 'महा' उपपद से सूचित किया गया है।

सातकर्णि द्वितीय

पुराणगत वंशावली के अनुसार शक्तिश्री के अनन्तर सातकर्णि द्वितीय ने शासनसूत्र अपने हाथों में लिया।[90] इस शासक के विषय

में अन्य किसी प्रकार की जानकारी पुराणों में अथवा अभिलेखों में नहीं मिलती है। कुछ विद्वानों का मत है कि मालवा शैली की **रञो सिरि सातकणिस** लेख वाली मुद्राएँ इसी सातकर्णि द्वारा जारी की गई हैं,[91] जबकि कुछ का मत है कि **रञो सर–सतस** लेख वाली मुद्राएँ इसी सातकर्णि की हैं।[92] किन्तु इन दोनों मतों का कोई आधार नहीं है।

लम्बोदर

पुराणों के अनुसार सातकर्णि द्वितीय के अनन्तर लम्बोदर शासक बना।[93] सम्भवतः ताम्र की दो प्रकार की वर्गाकार मुद्राएँ इसी राजा द्वारा प्रचलित करवाई गईं थीं। इन मुद्राओं के अग्र भाग पर सूँड उठाए हाथी तथा सिरिसादवाह (नस) लेख उत्कीर्ण है।[94] पृष्ठ भाग पर उज्जैन चिह्न का अंकन है। इन मुद्राओं पर अंकित लेख के आधार पर मात्र यही कहा जा सकता है कि ये किसी सातवाहन राजा की मुद्राएँ हैं। राजा के नाम के उल्लेख के अभाव में यह कहना कठिन है कि इन मुद्राओं का प्रचलनकर्ता लम्बोदर ही था अथवा कोई अन्य सातवाहन शासक।

आपीलक

आपीलक लम्बोदर का पुत्र एवं उत्तराधिकारी था। पुराणों के अनुसार उसने बारह वर्ष तक शासन किया।[95] डी0सी0 सरकार के अनुसार आपीलक सम्भवतः मध्य प्रदेश में शासन करने वाली सातवाहनों की शाखा से सम्बन्धित था।[96]

छत्तीसगढ़ के बिलासपुर जिले के बालपुर में महानदी के किनारे से आपीलक की वृत्ताकार ताम्र मुद्रा प्राप्त हुई है।।[97] इसके अग्र भाग पर सूँड उठाए हाथी, अंकुश एवं लेख **रञो सिवसिरिसापीलकस** अंकित हैं। उल्लेखनीय है कि मुद्रा का पृष्ठ भाग पूर्णरूपेण सादा है।

आपीलक ने शिवश्री उपपद धारण कर रखा था। इसकी पुष्टि इस मुद्रा से होती है। सातवाहन राजा, यह उपपद अपने नाम के पूर्व विकल्प में लगाते थे। मुद्रा की प्राप्ति से स्पष्ट है कि छत्तीसगढ़ जैसे पूर्वी भाग तक सातवाहनों का अधिसत्ता व्याप्त थी। कालान्तर में शिवश्री उपपद का प्रयोग न केवल सातवाहन राजाओं ने किया, वरन् अन्य वंशों से सम्बन्धित राजाओं ने भी किया।[98] यह मुद्रा सातवाहनों की अन्य मुद्राओं से कुछ भिन्न है।

मेघस्वाति

पुराणों में आपीलक के पश्चात् मेघस्वाति का उल्लेख किया गया है।[99] किन्तु इसका उल्लेख अभिलेखीय साक्ष्यों में नहीं हुआ है। आन्ध्र प्रदेश से मेघस्वाति की एक मुद्रा प्राप्त हुई है। उस पर **'घसद' (मेघसातकर्णि)** नाम अंकित है।[100] यद्यपि यह लेख अपूर्ण है; तथापि इतना निश्चित रूप से कहा जा सकता है कि ये मुद्राएँ इसी राजा द्वारा जारी की गई होंगी।

मेघस्वाति के बाद स्वाति, स्कन्दस्वाति, मृगेन्द्र ने क्रमशः शासन किया इनका राज्यकाल अत्यल्प था।

कुन्तल सातकर्णि

नामाधार पर इसे सातवाहनों की कुन्तल में शासन करने वाली शाखा से सम्बन्धित माना गया है।[101] पुराणानुसार इसने आठ वर्ष शासन किया। इसका उल्लेख वात्स्यायन के कामसूत्र में भी किया गया है।[102] काणे के अनुसार कुन्तल का राज्य विस्तार भीमा तथा कृष्णा से कुछ दूर तुंगभद्रा तक था। इसमें कोल्हापुर, मीरज, बेलगाँव और धारवाड़ के जिले तथा निजाम और मैसूर की पूर्व रियासतों के भाग और उत्तरी कनारा सम्मिलित थे।[103]

कुन्तल के बाद स्वातिवर्ण गद्दी पर बैठा।[104] पुराणगत वंशावली में उसका सिर्फ नाम प्राप्त होता है। इसके शासनकाल के विषय में कोई निश्चित जानकारी प्राप्त नहीं होती है।

पुलुमावि प्रथम

स्वातिवर्ण के पश्चात् पुलुमावि प्रथम सिंहासनासीन हुआ। उस समय यूनानियों के स्थान पर शक, पह्लव प्रबल थे। आकर और अवंति, जो कभी सातकर्णि के आधिपत्य में थे, एक बार पुनः पुलुमावि के राज्यान्तर्गत सन्निहित हो गए।[105]

गौरकृष्ण अथवा अरिष्टकर्ण

पुलुमावि प्रथम के बाद गौरकृष्ण शासक बना। इसके शासनकाल में सातवाहन साम्राज्य विघटित होने लगा। उसकी अलोकप्रियता का अनुमान इस बात से लगाया जा सकता है कि पुराणों में उसके लिए रिक्तवर्ण, विकृष्ण, अरिष्टकर्म और अनिष्टकर्म उपाधियों का प्रयोग किया गया है।[106] किसी राजा को ऐसी उपाधियाँ बिना किसी अभिप्राय के नहीं दी सकती।

हाल

पाँच वर्ष की अत्यल्प अवधि के लिए शासन करने वाला यह सातवाहन वंश का एक अति प्रसिद्ध शासक था। एक तरफ यदि सातकर्णि प्रथम की प्रसिद्धि उसके सामरिक विजय अभियानों के कारण थी, वहीं दूसरी ओर हाल की ख्याति उसके द्वारा रचित सुप्रसिद्ध काव्यकृति **गाथासप्तशती** के कारण थी। हाल के सम्बन्ध में जहाँ साहित्यिक साक्ष्यों की प्रचुरता है, वहीं पुरातात्त्विक साक्ष्यों का अभाव है। उसका उल्लेख पुराणों, सप्तशती, लीलावई, अभिधानचिन्तामणि एवं देशी नाममाला में किया गया है।[107] राजशेखर एवं मेरूतुंग ने हाल को सातवाहन का पर्याय माना है।[108] किन्तु इसके चरित्र एवं विजयों के विषय के बारे में कोई जानकारी प्राप्त नहीं होती है।

हाल के शासनकाल में प्राकृत साहित्य का विकास अपने चरमोत्कर्ष पर था। सातवाहन राजाओं ने अपने राज्याश्रय से

महाराष्ट्री प्राकृत को प्रबल प्रोत्साहन प्रदान किया। कथासरित्सागर[109] में उल्लिखित है कि जलक्रीड़ा के समय अपनी पत्नी के कहे **'मोदकैर्मा ठाडय'** जैसे साधारण संस्कृत वाक्य का अभिप्राय एक सातवाहन राजा की समझ में नहीं आया। राजशेखर की काव्यमीमांसा[110] में वर्णित है कि कुन्तल देश के सातवाहन राजा ने अपने अन्तःपुर में प्राकृत भाषा का ही प्रयोग करने का निर्देश दिया था। भोज के अनुसार आढ्‌य राजा (सातवाहन) के राज्य में सभी लोग प्राकृतभाषी थे।[111] सातकर्णि द्वारा किए गए अनेक श्रौत यज्ञ एवं ब्राह्मणों को दिए जाने वाले दानों का उल्लेख, उसकी रानी नागनिका ने अभिलेख में संस्कृत भाषा में न करके प्राकृत में किया गया।[112] कवित्व क्षमता में निपुण कवियों ने अनेक सुन्दर रचनाएँ कीं। इस समय की सर्वोत्तम कृति आर्याछन्द में लिखे हुए सात सौ श्रृंगार पद्यों का गाथासप्तशती नामक संग्रह है। इस ग्रन्थ की रचना का श्रेय हाल को जाता है। कुछ विद्वानों का मत है कि हाल के पूर्व कवि वत्सल ने एक ऐसा संग्रह किया था। हाल ने इसी संग्रह को परिष्कृत एवं परिमार्जित किया।[113]

कालान्तर में इस कोष के अनेक संस्करण निकले, जिसमें कुछ गाथाओं को उसकी जगह बाद के कवियों के गाथाएँ सम्मिलित की गईं। इसमें से अनेक गाथाओं के रचयिताओं का नामोल्लेख इस ग्रन्थ के टीकाकारों ने किया है। किन्तु इसमें कोई सन्देह नहीं, कि मूल रूप से इस काव्यकृति का अधिकांश भाग पहली शती ई0 का है।[114] मेरूतुंग ने प्रबन्धचिन्तामणि में वर्णित किया है कि सातवाहन ने स्वयमेव बड़े परिश्रम से गाथाओं को संकलित किया था। उसने प्रत्येक गाथा के लिए एक करोड़ मुद्रा प्रदान की थी।[115] सप्तशती ने प्राकृत साहित्य के साथ–साथ परवर्ती संस्कृत साहित्य को भी प्रभावित किया।

हाल के शासन–काल की सैनिक घटनाओं में से कुछ का वर्णन लीलावई नामक प्राकृत ग्रन्थ में किया गया है। कथा के

अनुसार हाल के प्रधानसेनापति विजयानन्द ने श्रीलंका पर विजयोपरान्त लौटते समय सप्तगोदावरी भीमम् नामक स्थान पर पड़ाव डाला। यहाँ उसे लंका के राजा की गन्धर्व पत्नी से उत्पन्न लीलावती नामक कन्या के विषय में जानकारी प्राप्त हुई थी। राजधानी में लौटकर सेनापति ने सभी बातें हाल को बताईं। हाल ने इस स्थान पर आक्रमण कर राक्षस भीषाणन का वध करके लीलावती को मुक्त कराया एवं उससे विवाह किया। विवाहोंपरान्त वह उसके पिता की नगरी होकर अपनी राजधानी प्रतिष्ठान लौट आया।[116] हर्ष की रत्नावली नाटिका की तरह यह कथा भी अद्भुत एवं रम्य है, किन्तु इसमें ऐतिहासिक सत्यता किंचित मात्र भी नहीं है।[117] इतना अवश्य पता चलता है कि हाल ने पूर्वी दक्खिन के प्रदेश पर सैनिक आक्रमण कर विजय प्राप्त की। हाल के विषय में इसके अतिरिक्त अन्य कोई सूचना नहीं मिलती है।

हाल के पश्चात् मण्टलक, पुरीन्द्रसेन, सुन्दरसातकर्णि के नाम पुराणगत वंशावली में आते हैं। किन्तु इनके विषय में कोई जानकारी नहीं मिलती है।[118] इसके पश्चात् चकोर नामक शासक का उल्लेख पुराणों में किया गया है। वासिष्ठीपुत्र पुलुमावि द्वारा संवत्सर 19 में नासिक में उत्कीर्ण कराए गए अभिलेख में उल्लिखित है कि गौतमी बलश्री, सत्यवचन, दान, क्षमा और अहिंसा में (हमेशा) मग्न रहती है, तपश्चर्या, दम, नियम, उपवास के अनुष्ठान में (सदैव) सिद्ध रहती है, उसने अपनी 'राजर्षि वधू' की उपाधि बनाये रखी है ....।' गौतमी बलश्री चकोर की पुत्रवधू थी। अपने श्वसुर के लिए उसने राजर्षि उपपद का प्रयोग किया है। इससे प्रतीत होता है कि वह अत्यन्त सच्छील एवं धार्मिक प्रवृत्ति का शासक रहा होगा। पुराणों में उसकी शासनावधि मात्र छः माह बताई गई है।[120] सम्भवतः इस समय उत्तर भारत के कुषाण शासकों ने दक्षिण भारत पर आक्रमण करना आरम्भ कर दिया था।

सातवाहन वंश का अवनति काल

लगभग तीन शताब्दियों के राज्य–विस्तार, आर्थिक सम्पन्नता एवं वैभव के पश्चात् लगभग प्रथम शती ई0 में सातवाहनों को पराभव का मुख देखना पड़ा। इसका कारण पश्चिमी क्षत्रपों का आक्रमण तथा उत्तर में कनिष्क के प्रभुत्व में वृद्धि था।

अधिकाँश विद्वानों के अनुसार 78 ई0 में कनिष्क का शासन प्रारम्भ हुआ। शीघ्र ही उत्तरी भारत को अधीनस्थ कर उसने दक्षिण की ओर रूख किया। कुषाणों की बढ़ती शक्ति के कारण उत्तर भारत के शक क्षत्रप दक्षिण की ओर बढ़े। क्षत्रपों के कार्दमक शाखा के चष्टन ने कच्छ को अधिकृत किया। कच्छ के दौलतपुर[121] एवं अंधौ[122] में क्रमशः शक वर्ष 6 और 11 अर्थात 84 ई0 तथा 89 ई0 में उत्कीर्ण कराए उसके अभिलेखों से इसकी पुष्टि होती है। उसके अधिकार में काठियावाड़ का भी कुछ भू–भाग होगा। वहीं दूसरी ओर क्षहरातवंशीय भूमक ने गुजरात, सौराष्ट्र का कुछ भू–भाग एवं मालवा पर आक्रमण कर अधिकार स्थापित किया।[123] इनकी मुद्राएँ इस क्षेत्र से प्राप्त हुई हैं। इन्होंने पूर्वी तथा पश्चिमी मालवा का भू–भाग सातवाहनों से अधिकृत किया। इसके पश्चात् दक्षिण में उत्तरी कोंकण (उपरान्त) तथा सातवाहन साम्राज्य के केन्द्र स्थल उत्तरी महाराष्ट्र की ओर बढ़े। उन्होंने दक्षिणी महाराष्ट्र में बनबासी (बैजयन्ती) के प्रदेश को तहस–नहस किया।[124] क्षत्रपों के आक्रमण के पूर्व से ही यवन, सौराष्ट्र तथा अपरान्त के प्रदेशों में निवास कर रहे थे। वासिष्ठीपुत्र पुलुमावि के संवत्सर 24 में कार्ले की गुफा में उत्कीर्ण कराए अभिलेख[125] में वर्णित है कि ये यवन बौद्ध धर्म को स्वीकार कर पूर्णरूपेण भारतीय बन गए थे। इन्होंने क्षत्रपों को सहयोग प्रदान किया। इस बात की पुष्टि इस तथ्य से होती है कि गौतमीपुत्र सातकर्णि ने यवनों का संहार कर सातवाहन वंश का पुनरूद्धार किया। यवनों के सहयोग के अभाव में क्षत्रप अपनी शक्ति इतनी विस्तारित न कर पाते, और गौतमीपुत्र

को इनका विध्वंस करने की विशेष आवशयकता नहीं पड़ती। उसकी माता ने उसे शक, यवन, पह्लव जातियों का विध्वंसक कहकर सम्बोधित किया है। नासिक की गुफा सं0 तीन में संवत्सर 19 में वासिष्ठीपुत्र पुलुमावि द्वारा उत्कीर्ण कराए गए अभिलेख[126] में उल्लिखित है कि, 'जिसने शक, यवन और पह्लवों का उच्छेद किया था ..... जिसने क्षहरात वंश को जड़मूल से नष्ट किया था।'

पेरिप्लस में वर्णित है कि सिन्धु नदी के डेल्टा से काठियावाड़ तक के प्रदेशों में पर्थियन शासकों के आपसी झगड़ों के कारण शक आक्रमण हुए।[127] व्यापारिक प्रतिस्पर्धा एवं जातीय विद्वेष की भावना के कारण सातवाहन क्षत्रप संघर्ष में तीव्रता आई। क्षहरात वंश के संस्थापक भूमक की मुद्राएँ मुख्यतः गुजरात और काठियावाड़ के समुद्रतटीय प्रदेशों से प्राप्त हुई हैं। इसके उत्तराधिकारी नहपान की मुद्राएँ तथा अभिलेख प्रचुर मात्रा में प्राप्त हुए हैं। मुद्राओं पर उसके लिए राजा तथा अभिलेखों में क्षत्रप एवं महाक्षत्रप उपाधि का प्रयोग किया गया है, इसके अभिलेख नासिक[128], कार्ले[129], तथा जुन्नर[130] से प्राप्त हुए हैं, उसके दामाद उषवदात के अभिलेखों में उसके द्वारा दिए गए दान का उल्लेख प्राप्त होता है। स्पष्ट है कि क्षत्रप सातवाहनों के प्रदेश पर अपना अधिकार बढ़ाते जा रहे थे। पेरिप्लस से भी इस संघर्ष की पुष्टि होती है। उसमें वर्णित है जब मम्बानस (नहपान) के राज्य का संघर्ष एरियका (अपरान्त) के राज्य के साथ हुआ तो कल्याण के बन्दरगाह की ओर जाने वाले यूनानी जहाजों को बेरीगाजा (भृगुकच्छ–भरूकच्छ) की ओर ले जाया जाने लगा।[131] जायसवाल ने एक जैन ग्रन्थ के आधार पर कच्छ को नहपान की राजधानी माना है।[132] नहपान के संवत् 41, 42,[133] और 45,[134] वाले अभिलेखों को लेकर विद्वानों में प्रबल मतभेद है कि यह विक्रम संवत् है या शक संवत्। अतएव नहपान की तिथि विवादाग्रस्त है। जोगलथम्बी से 13,250 मुद्राओं की प्राप्त निधि में नहपान की 9,000 मुद्राओं को गौतमीपुत्र सातकर्णि ने पुनर्लाञ्छित

करवाया।[135] ये इस तथ्य का द्योतक है कि गौतमीपुत्र ने नहपान को परास्त किया। सम्भवतः अपनी मृत्यु के कुछ पूर्व तथा अपनी अन्तिम पराजय से पूर्व नहपान ने सातवाहन प्रदेशों में अपने दामाद उषवदात के नेतृत्व में एक सेना भेजकर मालवा, नर्मदा नदी की घाटी, उत्तरी कोंकण, आधुनिक बरार का पश्चिमी भाग, उत्तरी तथा दक्षिणी महाराष्ट्र को विजित किया, और पश्चिमी दक्खिन से सातवाहन राज्य का समूल सफाया कर दिया। किन्तु यह निश्चित रूप से नहीं कहा जा सकता कि सातवाहनों की राजधानी प्रतिष्ठान पर भी क्षत्रप आधिपत्य स्थापित हो चुका था। नहपान द्वारा सातवाहनों के राज्य पर आधिपत्य मात्र अल्प समय के लिए ही था। इन विजयों के उपरान्त नहपान ने महाक्षत्रप की उपाधि धारण की, एवं विजित प्रदेशों की बागडोर अपने दामाद उषवदात के हाथों में दे दी। इस समय सातवाहनों में राजा सुन्दर सातकर्णि, चकोर सातकर्णि और शिवस्वाति जैसे दुर्बल राज शासन कर रहे थे।[136]

सातवाहन साम्राज्य का पुनरूत्थान

गौतमीपुत्र सातकर्णि

सातवाहनों के दुर्दिन में शिवस्वाति अन्तिम सातवाहन शासक था। पुराणों में वर्णित शिवस्वाति ने 28 वर्ष तक शासन किया।[137] गौतमी बलश्री उसकी रानी थी। नासिक के लेख[138] में वह स्वयं को 'महादेवी' कहकर सम्बोधित करती है। ऐसा प्रतीत होता है कि उसके पति ने महाराज की उपाधि धारण कर रखी थी, एवं उसके अधिकार में दक्षिण महाराष्ट्र के प्रदेश थे। गौतमीपुत्र सातकर्णि के पूर्व तक सातवाहनों का भविष्य अन्धकारमय ही था। उनका आर्थिक जीवन विश्रृंखल हो चुका था। गौतमीपुत्र सातकर्णि ने सातवाहनों में नवीन शक्ति का संचार कर अपने वंश का पुनरूत्थान किया।

लगभग आधी शती के दीर्घकालीन राजनैतिक संकट एवं अव्यवस्था की स्थिति को समाप्त कर गौतमीपुत्र सातकर्णि ने सातवाहन राजवंश की विचलित राजलक्ष्मी को पुनः प्रतिष्ठित किया। यह सातवाहन वंश का सबसे अधिक प्रतापी और यशस्वी शासक था। अपने शासनकाल के प्रथम पंद्रह–सोलह वर्षों में उसने अपना सामर्थ्य धीरे–धीरे बढ़ाकर विदेशी आक्रान्ताओं की दासता से अपने साम्राज्य को विमुक्त कराने का निश्चय किया।

राज्यारोहण के पश्चात् शासन के प्रथम सोलह वर्ष उसने अपने प्रबल शत्रु क्षत्रपों के उन्मूलनार्थ तैयारी में लगा दिए। शासन के सत्रहवें वर्ष पूर्ण रूप से शक्ति सम्पन्न होने के पश्चात् उसने मामाल–आहार (पूना जिला) को विजित किया। तदन्तर अगले वर्ष दक्षिणी महाराष्ट्र में अपनी शक्ति सुदृढ़ की।[139] सातकर्णि के वीरतापूर्ण कार्यों तथा उसके साम्राज्य विस्तार का काव्यात्मक विवरण उसकी माता गौतमीबलश्री के नासिक गुहा अभिलेख[140] में प्राप्त होता है। उसकी माता गौतमी ने अपने पौत्र पुलुमावि के राजत्वकाल में नासिक में त्रिरश्मि पर्वत में एक गुफा भद्रायणीय सम्प्रदाय को दान स्वरूप प्रदान की। इस दान के सम्बन्ध में उसका लेख इस गुहा में खोदा गया है। यह लेख इस तथ्य की ओर संकेत करता है कि गौतमीबलश्री ने अपने आरम्भिक जीवन में महाराष्ट्र की भूमि को म्लेच्छों (शक, यवन, पह्लव) द्वारा रौंदे जाते हुए देखा था। उसके पुत्र सातकर्णि ने अपनी मातृभूमि को इनसे मुक्त करा कर इसके गौरव को पुनः प्रतिष्ठित किया।

क्षत्रपों के उन्मूलनार्थ सातकर्णि ने सर्वप्रथम विदर्भ पर आक्रमण कर वेणातीर के पौनी (प्राचीन कुशावती) प्रदेश के क्षत्रपों को परास्त किया।[141] तदन्तर नहपान को परास्त करने के लिए उसने पश्चिम की ओर रूख किया। नासिक के निकट गोवर्धन के आस–पास के क्षेत्र में दोनों का घमासान युद्ध हुआ। इस युद्ध में नहपान को पराजय का मुख देखना पड़ा। पराजित नहपान को

पश्चिम के सह्यपर्वत के 'मावल' प्रदेश में शरण लेनी पड़ी।[142] विजयोपरान्त गौतमीपुत्र ने नासिक की बौद्ध गुफाओं के भिक्षु संघ को अजकालकिय नामक खेत दान किया। नासिक की गुफा में गौतमीपुत्र सातकर्णि के शासनकाल के संवत्सर 18 में अभिलेख[143] के रूप में उत्कीर्ण कराई गई यह आज्ञा गौतमीपुत्र सातकर्णि द्वारा शक क्षत्रप नहपान पर संस्मरणीय विजयोपरांत गोवर्धन के अपने विजयी शिविर से निकाली गई थी। अभिलेख में सातकर्णि की सेना को वैजयन्ती (विजयी) कहकर सम्बोधित किया गया है। इस विशेषण का अर्थ विद्वानों ने अनेक प्रकार से लिया। ब्यूह्लर ने इसका अर्थ विजयन्त अथवा इन्द्र से संरक्षित लिया है।[144] किन्तु इसका इस अर्थ में प्रयोग अन्यत्र कहीं नहीं प्राप्त होता है। कुछ विद्वानों के अनुसार यह शब्द वैजयन्ती होगा। वैजयन्ती (वर्तमान बनवासी) कोंकण के आंध्रों (सातवाहन) के राज्य में समाविष्ट थी।[145] इस अर्थ को स्वीकार करने का तात्पर्य होगा 'गौतमीपुत्र की सेना, कि जिसमें (सैनिक) वैजयन्ती नगरी में भर्ती हुए थे' अथवा 'वहाँ के शिविर में विद्यमान।' यह अर्थ विलक्षण है! वाटेगाँव के मुद्रा संग्रह से स्पष्ट है कि इस समय गौतमीपुत्र का साम्राज्य वैजयन्ती नगर के चारों ओर के उत्तरी कानडा प्रदेश तक नहीं विस्तारित था।[146] इसके अतिरिक्त अभिलेख में यह भी स्पष्ट रूप से कहा गया है कि सेना वैजयन्ती नगरी में नहीं, वरन् गोवर्धन में थी। अतएव सम्भवतः 'वैजयन्ती' का तात्पर्य 'विजयी' से है, और विजयखधावारा (विजयी शिविर से) का भी यही अर्थ है। उपर्युक्त विशेषण इस बात के द्योतक हैं कि यह दान देने के पूर्व सातकर्णि ने नहपान पर संस्मरणीय विजय प्राप्त की थी।

इस अभिलेख में गौतमीपुत्र को बेनाकटकस्वामी कहकर सम्बोधित किया गया है। ब्यूह्लर ने बेनाकटका उद्‌वाचित कर उसका अन्वय गोवधनस पद से लगाकर इसका अर्थ 'गोवर्धन के बेनाकटक से' किया है।[147] किन्तु गोवर्धन प्रदेश में बेनाकटक नामक कोई स्थान

नहीं है। इसके अतिरिक्त गोवधनस का अन्वय प्राकृत भाषा की व्याकरणानुसार उसके पूर्व के विजयखधावारा (विजयी शिविर) से है। अतः ब्यूह्लर के अन्वयार्थ स्वीकार नहीं किए जा सकते।

वस्तुतः बेनाटक अर्थात् बेणा विदर्भ का वैनगंगा के तट पर स्थित एक छोटा सा प्रदेश था। प्राचीन काल में जिलों के नाम 'कट' पदान्त थे, यथा, वरदाकट (वह्राड), नान्दीकट (नांदेड), करहाकट (कह्राड) आदि। निष्कर्ष रूप में कह सकते हैं कि गौतमीपुत्र सातकर्णि ने नहपान के ऊपर की गई संस्मरणीय विजय की स्मृति में स्वयं को प्रतिष्ठानस्वामी न कहकर बेनाकटकस्वामी कहकर सम्बोधित किया है।

नासिक का यह युद्ध गौतमीपुत्र के शासनकाल के अट्ठारहवें वर्ष में वर्षा ऋतु के द्वितीय पक्ष के प्रारम्भ के थोड़े दिन पहले हुआ था। उसके राज्य का आरम्भ किस वर्ष में हुआ, ज्ञात नहीं है। किन्तु नहपान के शासन का अंतिम ज्ञात वर्ष, शक संवत् 46 है अर्थात् लगभग 124–125 ई0। अतः सम्भवतः यह युद्ध 125 ई0 के आसपास हुआ होगा।

सम्भवतः नासिक की विजयोंपरान्त गौतमीपुत्र ने नहपान का पीछा पश्चिम के सहयाद्रि तक किया और उसे जड़–मूल से नष्ट कर दिया। इसके पश्चात् उसने कार्ले की वलुरक गुफा में निवास करने वाले महासंघिक निकाय के भिक्षुओं को आजीविका हेतु मामाल आहार के करजक गाँव को दान स्वरूप प्रदान किया। इसकी पुष्टि कार्ले की गुफा में संवत्सर 18 में गौतमीपुत्र सातकर्णि द्वारा उत्कीर्ण अभिलेख[148] से होती है। अभिलेख में आगे उल्लिखित है कि यह आज्ञा मामाड के अमात्य (पुरूगुप्त) को मौखिक दी गई थी।

कार्ले की ही गुफा में ऋषभदत्त द्वारा उत्कीर्ण कराए अभिलेख[149] में उल्लिखित गाँव करजक पहले ऋषभदत्त द्वारा वलूरक के भिक्षुओं की आजीविका हेतु दान में प्रदान किए जाने का उल्लेख

है। सम्भवतः उसी गाँव के उन्हीं भिक्षुओं की आजीविका के लिए दिये जाने के कारण नासिक अभिलेख की तरह यह आज्ञा गौतमीपुत्र ने नहपान पर विजय प्राप्त करने के पश्चात् दी होगी। इस लेख का संवत्सर स्पष्ट नहीं है। रैप्सन के अनुसार गौतमीपुत्र ने करजक–ग्रामदान की यह आज्ञा अपने विजयी शिविर से निकाली थी, अतः नासिक अभिलेख की भाँति यह आज्ञा भी नहपान पर विजय के तुरन्त बाद ही निकाली गई होगी। इस अभिलेख में उसका काल राज्य संवत्सर 18, वर्षा पक्ष 4, दिवस 1 वर्णित है। अतः सम्भवतः गौतमीपुत्र की इन दोनों विजयों के मध्य लगभग पंद्रह दिनों का अन्तराल रहा होगा।

इस युद्ध में नहपान को अत्यधिक हानि उठानी पड़ी। वासिष्ठीपुत्र पुलुमावि के नासिक अभिलेख में गौतमीपुत्र सातकर्णि का उल्लेख क्षहरात वंश का समूल उच्छेद करने वाले के रूप में किया गया है।

जैनग्रन्थ आवश्यकसूत्र की टीका निरूक्ति के अनुसार[150] नहपान की राजधानी भृगुकच्छ (भड़ौच) थी। प्रतिष्ठान के शासक सातवाहन राजा ने शक क्षत्रप नहपान के विरूद्ध सेना संगठित कर भृगकच्छ पर आक्रमण किया, किन्तु लगभग दो वर्ष तक इस नगर की घेराबन्दी के बाद भी उसे सफलता नहीं मिली। इसके पश्चात् सातवाहन शासक ने कूटनीति का परिचय देते हुए नहपान के मंत्री को अपने पक्ष में किया और उसी के माध्यम से नहपान को यह प्रेरणा दिलवाई कि वह पुण्यप्राप्ति हेतु अपने राजकोश का उदारतापूर्वक दान करे। उसकी यह कूटनीति काम कर गई और जब नहपान का सम्पूर्ण राजकोश समाप्त हो गया तो सातवाहन शासक ने उस पर आक्रमण कर उसे परास्त कर मार दिया, और उसकी राजधानी भृगकच्छ को ध्वस्त कर दिया। इस विवरण में कितना सत्यांश है, निश्चित रूप से इस सम्बन्ध में कुछ नहीं कहा जा सकता। परन्तु इससे शकों पर गौतमीपुत्र की विजय की पुष्टि अवश्य होती है। अपरान्त, अनूप, सौराष्ट्र, कुकुर, आकर तथा

अवन्ति भी नहपान के आधिपत्य में थे जिन्हें गौतमीपुत्र ने अपने साम्राज्य में मिला लिया था।

नहपान पर विजय प्राप्त करने के उपरान्त गौतमीपुत्र सातकर्णि ने अपने राज्य का विस्तार करने का निर्णय लिया और अपने अजेय विजयाभियान से न केवल दक्षिण, वरन् उत्तर भारत के भी अनेक प्रदेशों को विजित किया। वासिष्ठीपुत्र पुलुमावि के संवत्सर 19 में नासिक गुफा में उत्कीर्ण कराए गए अभिलेख में सातकर्णि के साम्राज्यान्तर्गत प्रदेशों का उल्लेख किया गया है।[154] उल्लिखित है कि, 'जो ऋषिक, अश्मक, मूलक, सुराष्ट्र, कुकुर, अपरान्त, अनूप, विदर्भ (और) आकरावन्ती देशों का राजा था; जो विन्ध्य, ऋक्षवत्, परिपात्र, सह्य, कृष्णगिरि, मच, श्रीस्तन, मलय, महेन्द्र, श्वेतगिरि तथा चकोर पर्वतों का स्वामी था; जिसकी आज्ञा सभी राजमंडलों के अधिपति मानते थे .... जिसके वाहनों (घोड़े, हाथी आदि) ने तीनों समुद्र का पानी पिया था ......।

उपरोक्त वर्णन कुछ अतिश्योक्तिपूर्ण अवश्य हो सकता है; किन्तु इसमें कोई सन्देह नहीं है कि कम से कम उपरोक्त प्रदेश उसके साम्राज्य के अन्तर्गत थे।

सातकर्णि के साम्राज्यान्तर्गत सन्निहित उपरोक्त प्रदेशों का समीकरण वर्तमान के निम्न क्षेत्रों सें किया जाता है:–

असिक

ई0 सेना तथा जी0 वेंकटराव ने असिकों को ऋषिकों से समीकृत किया है।[152] खारवेल के हाथीगुम्फा अभिलेख में असिक नगर को कृष्णा नदी के तट पर स्थित बताया है। हेमचंद्र रायचौधरी ने असिकों को कृष्णा नदी की घाटी के मध्य भाग का निवासी माना है। रामायण तथा महाभारत के वर्णनानुसार यह प्रदेश अनूप, विदर्भ एवं अश्मक के निकट स्थित था।[153] यह सम्भवतः वर्तमान का खानदेश ही होना चाहिए।

असक

सुत्त निपात के अनुसार असक (अश्मक) प्रदेश प्रतिष्ठान के दक्षिण में गोदावरी नदी का तटवर्ती क्षेत्र सम्मिलित था। उसका समीकरण वर्तमान के अहमदनगर और बीड जिले से किया गया है।[154] इसका उल्लेख पाणिनि की अष्टाध्यायी, अस्सक जातक तथा महाभारत में प्राप्त होता है।[155] हेमचन्द्र रायचौधरी इसे गोदावरी नदी की घाटी का मध्यवर्ती क्षेत्र मानते हैं।[156] कुछ विद्वानों ने इसका समीकरण ग्रीक लेखकों द्वारा वर्णित अस्पेसियंस या अश्वकों से किया है।

मुलक (मूलक)

जी0 वेंकटराव ने महाराष्ट्र पैठण के आस–पास के क्षेत्र को मुलक माना है। लीट ने मुलक का समीकरण पश्चिमोत्तर भारत की मूलिक नामक जनजाति से किया है।[157] वस्तुतः मुलक वर्तमान में उत्तरी महाराष्ट्र का औरंगाबाद जिला है। पालि साहित्य सुत्तनिपात, पारायणवग्गो तथा वत्थुगाथा के अनुसार इसकी राजधानी पतिट्ठान (वर्तमान पैठण) थी।[158]

कुकुर

वराहमिहिर ने इसे मध्य देश माना है, और नर्मदा के उत्तर के भू–क्षेत्र को इसमें सम्मिलित किया है,[159] कुछ विद्वानों ने इसे उत्तरी काठियावाड़ में आनर्त के निकट का प्रदेश अथवा पूर्वी राजपूताना माना है। सुधाकर चट्टोपाध्याय ने कुकुर को मध्य प्रदेश में पश्चिमी विन्ध्य का निकटवर्ती क्षेत्र माना है।[160]

सुरठ (सौराष्ट्र)

सौराष्ट्र दक्षिणी काठियावाड़ का प्राचीन नाम था। यह प्रदेश उसने क्षत्रपों से जीता था।

अपरान्त

इस प्रदेश में उत्तरी कोंकण तथा उत्तरी महाराष्ट्र के नासिक तथा कार्ले जिले सम्मिलित थे। भगवानलाल इन्द्रजी ने वात्स्यायन के कामसूत्र की टीका के आधार पर इसे पश्चिमी समुद्रतटीय क्षेत्र माना है – **"अपरान्तिका इति पश्चिम – समुद्रतीरे उपरान्त देशस्तत्रभवाः।"** महाभारत में भी अपरान्त की यही स्थिति बतायी गई है।

अनूप

नर्मदा नदी के ऊपरी भाग में स्थित इस प्रदेश की राजधानी माहिष्मती थी,[161] जिसका समीकरण वर्तमान के माहेश्वर से किया गया है। मिराशी ने भी इसे माहेश्वर के आस–पास का क्षेत्र माना है। रघुवंश[162] के विवरणानुसार सुराष्ट्र, अनूप तथा आनर्त्त निकटवर्ती जनपद थे और अनूप सम्भवतः आनर्त्त के दक्षिण में स्थित था।

विदर्भ

विदर्भ आज भी अपने प्राचीन नाम से ही जाना जाता है। किन्तु प्राचीन काल में इसमें उत्तर में नर्मदा से लेकर दक्षिण में गोदावरी तक का क्षेत्र सम्मिलित था। कालिदास के नाटक मालविकाग्निमित्र[163] के अनुसार महाराष्ट्र के बरार क्षेत्र का पश्चिमी भाग विदर्भ कहलाता था। इसमें पयोष्णी घाटी तथा ताप्ती की घाटी का मध्य भाग सम्मिलित था और यहाँ के निवासी भोज कहलाते थे।

आकर

आकर का समीकरण पूर्वी मालवा से किया गया है। इसकी राजधानी विदिशा (भिलसा) थी।[164] रूद्रदामन् के जूनागढ़ अभिलेख[165] में भी इसका उल्लेख प्राप्त होता है।

अवन्ति

इसका समीकरण पश्चिमी मालवा से करते हैं, जिसकी राजधानी उज्जैन थी। रीज़ डेविड्स इसे विन्ध्य के उत्तर में तथा मुम्बई के उत्तर–पूर्व का क्षेत्र मानती हैं।[166] सातवी–आठवीं शती में यही क्षेत्र मालवा कहलाने लगा। महाभारत में इसे नर्मदा नदी के तट पर स्थित वर्णित किया गया है।

सम्भवतः सातकर्णि ने कुकुर, अवन्ति और सुरठ के मध्यवर्ती आनर्त्त, श्वभ्र (साबरमती का प्रदेश) तथा मरू प्रदेश भी विजित किए।[167]

उपरोक्त वर्णित प्रदेशों के अतिरिक्त निम्न पर्वतों का भी उल्लेख नासिक प्रशस्ति में किया गया है, जो सातकर्णि के साम्राज्यान्तर्गत सन्निहित थे :–

विन्ध्य

विन्ध्य गुजरात के पूर्व की पर्वतमाला थी। किन्तु सातकर्णि के राज्यान्तर्गत भोपाल के पूर्व की ओर स्थित पर्वत–श्रृंखला ही मात्र सम्मिलित थी; इसमें बरार की निकटवर्ती पहाड़ियाँ भी सन्निहित थीं।[168]

सह्य

प्राचीन साक्ष्यों में पश्चिमी घाटों के उत्तरी भाग सह्य के नाम से वर्णित हैं। इसका विस्तार उत्तर में नीलगिरि की पहाड़ियों के उत्तर में है।

मलय

पश्चिमी घाटों के दक्षिणी भाग का प्राचीन नाम मलय था,[169] जो ताम्रपर्णी नदी की घाटी में स्थित है।

ऋक्षवत्

टाल्मी के विवरण के आधार पर बी0सी0 लाहा ने इसे विन्ध्य–मेकला से समीकृत किया है,[170] ऋक्षवत् से आशय नर्मदा नदी के उत्तर में स्थित विन्ध्य–मेकला के मध्यवर्ती भाग से है। पार्जिटर ने इसका समीकरण सतपुड़ा की पहाड़ियों से किया है,[171] जो उचित प्रतीत होता है।

परियात्र

इस पर्वत श्रृंखला का विस्तार चर्मणवती (चम्बल) के उद्गम स्थान से लेकर बम्बई की खाड़ी तक था। कुछ विद्वानों ने इसे अरावली एवं विन्ध्य का पश्चिमी भाग माना है। पार्जिटर के अनुसार वेदवती, सिन्धु, सदानीरा, माही, चर्मणवती, क्षिप्रा तथा अवर्णी आदि नदियाँ आदि विन्ध्य पर्वत–श्रृंखला के जिस भाग से निकलती हैं, वही परियात्र कहलाता था।[172]

कान्हगिरी

वा0वि0 मिराशी इसका समीकरण कान्हेरी से करते हैं। कान्हेरी से यज्ञश्री सातकर्णि के संवत्सर 16 में उत्कीर्ण कराए अभिलेख[173] में कृष्णगिरि का उल्लेख प्राप्त होता है, अभिलेख में उल्लिखित है कि, ''कल्याण के निवासी आनन्द के पुत्र उपासक अपरेणु व्यापारी तथा उसके परिवार के सभी लोगों ने अपने माता–पिता के पुण्योपार्जनार्थ कृष्णगिरी पहाड़ी में गुफा तथा सभागृह भिक्षुसंघ के लिए खुदवाया।'' इसी को कराकोरम की पहाड़ी भी कहते हैं।

मच

भगवानलाल इन्द्रजी ने इसका समीकरण नासिक के उत्तर में छः मील दूर स्थित रामशेज पहाड़ से किया है।[174] कुछ विद्वानों ने इसे पश्चिमी घाटों का दक्षिणी भाग माना है।

सिरिटन (श्रीस्तन)

जी0 वेंकटराव ने इसका समीकरण आन्ध्र प्रदेश के श्रीशैल से किया है।[175]

सेटगिरि (श्वेतागिरी)

सेटगिरि आन्ध्र में नागार्जुनकोंडा के निकट की पहाड़ी का नाम था। यहीं के आभीर राजा वसुषेण के अभिलेख में इस पहाड़ी का उल्लेख आया है।[176] यह सम्भवतः नानाघाट के निकट स्थित पहाड़ होगा।

नानाघाट में स्कन्ध सातकर्णि के संवत्सर 13 में उल्लिखित अभिलेख[177] में कामवन के गृहपति दमघोष द्वारा सतगर (श्वेतगिरी) पहाड़ में पानी की तलैया खोदवाकर भिक्षुसंघ को दान में देने का वर्णन किया गया है। सम्भवतः सहयाद्रि पर्वत की एक पश्चिमी शाखा का नाम कृष्णगिरि तथा पूर्वी शाखा का नाम श्वेतगिरि था। दोनों अभिलेखों में वर्णित सतगर और सेतगिरि एक ही हैं।

महेन्द्र

कालिदास के रघुवंश[178] में महेन्द्र को कलिंग राज्य में स्थित बताया है। कुछ विद्वानों ने इसे गंजाम जिले में अवस्थित माना है। पार्जिटर के मतानुसार महेन्द्र महानदी एवं गोदावरी नदियों के मध्य के पूर्वी घाटों का नाम था।[179]

चकोर

कुछ विद्वानों ने सेतगिरि एवं चकोर को पूर्वी घाटों का दक्षिणी भाग माना है। किन्तु फिर भी इसके विषय में निश्चित रूप से कुछ नहीं कहा जा सकता है।

गौतमीपुत्र ने उत्तर भारत पर भी आक्रमण किया, इसमें कोई सन्देह नहीं है। नासिक अभिलेख में उसे शक, यवन, पहलव आदि

का निःपात करने वाले व्यक्ति के रूप में उल्लिखित किया गया है। यवनों और पहलवों से उसका सामना नर्मदा के उत्तर में मालवा–सौराष्ट्र–राजस्थान प्रदेश में हुआ होगा।[180]

साम्राज्य विस्तार

नासिक प्रशस्ति के अनुसार उत्तर में मालवा से लेकर दक्षिण में मलय तथा सह्य पर्वतों के मध्यवर्ती विशाल भू–भाग के अनेक प्रदेशों, जनजातियों तथा पर्वतीय क्षेत्रों तक सातकर्णि के साम्राज्य का विस्तार था। इस सम्बन्ध में रैप्सन[181] ने अपना मत व्यक्त करते हुए कहा कि उपर्युक्त समस्त प्रदेश उसके साम्राज्य के अन्तर्गत सन्निहित नहीं थे, वरन इनके शासकों ने गौतमीपुत्र के समक्ष समर्पण किया था। नासिक प्रशस्ति का यह वर्णन कि गौतमीपुत्र की सेना के अश्वों ने तीन समुद्रों (बंगाल की खाड़ी, अरब सागर तथा हिन्द महासागर) का पानी पिया था, का यह अर्थ कदापि नहीं लेना चाहिए कि उसका साम्राज्य बंगाल की खाड़ी से अरब सागर तक विस्तृत था। एम0 रामाराव के अनुसार गौतमीपुत्र के साम्राज्य में सम्पूर्ण पश्चिमी एवं पूर्वी दक्षिणापथ सम्मिलित थे।

निष्कर्ष रूप में कह सकते हैं कि उत्तर में सौराष्ट्र, राजस्थान का दक्षिणी भाग, मालवा एवं उसके निकटवर्ती प्रदेश से लेकर दक्षिण में कृष्णा नदी तक, पश्चिम में अरब सागर तक तथा पूर्व में बंगाल के उपसागर तक सातकर्णि का राज्य विस्तारित था। आन्ध्र में पेड़ाबंकूर[182] से अश्व, पर्वत तथा स्वास्तिक चिह्नों से अंकित, सातकर्णि की मुद्राएँ प्राप्त हुई हैं। इसीलिए इसमें कदापि सन्देह नहीं है कि सातकर्णि ने आन्ध्र देश विजित किया था। किन्तु कृष्णा नदी के दक्षिण में स्थित कुन्तल प्रदेश उसके आधिपत्य में नहीं था, क्योंकि सांगली जिले के वाटेगाँव से प्राप्त मुद्रानिधि[183] में वासिष्ठीपुत्र पुलुमावि तथा स्कन्ध सातकर्णि की तो मुद्राएँ हैं, लेकिन गौतमीपुत्र सातकर्णि की एक भी मुद्रा नहीं है।

सातकर्णि ने पोटिन तथा रजत की मुद्राएँ जारी करवाई। तरहाला (विदर्भ)[184], कोंडापुर[185], पेड़ाबंकूर[186], बालपुर[187] (छत्तीसगढ़), जोगलथम्बी[188] (नासिक) आदि पुरास्थलों से उसकी मुद्राएँ प्राप्त हैं। बालपुर से गौतमीपुत्र की आवक्ष आकृति वाली रजत मुद्राएँ मिली हैं। इसके अतिरिक्त गौतमीपुत्र ने नहपान की रजत मुद्राओं को पुनर्मुद्रित कर प्रचलित करवाया। नासिक जिले के जोगलथम्बी से प्राप्त मुद्रानिधि में इस प्रकार की 9,000 से भी अधिक रजत मुद्राएँ थीं।

व्यक्तित्व एवं उपलब्धियाँ

गौतमीपुत्र ने समकालीन अनेक महत्वपूर्ण राजनैतिक शक्तियों पर प्रभुत्व स्थापित कर एक विशाल साम्राज्य का निर्माण किया। तदन्तर उसने प्रशासनिक कार्यों की ओर अपना पूरा ध्यान दिया। गोवर्धन जिले में उसने बेनाकटक नामक नवीन नगर का निर्माण किया।[189] नहपान की मुद्राओं को पुर्नमुद्रित कराकर राजराज एवं महाराज की उपाधियाँ धारण की।

उसे अपनी प्रजा का महान हितैषी एवं उसके सुख–दुख का भागी बताया गया है। नासिक अभिलेख[190] में वर्णित है – **'परिजननिविसेससमसुखदुखस'।** प्रजा पर वह ऐसे ही कर लगाता था, जो धर्मशास्त्रानुमोदित होते थे। अपराध करने वाले व्यक्तियों के प्रति भी वह कठोर व्यवहार नहीं करता था, उनकी जान लेने का भी प्रयत्न नहीं करता था। नासिक प्रशस्ति[191] में उसे अद्वितीय ब्राह्मण (एकबाम्हण), क्षत्रियों के मान का मर्दन करने वाला (खतियादपमानमदनस), वर्ण संकरता को रोकने वाला अनुपम धर्नुधर एवं शूरवीर (एकधनुधरस –एकसरस), राम, केशव, अर्जुन एवं भीम के समान पराक्रमी, राजा नहुष, जनमेजय, ययाति एवं अम्बरीश के तुल्य तेजस्वी (रामकेसवार्जुन भीमसेनतुलपकमस .... नहुसजनमेजययायातिमावरीस समतेजस), शत्रुओं को पराजित करने में दक्ष, वेदों एवं शास्त्रों में पारंगत (आगमाननिलयस), श्रेष्ठ व्यक्तियों

का आश्रय (सपुरिसानमअसयस) तथा लक्ष्मी का निवास–स्थल (सिरीयअधिठानस) कहा गया है।

प्रशस्ति में आगे वर्णित है कि गौतमीपुत्र का रूप पूर्ण चन्द्रमा जैसा था। उसकी चाल गजराज की भाँति एवं बाहु शेष शरीर की तरह गठीले थे। निरन्तर दान देने के कारण उसके हाथ सदैव आर्द्र रहते थे। वह अपनी माता गौतमीबलश्री का निष्ठावान सेवक था। उसने वलुरक गुफा में निवास करने वाले महासंघिक निकाय के भिक्षुओं की आजीविका के लिए करजक गाँव दान में दिया। तब से गौतमीबलश्री ने भिक्षुसंघ को राजाश्रय देना आरम्भ किया। छः वर्षों के अनन्तर जब गौतमी को ज्ञात हुआ कि उस खेत में हल नहीं चलाया जाता तथा जिस गाँव में वह खेत था, वह उद्ध्वस्त हो चुका है, तो उसने अपने पुत्र सातकर्णि से पुराने खेत के बदले दूसरा शासकीय खेत देने की आज्ञा निकलवाई।[192] यह राजाज्ञा उसके तथा उसकी माँ के नाम से जारी की गई थी, जो राज्यव्यवहार में उसके प्रभुत्व का द्योतक है। देवीगुफा के नाम से विख्यात इस गुफा का कार्य गौतमीपुत्र के पुत्र वासिष्ठीपुत्र पुलुमावि के शासनकाल के उन्नीसवें वर्ष में भी जारी था। उसके लिए गौतमी ने अपने पौत्र (पुलुमावि) से पिशाचीपद्रक गाँव दान करवाया।[193] ऐसा प्रतीत होता है कि उस समय उस गुफा के प्रवेश द्वार के दोनों तरफ के स्तंभों पर खोदे गए शिल्पपट्ट का कार्य जारी था। उसमें दिखाया गया है, कि सातकर्णि के पिता के समय शत्रु ने सातवाहनों की राज्यश्री का हरण कैसे किया और सातकर्णि ने उसे किस प्रकार मुक्त कराया, उसके साथ उसने कुछ समय किस तरह प्रसन्नता से व्यतीत किया, तदन्तर पुलुमावि के शासनकाल में फिर उसका हरण करने का प्रयत्न कैसे किया गया, किन्तु पुलुमावि ने उसे कैसे विफल किया।[194]

गौतमीपुत्र मातृपरक नाम धारण करने वाला सातवाहन वंश का पहला शासक था। आगे के शासकों ने उसके द्वारा आरम्भ की गई इस परम्परा का निर्वहन किया।

राज्यकाल

गौतमीपुत्र सातकर्णि का राज्यकाल अत्यधिक विवादास्पद है। विभिन्न विद्वानों द्वारा प्रस्तावित उसके सिंहासनारोहण की तिथियाँ 40 ई0पू0 से 125 ई0पू0 तक मानी गईं है।[195] गौतमीपुत्र ने अपने राज्यकाल के अट्ठारहवें वर्ष में नहपान पर विजय प्राप्त की। इसके बाद उसने कम से कम छः वर्ष तक राज्य किया होगा, क्योंकि उसके शासनकाल के चौबीसवें वर्ष का अभिलेख[196] नासिक की गुफा में खोदा गया है। इस अल्पावधि में ही उसने सौराष्ट्र, राजस्थान का कुछ भूभाग, मध्य भारत, उत्तरी महाराष्ट्र, कोंकण, आन्ध्र आदि प्रदेशों को विजित किया।[197]

रैप्सन के अनुसार नहपान के राज्यकाल का वर्ष 46, (जिसे रैप्सन ने 78 ई0 में आरंभ होने वाले शक संवत् का वर्ष, अर्थात् 78+46=124 ई0) माना है गौतमीपुत्र के शासनकाल का अट्ठारहवाँ वर्ष था।[198] अतएव वह (124–18=) 106 ई0 के आस–पास गद्दी पर बैठा होगा। नासिक की गुफा सं0 तीन में उत्कीर्ण अभिलेख[199] गौतमीपुत्र के राज्यकाल के चौबीसवें वर्ष का है। इससे प्रतीत होता है कि उसने कम से कम 24 वर्ष तक शासन किया होगा। इस आधार पर गौतमीपुत्र की शासनावधि 106 से 130 ई0 तक मानी जाती है।

संयुक्त-शासन विषयक मत

आर0जी0 भण्डारकर का यह विचार है, कि शासन के अन्तिम वर्षों में गौतमीपुत्र ने अपने पुत्र वासिष्ठीपुत्र पुलुमावि के साथ संयुक्त रूप से राज्य किया।[200] अपने इस मत की पुष्टि के लिए उन्होंने तर्क दिए कि नासिक प्रशस्ति में गौतमीबलश्री को महाराज (गौतमीपुत्र) की माता एवं महाराज (वासिष्ठीपुत्र) की पितामही कहा गया है। अतः इस आधार पर यह कहा जा सकता है कि शासन के चौबीसवें वर्ष तक गौतमीपुत्र अस्वस्थता के कारण

प्रशासन का उत्तरदायित्व वहन करने के लिए असमर्थ हो गया था, और गौतमी बलश्री राजकीय कार्यों का सम्पादन करती होगी।

इसके अतिरिक्त उन्होंने एक ओर तर्क देते हुए कहा कि नासिक प्रशस्ति में पुलुमावि की उपलब्धियों का उल्लेख न करके गौतमीपुत्र सातकर्णि की उपलब्धियों का वर्णन किया गया है। गौतमीपुत्र इस अभिलेख को जारी करने के समय जीवित रहा होगा।

डी0आर0 भण्डारकर ने भी उक्त मत का समर्थन किया। उनके अनुसार गौतमीपुत्र महाराष्ट्र का शासक था एवं शेष पैतृक साम्राज्य का शासक पुलुमावि था।[201]

परन्तु जूवो–दुब्रिआ, नीलकण्ठ शास्त्री और हेमचन्द्र रायचौधरी ने उक्त मत का खण्डन किया है।[202] इन विद्वानों के अनुसार नासिक प्रशस्ति में स्पष्ट रूप से वर्णित है कि इस गुफा का निर्माण गौतमीपुत्र सातकर्णि एवं गौतमी बलश्री के आदेशानुसार प्रारम्भ किया गया था और पुलुमावि के शासनकाल में इसे पूर्ण किया गया।[203] दोनों के द्वारा संयुक्त रूप से जारी किया गया अभी तक कोई अभिलेख प्राप्त नहीं हुआ है। इसके अतिरिक्त नहपान की मुद्राओं पर केवल गौतमीपुत्र के नाम की प्रतिछाप अंकित है। अतः निष्कर्षतः हम कह सकते हैं कि दोनों ने संयुक्त रूप से कभी शासन नहीं किया एवं नासिक प्रशस्ति के जारी करने के समय गौतमीपुत्र सातकर्णि जीवित नहीं था। अतएव उसकी शोकाकुल माता बलश्री ने अपने पुत्र की उपलब्धियों का उल्लेख कर स्वयं को सन्तुष्ट किया।

वासिष्ठीपुत्र पुलुमावि

गौतमीपुत्र सातकर्णि के पश्चात् लगभग 132 ई0 में उसका पुत्र वासिष्ठीपुत्र पुलुमावि सिंहासनासीन हुआ। पुराणानुसार उसने अट्ठाईस वर्ष शासन किया। इसके सही होने की सम्भावना है, क्योंकि

पुलुमावि का अन्तिम ज्ञात अभिलेख उसके शासनकाल के चौबीसवें वर्ष का है।[204] उसका शासनकाल लगभग 160 ई0 में समाप्त हुआ होगा। उसके शासनकाल में सातवाहन साम्राज्य अपने चरम् उत्कर्ष पर पहुँच गया। तथापि नर्मदा के उत्तर के प्रदेश तथा उत्तरी कोंकण पर क्षत्रपों का आधिपत्य स्थापित हो गया था। टॉल्मी[205] के अनुसार 140 ई0 के आस–पास चष्टन तथा उसके पौत्र रूद्रदामन् I ने सातकर्णि की मृत्योपरांत शीघ्र ही नर्मदा के उत्तर का प्रदेश पुलुमावि से जीत लिया था।

उत्तरी कोंकण में कान्हेरी में कार्दमकवंशीय महाक्षत्रप रूद्रदामन् की कन्या के अमात्य का एक लेख प्राप्त हुआ है।[206] अभिलेख में वासिष्ठीपुत्र सातकर्णि की रानी (जो कार्दमकवंश में उत्पन्न हुई थी और शकक्षत्रप रूद्रदामन् की कन्या थी) के विश्वासी अमात्य द्वारा अपने धर्मदाय के रूप में तलैया बनवाने का उल्लेख किया गया है। ऐसा प्रतीत होता है कि गौतमीपुत्र सातकर्णि की मृत्योपरांत सौराष्ट्र के क्षत्रपों तथा सातवाहनों के मध्य कुछ समय के लिए मित्रतापूर्ण सम्बन्ध स्थापित हो गए थे जिसे उन्होंने वैवाहिक सम्बन्धों में परिणित किया। रूद्रदामन् ने अपनी कन्या का विवाह वासिष्ठीपुत्र सातकर्णि के साथ सम्पन्न किया। किन्तु कालान्तर में दोनों के मध्य वैमनस्य उत्पन्न हो गया, जिसकी पुष्टि रूद्रदामन् के जूनागढ़ अभिलेख[207] से होती है। उसमें उल्लिखित है कि, 'रूद्रदामन् ने सातकर्णि को दो बार हराया, किन्तु उससे समीप का रिश्ता होने के कारण उसका समूल उच्छेद नहीं किया।'

अभिलेख में वर्णित सातकर्णि को लेकर विद्वानों में परस्पर मतभेद है। अभिलेख में वर्णित सातकर्णि रूद्रदामन् I का दामाद वासिष्ठीपुत्र सातकर्णि हो, यह सम्भव नहीं है, क्योंकि उस समय वह गद्दी पर नहीं बैठा था। वह वासिष्ठीपुत्र पुलुमावि रहा होगा। गौतमीपुत्र सातकर्णि की मृत्योपरान्त रूद्रदामन् द्वारा उत्तरी प्रदेशों को विजित करने का उल्लेख जूनागढ़ अभिलेख में किया गया है।

पूर्वविदित है कि सातकर्णि प्रथम के बाद ही सातवाहन वंश को सातकर्णि नामाभिधान प्राप्त हुआ था, अतएव इसमें कदापि अचरज नहीं मानना चाहिए कि जूनागढ़ अभिलेख में उल्लिखित सातकर्णि पुलुमावि ही रहा हो। अभिलेख में सातकर्णि को दक्षिणापथपति भी कहा गया है। पुलुमावि के लिए इसी उपाधि का प्रयोग नासिक गुफा में संवत्सर उन्नीस में अभिलिखित लेख[208] में किया गया है। अतः निष्कर्ष रूप में हम कह सकते हैं कि रूद्रदामन् I ने पुलुमावि को परास्त कर नर्मदा के उत्तर का प्रदेश एवं उत्तरी कोंकण हस्तगत किया।

पुलुमावि को अपने शासन काल में उत्तरी भारत का प्रदेश गँवाना पड़ा। किन्तु इससे हतोत्साहित न होकर अपनी सम्पूर्ण शक्ति अर्जित कर उसने दक्षिण के कुन्तल प्रदेश पर अपना प्रभुत्व स्थापित किया। इसकी पुष्टि कर्नाटक के सुप्रसिद्ध प्राचीन नगर वनवासी के मधुकेश्वर मंदिर के प्रांगण से प्राप्त अभिलिखित शिलालेख[209] से होती है। अभिलेख में उल्लिखित है कि, ''यह छायाप्रस्तर राजा वासिष्ठीपुत्र शिवश्री पुलुमावि की महादेवी (पटरानी) का है।''

इस लेख में पुलुमावि के लिए शिवश्री उपपद का प्रयोग किया गया है। अतएव कुछ विद्वानों[210] ने इसे पुलुमावि से भिन्न कोई अन्य सातवाहन शासक, सम्भवतः पुलुमावि का उत्तराधिकारी, माना है। अपने तर्क की पुष्टि हेतु वे पुराणों के निम्न श्लोक का आश्रय लेते हैं।[211]

''सप्तविंश सुतस्तस्य पुलोमा वै भविष्यति।
शिवश्रीवै पुलोमा तु सप्तैव भविता नृप।।''

श्लोकानुसार, गौतमीपुत्र सातकर्णि के अनन्तर उसका पुत्र पुलोमा (पुलुमावि) सिंहासनासीन हुआ। उसने सत्ताईस वर्ष तक शासन किया। उसके पश्चात् शिवश्री पुलोमा (पुलुमावि) ने सात वर्षों तक राज्य किया। किन्तु विद्वानों का यह मत नितान्त निराधार

है। प्राचीन काल से सातवाहन, पल्लव तथा कदंबवंशीय शासक शिवश्री उपपद वैकल्पिक रूप से अपने नाम के साथ लगाते थे। विदर्भ से पुलुमावि तथा शिवश्रीपुलुमावि दोनों ही नामों की मुद्राएँ प्राप्त हुई हैं।[212] नासिक प्रशस्ति[213] में उसके लिए वासिष्ठीपुत्र पुलुमावि नाम प्रयुक्त किया गया, जबकि वाटेगाँव मुद्रा संग्रह[214] में वासिष्ठीपुत्र शिवश्री पुलुमावि नाम प्राप्त होता है। वस्तुतः दोनों राजा एक ही व्यक्ति हैं। पुलुमावि के अतिरिक्त अन्य शासकों ने भी शिवश्री उपपद का प्रयोग किया, यथा शिवश्रीआपीलक। इसके अतिरिक्त वनवासी में हारितीपुत्र चुटुकुलानन्द सातकर्णि के संवत्सर 12 में अभिलिखत कराए गए शिलालेख[215] में भी शिवस्कन्दश्री का उल्लेख किया गया है।

सातवाहनों के अतिरिक्त पल्लववंशीय शासकों में भी यह परम्परा थी। पल्लव शासक शिवस्कन्दवर्मा का नाम उसके मयिदवोलू[216] एवं हीरहडगल्ली[217] ताम्रपटों से ज्ञात होता है।

पुलुमावि एवं शिवश्रीपुलुमावि – दोनों शासकों को भिन्न मानकर यदि यह स्वीकार करें कि शिवश्रीपुलुमावि का पुत्र एवं उत्तराधिकारी था, तो यह भी स्वीकार करना होगा कि दोनों के लिए चूँकि वासिष्ठीपुत्र का प्रयोग किया गया है, अतएव दोनों की माताएँ वसिष्ठ गोत्र की थीं। यह सर्वथा असम्भव है। अतएव स्पष्ट है कि दोनों एक ही शासक थे। सम्भवतः कुन्तल प्रदेश को विजित करने के पश्चात् पुलुमावि ने राजनैतिक प्रयोजनार्थ वहाँ की राजकन्या से विवाह किया एवं कुछ समय पश्चात उसके निधनोपरान्त वनवासी में उसकी स्मृति में यह स्मारक–शिला वहाँ स्थापित कराई।

पुलुमावि के शासनकाल के नौ अभिलेख प्राप्त होते हैं, जिसमें से चार नासिक से,[218] तीन कार्ले से,[219] एक वनवासी[220] तथा एक अमरावती[221] से, प्राप्त हुए हैं। दकन के पठार के पूर्वी भाग से मिलने वाले एक अभिलेख में पहली बार इस सातवाहन राजा का

वर्णन प्राप्त होता है। अभिलेखों के अतिरिक्त पुलुमावि की मुद्राएँ साँगली[222], विदर्भ[223], हैदराबाद[224] के अतिरिक्त प0 महाराष्ट्र तथा आन्ध्र प्रदेश के कई क्षेत्रों से प्राप्त हुई हैं।

मद्रास तथा कुद्दालूर के मध्य–स्थित कोरोमंडल के समुद्रतटीय क्षेत्रों में वासिष्ठीपुत्र पुलुमावि की सीसे से निर्मित वृत्ताकार मुद्राएँ प्राप्त हुई हैं[225] इसी प्रकार की कुछ मुद्राएँ आन्ध प्रदेश के गुन्टूर जिले में स्थित अमरावती एवं पेनुमुली से भी प्राप्त हुई हैं।[226] इन मुद्राओं के पृष्ठ भाग पर दो मस्तूल वाला जहाज है, जिसके दोनों ओर शंख और पद्म तथा उज्जैन चिह्न का अंकन एवं **समिसा सिरि पुलु (माविस)** लेख प्राप्त होता है। दक्षिण के समुद्रतटीय क्षेत्रों से इस प्रकार की मुद्राओं की प्राप्ति इस तथ्य की ओर स्पष्ट संकेत करती हैं कि पुलुमावि के समय सातवाहनों की शक्ति का विस्तारीकरण हुआ, जिसकी पुष्टि भारतीय पुरातत्व सर्वेक्षण द्वारा 1962–63 ई0 में कांजीवरम् में कराए गए पुरातात्त्विक उत्खनन से प्राप्त पुरावशेषों से होती है।[227] स्पष्ट है कि दूसरी शती में पुलुमावि का राज्य–विस्तार कांची तक था। उसके काल में सामुद्रिक व्यापार को पर्याप्त प्रोत्साहन मिला।

निष्कर्ष रूप में कह सकते हैं कि पश्चिमी महाराष्ट्र, अश्मक, मूलक, दक्षिण कोसल, आन्ध्र, कर्नाटक आदि के साथ–साथ कोरोमंडल का समुद्रतटीय क्षेत्र भी पुलुमावि के आधिपत्य में था। निःसन्देह अपने पिता गौतमीपुत्र सातकर्णि की परम्परा का निर्वहन करते हुए अपने कुल की प्रतिष्ठा बनाए रखी थी। टॉल्मी की गाइड टू ज्यॉग्राफी से भी इसकी पुष्टि होती है। उसमें वर्णित है कि बैठन (पैठन या प्रतिष्ठान) राजा श्रीपुलुमावि की राजधानी थी। उसके साम्राज्य में महाराष्ट्र का अधिकांश भाग, दक्षिण कोसल, आन्ध्र और कर्नाटक के बड़े भू–भाग शामिल थे।[228] कुछ विद्वानों के अनुसार उसी के राज्यकाल में सातवाहनों के नवविजित प्रदेशों को आन्ध्रापथ तथा सातवाहनीय नाम प्रदान किए गए।[229] सम्भवतः

अपनी विजयों की स्मृति सुरक्षित रखने के लिए पुलुमावि ने नवनगर की स्थापना की और नवनगर स्वामी की उपाधि धारण की।[230] दक्षिणापथेश्वर की उपाधि के साथ–साथ उसने महाराज की उपाधि भी धारण की।

पुलुमावि ने ताम्र, पोटिन, सीसा, रजत आदि धातुओं की मुद्राएँ जारी करवायीं। इसने अपने शासन काल में दो नई प्रकार की मुद्राएँ प्रचलित कराई – एक सिंह प्रकार की मुद्रा और दो मस्तूल वाले जहाज के अंकन से युक्त मुद्रा[231], जो पश्चिमी महाराष्ट्र तथा आन्ध्र प्रदेश के विभिन्न क्षेत्रों के साथ–साथ कोरोमंडल के समुद्रतटीय क्षेत्रों से प्राप्त हुई हैं।

पुलुमावि के पश्चात् किस सातवाहन शासक ने राज्य किया। इस सम्बन्ध में पुराणों में निम्न श्लोक आया है[232]:

''(एकोनविंशतिं भाव्यः सातकर्णिस्ततो नृपः)
शिवश्रीवै पुलोमा तु सप्तैव भविता नृपः।
शिवस्कंधः सातकर्णिर्मवितास्यात्मजः समाः।।''

इन श्लोकों ने विद्वानों के मध्य असमंजस की स्थिति उत्पन्न कर दी है। इनमें से आरम्भ का श्लोकार्ध मात्र वायुपुराण की 'इ' पाण्डुलिपि में प्राप्त होता है।[233] उल्लेखनीय है कि इस पाण्डुलिपि के तथ्य विश्वसनीय सिद्ध हुए हैं। अतः हम यह कह सकते हैं कि श्लोक में वर्णित सातकर्णि कान्हेरी के अभिलेख में वर्णित कार्दमकवंशीय महाक्षत्रप रूद्रदामन् I का दामाद वासिष्ठीपुत्र सातकर्णि रहा होगा। अनेक अन्य पुराणों में पूर्ववत् श्लोकार्ध में शिवश्री नाम से उल्लिखित यही वासिष्ठीपुत्र शिवश्री सातकर्णि होगा। उनमें उसके नाम का उल्लेख न करके मात्र उसके वैकल्पिक उपपद शिवश्री का प्रयोग किया गया है। इस श्लोक का सही उद्‌वाचन 'शिवश्रीवै पुलोमात्तु सप्तैव भविता नृपः' है। यहाँ पुलोमात्तु से आशय पुलुमावि के बाद से है। इसके तदन्तर शासक का नाम शिवस्कन्ध (शिवस्कन्द) वर्णित है, जिसे शिवश्री सातकर्णि का पुत्र

कहा गया है। यह सर्वथा अनुचित है क्योंकि, वाटेगाँव मुद्रानिधि में उसकी मुद्राएँ वासिष्ठीपुत्र पुलुमावि की मुद्राओं के साथ मिली है,[234] जिन पर **'वासिठिपुतस सिरिखदसातकणिस'** लेख अंकित है। स्पष्ट है कि पुलुमावि, सातकर्णि और स्कन्ध तीनों वासिष्ठीपुत्र अर्थात् सहभ्राता थे।

इसके अतिरिक्त एक अन्य सातवाहन शासक वासिष्ठीपुत्र विजय सातकर्णि की आवक्ष आकृति के अंकन से युक्त रजत मुद्राएँ प्राप्त हुई हैं।[235] इसके अग्र भाग पर **'रञो वसठिपुतस स** ....' प्राकृत भाषा में एवं पृष्ठ भाग पर **'अरहणष (वाहिठिपुतष) हिरू विजय हतकणिष'** द्राविड़ी भाषा में लेख अंकित हैं। वासिष्ठीपुत्र विजय सातकर्णि की पोटिन की मुद्राएँ चन्द्रपुर एवं तरहला संग्रह में मिली हैं[236]। स्पष्ट है कि वह विदर्भ में शासन कर रहा था। रजत मुद्राओं में द्राविड़ी भाषा का प्रयोग यह सिद्ध करता है कि आन्ध्र प्रदेश का कुछ भू–भाग भी उसके आधिपत्य में था।

समस्त तथ्यों का अवलोकन करने के पश्चात् निष्कर्ष रूप में हम यह कह सकते हैं कि पुलुमावि, सातकर्णि, स्कन्द तथा विजय सातकर्णि चारों वासिष्ठीपुत्र थे। पुलुमावि के पश्चात् उसके साम्राज्य का विघटन हुआ, जिसके फलस्वरूप पश्चिमी महाराष्ट्र, कर्नाटक, विदर्भ आदि प्रान्त स्कन्द सातकर्णि को तथा आन्ध्र प्रदेश सातकर्णि को मिला, जहाँ से उसकी मुद्राएँ भी प्राप्त हुई हैं[237]। यद्यपि उन पर 'वासिष्ठीपुत्र' उपाधि नहीं है, तथापि हम यह कह सकते हैं कि ये गौतमीपुत्र सातकर्णि की न होकर वासिष्ठीपुत्र सातकर्णि की होंगी।

वाटेगाँव मुद्रानिधि में पुलुमावि के साथ–साथ स्कन्द सातकर्णि की सीसे की मुद्राएँ प्राप्त हुई हैं।[238] सम्भवतः पुलुमावि के बाद स्कन्द सातकर्णि का इस प्रदेश पर आधिपत्य हो गया था। इसके अतिरिक्त उसकी रजत मुद्रा नासिक से[239] एवं पोटिन[240] की मुद्राएँ विदर्भ से प्राप्त हुई हैं। आन्ध्र प्रदेश से उसकी कोई मुद्रा प्राप्त

नहीं हुई है। रजत मुद्राओं पर दोनों भागों में मुद्रालेख के अंकन हेतु प्राकृत भाषा का ही प्रयोग किया गया है, द्राविड़ी भाषा का नहीं। इससे भी स्पष्ट संकेत मिलता है कि आन्ध्र पर उसका राज्य नहीं था।

नानाघाट में प्राप्त एक अभिलेख में वासिष्ठीपुत्र चतरपण सातकर्णि का उल्लेख प्राप्त होता है[241]। पुराणों में न तो इस प्रकार के किसी शासक का वर्णन किया गया है, और न ही इसकी मुद्राएँ प्राप्त हुई हैं। भगवानलालइन्द्राजी ने इस वासिष्ठीपुत्र सातकर्णि का नाम चतरपण पढ़ा[242]। यह नाम अजीब सा लगता है। अतः ऐसा माना जाता है कि सम्भवतः इन्द्राजी के उद्‌वाचित इस नाम में कोई गलती होगी। चतरपण के स्थान पर 'खद' (स्कन्द) नाम रहा होगा[243]। अब अधिकांश विद्वान इस मत को स्वीकार करते हैं और इस लेख को स्कन्द सातकर्णि के शासनकाल के संवत्सर 13 में अभिलिखित कराया गया, मानते हैं। स्कन्द सातकर्णि की मुद्राएँ वाटेगाँव मुद्रानिधि, तरहला मुद्रानिधि तथा नासिक से भी प्राप्त हुई हैं। पुराणानुसार स्कन्द सातकर्णि ने तीन वर्ष शासन किया[244]। किन्तु ये अनुचित प्रतीत होता है, क्योंकि वाटेगाँव मुद्रानिधि में उसके नाम की 101 मुद्राएँ, जो कि भिन्न–भिन्न काल में निर्मित कराई गई प्रतीत होती हैं, प्राप्त हुई हैं[245]। इसी प्रकार तरहला मुद्रानिधि में भी उसकी अनेक मुद्राएँ हैं। इसके साथ ही नानाघाट अभिलेख भी उसके शासनकाल के संवत्सर 13 में उत्कीर्ण कराया। अतः यह असम्भव लगता है कि उसने मात्र तीन वर्ष शासन किया।

वासिष्ठीपुत्र सातकर्णि की रजत मुद्रा आन्ध्र प्रदेश के साथ–साथ पश्चिमी महाराष्ट्र में भी प्राप्त हुई हैं[246]। स्पष्ट है कि स्कन्द सातकर्णि के तदन्तर वासिष्ठीपुत्र सातकर्णि के शासनकाल में ये दोनों प्रदेश फिर एक हो गए थे। कोंकण प्रदेश में कान्हेरी में उसकी रानी के अमात्य का अभिलेख प्राप्त हुआ है[247]। यह अभिलेख उस काल का हो सकता है, जब स्कन्द सातकर्णि के बाद वासिष्ठीपुत्र

सातकर्णि ने कोंकण पर अपना आधिपत्य स्थापित किया होगा। किन्तु आरम्भिक काल का भी हो सकता है। निष्कर्षतः अभिलेख में तिथि का उल्लेख न होने के कारण इस विषय में निश्चित रूप से कुछ भी कहना संभव नहीं है।

पुलुमावि की भाँति वासिष्ठीपुत्र सातकर्णि की भी आवक्ष आकृति युक्त रजतमुद्रा आन्ध्र प्रदेश से प्राप्त हुई है; जिन पर द्राविड़ी भाषा में लेख अंकित हैं,[248] जो कि वासिष्ठीपुत्र सातकर्णि के उस प्रदेश पर आधिपत्य का द्योतक है।

यज्ञ सातकर्णि

वासिष्ठीपुत्र सातकर्णि तथा शिवस्कन्द के पश्चात् गौतमीपुत्र यज्ञ सातकर्णि सिंहासनासीन हुआ। पुराणानुसार उसने उन्नीस वर्ष राज्य किया[249]। किन्तु आन्ध्र प्रदेश के कृष्णा जिले के चिन्न नामक गाँव से प्राप्त अभिलेख उसके शासनकाल के संवत्सर 27 का है[250]। कुछ विद्वानों के अनुसार उसने उन्तीस वर्ष राज्य किया[251], जो कि उचित प्रतीत होता है। यज्ञ सातकर्णि के शासनकाल में सातवाहन साम्राज्य कुछ जर्जरित हो चुका था, तथापि कान्हेरी[252], नासिक[253] (महाराष्ट्र) तथा गुन्टूर जिले[254] (आन्ध्र प्रदेश) से प्राप्त अभिलेखों के आधार पर यह कहा जा सकता है कि पूर्वी एवं पश्चिमी दक्षिणापथ उसके आधिपत्य में थे।

यज्ञश्री द्वारा प्रचलित कराई गई रजत मुद्रा शैली, आकार एवं तौल आदि में शक क्षत्रप रूद्रदामन् I की मुद्राओं से साम्यता रखती हैं। वस्तुतः सातवाहन शासकों में मात्र यज्ञश्री की मुद्रा ही इस प्रकार की है। सोपारा के स्तूप से प्राप्त अस्थि–मंजूषा में इस प्रकार की रजत मुद्रा प्राप्त हुई है।[255] इससे यह निष्कर्ष निकाला जा सकता है कि उसने रूद्रदामन् द्वारा सातवाहनों से विजित अपरान्त प्रदेश पर पुनः अपना प्रभुत्व स्थापित किया। अमरेली (काठियावाड़) तथा बड़ौदा से प्राप्त दो रजत मुद्राओं[256] के आधार

पर रैप्सन ने यह निष्कर्ष निकाला कि यद्यपि इन प्रदेशों से यज्ञश्री की मुद्रा प्राप्त हुई है, तथापि यह सन्देहास्पद प्रतीत होता है कि सातवाहनों ने क्षत्रपों से काठियावाड़ प्रदेश को पुनः जीत लिया था।[257] इन मुद्राओं के अग्र भाग पर राजा की आवक्ष आकृति तथा पृष्ठ भाग पर उज्जैन चिह्न तथा किरण युक्त सूर्य का अंकन प्राप्त होता है। शक क्षत्रपों की मुद्राओं से साम्यता रखने के आधार पर यह निष्कर्ष निकाला जा सकता है कि यज्ञश्री सातकर्णि ने अपरान्त के अतिरिक्त सम्भवतः पश्चिमी भारत तथा नर्मदा नदी की घाटी में भी शक क्षत्रपों का उन्मूलन कर दिया था। डी0सी0 सरकार ने शकक्षत्रप जीवदामन् तथा रूद्रसेन प्रथम के मध्य गृहयुद्ध एवं महाराष्ट्र में महाक्षत्रप ईश्वरदत्त के अभ्युदय को शकों के विरूद्ध सातवाहनों की सफलता का कारण माना है[258]।

यज्ञश्री की पोटिन, रजत,[260] सीसा,[261] ताम्र,[262] निर्मित मुद्राएँ प्रचुर मात्रा में आन्ध्र प्रदेश में कृष्णा एवं गोदावरी, महाराष्ट्र में अकोला, सोपारा, बरार, चाँदा, उत्तरी कोंकण, गुजरात में सौराष्ट्र, बड़ौदा आदि से प्राप्त हुई हैं। चाँदा से प्राप्त मुद्राओं पर हस्ति का अंकन, सोपारा से प्राप्त मुद्राओं पर राजा की आवक्ष आकृति का अंकन एवं आन्ध्र प्रदेश से प्राप्त सीसे एवं ताम्र मुद्राओं पर हस्ति, अश्व एवं चैत्याकृति का अंकन प्राप्त होता है[263]। मुद्राओं में वैविध्य यज्ञश्री की मुद्राओं की विशेषता है। यज्ञश्री की आन्ध्र प्रदेश से प्राप्त कुछ मुद्राओं के अग्र भाग पर दो मस्तूल वाले जहाज तथा पृष्ठ भाग पर उज्जैन चिह्न का अंकन है। इस प्रकार की एक मुद्रा गुन्टूर जिले से तथा दूसरा कोरोमंडल के तटवर्ती क्षेत्र से प्राप्त हुई है[264]। वी0ए0 स्मिथ ने इन मुद्राओं की प्राप्ति के आधार पर यज्ञश्री का राज्य विस्तार समुद्रतटीय क्षेत्रों तक माना है[265]। यज्ञश्री की सीसा निर्मित कुछ वृत्ताकार मुद्राओं पर अश्व का अंकन प्राप्त होता है। इस आधार पर कुछ विद्वानों ने इसे अश्वमेध यज्ञ के अवसर पर जारी किया गया माना।[266] किन्तु उक्त मत का कोई अन्य

अभिलेखीय अथवा साहित्यिक साक्ष्य प्राप्त नहीं होता है। इन मुद्राओं में नेल्लोर से प्राप्त एक मुद्रा विशेष उल्लेखनीय है, जिस पर अश्व के समक्ष वेदिका वेष्ठित वृक्ष का अंकन किया गया है।[267]

पार्जिटर के मतानुसार इसी शासक के शासनकाल में कुछ पुराणों का नवीन संस्करण किया गया था।[268] सम्भवतः बाण ने इसी शासक का वर्णन करते हुए इसे त्रिसमुद्राधिपति एवं नागार्जुन का मित्र कहा है।[269]

यज्ञश्री के साम्राज्य के अन्तर्गत मध्य प्रदेश का कुछ भू–भाग, महाराष्ट्र तथा आन्ध्र प्रदेश का अधिकांश भू–भाग सम्मिलित था। कुछ विद्वानों के अनुसार उसने अपने शासन के अन्तिम दिनों में नासिक के निकटवर्ती क्षेत्रों को आभीरों से हस्तगत किया और सम्भवतः इसी कालावाधि में त्रैकूटक राजवंश की नींव पड़ी।[270] ऐसा प्रतीत होता है कि यज्ञश्री ने नासिक प्रदेश में अपनी सैनिक शक्ति केन्द्रित कर रखी थी। इसकी पुष्टि नासिक से यज्ञश्री सातकर्णि के शासनकाल के संवत्सर 7 मे अभिलिखित कराए गए लेख में होती है।[271] अभिलेख में उल्लिखित है कि ''कौशिकगोत्रीय महासेनापति भवगोप की भार्या महासेनापत्नी वासु ने यह गुफा, चारों दिशाओं के भिक्षुसंघ को निवास के लिए प्रदान की''। सम्भवतः उसी दिशा से यज्ञश्री को रूद्रदामन् I के आक्रमण की आशंका थी, जिसकी रक्षा का उत्तरदायित्व सातवाहनों के महासेनापति भवगोप को दिया गया था।

यज्ञश्री ने 194 ई0 तक शासन किया। शासन के अन्तिम दिनों में उसका साम्राज्य काफी क्षीण हो चुका था। उसने शासनकाल के संवत्सर 27 में अभिलिखित कराए गए चिन गाँव (आन्ध्र प्रदेश, जिला कृष्णा) से प्राप्त लेख[272] में उसे अर्यक एवं महतरक की उपाधि दी गई है। साथ ही उसके द्वारा बौद्ध भिक्षुओं को दान देने का उल्लेख किया गया है। कहते हैं कि उसने एक यज्ञ भी किया था। इस लेख में उसके द्वारा बौद्ध भिक्षुओं को दान देने का उल्लेख है, किन्तु इसमें

उसके किसी याज्ञिक अनुष्ठान का उल्लेख नहीं है। यज्ञश्री का यह अभिलेख इसलिए भी महत्वपूर्ण है, क्योंकि जिस चिन्न नामक स्थल से यह प्राप्त हुआ है, वह गुन्टूर जिले के रेपेल्ले तालुक में है जो कि समुद्रतट के अत्यधिक निकट है। यह मोटुपल्ले से मात्र तीन मील दूर है। मोटुपल्ले इस काल का एक प्रसिद्ध व्यापारिक बंदरगाह था।[273] इस समुद्रतटीय स्थल के निकट प्राप्त इस अभिलेख एवं मुद्राओं पर दो मस्तूल वाले जहाज के अंकन से यह सिद्ध होता है कि यज्ञश्री की शासनावधि में सामुद्रिक व्यापार फलीभूत हो रहा था।

माठरिपुत्र शकसेन

यज्ञश्री के तदन्तर सातवाहन साम्राज्य एक पीढ़ी तक चलता रहा। उसके पश्चात् माठरिपुत्र शकसेन सिंहासनासीन हुआ। पुराणगत वंशावली में इस शासक का नाम वर्णित नहीं है। यज्ञश्री से उसका क्या सम्बन्ध था, इस विषय में निश्चित रूप से कुछ नहीं कहा जा सकता है। सम्भवतः वह उसका पुत्र रहा होगा।[274]

शकसेन के शासनकाल के दो अभिलेख कान्हेरी से प्राप्त हुए हैं। इसमें से एक अभिलेख[275] उसके शासनकाल के संवत्सर 8 में उत्कीर्णित कराया गया। इस अभिलेख में कल्याण के व्यापारी विष्णुनंदी के पुत्र द्वारा एक गुफा खुदवाने का उल्लेख किया गया है। कान्हेरी से प्राप्त दूसरा अभिलेख[276] खंडितावस्था में है। इसमें शकसेन के शासनकाल का वर्ष, ऋतु एवं पक्ष नष्ट हो चुका है। इस लेख का प्रयोजन भी पूर्ववत् लेख की तरह ही होगा, क्योंकि दोनों ही अभिलेखों में कुछ नाम समान हैं। दूसरे अभिलेख में उल्लिखित है कि कल्याण के निवासी विष्णुनंदी के पुत्र की भार्या हालणिका ने एक गुफा अपने पुण्योपार्जनार्थ खुदवाई।

शकसेन का राज्य विदर्भ तथा आन्ध्र प्रदेश तक विस्तारित था। मुद्राशास्त्रीय साक्ष्य इसकी पुष्टि करते हैं। तरहला मुद्रानिधि[277] से शक सातकर्णि की पोटिन की वृत्ताकर मुद्रा प्राप्त हुई हैं। इसके

अग्र भाग पर सूँड उठाए हाथी एवं लेख ..... **सकसा (तकणिस)** तथा पृष्ठ भाग पर उज्जैन चिह्न प्राप्त होता है। उल्लेखनीय है कि पूर्ववर्ती अन्य सातवाहन शासकों की मुद्राओं के लेख की भाँति इसमें मातृनाम का उल्लेख प्राप्त नहीं होता है। आन्ध्र प्रदेश से इसका एक भी अभिलेख प्राप्त नहीं हुआ है, तथापि यहाँ के समुद्रतटीय क्षेत्र पेडाबंकूर से माठरिपुत्र की ताम्र की वृत्ताकार मुद्रा[278], जिसके अग्र भाग पर सूँड उठाए हाथी एवं लेख **'(रञो) माढरि–'** तथा पृष्ठ भाग पर उज्जैन चिह्न का अंकन है, प्राप्त हुई है। इसके खंडित लेख में उसकी मातृनाम–निदर्शक उपाधि; माढरि या मात्र 'म', पढ़ा जा सकता है। इसमें उसका व्यक्तिगत नाम शक सातकर्णि नहीं मिलता। फिर भी ये मुद्रा उसी की रही होगी।

विजय सातकर्णि

माठरिपुत्र शकसेन के तदन्तर विजय सातकर्णि सिंहासनासीन हुआ। पुराणगत वंशावली में उसका नामोल्लेख यज्ञश्री के बाद किया गया है।[279] पुराणानुसार उसने छः वर्ष तक शासन किया।[280] नागार्जुनकोण्डा से विजय सातकर्णि के शासनकाल के संवत्सर 6 में उत्कीर्ण कराया गया एक स्तम्भाभिलेख[281] प्राप्त हुआ है। इसमें उसके लिए 'गौतमीपुत्र' उपाधि का प्रयोग किया गया है। स्पष्ट है कि विजय सातकर्णि गौतमीपुत्र था, अर्थात् वह गौतमीपुत्र यज्ञश्री सातकर्णि का सगा भाई था। इसीलिए पुराणगत वंशावली में उसका नाम यज्ञश्री के बाद दिया गया है।

सम्भवतः यज्ञश्री के पुत्र शकसेन के पश्चात् विजय सातकर्णि ने आन्ध्र प्रदेश हस्तगत कर लिया होगा और उसका शासन अल्पकाल ही रहा होगा।

विजय सातकर्णि ने अपने नाम से विजयपुरी नामक नगर की स्थापना की,[282] और इसे अपनी राजधानी बनाया। वर्तमान में उसी को नागार्जुनकोण्डा कहते हैं।

सम्भव है कि सातवाहनों के अवनति काल में इस वंश की राजधानी पैठन से आन्ध्र प्रदेश में स्थानान्तरित हो गई होगी, और इसीलिए उसके बाद थोड़े ही समय में लिखे गए पुराणों की वंशावली में सातवाहनों को आन्ध्र कहकर सम्बोधित किया गया है।

विजय सातकर्णि की पोटिन की वृत्ताकार मुद्रा तरहला[283], हैदराबाद[284] से प्राप्त हुई है। इसकी एक मुद्रा चन्द्रपुर संग्रह में भी थी।[285] पश्चिमी महाराष्ट्र से इसकी न तो कोई मुद्रा और न ही कोई अभिलेख मिला है। स्पष्ट है कि विजयसातकर्णि का राज्य आन्ध्र प्रदेश तक ही सीमित था।

उल्लेखनीय है कि शकसातकर्णि के बाद कोंकण एवं पश्चिमी महाराष्ट्र में सातवाहनों द्वारा उत्कीर्ण कराए गए अभिलेख तथा मुद्राएँ नहीं प्राप्त होती हैं। सम्भवतः कोंकण में वनवासी के हारितीपुत्र विष्णुकड चुटुकुलानन्द सातकर्णि की अधिसत्ता स्थापित हो चुकी थी।[286] वहीं दूसरी ओर 230 ई0 के लगभग महाक्षत्रप ईश्वरदत्त पश्चिमी महाराष्ट्र में सातवाहनों से अधिसत्ता अधिग्रहित की।[287] यज्ञश्री के बाद के शासकों की मुद्रा–निधियाँ नागार्जुनकोण्डा से प्राप्त हुई हैं।

वासिष्ठीपुत्र चण्डश्री

विजय सातकर्णि के पश्चात् उसका पुत्र चण्डश्री गद्दी पर बैठा। पुराणानुसार उसने दस वर्ष शासन किया।[288] इसका राज्य विस्तार आन्ध्र प्रदेश तक था। आन्ध्र प्रदेश में पीठापुरम् के निकट स्थित कोडवलि गाँव में एक स्तूप के भग्नावशेष विद्यमान हैं। इसी के निकट एक प्रस्तर पर वासिष्ठीपुत्र श्रीचण्डस्वाति के शासन काल के संवत्सर 11 में उत्कीर्ण कराया गया अभिलेख[289] प्राप्त हुआ है। चण्डश्री तथा चण्डस्वाति एक ही हैं। चण्डस्वाति की सीसे की[290] मुद्रा आन्ध्र प्रदेश के कृष्णा एवं गोदावरी जिले से प्राप्त हुई हैं, जिन पर **रञो वासिठिपुतस सिरिचदसातिस** लेख अंकित है।

रैप्सन ने इसे चन्द्रस्वाति वाचित किया है,[291] किन्तु कोडवलि लेख में चंडस्वाति नाम प्राप्त होता है। चंडश्री, चन्द्रस्वाति, चंडस्वाति एक ही शासक के नाम हैं। पुराणों में चंदश्री तथा चंडश्री दोनों ही नाम आते हैं।[292] पुराणानुसार उसने विजय सातकर्णि के बाद राज्य किया। किन्तु रैप्सन ने उसकी मुद्राएँ यज्ञश्री के पूर्व की मानी हैं।[293] विदर्भ से मुद्राओं तथा अभिलेखों की प्राप्ति के अभाव में यह कहा जा सकता है कि उसका राज्य आन्ध्र प्रदेश तक ही सीमित था। अभिलेख के आधार पर यह कहा जा सकता है कि उसने कम से कम ग्यारह वर्ष तक शासन किया होगा।

रूद्र सातकर्णि

रूद्र सातकर्णि नामक शासक का उल्लेख किसी भी पुराण की वंशावली में प्राप्त नहीं होता है, तथापि उसकी ताम्र, पोटिन तथा सीसे की मुद्राएँ आन्ध्र के समुद्रतटीय क्षेत्र, पश्चिमी भारत, ब्रह्मपुरी, खम्मामेट तथा काँचीपुरम् से प्राप्त हुई हैं।[294] सम्भवतः रूद्र सातकर्णि समुद्रतटीय क्षेत्र, कर्नाटक तथा मध्यवर्ती दकन का शासक था। ऐसा प्रतीत होता है कि यह पुराणों में वर्णित किसी सातवाहन शासक के अधीनस्थ रहा होगा।[295] **मुद्राओं पर लेख (रू) दसतक, सिरि रूद्र, रूदसातकनि, रूदसातकनिसा प्राप्त होता है।**

पुलुमावि तृतीय

पुराणगत वंशावली के अनुसार चंडश्री के तदन्तर सातवाहन वंश का अन्तिम शासक पुलुमावि तृतीय था।[296] उसने सात वर्ष तक शासन किया। चंडश्री से उसका क्या सम्बन्ध था, इस विषय में निश्चित रूप से कुछ नहीं कहा जा सकता है।

आन्ध्र प्रदेश के बेल्लारी जिले के अडोणी तालुके में म्याकडोनी के निकट पुलुमावि के शासनकाल के संवत्सर 8 में उत्कीर्णित कराया गया एक अभिलेख[297] प्राप्त हुआ है। अभिलेख में उल्लिखित

है कि महासेनापति कुमारदत्त के वेपुरक गाँव में रहने वाले कोंतवंशीय संब नामक गृहपति ने एक तड़ाग खुदवाया। ऐसा प्रतीत होता है कि पुलुमावि तृतीय ने सातवाहनिहार प्रदेश (बेल्लारी जिला) के महासेनापति स्कन्दनाग के अधीन कर दिया था।

अभिलेख के प्राप्ति स्थल के आधार पर वी0एस0 सुखठणकर ने यह तर्क दिया कि सातवाहन मूलतः इसी प्रदेश के थे।[298] किन्तु कालान्तर में उनका यह मत निराधार सिद्ध हुआ।

अभिलेख में वर्णित पुलुमावि नामक शासक को लेकर विद्वानों में परस्पर मतभेद है। सुखटणकर ने इसका समीकरण गौतमीपुत्र सातकर्णि के पुत्र वासिष्ठीपुत्र पुलुमावि से किया है।[299] अपने मत की पुष्टि हेतु वे तर्क देते हैं कि यह अभिलेख पुलुमावि के शासनकाल के आठवें वर्ष का है, जबकि पुराणानुसार सातवाहन वंश के अंतिम शासक पुलुमावि तृतीय ने मात्र सात वर्ष शासन किया। अतएव अभिलेख में वर्णित पुलुमावि अंतिम सातवाहन शासक पुलुमावि तृतीय नहीं हो सकता। किन्तु उपरोक्त मत तर्कसंगत प्रतीत नहीं होता, क्योंकि पुराणों में राज्य काल के वर्णित वर्ष विश्वसनीय नहीं हैं। साथ ही पुराणगत राज्य काल में भी परस्पर भिन्नता हैं। अभिलेखों में वर्णित विभिन्न शासकों के शासन वर्ष पुराणों में वर्णित शासनवर्ष से साम्यता नहीं रखते हैं। अभिलेख में अक्षरवाटिका का प्रमाण अधिक विश्वसनीय रहता है। प्रस्तुत लेख की अक्षरवाटिका, सातवाहन के तदन्तर आन्ध्र में शासन करने वाले इक्ष्वाकुवंशीय शासकों के अभिलेखों की अक्षरवाटिका के अधिक निकट है। अतएव निष्कर्ष रूप में कह सकते हैं कि अभिलेख में उल्लिखित पुलुमावि ही सातवाहन वंश का अंतिम शासक रहा होगा।

पुलुमावि की पोटिन धातु की मुद्रा तरहला मुद्रानिधि[300] से प्राप्त हुई है, जिस पर मुद्रालेख **पुलहाम (वि)** प्राप्त होता है। इस नरेश की मुद्रा आन्ध्र प्रदेश से नहीं मिली हैं। अभिलेख के आधार पर यह

कहा जा सकता है कि इसका शासन पूर्वी दकन के प्रदेश में रहा होगा। तीसरी शती ई0 के मध्य भाग से पूर्व ही यहाँ इक्ष्वाकुवंश का शासन स्थापित हो गया था। इसके पश्चात् इस शती की समाप्ति से पूर्व ही काँची के पल्लवों ने आन्ध्र प्रदेश और बेल्लारी (सातवाहनीहार) को अपने साम्राज्य का अंग बना लिया।

इसके अतिरिक्त कुछ अन्य शासकों यथा कुम्भ सातकर्णि एवं कर्ण सातकर्णि की मुद्राएँ प्राप्त हुई हैं, यद्यपि उनका पुराणगत वंशावली में उल्लेख नहीं किया गया है। साथ ही उनके शासनकाल का कोई अभिलेख भी प्राप्त नहीं हुआ है। ये शासक सातवाहन वंश के थे, इस बात का, इसके अतिरिक्त कोई प्रमाण नहीं है, कि इसके नाम के अन्त में सातकर्णि उपपद का प्रयोग किया गया है। कुम्भ सातकर्णि की पोटिन की मुद्रा तरहला मुद्रानिधि से प्राप्त हुई है।[301] साथ ही हाथी एवं उज्जैन चिह्न का अंकन है। कुम्भ सम्भवतः एक छोटे से भू–भाग का स्थानीय शासक रहा होगा।

कुम्भ के अतिरिक्त कर्ण सातकर्णि की मुद्राएँ तरहला, चंड तथा आन्ध्र के समुद्रतटीय क्षेत्र से प्राप्त हुई हैं।[302] उन मुद्राओं पर लेख **रि कन, सिरि कन्हसातक, रि कन सातकन** एवं हाथी और उज्जैन चिह्न का अंकन किया गया है। ऐसा प्रतीत होता है कि कर्ण सातकर्णि पुलुमावि तृतीय की भाँति मुख्य रूप से विदर्भ क्षेत्र का शासक रहा होगा।

तीसरी शती के तृतीय दशक में सातवाहन साम्राज्य का अन्त हो गया। कोंकण में सातवाहन वंश के पराभव काल में एक नवीन राजवंश का आधिपत्य प्रस्थापित हुआ। सातवाहनों से सम्बन्धित इस वंश की सत्ता का केन्द्र कर्नाटक के उत्तर कानड़ा जिले का प्राचीन नगर बनवासी था। यहाँ से हारितीपुत्र विष्णुकड चुटुकुलानंद सातकर्णि का एक स्तम्भलेख[303] प्राप्त हुआ है। इसके अतिरिक्त चुटुकुलानंद सातकर्णि की कन्या नागमुलनिका ने कान्हेरी में एक गुफा खुदवाकर दानित की।[304] गुफा में उत्कीर्ण लेख में भी

चुटुकुलानंद का उल्लेख किया गया है। सम्भवतः यह शासक पहले सातवाहनों के सामंत थे एवं साम्राज्य में महारठी और महाभोज के उच्च पदों पर आसीन थे। यह बनवासी एवं कान्हेरी के अभिलेख से स्पष्ट है। सातवाहनों के समय अनेक सामन्त घराने भिन्न–भिन्न क्षेत्रों में शासन कर रहे थे। सातवाहनों के अवनति काल में इन्हीं घरानों ने प्रबल होकर अपनी स्वतन्त्र सत्ता स्थापित कर स्वनामांकित मुद्रा प्रचलित करवाई।[305]

आन्ध्र प्रदेश में विजयपुरी के इक्ष्वाकुवंशीय शान्तमूल ने सातवाहनों के पश्चात् अपनी सत्ता स्थापित की एवं मुंड तथा वाकाटकवंशीय शासकों की भाँति अश्वमेध, वाजपेय तथा अन्य श्रौत यज्ञ करके वैदिक धर्म का निर्वहन किया।[306]

पश्चिमी महाराष्ट्र में महाक्षत्रप ईश्वरदत्त ने 229 ई0 के लगभग सातवाहनों से सत्ता हस्तगत की।[307] इसके तदन्तर लगभग 250 ई0 में महाराष्ट्र में पुनर्राज्यक्रान्ति हुई एवं आभीरवंशीय शिवदत्त के पुत्र ईश्वरसेन ने क्षत्रपों को परास्त कर पश्चिमी महाराष्ट्र पर अधिकार स्थापित किया। इसकी पुष्टि गुफालेख से होती है।[308] ईश्वरसेन तथा कालान्तर में उसके वंशजों ने कोंकण, खानदेश के अतिरिक्त पश्चिमी महाराष्ट्र, गुजरात तथा मध्य प्रदेश के इंदौर और अनूप जिलों तक अपना राज्य विस्तारित किया। इन क्षेत्रों से प्राप्त अभिलेखों से ज्ञात होता है कि इन सभी प्रदेशों में ईश्वरसेन द्वारा प्रचलित आभीर संवत् दीर्घकाल तक प्रचलित था।[309]

अमरावती के अचलपुर के निकट मल्हारा गाँव में प्राप्त पेटिका शीर्षक लिपि एवं संस्कृत भाषा में उत्कीर्ण ताम्रपट से स्पष्ट है कि पश्चिमी महाराष्ट्र की भाँति विदर्भ में भी 230 ई0 के लगभग सातवाहन वंश का अन्त हुआ एवं एक नवीन कुल का उद्भव हुआ।[310] मुंड नामक ब्राह्मण के नाम से यह वंश प्रसिद्ध हुआ।

इस प्रकार सातवाहनों की सत्ता का सूर्य 230 ई0 के लगभग तिरोहित हो गया, जिसके पश्चात् दक्षिण में छोटे–छोटे प्रान्तीय

राज्य उदीयमान हुए, जिन्होंने दक्षिण भारत का स्वरूप ही परिवर्तित कर दिया।

सन्दर्भ

1. मिराशी, वा0वि0, सातवाहनों और पश्चिमी क्षत्रपों का इतिहास और अभिलेख, पृ0 1.
2. रायचौधरी, हेमचन्द्र, पॉलिटिकल हिस्ट्री ऑफ एन्शियन्ट इण्डिया, पृ0 337.
3. सरकार, डी0सी0, सेलेक्ट इंस्क्रिप्शन्स, I, पृ0 186.
4. याज़दानी, जी0, दकन का प्राचीन इतिहास, पृ0 36.
5. पूर्ववत्, पृ0 75.
6. पूर्ववत्.
7. पार्जिटर, डायनेस्टीज ऑफ दि कालि एज, पृ0 36.
8. पूर्ववत्, पृ0 36.
9. भण्डारकर, आर0जी0, अर्ली हिस्ट्री ऑफ दि दकन, पृ0 48.
10. रायचौधरी, हेमचन्द्र, पॉलिटिकल हिस्ट्री ऑफ एन्शियन्ट इण्डिया, पृ0 403.
11. हिस्ट्री एण्ड कल्चर ऑफ दि इण्डियन पिपल, II, पृ0 195.
12. पार्जिटर, डायनेस्टीज ऑफ दि कलि एज, पृ0 38.
13. एपिग्राफिया इण्डिका, II, पृ0 88.
14. पूर्ववत्.
15. मिराशी, वा0वि0, सातवाहनों और पश्चिमी क्षत्रपों का इतिहास और अभिलेख, पृ0 4.
16. पूर्ववत्, पृ0 18.
17. न्यूमिसमैटिक्स सप्लीमेन्ट ऑफ द जर्नल ऑफ द एशियाटिक सोसाइटी ऑफ बंगाल, सं0 40.

18. मिराशी, वा0वि0, सातवाहनों और पश्चिमी क्षत्रपों का इतिहास और अभिलेख, पृ0 4.
19. एपिग्राफिया इण्डिका, VIII, पृ0 91.
20. रैप्सन, ई0, कैम्ब्रिज हिस्ट्री ऑफ इण्डिया, I (एंशियन्ट इंडिया), फलक I, 637.
21. एपिग्राफिया इण्डिका, VIII, पृ0 91.
22. बर्जेस एण्ड फर्ग्यूसन, केव टेम्पिल्स ऑफ इण्डिया, फलक XXV
23. मिराशी, वा0वि0, सातवाहनों और पश्चिमी क्षत्रपों का इतिहास और अभिलेख, पृ0 6.
24. बुलेटिन ऑफ द डकन कॉलेज रिसर्च इन्स्टीट्यूट, VI, पृ0 141.
25. जर्नल ऑफ द न्यूमिसमेटिक सोसाइटी ऑफ इण्डिया, VIII, पृ0 1.
26. पूर्ववत्, XXXVIII, पृ0 143.
27. फ्राम हिस्ट्री टू प्री–हिस्ट्री एट नेवासा, पृ0 175.
28. जर्नल ऑफ द न्यूमिसमैटिक सोसाइटी ऑफ इण्डिया, XI, पृ0 5.
29. ल्यूडर्स लिस्ट, 1144.
30. ल्यूडर्स लिस्ट, 1113 से 1118 तक.
31. ल्यूडर्स लिस्ट, 1144.
32. गजेटियर ऑफ महाराष्ट्र स्टेट – हिस्ट्री, I, पृ0 77.
33. मिराशी, वा0वि0 सातवाहनों और पश्चिमी क्षत्रपों का इतिहास और अभिलेख, पृ0 13.
34. गजेटियर ऑफ महाराष्ट्र स्टेट – हिस्ट्री, I, पृ0 76.
35. शर्मा, आई0के0, क्वाइनएज ऑफ सातवाहन एम्पायर, पृ0 157 और 159.
36. पूर्ववत्, पृ0 151 से 155.
37. संकालिया, फ्राम हिस्ट्री टू प्री हिस्ट्री एट नेवासा, पृ0 172.
38. मिराशी, वा0वि0 सातवाहनों और पश्चिमी क्षत्रपों का इतिहास और अभिलेख, पृ0 222.

39. पार्जिटर, डायनेस्टीज ऑफ कालि एज, पृ0 38.

40. याज़दानी, जी0, दकन का प्राचीन इतिहास, पृ0 105.

41. वेदालंकार, हरिदत्त, प्राचीन भारत का राजनैतिक तथा सांस्कृतिक इतिहास, पृ0 228.

42. पूर्ववत्, पृ0 229.

43. मिराशी, वा0वि0, सातवाहनों और पश्चिमी क्षत्रपों का इतिहास और अभिलेख, पृ0 14.

44. आर्कियोलॉजिकल सर्वे ऑफ वेस्टर्न इण्डिया, V, पृ0 60.

45. मिराशी, वा0वि0, सातवाहनों और पश्चिमी क्षत्रपों का इतिहास और अभिलेख, पृ0 222.

46. याज़दानी, जी. दकन का प्राचीन इतिहास, पृ0 106.

47. वेदालंकार, हरिदत्त, प्राचीन भारत का राजनीतिक तथा सांस्कृतिक इतिहास, पृ0 229.

48. ल्यूडर्स लिस्ट, 1144.

49. मिराशी, वा0वि0, सातवाहनों और पश्चिमी क्षत्रपों का इतिहास और अभिलेख, पृ0 1.

50. पूर्ववत्, पृ0 15.

51. पार्जिटर, डायनेस्टीज़ ऑफ कालि एज, पृ0 39.

52. ल्यूडर्स लिस्ट, 1113 से 1118.

53. इण्डियन हिस्टोरिकल क्वार्टरली, XXVII, पृ0 213.

54. आर्कियोलॉजिकल सर्वे ऑफ वेस्टर्न इण्डिया, V, पृ0 60.

55. जर्नल ऑफ द न्यूमिसमैटिक सोसाइटी ऑफ इण्डिया, XXXVIII, पृ0 6, फलक 20[ण]

56. आर्कियोलॉजिकल सर्वे ऑफ वेस्टर्न इण्डिया, V, पृ0 60.

57. पूर्ववत्.

58. मिराशी, वा0वि0, सातवाहनों और पश्चिमी क्षत्रपों का इतिहास और अभिलेख, पृ0 16.

59. वेदालंकार, हरिदत्त, प्राचीन भारत का राजनीतिक तथा सांस्कृतिक इतिहास, पृ0 229.

60. मार्शल एण्ड फुशे, मॉन्यूमेन्ट्स ऑफ साँची, I, पृ0 34.

61. मिश्र, श्याम मनोहर, दक्षिण भारत का इतिहास, पृ0 71.

62. जर्नल ऑफ न्यूमिसमैटिक सोसाइटी ऑफ इण्डिया, XXI, पृ0 110.

63. वेदालंकार, हरिदत्त, प्राचीन भारत का राजनीतिक तथा सांस्कृतिक इतिहास, पृ0 230.

64. एपिग्राफिया इण्डिका, XX, पृ0 71.

65. मिराशी, वा0वि0, सातवाहनों और पश्चिमी क्षत्रपों का इतिहास और अभिलेख, पृ0 18.

66. पूर्ववत्.

67. जर्नल ऑफ न्यूमिसमैटिक सोसाइटी ऑफ इण्डिया, XXXV, पृ0 106.

68. एपिग्राफिया इण्डिका, XX, पृ0 71.

69. आर्कियोलॉजिकल सर्वे ऑफ वेस्टर्न इण्डिया, V, पृ0 60.

70. पूर्ववत्.

71. वेदालंकार, हरिदत्त, प्राचीन भारत का राजनीतिक तथा सांस्कृतिक इतिहास, पृ0 230.

72. जर्नल ऑफ न्यूमिसमैटिक सोसाइटी ऑफ इण्डिया, XXXVIII, पृ0 6.

73. शर्मा, आई0, के0, क्वाइनएज, ऑफ सातवाहन एम्पायर, पृ0 146–148.

74. जर्नल ऑफ न्यूमिसमैटिक सोसाइटी ऑफ इण्डिया, XXXV, पृ0 106, फलक 19.

75. पूर्ववत्, XXI, पृ0 110.

76. मिराशी, वा0वि0, सातवाहनों और पश्चिमी क्षत्रपों का इतिहास और अभिलेख, पृ0 19.

77. मिश्र, श्याम मनोहर, दक्षिण भारत का इतिहास, पृ0 72.

78. रैप्सन, ई, जे, ब्रिटिश म्यूज़ियम कैटलॉग ऑफ द क्वाइन्स ऑफ द आन्ध्र डायनेस्टीज, इन्ट्रोडक्शन XVIII.

79. आर्कियोलॉजिकल सर्वे ऑफ वेस्टर्न इण्डिया, V, पृ0 67.

80. एपिग्राफिया इण्डिका, XXVII, पृ0 48.

81. आर्कियोलॉजिकल सर्वे ऑफ वेस्टर्न इण्डिया V, पृ0 60.

82. मिराशी, वा0वि0, सातवाहनों और पश्चिम क्षत्रपों का इतिहास और अभिलेख, पृ0 21.

83. पूर्ववत्.

84. गजेटियर ऑफ महाराष्ट्र स्टेट, हिस्ट्री, I, पृ0 82.

85. मिराशी, वा0वि0 सातवाहनों और पश्चिमी क्षत्रपों का इतिहास और अभिलेख, पृ0 21.

86. पूर्ववत्.

87. एपिग्राफिया इण्डिया, VIII, पृ0 91.

88. पूर्ववत्.

89. एपिग्राफिया इण्डिका, I, पृ0 95–96

90. मिराशी, वा0वि0, सातवाहनों और पश्चिमी क्षत्रपों का इतिहास और अभिलेख, पृ0 22.

91. जर्नल ऑफ न्यूमिसमैटिक सोसाइटी ऑफ इण्डिया, 4, पृ0 25–28; गजेटियर ऑफ द महाराष्ट्र स्टेट – हिस्ट्री, I, पृ0 84.

92. मिराशी, वा0वि0, सातवाहनों और पश्चिमी क्षत्रपों का इतिहास और अभिलेख, पृ0 22.

93. वेदालंकार, हरिदत्त, प्राचीन भारत का राजनीतिक तथा सांस्कृतिक इतिहास, पृ0 231.

94. पूर्ववत्.

95. मिश्र, श्याम मनोहर, दक्षिण भारत का इतिहास, पृ0 74.

96. पूर्ववत्.

97. जर्नल ऑफ द रॉयल एशियाटिक सोसाइटी ऑफ बंगाल, III, 93.

98. मिराशी, वा0वि0, सातवाहनों और पश्चिमी क्षत्रपों का इतिहास और अभिलेख, पृ0 22.

99. पूर्ववत्.

100. गजेटियर ऑफ महाराष्ट्र, स्टेट – हिस्ट्री, I, पृ0 86.

101. मिश्र, श्याम मनोहर, दक्षिण भारत का इतिहास, पृ0 74.

102. वात्स्यायन, कामसूत्र, पृ0 149 द्0 याजदानी, दकन का प्राचीन इतिहास, पृ0 112.

103. बारवले, ऐशियन्ट ज्यॉग्राफी ऑफ महाराष्ट्र, पृ0 38.

104. मिराशी, वा0वि0, सातवाहनों और पश्चिमी क्षत्रपों का इतिहास और अभिलेख, पृ0 48.

105. याज़दानी, जी0, दकन का प्राचीन इतिहास, पृ0 114.

106. पूर्ववत्, पृ0 115.

107. वेदालंकार, हरिदत्त, प्राचीन भारत का राजनीतिक तथा सांस्कृतिक इतिहास, पृ0 231.

108. पूर्ववत्.

109. कथासरित्सागर, 6. 114–115.

110. राजशेखर, काव्यमीमांसा, पृ0 50.

111. सरस्वतीकंठाभरण, पृ0 123.

112. मिराशी, वा0वि0, सातवाहनों और पश्चिमी क्षत्रपों का इतिहास और अभिलेख, पृ0 23.

113. वेदालंकार, हरिदत्त, प्राचीन भारत का राजनीतिक और सांस्कृतिक इतिहास, पृ0 231.

114. पूर्ववत्, पृ0 232.

115. पूर्ववत्.
116. मिश्र, श्याममनोहर, दक्षिण भारत का इतिहास, पृ0 75.
117. गजेटियर ऑफ महाराष्ट्र स्टेट, हिस्ट्री, I, पृ0 88.
118. मिराशी, वा0वि0, सातवाहनों और पश्चिमी क्षत्रपों का इतिहास और अभिलेख, पृ0 23.
119. जर्नल ऑफ द बॉम्बे ब्रांच ऑफ द रॉयल एशियाटिक सोसाइटी, V, पृ0 41.
120. मिराशी, वा0वि0, सातवाहनों और पश्चिमी क्षत्रपों का इतिहास और अभिलेख, पृ0 23.
121. जर्नल ऑफ द ओरियंटल इन्स्टिटट्यूट, XVIII, पृ0 237.
122. जर्नल ऑफ एन्शियन्ट इण्डियन हिस्ट्री, II, पृ0 104–111.
123. रैप्सन, ब्रिटिश म्यूज़ियम कैटलॉग ऑफ द क्वाइन्स ऑफ द आन्ध्र डायनेस्टी, CVII.
124. वेदालंकार, हरिदत्त, प्राचीन भारत का राजनीतिक तथा सांस्कृतिक इतिहास, पृ0 233.
125. आर्कियोलॉजिकल सर्वे ऑफ वेस्टर्न इण्डिया, IV, पृ0 112.
126. जर्नल ऑफ द बॉम्बे ब्रांच ऑफ दि रॉयल एशियाटिक सोसाइटी, V, पृ0 41.
127. वेदालंकार, हरिदत्त, प्राचीन भारत का राजनीतिक तथा सांस्कृतिक इतिहास, पृ0 233.
128. हिस्टोरिकल रिसर्चेस, पृ0 59.
129. ल्यूडर्स लिस्ट, 1099.
130. पूर्ववत्, 1174.
131. वेदालंकार, हरिदत्त, प्राचीन भारत का राजनीतिक तथा सांस्कृतिक इतिहास, पृ0 234.
132. पूर्ववत्.
133. हिस्टोरिकल रिसर्चेस, पृ0 59.

134. ल्यूडर्स लिस्ट, 1174.
135. जर्नल ऑफ द बॉम्बे ब्रांच ऑफ द रॉयल एशियाटिक सोसाइटी, XXII, पृ0 223.
136. वेदालंकार, हरिदत्त, प्राचीन भारत का राजनीतिक तथा सांस्कृतिक इतिहास, पृ0 234.
137. मिराशी, वा0वि0, सातवाहनों और पश्चिमी क्षत्रपों का इतिहास और अभिलेख, पृ0 24.
138. जर्नल ऑफ द बॉम्बे ब्रांच ऑफ द रॉयल एशियाटिक सोसाइटी, V, पृ0 41.
139. वेदालंकार, हरिदत्त, प्राचीन भारत का राजनीतिक तथा सांस्कृतिक इतिहास, पृ0 236.
140. जर्नल ऑफ द बॉम्बे ब्रांच ऑफ द रॉयल एशियाटिक सोसाइटी, V, पृ0 41.
141. मिराशी, वा0वि0, सातवाहनों और पश्चिमी क्षत्रपों का इतिहास और अभिलेख, पृ0 25.
142. पूर्ववत्.
143. एपिग्राफिया इण्डिका, VIII, पृ0 71; आर्कियोलॉजिकल सर्वे ऑफ वेस्टर्न इण्डिया, IV, पृ0 100.
144. मिराशी, वा0वि0, सातवाहनों और पश्चिमी क्षत्रपों का इतिहास और अभिलेख, खण्ड–2, पृ0 21.
145. पूर्ववत्.
146. मिराशी, वा0वि0, लिट्रेरी एण्ड हिस्टोरिकल स्टडीज़ इन इन्डोलॉजी, पृ0 167.
147. मिराशी, वा0वि0, सातवाहनों और पश्चिमी क्षत्रपों का इतिहास और अभिलेख, खण्ड–2, पृ0 22.
148. एपिग्राफिया इण्डिका, VIII, पृ0 71; आर्कियोलॉजिकल सर्वे ऑफ वेस्टर्न इण्डिया, IV, पृ0 100.

149. आर्कियोलॉजिकल सर्वे ऑफ वेस्टर्न इण्डिया, IV, पृ0 112; एपिग्राफिया इण्डिका, VIII, पृ0 64.
150. मिश्र, श्याम मनोहर, दक्षिण भारत का इतिहास, पृ0 77–78.
151. जर्नल ऑफ द बॉम्बे ब्रांच ऑफ द रॉयल एशियाटिक सोसाइटी, V, पृ0 41.
152. मिश्र, श्याम मनोहर, दक्षिण भारत का इतिहास, पृ0 78.
153. मिराशी, वा0वि0, स्टडीज़ इन इंडोलॉजी, I, पृ0 184.
154. मिराशी, वा0वि0, सातवाहनों और पश्चिमी क्षत्रपों का इतिहास और अभिलेख, खण्ड–2, पृ0 39.
155. मिश्र, श्याम मनोहर, दक्षिण भारत का इतिहास, पृ0 78.
156. पूर्ववत्.
157. पूर्ववत्.
158. वत्थुकथा, 5.2.
159. वृहत्संहिता, 14.2.
160. मिश्र, श्याम मनोहर, दक्षिण भारत का इतिहास, पृ0 78.
161. मिराशी, वा0वि0, सातवाहनों और पश्चिमी क्षत्रपों का इतिहास और अभिलेख, पृ0 39.
162. रघुवंश, 6.37–43.
163. मालविकाग्निमित्र, 5.20.
164. मिश्र, श्याम मनोहर, दक्षिण भारत का इतिहास, पृ0 79.
165. एपिग्राफिया इण्डिका, VIII, पृ0 36–79.
166. मिश्र, श्याम मनोहर, दक्षिण भारत इतिहास, पृ0 79.
167. वेदालंकार, हरिदत्त, प्राचीन भारत का राजनीतिक तथा सांस्कृतिक इतिहास, पृ0 237.
168. मिश्र, श्याम मनोहर, दक्षिण भारत का इतिहास, पृ0 79.
169. वेदालंकार, हरिदत्त, प्राचीन भारत का राजनीतिक तथा सांस्कृतिक इतिहास, पृ0 237.

170. मिश्र, श्याम मनोहर, दक्षिण भारत का इतिहास, पृ0 79.
171. मिराशी, वा0वि0, सातवाहनों और पश्चिमी क्षत्रपों का इतिहास और अभिलेख, खण्ड–2, पृ0 39.
172. मिश्र, श्याम मनोहर, दक्षिण भारत का इतिहास, पृ0 80.
173. आर्कियोलॉजिकल सर्वे ऑफ वेस्टर्न इण्डिया, V फलक 15; ल्यूडर्स लिस्ट, 1024.
174. नासिक डिस्ट्रिक गजेटियर, पृ0 32.
175. मिश्र, श्याम मनोहर, दक्षिण भारत का इतिहास, पृ0 80.
176. मिराशी, वा0वि0, सातवाहनों और पश्चिमी क्षत्रपों का इतिहास और अभिलेख, खण्ड–2, पृ0 39.
177. जर्नल ऑफ द बॉम्बे ब्रांच द रॉयल एशियाटिक सोसाइटी, XV, पृ0 313
178. रघुवंश, 4.39–40.
179. मिश्र, श्याम मनोहर, दक्षिण भारत का इतिहास, पृ0 80.
180. मिराशी, वा0वि0, सातवाहनों और पश्चिमी क्षत्रपों का इतिहास और अभिलेख, पृ0 26.
181. मिश्र, श्याम मनोहर, दक्षिण भारत का इतिहास, पृ0 81.
182. रामाराव, सातवाहन क्वाइन्स इन द आन्ध्र प्रदेश गवर्मेन्ट म्यूज़ियम, पृ0 34–37.
183. जर्नल ऑफ न्यूमिसमैटिक सोसाइटी ऑफ इण्डिया, XXXIV, पृ0 205.
184. जर्नल ऑफ न्यूमिसमैटिक सोसाइटी ऑफ इण्डिया, III, पृ0 38.
185. मिराशी, वा0वि0, सातवाहनों और पश्चिमी क्षत्रपों का इतिहास और अभिलेख, पृ0 225.
186. रामाराव, सातवाहन क्वाइन्स इन द आन्ध्रप्रदेश गवर्मेन्ट म्यूज़ियम, पृ0 34–37.
187. जर्नल ऑफ न्यूमिसमैटिक सोसाइटी ऑफ इण्डिया, XXI, पृ0 106.

188. जर्नल ऑफ बॉम्बे ब्रांच ऑफ द रॉयल एशियाटिक सोसाइटी, XXII, पृ0 223–243.
189. वेदालंकार, हरिदत्त, प्राचीन भारत का राजनीतिक तथा सांस्कृतिक इतिहास, पृ0 238.
190. एपिग्राफिया इण्डिका, VIII, पृ0 60.
191. जर्नल ऑफ द बॉम्बे ऑफ द रॉयल एशियाटिक सोसाइटी, पृ0 41.
192. आर्कियोलॉजिकल सर्वे ऑफ वेस्टर्न इण्डिया, IV, पृ0 105; एपिग्राफिया इण्डिका, VIII, पृ0 73.
193. जर्नल ऑफ द रॉयल एशियाटिक सोसाइटी ऑफ इण्डिया, V, पृ0 41
194. मिराशी, वा0वि0, सातवाहनों और पश्चिमी क्षत्रपों का इतिहास और अभिलेख, पृ0 99–100.
195. याज़दानी, जी0, अर्ली हिस्ट्री ऑफ द दकन, I, पृ0 83–107; चट्टोपाध्याय, सम अर्ली डायनेस्टीज़ ऑफ साउथ इण्डिया, पृ0 77.
196. एपिग्राफिया इण्डिका, VIII, पृ0 73; आर्कियोलॉजिकल सर्वे ऑफ वेस्टर्न इण्डिया, IV, पृ0 105.
197. मिराशी, वा0वि0, सातवाहनों और पश्चिमी क्षत्रपों का इतिहास और अभिलेख, पृ0 29.
198. मिश्र, श्याम मनोहर, दक्षिण भारत का इतिहास, पृ0 83.
199. एपिग्राफिया इण्डिका, VIII, पृ0 73; आर्कियोलॉजिकल सर्वे ऑफ वेस्टर्न इण्डिया, IV, पृ0 105.
200. मिश्र, श्याम मनोहर, दक्षिण भारत का इतिहास, पृ0 83.
201. पूर्ववत्, पृ0 84.
202. पूर्ववत्.
203. पूर्ववत्.
204. एपिग्राफिया इण्डिका, VII, फलक 3.

205. मजूमदार, आर0सी0, क्लासिकल एकाउन्ट ऑफ इण्डिया, पृ0 373 और 376.
206. आर्कियोलॉजिकल सर्वे ऑफ वेस्टर्न इण्डिया, V, फलक LI.
207. एपिग्राफिया इण्डिका, VIII, पृ0 36–49.
208. जर्नल ऑफ द बॉम्बे ब्रांच ऑफ द रॉयल एशियाटिक सोसाइटी, V, पृ0 41.
209. स्टडीज़ इन एपिग्राफी, I, पृ0 34–39.
210. मिराशी, वा0वि0, संशोधन–मुक्तावलिः VIII, पृ0 129.
211. पार्जिटर, डायनेस्टीज़ ऑफ कलि एज, पृ0 42.
212. जर्नल ऑफ न्यूमिसमैटिक सोसाइटी ऑफ इण्डिया, II, पृ0 39 और 40.
213. जर्नल ऑफ द बॉम्बे ब्रांच ऑफ द रॉयल एशियाटिक सोसाइटी, V, पृ0 41.
214. जर्नल ऑफ न्यूमिसमैटिक सोसाइटी ऑफ इण्डिया, XXXIV, पृ0 207.
215. एपिग्राफिया इण्डिया, XXXIV, पृ0 239.
216. एपिग्राफिया, इण्डिका, IV, पृ0 86.
217. पूर्ववत्, I पृ0 5.
218. जर्नल ऑफ द बॉम्बे ब्रांच ऑफ द रॉयल एशियाटिक सोसाइटी, VIII, पृ0 47; 52; V, पृ0 41, 45.
219. पूर्ववत्, V, पृ0 158; हिस्टोरिकल रिसर्चेस, पृ0 58; एपिग्राफिया इण्डिका, VII, फलक 3.
220. स्टडीज़ इन एपिग्राफी, I, पृ0 34–39.
221. शिवराममूर्ति, अमरावती स्कल्पचर्स इन द मद्रास गवर्मेन्ट म्यूज़ियम, पृ0 283.
222. मिराशी, वा0वि0, लिट्रेरी एण्ड हिस्टोरिकल स्टडीज़ इन इंडोलॉजी, पृ0 170, फलक 22.

223. जर्नल ऑफ द न्यूमिसमैटिक सोसाइटी ऑफ इण्डिया, III, पृ0 39–40, फलक 21.

224. पूर्ववत्, XXXVIII, पृ0 12, फलक 22.

225. शर्मा, आई0के0, क्वाइनएज ऑफ द सातवाहन, एम्पायर, पृ0 99.

226. पूर्ववत्.

227. इण्डियन आर्कियोलॉजी–ए रिव्यू 1962–63, पृ0 12–13.

228. वेदालंकार, हरिदत्त, प्राचीन भारत का राजनीतिक तथा सांस्कृतिक इतिहास, पृ0 240–41.

229. मिश्र, श्याम मनोहर, दक्षिण भारत का इतिहास, पृ0 84–85.

230. वेदालंकार, हरिदत्त, प्राचीन भारत का राजनीतिक तथा सांस्कृतिक इतिहास, पृ0 240.

231. शर्मा, आई0के0, क्वाइनएज ऑफ द सातवाहन एम्पायर, पृ0 97–98.

232. पार्जिटर, डायनेस्टीज़ ऑफ द कालि एज, पृ0 42.

233. मिराशी, वा0वि0, सातवाहनों और पश्चिमी क्षत्रपों का इतिहास और अभिलेख, पृ0 32.

234. जर्नल ऑफ न्यूमिसमैटिक सोसाइटी ऑफ इण्डिया, XXXIV, पृ0 205.

235. मिराशी वा0वि0, सातवाहनों और पश्चिमी क्षत्रपों का इतिहास और अभिलेख, पृ0 32.

236. पूर्ववत्.

237. रैप्सन, ई0जे0, ब्रिटिश म्यूज़ियम कैटलॉग (आन्ध्राज), पृ0 29.

238. मिराशी, वा0वि0, लिट्रेरी एण्ड हिस्टोरिकल स्टडीज़ इन इण्डोलॉजी, पृ0 171, फलक 23.

239. विदर्भ संशोधन मंडल वार्शिक 1977, पृ0 115, फलक 23.

240. मिराशी, वा0वि0, सातवाहनों और पश्चिमी क्षत्रपों का इतिहास और अभिलेख, पृ0 227.

241. जर्नल ऑफ द बॉम्बे ब्रांच ऑफ द रॉयल एशियाटिक सोसाइटी, XV, पृ0 313.
242. मिराशी, वा0वि0, सातवाहनों और पश्चिमी क्षत्रपों का इतिहास और अभिलेख, पृ0 34.
243. पूर्ववत्.
244. पूर्ववत्, 32–33.
245. पूर्ववत्.
246. जर्नल ऑफ द न्यूमिसमैटिक सोसाइटी ऑफ इण्डिया, XXI, पृ0, फलक 23.
247. आर्कियोलॉजिकल सर्वे ऑफ वेस्टर्न इण्डिया, V, फलक LI(II).
248. जर्नल ऑफ द न्यूमिसमैटिक सोसाइटी ऑफ इण्डिया, XXXIV, पृ0 205.
249. मिराशी, वा0वि0, साहतवाहनों और पश्चिमी क्षत्रपों का इतिहास और अभिलेख, पृ0 35.
250. एपिग्राफिया इण्डिका, I, पृ0 95–96; जर्नल ऑफ द रॉयल एशियाटिक सोसाइटी 1905, पृ0 305.
251. वेदालंकार, हरिदत्त, प्राचीन भारत का राजनीतिक तथा सांस्कृतिक इतिहास, पृ0 242.
252. आर्कियोलॉजिकल सर्वे ऑफ वेस्टर्न इण्डिया, V, फलक 15.
253. एपिग्राफिया इण्डिका, VIII, पृ0 94.
254. पूर्ववत्, I, पृ0 95–96.
255. शर्मा, आई0के0; क्वाइनएज ऑफ सातवाहन एम्पायर, पृ0 101.
256. रैप्सन ब्रिटिश म्यूज़ियम कैटलॉग (आन्ध्राज), पृ0 45, फलक 23.
257. वेदालंकार, हरिदत्त, प्राचीन भारत का राजनीतिक तथा सांस्कृतिक इतिहास, पृ0 242.
258. मिश्र, श्याम मनोहर, दक्षिण भारत का इतिहास, पृ0 86.
259. शर्मा, आई0के0, क्वाइनएज ऑफ सातवाहन एम्पायर, पृ0 251.

260. रैप्सन, ब्रिटिश म्यूज़ियम कैटलॉग (आन्ध्राज), पृ0 45.
261. शर्मा, आई0के0, क्वाइनएज ऑफ सातवाहन एम्पायर, पृ0 248–250.
262. पूर्ववत्, पृ0 242.
263. वेदालंकार, हरिदत्त, प्राचीन भारत का राजनीतिक तथा सांस्कृतिक इतिहास, पृ0 242.
264. शर्मा, आई0के0, क्वाइनएज ऑफ सातवाहन एम्पायर, पृ0 103.
265. मिश्र, श्याम मनोहर, दक्षिण भारत का इतिहास, पृ0 87.
266. पूर्ववत्, पृ0 86.
267. रैप्सन, ब्रिटिश म्यूज़ियम कैटलॉग (आन्ध्राज), पृ0 23.
268. पूर्ववत्, 242.
269. मिश्र, श्याम मनोहर, दक्षिण भारत का इतिहास, पृ0 87.
270. पूर्ववत्.
271. एपिग्राफिया इंडिका, VIII, पृ0 94.
272. एपिग्राफिया इण्डिका, I, पृ0 95–96; जर्नल ऑफ द रॉयल एशियाटिक सोसाइटी, 1905, पृ0 305.
273. याज़दानी, जी0, दकन का प्राचीन इतिहास, पृ0 119.
274. मिराशी, वा0वि0, सातवाहनों और पश्चिमी क्षत्रपों का इतिहास और अभिलेख, पृ0 35.
275. जर्नल ऑफ द बॉम्बे ब्रांच ऑफ द रॉयल एशियाटिक सोसाइटी, IV, पृ0 6.
276. पूर्ववत्, पृ0 7.
277. शर्मा, आई0के0, क्वाइनएज ऑफ सातवाहन एम्पायर, पृ0 267.
278. रामाराव, सातवाहन क्वाइन्स इन द आन्ध्र प्रदेश गवर्मेन्ट म्यूज़ियम, सं0 311.
279. मिराशी, वा0वि0, सातवाहनों और पश्चिमी क्षत्रपों का इतिहास और अभिलेख, पृ0 35.

280. मिश्र, श्याम मनोहर, दक्षिण भारत का इतिहास, पृ0 87.
281. एपिग्राफिया इंडिका, XXXIV, पृ0 273–74.
282. मिराशी, वा0वि0, सातवाहनों और पश्चिमी क्षत्रपों का इतिहास और अभिलेख, पृ0 36.
283. शर्मा, आई0के0, क्वाइनएज ऑफ सातवाहन एम्पायर, पृ0 261.
284. जर्नल ऑफ द न्यूमिसमैटिक सोसाइटी ऑफ इण्डिया, XXI, पृ0 68.
285. मिराशी, वा0वि0, सातवाहनों और पश्चिमी क्षत्रपों का इतिहास और अभिलेख, पृ0 230.
286. जर्नल ऑफ द बॉम्बे ऑफ द रॉयल एशियाटिक सोसाइटी, VI, पृ0 10.
287. मिराशी, वा0वि0, सातवाहनों और पश्चिमी क्षत्रपों का इतिहास और अभिलेख, पृ0 25.
288. वेदालंकार, हरिदत्त, प्राचीन भारत का राजनीतिक तथा सांस्कृतिक इतिहास, पृ0 243.
289. एपिग्राफिया इंडिका, XVIII, पृ0 316–319.
290. रैप्सन ब्रिटिश म्यूज़ियम कैटलॉग (आन्ध्राज), पृ0 30–31.
291. मिराशी, वा0वि0, सातवाहनों और पश्चिमी क्षत्रपों का इतिहास और अभिलेख, पृ0 36.
292. वेदालंकार हरिदत्त, प्राचीन भारत का राजनीतिक तथा सांस्कृतिक इतिहास, पृ0 243.
293. मिराशी, वा0वि0, सातवाहनों और पश्चिमी क्षत्रपों का इतिहास और अभिलेख, खण्ड–2, पृ0 74.
294. शर्मा, आई0के0, क्वाइनएज ऑफ द सातवाहन एम्पायर, पृ0 265–266.
295. पूर्ववत्, 104.
296. मिश्र, श्याम मनोहर, दक्षिण भारत का इतिहास, पृ0 88.

297. एपिग्राफिया इण्डिका, XIV, पृ0 143—155.
298. मिराशी, वा0वि0, सातवाहनों और पश्चिमी क्षत्रपों का इतिहास और अभिलेख, पृ0 36.
299. एपिग्राफिया इण्डिका, XIV, पृ0 153.
300. शर्मा, आई0के0, क्वाइनाएज ऑफ सातवाहन एम्पायर, पृ0 264.
301. जर्नल ऑफ द न्यूमिसमैटिक सोसाइटी ऑफ इण्डिया, II, पृ0 85.
302. शर्मा, आई0के0, द क्वाइनएज ऑफ द सातवाहन एम्पायर, पृ0 268.
303. एपिग्राफिया इण्डिका, XXXIV, पृ0 239.
304. जर्नल ऑफ द बॉम्बे ब्रांच ऑफ द रॉयल एशियाटिक सोसाइटी, VI, पृ0 10.
305. मिराशी, वा0वि0, सातवाहनों और पश्चिमी क्षत्रपों का इतिहास और अभिलेख, पृ0 44.
306. पार्जिटर, डायनेस्टीज ऑफ कालि एज, पृ0 50.
307. मिराशी, वा0वि0, सातवाहनों और पश्चिमी क्षत्रपों का इतिहास और अभिलेख, पृ0 44.
308. कॉर्पस इंस्क्रिप्शनम इण्डिकैरम, IV, पृ0 1.
309. पूर्ववत्, पृ0 5.
310. मिराशी, वा0वि0, सातवाहनों और पश्चिमी क्षत्रपों का इतिहास और अभिलेख, पृ0 45.

अध्याय–तीन

सामाजिक स्थिति

प्राचीन मान्यता के अनुसार मन, प्राण और भूतों की समष्टि मनुष्य है – सोयम् आत्मा मनोमयः प्राणमयः गड्न्मयः। मानव द्वारा सृष्टि के धरातल पर मन से विचार कर, भौतिक संसाधनों के माध्यम से, जो क्रियान्वयन किया जाता है, वही मानव की संस्कृति हैं। किन्तु ज्ञान, कर्म और रचना को संस्कृति की कोटि में रखने के लिए यह आवश्यक है कि वह संस्कार सम्पन्न हो एवं समाज की प्राणधारा के अनुकूल हो, क्योंकि मानव एक सामाजिक प्राणी है। दर्शन, धर्म, संस्कार, सभ्यता, कला और जीवन दर्शन संस्कृति के विविध अंग–प्रत्यंग हैं, जिसके संघात एवं सम्मिलन से संस्कृति स्वरूप ग्रहण करती हैं। वस्तुतः मानव जीवन की उच्च सामाजिक क्रियाएँ इसके अन्तर्गत सम्मिलित हैं। अनेकों नद–नदियों के जल से आप्लावित होकर स्रोतस्विनी गंगा जिस प्रकार अंतिम लक्ष्य के रूप में समुद्र को प्राप्त कर लेती हैं, उसी प्रकार विभिन्न योगदानों से संपुष्ट होती हुई सांस्कृतिक धारा भी मानव कल्याण के चरम लक्ष्य को प्राप्त करती हैं।

इस संस्कृति का उद्‌गम स्थल समाज है, और समाज मानव द्वारा निर्मित होता है। समाज में रहकर ही मानव विभिन्न प्रकार की धार्मिक, आर्थिक, सांस्कृतिक एवं सामाजिक कार्यों का सम्पादन करता है, और यही उसकी परिणति है।

सातवाहनयुगीन सामाजिक स्थिति के ज्ञान के साधन अत्यल्प हैं। अवशिष्ट धार्मिक साहित्य या तो बहुत प्राचीन काल का है, या बहुत बाद का है। मात्र आपस्तम्ब–धर्मसूत्र इसका अपवाद है। कृष्ण यजुर्वेद की यह शाखा दक्षिण भारत में उत्पन्न हुई। चरणव्यूह की एक टीका में उल्लिखित है कि तैत्तिरीय (कृष्ण) यजुर्वेद की आपस्तम्ब शाखा दक्षिण में आग्नेय दिशा के अंध्रादि गोदावरी नदी के तटीय प्रदेश में विद्यमान है।[1]

इस शाखा के ब्राह्मणों के उल्लेख दक्षिण भारत के अनेक राजवंशों के ताम्रपट्टों में आते हैं।[2] वर्तमान में भी महाराष्ट्र के नासिक, पूना, अहमदनगर, शोलापुर, कोल्हापुर आदि जिलों के साथ–साथ कर्नाटक, तमिलनाडु एवं आन्ध्रप्रदेश में आपस्तम्बी ब्राह्मण विद्यमान हैं। गोदावरी की इस शाखा के ब्राह्मण आज भी वेदविद्या के लिए प्रसिद्ध हैं।

प्राचीन वैदिक साहित्य में दक्षिणीय प्रदेशों का उल्लेख नहीं किया गया है। यद्यपि पाणिनि की अष्टाध्यायी में दक्षिणात्य शब्द की व्युत्पत्ति दी गई है,[3] किन्तु दक्षिण के चोल, पाण्ड्य आदि देशों का उल्लेख सर्वप्रथम कात्यायन के वार्तिकों में ही मिलता है।[4] अतः यह मानना समीचीन होगा कि आर्य संस्कृति का प्रसार दक्षिण भारत में बहुत समय के बाद हुआ होगा। उपलब्ध साक्ष्यों को दृष्टिगत रखते हुए ब्यूह्लर ने इस शाखा का उदय तीसरी शती से पूर्व सम्भवतः पांचवी–चौथी शती ई. पू. में माना है।[5] विंटरनिट्स भी इसे पांचवी–चौथी शती ई. पू. में रखते हैं।[6] आपस्तम्ब धर्मसूत्र में वर्णित राजविषयक विवरण से ऐसा प्रतीत होता है कि यह किसी छोटे से राजा के समय, दक्षिण में आर्य–संस्कृति के आरम्भकाल में लिखा गया है। यद्यपि उस समय तक सातवाहनों का उदय नहीं हुआ था, तथापि इस धर्मसूत्र में वर्णित तत्कालीन धार्मिक तथा सामाजिक परिस्थितियाँ इसके बाद लगभग तीन–चार शतक तक नहीं बदली होंगी। अतः

इस साहित्यिक साक्ष्य का उपयोग तत्कालीन सामाजिक परिस्थिति का वर्णन करने में किया जा सकता है।

इसके अतिरिक्त सातवाहनकालीन अभिलेख, तत्कालीन ग्रीक यात्रियों के वर्णन, गाथासप्तशती, जैसे तत्कालीन उपलब्ध ग्रन्थ के साथ–साथ हाल ही में हुए सातवाहनयुगीन पुरास्थलों के उत्खनन के फलस्वरूप प्राप्त पुरातात्त्विक साक्ष्यों के प्रकाश में सातवाहनयुगीन सामाजिक स्थिति पर यथेष्ट प्रकाश डाला जा सकता है। सातवाहनों के समकालीन शुंगवंश के दरबारी विद्वान महर्षि पतंजलि के महाभाष्य तथा मनुस्मृति भी तत्कालीन सामाजिक परिस्थितियों को स्पष्ट करने में सहायक हैं।

वर्ण एवं जाति व्यवस्था

मानव की मनोवैज्ञानिक एवं सामाजिक आवश्यकताओं को दृष्टिगत रखते हुए वर्ण एवं जाति का आरम्भ किया गया। वर्ण एवं जाति ने सामाजिक व्यवस्था एवं संगठन को स्थायित्व प्रदान कर समाज को उन्नति के पथ पर अग्रसर किया।

जाति शब्द की उत्पत्ति संस्कृत की जन धातु से हुई है, जिसका तात्पर्य है 'जन्म लेना'। वही वर्ण शब्द की व्युत्पत्ति संस्कृत की वृ धातु से हुई है, जिसका तात्पर्य है 'चुनना'। ऋग्वेद[7] में वर्ण का प्रयोग आर्यों एवं दासों में भेद करने हेतु किया गया है। कालान्तर में वर्ण के अन्तर्गत ब्राह्मण, क्षत्रिय, वैश्य एवं शूद्र – चार वर्ण निर्धारित किए गए। तदन्तर इन चार वर्णों से अनेक जातियाँ एवं उपजातियाँ प्रस्फुटित हुईं। मनु ने मात्र चार वर्णों का उल्लेख किया है किन्तु वर्ण संकरता के फलस्वरूप उनसे सत्तावन जातियाँ बन गईं।[8] कालान्तर में वर्ण एवं जाति का प्रयोग एक ही अर्थ में होने लगा। पी.वी. काणे ने वर्ण एवं जाति के संदर्भ में अपना मत व्यक्त करते हुए कहा कि, ''वर्ण एवं जाति इन दोनों का प्रयोग बहुधा समान अर्थ में होता रहा है। कभी–कभी दोनों के अर्थों में

अंतर भी पाया जाता है। वर्ण की धारणा वंश, संस्कृति, चरित्र, स्वभाव एवं व्यवसाय पर मूलतः आधारित है, इसमें व्यक्ति की नैतिक एवं बौद्धिक योग्यता का समावेश होता है, और यह स्वाभाविक वर्गों की व्यवस्था का द्योतक है। स्मृतियों में भी वर्णों का आदर्श है – कर्त्तव्यों पर, समाज या वर्ग के उच्च मापदण्ड पर बल देना, न कि जन्म से प्राप्त अधिकारों या विशेषाधिकारों पर। किन्तु इसके विपरीत जाति व्यवस्था, जन्म एवं अनुवांशिकता पर जोर देती हैं, और बिना कर्त्तव्यों के आचरणों पर बल दिए, केवल विशेषाधिकारों पर ही आधारित है।''[9]

सातवाहन युग में सामाजिक जीवन कई दृष्टियों से असाधारण महत्व रखता है। ब्राह्मण धर्म के पुनुरूज्जीवन के फलस्वरूप इस काल के धर्मशास्त्रकारों ने पूर्ववर्ती काल में निर्धारित वर्ण व्यवस्था को तत्कालीन परिस्थितियों में अनुकूल परिवर्तन करके स्वीकार कर लिया। शक, यवन, पह्लव आदि विदेशी जातियों के भारत आगमन एवं यहाँ स्थायी रूप से बस जाने से वे यहाँ के लोगों में घुलमिल गए, जिससे प्राचीन परम्परागत सामाजिक जीवन में उथल–पुथल होना स्वाभाविक था। गार्गी संहिता[10] एवं साथ ही पुराणों में इन प्रतिकूल परिस्थितियों के संदर्भ में निराशापूर्वक भविष्यवाणियाँ मिलती हैं। इनमें उल्लिखित है कि यवनों ने भारतीय समाज में बड़ा क्रान्तिकारी परिवर्तन किया है, इसके परिणामस्वरूप आर्य एवं अनार्य तथा वर्णाश्रम धर्म का अन्तर लुप्त हो गया है, शीघ्र ही कलियुग आने वाला है। विदेशी जातियों के सम्पर्क से प्राचीन सामाजिक परम्पराओं के विघटन का इतना भय उत्पन्न हो गया कि महाभारत के कर्ण पर्व में हिन्द–यूनानी नरेशों के आधिपत्य में रहने वाले मद्र एवं वाहीक देश की घोर निंदा करते हुए कहा गया है कि दुनियाभर की सब बुराईयाँ एवं नीचताएँ इस देश में हैं,[11] यहाँ घोर अनाचार और अनैतिकता का साम्राज्य है, किसी भी आर्य को यहाँ दो दिन के लिए भी निवास नहीं करना चाहिए।[12]

इन विषम परिस्थितियों में भी सातवाहनों के शासनकाल में हिन्दू धर्म का पुनरूत्थान हुआ, विदेशी आक्रमणों के सम्पर्क के फलस्वरूप उत्पन्न हुई विषम परिस्थितियों के समाधान का सफल प्रयास किया जिसके उल्लेख हमें मनुस्मृति, याज्ञवल्क्य स्मृति एवं महाभारत में प्राप्त होते हैं। साथ ही विदेशी एवं संकर जातियों का भी उल्लेख प्राप्त होता है।[13] भारतीय समाज ने इन विदेशी जातियों को जिस शीघ्रता एवं सरलता से आत्मसात् कर लिया एवं इन्हें हिन्दू तथा बौद्ध धर्म का उपासक बना लिया, यह वास्तव में भारतीय इतिहास का एक अतीव आश्चर्यजनक तथ्य है।

बौद्ध धर्म के कारण छिन्न–भिन्न हुई सामाजिक परिस्थितियों के फलस्वरूप सातवाहन युग में वर्णव्यवस्था के बन्धन शिथिल पड़ गये थे। समाज में इन प्रवृतियों के विरूद्ध प्रतिक्रिया हुई। फलतः वर्णाश्रम व्यवस्था पुनः प्रतिस्थापित हुई। मनुस्मृति में तत्कालीन शासन व्यवस्था, सामाजिक संगठन, आर्थिक जीवन, पारिवारिक जीवन आदि विषयों पर नियम निर्धारित किए गए हैं।[14] याज्ञवल्क्य स्मृति में भी चारों वर्णों एवं आश्रमों के आचार–विचार, मौलिक कर्त्तव्य, उत्तरदायित्व एवं अधिकार आदि का विस्तृत उल्लेख किया गया है।[15]

सातवाहनों के समय वर्ण व्यवस्था प्रचलित थी यद्यपि इस युग में इसके नियमों में कठोरता नहीं आई थी। अगर नियम कठोर होते तो सम्भवतः तत्कालीन विदेशी जातियाँ हिन्दू समाज का अंग न बन पाती। मूलतः आर्यों के तीन वर्ण थे – ब्राह्मण, क्षत्रिय और वैश्य। आर्येतरों का शूद्र वर्ण में समावेश होता होगा। आपस्तम्ब–धर्मसूत्र में उग्र[16] और चाण्डाल[17] का उल्लेख किया गया है। कालान्तर में रचित स्मृतियों में वैश्य के शूद्र स्त्री से उत्पन्न संतान को उग्रजातीय माना है, किन्तु यही अर्थ धर्मसूत्रकर्ता को विवक्षित था, ऐसा प्रतीत नहीं होता है।[18] टीकाकार हरिदत्त द्वारा प्रदत्त इसका अर्थ 'उग्र कर्म करने वाला', उग्र – ही विवक्षित होगा।[19]

ब्राह्मण

भारतीय हिन्दू समाज ब्राह्मण, क्षत्रिय, वैश्य और शूद्र चार वर्णों में बँटा था। साथ ही इनके विशिष्ट कार्यों एवं कर्त्तव्यों का प्रतिपादन किया जाता था। यह चातुर्वर्ण्य व्यवस्था भारतीय सामाजिक जीवन की आधारशिला मानी जाती थी। साथ ही दैवी व्यवस्था के रूप में भी स्वीकार्य थी।[20] ब्राह्मण वर्ण की उत्पत्ति ब्रह्मा के मुख से मानी गई है। जिस प्रकार मनुष्य का मस्तिष्क उसकी क्रियाओं का संचालन करता है, उसी प्रकार समाज का सुष्ठु संचालन करते हुए उसे सन्मार्ग की ओर ले जाने वाले ब्राह्मण हैं, जो अपने उदात्त विचारों, दीर्घकालीन अनुभव और ज्ञान से समाज का नेतृत्व करते थे। मनु[21] ने ज्ञानवान् होने के कारण ही ब्राह्मणों को सर्वश्रेष्ठ माना है –

विप्राणां ज्ञानतो ज्येष्ठ्यम्। – मनुस्मृति 2/155

भगवद्पुराण, हरिवंश पुराण आदि ग्रन्थों के साथ ही साथ इस परम्परा का अनुसरण इस युग के प्रधान स्मृतिकारों ने किया है। मनु[22] तथा याज्ञवल्क्य[23] ब्राह्मणों को न केवल अन्य वर्णों से उत्कृष्ट, अपितु सृष्टि की समस्त वस्तुओं में सर्वश्रेष्ठ बताते हैं। ब्राह्मणों के तीन विशिष्ट कार्य–वेदों का अध्यापन, यज्ञ कराना एवं दान स्वीकार करना था। इसके अतिरिक्त तीन अन्य प्रधान कार्य – वेदाध्ययन, यज्ञ करना एवं दान देना था, जिनका सम्पादन क्षत्रिय एवं वैश्य भी करते थे। ब्राह्मणों को अपना सम्पूर्ण जीवन वेदाध्ययन, यज्ञानुष्ठान एवं धर्मोपदेश में व्यतीत करना होता था। धर्मसूत्र के अधिकांश नियम उनके आचरण के विषय में हैं। आपस्तम्ब धर्मसूत्र[24] में ब्राह्मणों के कर्त्तव्यों का विवेचन करते हुए कहा गया है कि गुरूकुल में विद्यार्थी विनय के साथ व्यवहार करें, गुरू उसके साथ पुत्रवत् व्यवहार रखें तथा बिना कुछ बचाये उसे विद्या सिखाए, अपराध करने पर उससे नाराजगी प्रदर्शित करते

हुए, अपराध के अनुरूप उसे अनशन, ठंडे पानी से स्नान करने को बाध्य करना अथवा अपने सामने आने की मनाही करके दण्डित करे इसके साथ ही अतिथियों के आदर–सत्कार पर बल देने के साथ–साथ वैश्वदेव के अवसर पर कुत्ता तथा चाण्डाल से लेकर सबको अन्न का भागी बनाने का उल्लेख किया गया है।[25] मल्हारा ताम्रपट में मुंडवंशीय ब्राह्मणों के वर्णन से स्पष्ट है कि धार्मिक वृत्ति के सच्छील ब्राह्मण इन सभी कर्त्तव्यों को यथासाध्य करते थे।[26]

अन्य वर्णों के लोगों को वेदों का अध्यापन, यज्ञ कराना एवं दान स्वीकार करना सर्वथा निषेध था। मनु के अनुसार ब्राह्मणेत्तर व्यक्ति ये कार्य करे, तो उसकी सारी सम्पत्ति छीनकर उसे कारावास का दण्ड भोगना पड़ सकता था।[27]

मनु ने ब्राह्मण द्वारा त्यागी, तपस्वी जीवन व्यतीत करने एवं धन के लोभ से मुक्त रहने के आदर्श पर बल दिया है।[28] समाज में उसकी उच्च स्थिति तभी स्वीकार की जा सकती है, जबकि उसका जीवन आदर्श हो। अतएव मनु ने ब्राह्मण के लिए आदर्श का निरूपण किया है कि वह उञ्छवृत्ति (खेतों में बचे रह गए दानों को बीनकर) से अपना जीवन निर्वाह करे। वह न केवल उतना ही अन्न संचित करे, जो एक कुम्भी को भरने के लिए पर्याप्त हो या जिससे उसके परिवार का तीन दिन के भोजन का काम चल सके,[29] उसे दान में भी अधिक धन स्वीकार नहीं करना चाहिए, क्योंकि इससे उसकी अलौकिक ज्योति लुप्तप्राय हो जाती है,[30] जिसके कारण उसे समाज में प्रतिष्ठित स्थिति प्राप्त होती है। बौद्ध एवं जैन धर्मों द्वारा ब्राह्मणों की उत्कृष्टता का विरोध इसी कारण किया गया था, क्योंकि वे भी अन्य लोगों की भाँति सामान्य जीवन व्यतीत कर रहे थे और लोभ आदि से विरहित नहीं थे, अतएव ब्राह्मणों की उत्कृष्टता को पुनर्स्थापित करने के लिए तत्कालीन स्मृतिकारों ने इस बात पर बहुत बल दिया कि ब्राह्मणों का जीवन लोभरहित हो, अकिञ्चनवृत्ति का अनुकरण कर त्यागी एवं तपस्वी

बने।[31] इस प्रकार के जीवन का अनुसरण करने वाले ब्राह्मण को समाज में विशिष्ट स्थान प्राप्त होना चाहिए। धर्मसूत्र के अनुसार इस प्रकार का संयमपूर्ण जीवन न जीने वाले को वह सम्मान नहीं मिलता था; इतना ही नहीं, उसे पतित माना जाता था।[32]

किन्तु व्यवहार में ब्राह्मण इन उच्च आदर्शों का पालन करते हों एवं निर्धारित कार्यों के अतिरिक्त अन्य कार्य न करते हों, ऐसी स्थिति नहीं थी। यद्यपि साधारणतया वह व्यापारी, साहूकारी (महाजनी), वैद्यकर्म आदि व्यवसाय नहीं कर सकता था[33] किन्तु आपत्तिकाल में ये बंधन ढीले किए जाते थे। साधारण रूप से ब्राह्मण हाथ में शस्त्र नहीं ले सकता था[34] किन्तु समाज में प्रतिकूल परिस्थितियों से धार्मिक जीवन असम्भव हुआ, तो क्षत्रियों की भाँति द्विजाति भी शस्त्र ग्रहण करे, जैसा कि मनु[35] ने कहा है। वस्तुतः वर्ण धर्म उस समय इतना कठोर नहीं था क्योंकि अनेक ब्राह्मणों यथा शुंग, कण्व, वाकाटक, आदि ने राजपद प्राप्त कर राज्य सुख भोगा। स्वयं सातवाहन भी पहले पुरोहित ही थे, तथापि उन्होंने दकन के क्षत्रियों पर आधिपत्य स्थापित किया।

कुछ ब्राह्मण सामान्य परिस्थितियों में भी निर्धारित कार्यों के अतिरिक्त अन्य व्यवसाय भी करते थे। मनुस्मृति में ऐसे कर्म करने वाले ब्राह्मणों की सूची दी गई है, जिन्हें श्राद्ध कर्म में निमन्त्रित नहीं किया जा सकता था।[36] विद्वान एवं सदाचारी ब्राह्मणों की पंक्ति में बैठने का अधिकार न होने के कारण इन्हें आपंक्तेय भी कहा जाता था। इनमें चोर, पतित एवं नास्तिक वृत्ति के लोगों के अतिरिक्त चिकित्सा, ज्योतिष से लेकर कुत्ते एवं बाज़ पालने, माँस बेचने एवं मुर्दा ढोने जैसे गर्हित कार्य करने वाले ब्राह्मण जन का उल्लेख मनु ने किया है। मनु ने ऐसे पतित ब्राह्मणों को शूद्रों के समकक्ष मानते हुए उन्हें नरकगामी माना हैं।[37] स्मृतिग्रन्थों के उपरोक्त विवरण के आधार पर यह कहा जा सकता है कि इनकी रचना के समय में ब्राह्मण वर्ण गुण कर्म पर आधारित न होकर

जन्म पर आश्रित हो चुका था। इसीलिए ऐसे भी ब्राह्मण थे, जो शूद्रों के योग्य कार्य करके जीविकोपार्जन में संलग्न थे। सामान्य व्यवसाय करने वाले ब्राह्मण न करों से मुक्त होते थे, और न अदण्डय माने जाते थे। महाभारत में भी अश्रोत्रिय एवं अनाहिताग्नि ब्राह्मणों से बेगार लिये जाने की बात कही गई है।[38]

समाज में उच्च पद प्राप्त होने के साथ ही साथ ब्राह्मणों को कुछ विशेषाधिकार एवं उन्मुक्तियाँ भी प्राप्त थीं। गौतम के अनुसार राजा को ब्राह्मणों को छः प्रकार के दण्डों से मुक्त रखना चाहिए, उन्हें पीटा न जाए, उन्हें हथकड़ी न लगायी जाए, उनसे जुर्माना या अर्थदण्ड न लिया जाए, उन्हें ग्राम या देश से न निकाला जाए, उनकी भर्त्सना या निन्दा न की जाए, उन्हें त्यागा न जाए।[39] इस व्यवस्था के अनुसार ब्राह्मण अवध्य, अबन्ध्य, अदण्ड्य, अनहित्कार्य, अपरिवाद्य और अपरिहार्य माना जाता है। किन्तु ये सुविधाएँ मात्र उन ब्राह्मणों के लिए थीं, जो वस्तुतः विद्वान एवं तपस्वी हों एवं जिससे अन्जाने में ही कोई अपराध हो गया हो।

भीड़ अथवा मार्ग अवरूद्ध होने की स्थिति में अन्य व्यक्तियों की तुलना में ब्राह्मण को पहले मार्ग देना होना था। मनु ने राजा तक को वेदाध्ययन के बाद समावर्तन संस्कार सम्पन्न स्नातक को मार्ग देने की बात कही है।[40] ब्राह्मण के लिए मृत्युदण्ड का विधान नहीं था। उसके लिए सबसे बड़ा दण्ड उसकी सम्पत्ति को जब्त करना, सिर मुंडवाना, उसे दागना या जुर्माना करना था।[41] अन्य वर्णों के विरूद्ध किए गए अपराध के लिए अपेक्षाकृत अधिक कठोर दण्ड का प्रावधान था। ब्रह्महत्या को पाँच महापातकों में सर्वोच्च स्थान दिया जाता है।[42] ब्रह्महत्या करने वाले व्यक्ति को न केवल इस जन्म में वरन् अगले जन्म में भी दण्ड भोगना पड़ता है। मनु के मतानुसार ब्राह्मण को किसी प्रकार की क्षति नहीं पहुँचानी चाहिए।[43] ब्रह्महत्या की अनुमति मात्र आत्मरक्षा हेतु उसे आततायी होने पर ही दी है। ब्राह्मण की सम्पत्ति जब्त नहीं की जा सकती

थी। निःसंतान उत्तराधिकारी के अभाव में मात्र राजा उसे हस्तगत कर सकता था। ब्राह्मण न केवल कर देने से मुक्त था,[44] वरन् उसके कुल, विद्या एवं चरित्र की परीक्षा करके उसका भरण–पोषण करने का उत्तरदायित्त्व राजा का होता था।[45] वस्तुतः ब्राह्मणों से कर न लेने का कारण यही था कि राजा उनकी तपस्या एवं ज्ञान का अंश कर के रूप में प्राप्त कर लेता था। परन्तु जो ब्राह्मण इस रूप में कर देने में समर्थ न हों, उनसे अन्य प्रजाजन के समान ही कर वसूल किये जाने का प्रावधान स्मृतिग्रन्थों में किया गया है।[46] श्रोत्रिय ब्राह्मण को राजा की अनुपस्थिति में न्याय करने का भी पूरा अधिकार था। अन्य वर्णों की भाँति अनायास मिले धन को विद्वत ब्राह्मण अधिग्रहीत कर सकता था। अन्य वर्णों को मिलने वाले गुप्त धन को राजा अधिग्रहीत कर उसका छठा भाग प्राप्तकर्ता को दे देता था। किन्तु राजा को स्वयं गुप्त धन प्राप्त होने की स्थिति में, वह आधा ब्राह्मणों को बाँट देता था।[47]

ब्राह्मणों को यह समस्त प्रतिष्ठा एवं विशेषाधिकार उनके कठोर तपोमय जीवन के कारण प्राप्त था, उन्होंने अपना समस्त जीवन वैदिक साहित्य के संरक्षण, वृद्धि एवं विकास में लगा रखा था। सत्य है कि तत्कालीन सभी ब्राह्मण, त्यागी, तपस्वी एवं वेदाध्ययन में लीन रहने वाले नहीं थे। अतः स्पष्ट है कि उपर्युक्त विशेषाधिकार सब ब्राह्मणों के लिए नहीं, अपितु वेदादि एवं विभिन्न विधाओं में पारंगत विद्वानों के लिए ही थे।

तत्कालीन रचित ग्रन्थ मिलिन्द प्रश्न में ब्राह्मणों द्वारा अध्ययन किए जाने वाले विषयों का उल्लेख किया गया है।[48] उस समय ब्राह्मण न केवल स्मृतियों, ऋग्वेद, यजुर्वेद, सामवेद, अथर्ववेद, इतिहास, पुराण, कर्मकांड, व्याकरण, आदि का विषद् अध्ययन करते थे, अपितु गणित ज्योतिष, फलित ज्योतिष, स्वप्न विज्ञान, शकुन विज्ञान, सूर्य एवं चन्द्रग्रहणों का, ग्रहों तथा नक्षत्रों की गतियों के मानव जीवन पर पड़ने वाले प्रभाव एवं भूकम्प विषयक

अध्ययन करने का उल्लेख मिलता है। स्पष्ट है कि ब्राह्मण वैदिक साहित्य के अध्ययन के साथ–साथ व्यावहारिक एवं अनेकोपयोगी विद्याओं में भी अध्ययन करके पारंगत होते थे। ब्राह्मण द्वारा शास्त्रप्रतिपादित कार्यों के अतिरिक्त अन्य कार्यों के भी कई उल्लेख इस युग के साहित्य एवं इतिहास में प्राप्त होते हैं।[49] पुष्यमित्र अंतिम मौर्य नरेश बृहद्रथ का सेनापति था। कण्व वंश का संस्थापक वासुदेव, जो कि ब्राह्मण था, अंतिम शुंग नरेश का अमात्य था। इसी प्रकार सातवाहन नामक प्रथम सातवाहन नरेश ने यज्ञ की स्रुवा का परित्याग करके शस्त्र धारण किया एवं सातवाहन वंश की स्थापना की। नासिक की गुफा में वासिष्ठीपुत्र पुलुमावि के शासन काल के संवत्सर 19 में उत्कीर्ण कराए गए अभिलेख[50] में गौतमी पुत्र सातकर्णि के लिए प्रयुक्त **'एकबम्हणस'** उनके ब्राह्मण होने की पुष्टि करता है। इससे यह स्पष्ट है कि व्यवसाय की दृष्टि से ब्राह्मणों में लचीलापन आ गया था, जिससे वे परिस्थितियों के अनुकूल व्यवसाय किया करते थे। महाभारत के शान्तिपर्व में उल्लिखित है कि जन समाज के विधान टूट जाएँ, दस्यु, चोर, डाकू बढ़ जाएं, तो सभी वर्णों को शस्त्र ग्रहण करना चाहिए।[51]

क्षत्रिय

शास्त्रानुसार क्षत्रिय वर्ण की उत्पत्ति ब्रह्मा (पुरूष) की भुजाओं से मानी गई है और उसे समाज की भुजा भी कहा गया है। जैसे भुजाएँ शरीर की रक्षा करने में समर्थ होती हैं, वैसे ही क्षत्रिय भी समाज की रक्षा–सुरक्षा करते हैं। इसीलिए प्राचीनकाल में क्षत्रिय ही 'राजा' का पद प्राप्त करते थे और वर्णाश्रम धर्म की रक्षा करना उनका परम कर्त्तव्य था। भीष्म पितामह ने क्षत्रिय की परिभाषा इस प्रकार दी है :–

1. कामभोगाप्रियास्तीक्ष्णाः क्रोधनाः प्रियसाहसाः।
2. क्षत्रजं सेवते कर्म वेदाध्ययनसंगत।

दानादानरतिर्युस्तु स वै क्षत्रिय उच्यते।।

महाभारत शान्ति पर्व, 188/11

अर्थात् कामभोग को पसंद करने वाले, तीक्ष्ण स्वभाव वाले, अत्यधिक साहसी, प्रजारक्षक, वेदाध्ययन करने वाले तथा दान देने वाले व्यक्ति क्षत्रिय कहलाते हैं। क्षत्रियों का यह स्वभाव उनके रजोगुण के आधिक्य का द्योतक हैं। गौतमधर्मसूत्र, मनुस्मृति, याज्ञवल्क्यस्मृति, भागवतपुराण, श्रीमद्भगवद्गीता एवं महाभारत आदि ग्रन्थों से भी इसी प्रकार के विवरण प्राप्त होते हैं।[52]

ब्राह्मणों के लिए निर्धारित छः कर्त्तव्यों में से तीन को क्षत्रिय के लिए निषिद्ध बताया गया है – अध्यापन, यज्ञ कराना तथा दान लेना। अन्य तीन अध्ययन, यज्ञ करना तथा दान देना क्षत्रिय के कर्त्तव्य हैं। दान लेना क्षत्रिय के लिए निषेध था। इसका कारण सम्भवतः यह रहा होगा कि वह अपने बाहुबल से धनोपार्जन करने में सक्षम था। दान लेने की स्थिति में मस्तिष्क बल से समाज को उन्नत करने वाले ब्राह्मणों के अधिकारों का हनन होगा। इसके अतिरिक्त क्षत्रिय का विशेष कार्य प्रजाजनों की रक्षा करना एवं युद्ध करना था। समाज में उसकी स्थिति सर्वसाधारण जनता की तुलना में उत्तम मानी जाती थी। ब्राह्मणों की भाँति क्षत्रिय वर्ण भी अब प्रधानतया जन्म पर आधारित हो गई थी। अतएव ऐसे क्षत्रिय भी होते थे, जो वैश्यों के कार्य करके जीविका चलाते थे। मनु तथा याज्ञवल्क्य स्मृति में आपत्तिकाल में क्षत्रियों को कार्य करने की भी अनुमति दी है।[53] महाभारत में क्षत्रियों के लिए तीन बातों पर विशेष बल दिया गया है – अतिथि का स्वागत करना, कृतज्ञता एवं शरणागत की रक्षा करना।[54] क्षत्रिय बालकों को प्रधानतया धनुर्वेद एवं युद्धकला की शिक्षा दी जाती थी। वेदों के अध्ययन में पारंगत होना उनके लिए उतना आवश्यक नहीं होता था जितना शस्त्र विद्या में पारंगत होना था। समाज में उनकी ऊँची स्थिति का आंकलन इस तथ्य से लगाया जा सकता है कि यदि निम्न जाति

वाला व्यक्ति प्रतिष्ठा पाने के लिए क्षत्रिय होने का ढोंग करते थे, तो उन्हें दंडित किया जाता था।

राजगद्दी के लिए अभिषिक्त व्यक्ति राजन्य कहलाते थे। क्षत्रियों का आचार–व्यवहार प्रायः ब्राह्मणों से मिलता–जुलता था, अतः उन्हें ब्राह्मण सदृश कहा जाता था।

आपस्तम्ब में क्षत्रियों के कर्त्तव्यों का वर्णन करते हुए कहा गया है कि राजा, गुरू एवं अमात्यों से अधिक ऐश्वर्य से न रहे,[55] उसके राज्य में भूख, रोग, जाड़ा या उष्माघात से कोई न मरे,[56] उसके राज्य के गाँवों में, अरण्यों में भी चोरों का भय न हो,[57] सन्देह होने पर वह किसी को दण्डित न करे।[58]

वैश्य

दैवीय सिद्धान्तानुसार वैश्य की उत्पत्ति ब्रह्मा की जंघाओं से मानी गई है। जिस प्रकार शरीर का सम्पूर्ण भार जंघाएँ वहन करती हैं, उसी प्रकार समाज के भरण–पोषण का भार भी वैश्यों को वहन करना पड़ता था। अर्थात् तत्कालीन आर्थिक नीति निर्धारण का उत्तरदायित्व इन्हीं पर था। आपस्तम्ब धर्मसूत्र[59] में उल्लिखित है –

क्षत्रियवद्वैश्यस्य दण्डयुद्धवजै कृषि गौरक्ष्यवाणिज्याडधिकम्।

स्पष्ट है कि अन्य द्विजों की भाँति अध्ययन, यजन एवं दान कर्मों के अतिरिक्त कृषि, पशुपालन एवं व्यापार–वाणिज्य आदि उनके कर्त्तव्य थे। मनु तथा याज्ञवल्क्य स्मृति[61] में भी वैश्यों के यही कार्य माने गए हैं। महाभारत[62] में वैश्यों द्वारा पशुपालन किए जाने पर भी विशेष बल दिया गया है।

सातवाहन काल में वाणिज्य एवं व्यापार अपने चरमोत्कर्ष पर था। आन्ध्र के धान्यकटक जैसे दूरस्थ प्रदेश से तगर, प्रतिष्ठान आदि मार्गों द्वारा कल्याण, सूर्पारक, भरूकच्छ, उज्जयिनी आदि बन्दरगाहों एवं नगरों में तथा विदेशों में भी माल निर्यात किया

जाता था। व्यापारियों के समूह के प्रमुख को सार्थवाह कहा जाता था। यदा–कदा ब्राह्मणों के भी सार्थवाह बनने के उल्लेख प्राप्त होते हैं। गुप्तकाल में रचित मृच्छकटिक में वर्णित चारूदत्त ऐसा ही सार्थवाह था, जिसने सार्थवाह बनकर अपार सम्पत्ति अर्जित की।[63] साथ ही अपने इस धन को दान–धर्म में व्यय करके वह अकिंचन बना।

वैश्य समुदाय ने स्वयं को श्रेणियों में संगठित कर लिया। श्रेणियों के माध्यम से लोगों को साधारण ब्याज दर पर ऋण देना भी उनकी वृत्ति थी।

सुदृढ़ कृषि आधारित अर्थव्यवस्था के फलस्वरूप धनी कृषकों के एक नवीन वर्ग का उदय हुआ, जिसे गृहपति कहा गया। इन सम्पन्न गृहपतियों ने अपनी सम्पत्ति का कुछ भाग तत्कालीन बौद्ध मठों के उत्थान तथा जनसाधारण के प्रयोगार्थ तड़ाग आदि के निर्माण हेतु आर्थिक सहायता के रूप में प्रदान किया। अडोणी तालुके से प्राप्त पुलुमावि के शासनकाल के संवत्सर 8 में उत्कीर्णित अभिलेख[64] में कोंत वंश के संब नामक गृहपति द्वारा एक तड़ाग खुदवाने का उल्लेख प्राप्त होता है। इसी प्रकार अमरावती स्तूप के छज्जे के एक द्वार के स्तम्भ पर लगे शिला फलक पर वासिष्ठीपुत्र पुलुमावि के शासनकाल में उत्कीर्णित अभिलेख[65] में पुरि गृहपति के पुत्र इसिलि (ऋषिल) द्वारा महास्तूप के पश्चिमी द्वार के ऊपर अवस्थित धर्मचक्र का दान के रूप में स्थापित किए जाने का उल्लेख प्राप्त होता है। इसी प्रकार नानाघाट,[66] कान्हेरी[67] आदि से प्राप्त अभिलेखीय साक्ष्यों से भी इसी प्रकार के उल्लेख प्राप्त होते हैं।

स्पष्ट है कि गृहपतियों के पास अपार सम्पत्ति होती थी। श्रेणियों में संगठित गृहपति एवं व्यापारीगण आधुनिक बैंकों की भाँति ब्याज पर धन उठाने जैसे कार्य करने के साथ–साथ सामाजिक एवं धार्मिक पुण्योपार्जनार्थ अक्षयनीवियों का दान, तड़ागों का

निर्माण, मठों के निर्माण, आदि कार्यों में भी रूचि लेते थे। राजा एवं कुलीन परिवारों के प्रमुख भी सब मामलों में इनसे सहायता लिया करते थे। गृहपतियों के अतिरिक्त इस समय के अनेक अभिलेखों में कुटुम्बिकों का भी वर्णन मिलता है। ये कुटुम्बिक गृहपतियों की भाँति विशाल सम्पत्ति रखने वाले कुटुम्बों के या परिवारों के प्रमुख हुआ करते थे।

शूद्र

शूद्रों की उत्पत्ति ब्रह्मा के चरणों से बतायी गई हैं। शरीर में जो स्थिति पैरों की हैं, वही समाज में शूद्रों की है। पैर व्यक्ति को उसके गन्तव्य तक ले जाते हैं; उसे गतिशील रखते हैं। शूद्र भी अन्य वर्णों को उनके गन्तव्य तक पहुँचाने में अपेक्षित सहायता करते हैं। यद्यपि इनका प्रमुख कर्त्तव्य अन्य वर्णों की सेवा करना था, तथापि वह कारूकर्म एवं विविध धन्धों में निपुण था। आपस्तम्ब में उल्लिखित है, कि जो ज्ञान ब्राह्मण गुरू से नहीं मिलेगा, उसे स्त्रियों तथा अन्य वर्णों से प्राप्त किया जाए।[69]

गौतमधर्मसूत्र,[70] मनुस्मृति,[71] विष्णुस्मृति,[72] वृहत्पराशरस्मृति,[73] याज्ञवल्क्य स्मृति,[74] कौटिल्य के अर्थशास्त्र[75] में शूद्रों द्वारा किए जाने वाले कर्त्तव्यों का उल्लेख किया है। द्विजाति – ब्राह्मण, क्षत्रिय और वैश्य की सेवा सुश्रुषा करना ही शूद्र का कर्त्तव्य है। इसके अतिरिक्त उसे अपने जीविकोपार्जन हेतु बढ़ईगिरी, लोहारगिरी, आदि शिल्प कार्यों को करने का निर्देश दिया गया है। अतिथियों का सम्मान करने के साथ–साथ मन, वाणी, कर्म से ब्रह्मणादि की सेवा करे मनु ने यह भी कहा है कि राजा शूद्र को अपनी सेवा करने के लिए बाधित कर सकता है।[76]

किन्तु शूद्रों की यह स्थिति सार्वभौम नहीं थी। व्यावहारिक रूप में शूद्रों को सम्पत्ति रखने का अधिकार था। मनुस्मृति[77] एवं महाभारत[78] में उल्लिखित है कि शूद्र को यह अधिकार था कि वह

अपनी सम्पत्ति का अपने पुत्रों में विभाजन समान रूप से करे। शूद्रों द्वारा ब्राह्मण को दान देना सर्वथा वर्जित था। स्पष्ट है कि अन्य द्विजातियों की अपेक्षा शूद्रों के धार्मिक और सामाजिक अधिकार अत्यल्प थे, साथ ही उनके लिए कई अयोग्यताएँ एवं अनर्हताएँ मानी जाती थीं।

शूद्रों को वेदाध्ययन के अधिकार से वंचित रखा जाता था, तथापि उन्हें महाभारत, इतिहास एवं पुराण सुनने का अधिकार था। महाभारत[79] में भी उल्लिखित है कि चारों वर्ण किसी ब्राह्मण पाठक से महाभारत सुन सकते हैं। शूद्रों के लिए वैदिक यज्ञ करना निषेध था। उनके सारे संस्कार वैदिक मंत्रों के बिना सम्पादित होते थे। वे प्रतिदिन पंचमहायज्ञ साधारण अग्नि में कर सकते थे, श्राद्ध भी कर सकते थे। देवताओं की स्तुति नमः शब्द से कर सकते थे, किन्तु 'अग्न्ये स्वाहा' नहीं कह सकते थे। यज्ञ का अधिकार न रखने पर भी, उन्हें बावड़ी, कुआँ, तालाब बनवा कर, देव मंदिरों का निर्माण कराकर पुण्य प्राप्त करने का अधिकार था।[80]

अन्य वर्णों की अपेक्षा शूद्रों के लिए कठोर दण्ड का प्रावधान था। शूद्र द्वारा किसी ब्राह्मण की भर्त्सना अथवा गाली–गलौच करने की स्थिति में शूद्र को कठोर शारीरिक दण्ड दिया जाता था,[81] किन्तु ब्राह्मण अथवा क्षत्रिय द्वारा इसी प्रकार का अपराध किये जाने की स्थिति में मात्र 100 अथवा 150 कार्षापण का दण्ड दिया जाता था। ब्रह्महत्या को जहाँ महापातक माना जाता था, वहीं शूद्र को मारना उपपातक की श्रेणी में आता था[82] एवं इससे मुक्त होने के लिए मात्र प्रायश्चित एवं दान का प्रावधान था।

पूर्ववत् तीन आर्य वर्णों (ब्राह्मण, क्षत्रिय, वैश्य,) को उपनयन के पश्चात् गुरूकुल में वेदाध्ययन हेतु न्यूनाधिक समय व्यतीत करना पड़ता था जिसके फलस्वरूप उनमें पारस्परिक सामंजस्य की भावना उद्भूत होती थी। साथ में रहने के कारण उनके भोजनादि

की व्यवस्था भी एक स्थान में ही होती थी। ब्राह्मणों के भी माँसभोजी होने के कारण सब का अन्न–जल एक ही प्रकार का था। शूद्र को छोड़कर अपने कर्त्तव्य निभाने वाले सभी के लोग एक साथ भोजन करे – इस प्रकार के मत का उल्लेख करते हुए आपस्तम्ब कहता है – यदि शूद्र धर्माचरणी हो, तो उसे भोजन में सम्मिलित किया जाए,[83] साथ ही यह भी उल्लिखित है कि आर्यों के निर्देशानुसार वैश्वदेव के लिए भी रसोई शूद्रजातीय बनाए, किन्तु अपवित्र शूद्र द्वारा लाया गया भोजन ब्राह्मण के लिए वर्जित था। स्पष्ट है कि ब्राह्मण शूद्रों द्वारा बनाया भोजन ग्रहण करते थे। आपस्तम्ब में उल्लिखित है कि शूद्र रसोइये के नाखून, केश आदि स्वच्छ होने चाहिए। स्पष्ट है कि सातवाहन काल में शूद्रों का भोजन ब्राह्मणों के लिए पूर्णतया वर्जित नहीं हुआ। वह ब्राह्मण के घर में रसोइया हो सकता था और ब्राह्मण उसका पकाया भोजन कर सकता था। शूद्र चारों आश्रमों में केवल गृहस्थाश्रम ही ग्रहण कर सकता था।

जिस समय सातवाहन दकन के भूभाग पर राज्य कर रहे थे, उस समय उत्तर भारत में शुंगों का आधिपत्य था। पतंजलि शुंगों के दरबार के विद्वान थे। अपने ग्रन्थ महाभाष्य में उन्होंने इस युग में शूद्रों की स्थिति पर प्रकाश डाला है।[86] उनके मतानुसार दो प्रकार के शूद्र होते हैं – जो ब्राह्मण, क्षत्रिय, वैश्य अपने शास्त्रविहित कर्त्तव्यों का पालन न करते हुए शूद्रवत जीवन निर्वाह करते थे, वे कर्मशूद्र थे। इसके अतिरिक्त वेदाध्ययन न करने वाले, सन्ध्या, अग्निहोत्ररहित, असंयमी ब्राह्मण भी शूद्र माने जाते थे। दूसरे प्रकार के शूद्र माता–पिता से उत्पन्न थे।[87]

शूद्रों की अनेक जातियाँ थीं। आभीर, धीवर, रथकार, जुलाहा, कुम्हार, नाई, लुहार, धोबी आदि शूद्रों के अन्तर्गत आते थे। इन्हें ब्राह्मण, क्षत्रिय एवं वैश्य के व्यवहृत पात्रों को छूने की छूट थी, इन्हें अनिरवासित शूद्र माना जाता था, इसके अतिरिक्त चाण्डाल

और मृतप भी शूद्रों की श्रेणी में आते थे, इन्हें निरवासित शूद्र माना जाता था। निम्न कोटि का शूद्र होने के कारण इन्हें त्रिवर्गों के पात्रों को छूने की मनाही थी। प्रायः ये गाँव के किनारे रहते थे अथवा बड़े–बड़े नगरों के बीच में रहते थे।[88]

दक्षिण में बौद्ध धर्म के विस्तारित होने पर अनेक बौद्धानुयायी सातवाहनों के राज्य में रहने लगे। इसमें अनेक जातियों एवं व्यावसायिक जातियों के लोगों का समावेश था। इच्छानुसार किसी अन्य धर्म को स्वीकार करने की स्थिति में अपनी जाति का परित्याग नहीं करना होता था। इस तथ्य की पुष्टि कुडा की गुफा से प्राप्त एक अभिलेख से होती है इसमें अयितिलु नामक ब्राह्मण उपासक की भयिला नामक ब्राह्मण पत्नी द्वारा चैत्यगृह के दान में दिए जाने का उल्लेख किया गया है। ये युगल बौद्धधर्मीय था। अभिलेख में पति को उपासक कहा गया है। पत्नी द्वारा चैत्यगृह खुदवाकर बौद्ध संघ को अर्पित करना उसकी बौद्ध धर्मनिष्ठा की ओर संकेत करता है। तथापि लेख में दोनों को ब्राह्मण कहा गया है। उनके आदेशाानुसार ही अभिलेख में उनके ब्राह्मण होने का उल्लेख किया गया है। स्पष्ट है कि बौद्ध धर्म को जाति पर आपत्ति न होकर यज्ञयाग की हिंसा पर और वेदप्रामाण्य पर थी।

उपरोक्त चारों वर्णों के अतिरिक्त तत्कालीन सातवाहनयुगीन समाज में ऐसे बहुत से समुदाय थे, जिनको इन चारों वर्णों में से किसी में भी नहीं गिना जा सकता था। इसके अतिरिक्त शक, यवन, पह्लव आदि विदेशी जातियों ने आक्रमण कर अपना आधिपत्य स्थापित किया और कालान्तर में वे भारतीय परिवेश में पूर्ण रूप से सन्निहित हो गए। ऐसी जातियों को संकर जातियाँ कहा गया। यह प्रश्न विवाद्य है कि तत्कालीन चातुर्वर्ण्य व्यवस्था में उन्हें क्या स्थान मिला था। अभिलेखीय साक्ष्यों से स्पष्ट है कि इन जातियों ने भारतीय नाम धारण किए[96] और यहाँ के धर्मों को सहर्ष स्वीकार कर वैवाहिक सम्बन्ध स्थापित किए। पश्चिमी भारत के प्रायः सभी

बड़े–बड़े नगरों में इन विदेशी जातियों के लोग बसे हुए थे। कतिपय यवनों ने बौद्ध धर्म स्वीकार कर लिया था। शकों में कुछ बौद्ध हो गए, और कुछ ने ब्राह्मण धर्म ग्रहण कर लिया था। अपने अभिलेखों में इन्होंने प्राकृत भाषा का प्रयोग किया और अपने कुलों के भारतीय नाम भी रखे। जैसे – नहपान की पुत्री का नाम दक्षमित्रा था और उसके दामाद का नाम उषभदात (ऋषभदत्त) था, जिसका उल्लेख दान आदि के सन्दर्भ में अभिलेखों में आता है। स्पष्ट है कि विदेशी शनैः शनैः भारतीय धर्म एवं रीति–रिवाज़ों को ग्रहण कर रहे थे और यहाँ के जनजीवन में घुलमिल रहे थे। किस जाति में उनका समावेश किया गया था। इसके सम्बन्ध में मनुस्मृति[92] में मनु का कथन है कि यवनादि विदेशी जन, ब्राह्मणों से संस्कार न करा लेने के कारण क्षत्रिय जाति होकर भी वृषल जाति (शूद्र) अर्थात् पतित हुए। ब्राह्मणों के सानिध्य के अभाव से अर्थात् वेदोक्त संस्कारों से वंचित होने के कारण यवन, शक, पह्लव मूलतः क्षत्रिय न होकर भी वृषल हुए। यदि इस वर्णन को स्वीकार करें तो यह स्पष्ट है कि वे संस्कार करने के पश्चात् अपनी मूल क्षत्रिय जाति में गिने जा सकते हैं, और ऐसा ही हुआ होगा, क्योंकि प्रसिद्ध सातवाहन नरेश गौतमीपुत्र सातकर्णि की माता ने अभिमान से अपने पुत्र के लिए यह अभिलेख में उत्कीर्णित कराया कि, ''वह शकों, यवनों व पह्लवों का अन्त करने वाला एवं चातुर्वर्ण्य के संकट को रोकने वाला है।''[94] तथापि वर्णसंकरता को रोकने वाले गौतमी पुत्र सातकर्णि ने शक क्षत्रप रूद्रदामन् I की कन्या से अपने पुत्र वासिष्ठीपुत्र सातकर्णि का विवाह सम्पन्न कराया। इसी प्रकार आन्ध्र के अनेक श्रौत यज्ञों का सम्पादन करने वाले इक्ष्वाकुवंशीय शांतमूल ने अपने पुत्र माठरीपुत्र वीरपुरूषदत्त का विवाह उज्जयिनी के (शक) नरेश की कन्या रूद्रभट्टारिक से किया था।[95]

नासिक अभिलेख[96] से स्पष्ट है कि ऋषभदत्त ने ब्राह्मणों को हज़ारों कार्षापण, अनेक गोसहस्रदान और सोलह ग्राम दान में

दिए, उसका पौरोहित्य उन ब्राह्मणों ने नहीं किया हो, ऐसा सम्भव प्रतीत नहीं होता है। यद्यपि इन विदेशी राजाओं द्वारा अश्वमेध, राजसूय आदि श्रौत यज्ञों के किए जाने का कोई भी उल्लेख प्राप्त नहीं होता है तथापि यह स्पष्ट है कि वे जनमानस का एक अंग बन गए थे।

सातवाहनयुगीन साहित्य तथा अभिलेखों से ज्ञात होता है कि व्यावहारिक रूप में समाज उस समय व्यवसायों की दृष्टि से कई वर्गों में विभक्त था।[97] सबसे उच्च श्रेणी में महारथी, महाभोज, महासेनापति आदि उपाधियों से विभूषित जिलों के शासक थे। दूसरे वर्ग में राज्य के पदाधिकारी, महामात्य, अमात्य, भाण्डागारिक (कोषाध्यक्ष) एवं श्रेष्ठी (सेठ) सम्मिलित थे। तीसरे वर्ग में लेखक, वैद्य, कृषक, सुवर्णकार और गांधिक (सुगन्धित द्रव्यों के व्यापारी) थे एवं चौथे वर्ग में बढ़ई, माली, लुहार तथा मछुए आदि थे।[98] स्पष्ट है कि अधिकांशतः लोग अपने व्यवसाय से ही जाने जाते थे। खेतिहर को हलिक, व्यापारी को सेठी, दवाओं का काम करने वाले को गांधिक, बढ़ई को बधकी, बुनकर को कोलिक, तेली को तिलपिशक, लुहार को कमर कहा जाता था।[99] तत्कालीन रचित ग्रन्थ गाहासतसई में चित्रित समाज में वर्ण–व्यवस्था कई जातियों–उपजातियों में विघटित हो गई थी। सतसई में वर्णित गाथाओं में किसी एक वर्ण का भी उल्लेख नहीं किया गया है किन्तु व्यावसायिक रूप से विभक्त कई जातियों यथा हलिक,[100] व्याध,[101] पुलिन्द,[102] गोप,[103] धार्मिक,[104] भोगिनी[105] सुवर्णकार, वैद्यक आदि का उल्लेख किया गया है।

वर्तमान की भाँति उस समय भी कृषक ग्राम्य समाज का प्रधान अंग था, और कृषि उसका मुख्य व्यवसाय, जो पैतृक बन चुका था। हलिकनंदन इस तथ्य का द्योतक है।[106] सतसई से विदित है कि ग्राम्य के श्रमजीवी वर्ग में हलिक का सम्मानपूर्ण स्थान था।

व्याघ, जिसका उल्लेख सतसई के कई प्रसंगों में आता है वस्तुतः गिरिग्रामों में निवसित एक ऐसी जाति थी जिनका पैतृक व्यवसाय आखेट था। ये भारी धनुष–बाण से हाथी एवं मृगों का आखेट किया करते थे। शारीरिक बलिष्ठता और शौर्यता आखेट–प्रिय व्याघ का आवश्यक गुण था।

पुलिंद भी व्याघ की भाँति एक पर्वतीय जाति थी। इन्हें शबर या भिल्ल भी कहा जाता था। मृगया इनकी आजीविका थी। धनुष–बाण की सहायता से हाथियों का शिकार करने के साथ–साथ मधु–मक्खियों के छत्ते से शहद निकालकर उसे बेचना भी इनका व्यवसाय था। गोप अहीर थे। जैसा कि नाम से ही स्पष्ट है, इनका व्यवसाय गो–पालन था।

सतसई की गाथाओं में वर्णित धार्मिक शब्द एक ऐसे वर्ग का सम्बोधन है, जो ग्रामवासियों को धर्म का उपदेश देता था और धर्म–पालन को स्वर्ग–प्राप्ति का साधन मानता था।[107] यह सम्भवतः ब्राह्मण का ग्राम्य संस्करण प्रतीत होता है।

भोगिक ग्राम्य वर्ण–व्यवस्थागत वैश्य का ग्रामीण रूप था। ग्राम में पहुँचकर वर्ण–व्यवस्था विभिन्न व्यवसायगत जातियों में बँट गई थी, और इन जातियों का नामकरण उनके व्यवसाय के आधार पर होने लगा था।

वर्तमान की भाँति उस समय भी सोने के आभूषण बनाने वाले सुवर्णकार कहलाते थे। कषपट्ट पर सोने को परखना एवं अपनी सुवर्णकार–तुला में उसे तौलना इनका कार्य था।

सतसई में वर्णित एक गाथा में विरह रूपी करपत्र के द्वारा काटे जाते हुए हृदय पर बहते आँसुओं की काजल–कारी रेखा में काले प्रमाण–सूत्र की उत्प्रेक्षा की गई है।[108] साथ ही दारूकर्मा अर्थात् बढ़ई की स्थिति को स्पष्ट किया गया है। इनका कार्य काष्ठ को आवश्यकतानुसार चीरकर अनेकोपयोगी वस्तुओं का निर्माण करना था। इस कार्य हेतु वे करपत्र (करोत) का प्रयोग करते थे।

सतसई के विवरणानुसार रत्नों के पारखी जौहरी को रत्नपरीक्षक[109] कहा जाता था। वहीं बालों को काटने का कार्य करने वाले व्यक्तियों के लिए नापित एवं चंदिल (चंदिलः पुसि वास्तूकशाके गर्भे च नापिते इति भेदिनी) कहा जाता था। ये लोगों के घरों में जाकर क्षौर–कर्म किया करते थे।[110]

इसके अतिरिक्त मालाकारी,[111] प्रपापालिका,[112] (पथिकों को जल पिलाने वाली), वैद्यक[113], यांत्रिक[114] (ईख का रस बेचने वाला), वलयकारक[115] (चूड़ियाँ बनाने वाले), ऐन्द्रजालिक[116] (दृष्टि मोह करने वाले), खड्गिक[117] (खटीक, पशुओं का वध करने वाला), मल्ल,[118] नटी,[119] कापालिकी,[120] उपाध्याय,[121] दौसाधिक[122] (मार्गों पर घूमकर पहरा देने वाले), भिक्षाचर,[123] भट,[124] एवं वैश्या[125] आदि व्यावसायिक जातियों का उल्लेख सतसई में किया गया है। साथ ही धानिक, गन्धिक, सेलबढकि, ओदयंत्रिक, तिलपिशक, कुलरिक, कोलिक, वंसकार आदि व्यावसायी जातियों का उल्लेख तत्कालीन अभिलेखों से प्राप्त होता है।[126] व्यवसाय के आधार पर इन विभिन्न जातियों का निर्माण हुआ, और पैतृक व्यवसाय की धारणा करके पीढ़ी–दर–पीढ़ी ये दृढ़मूल होती गई।

आश्रम चतुष्टय

समाज के सुव्यवस्थित संचालन हेतु भारतीय मनीषियों द्वारा आश्रम चतुष्टय की सामाजिक विचारधारा की कल्पना की गई। सातवाहन काल के पूर्व यद्यपि यह वैदिक परम्परा बौद्ध तथा जैन धर्म से निश्चित रूप से प्रभावित हुई। किन्तु सातवाहन काल में इस सामाजिक विचारधारा को पुनर्प्रतिष्ठित किया गया।

चातुर्वर्ण्य की भाँति आश्रम चतुष्टय–ब्रह्मचर्य, गृहस्थ, वानप्रस्थ एवं संन्यास का भी बहुत महत्व था। इन आश्रमों की कल्पना का मूल आधार यह है कि मानव इन आश्रमों के माध्यम से ही त्रिऋण,

पंच महायज्ञ एवं चतुर्पुरूषार्थ का क्रियान्वयन कर न केवल इस लोक वरन् परलोक को भी सार्थक बनाता है।

मनु तथा याज्ञवल्क्य ने आश्रम व्यवस्था का सविस्तार वर्णन करते हुए अपना मत व्यक्त किया।[127] सौ वर्ष के मानव जीवन को 25–25 वर्ष के चार भागों में बाँटा गया था। आरम्भिक [25] वर्ष तक व्यक्ति ब्रह्मचर्य आश्रम में अपने भावी जीवन के लिए शिक्षा प्राप्त करता था। इसके पश्चात् 25 वर्ष तक गृहस्थ आश्रम में रहता हुआ सांसारिक जीवन व्यतीत करता था, अपने समस्त उत्तरदायित्वों का निर्वहन एवं पुत्र–पौत्र हो जाने पर अपने गृहस्थ जीवन का परित्याग कर वानप्रस्थ आश्रम में प्रवेश करता था। तत्पश्चात् 25 वर्ष वानप्रस्थ आश्रम में व्यतीतोपरांत अंततः संन्यास आश्रम ग्रहण करता था।

बौद्ध एवं जैन धर्मों के कारण कुछ समय तक भारतीय समाज में वैराग्यवाद की प्रवृति प्रबल हुई, जिसके फलस्वरूप न केवल प्रौढ़, वरन् कम आयु के लोग भिक्षु–भिक्षुणियाँ बनने लगे थे। बुद्ध ने स्वयमेव इसके अनिष्ट परिणामों की आशंका प्रकट की थी।[128] यद्यपि इन भिक्षुओं ने धर्म–प्रचार एवं साहित्य–सृजन जैसे अद्भुत कार्य किए, तथापि दुर्भाग्यवश इन भिक्षुओं एवं भिक्षुणिओं में पर्याप्त अनैतिकता और भ्रष्टाचार व्याप्त हो चुका था।[129] इन धर्मों द्वारा गृहस्थ आश्रम की उपेक्षा कर जनसामान्य को भिक्षुव्रत ग्रहण कर लेने के लिए जिस ढंग से प्रेरित किया गया था, वह तत्कालीन चिन्तकों को भी स्वीकार्य नहीं था। मौर्यकाल में इस प्रबल प्रतिक्रिया की पृष्ठभूमि तैयार हुई, जो सातवाहन काल में प्रस्फुटित हो उठी।

सातवाहन काल में बौद्ध एवं जैन धर्म के विरूद्ध प्रतिक्रिया के फलस्वरूप प्राचीन वैदिक धर्म का पुनरूत्थान हुआ, जिसके फलस्वरूप शास्त्रकारों ने गृहस्थ आश्रम को बहुत महत्व दिया। जैसे समस्त प्राणी अपने जीवन के लिए माता पर आश्रित होते हैं, वैसे ही अन्य समस्त आश्रमों की स्थिति का आधार गृहस्थ आश्रम ही है।

भिक्षु जीवन सर्वश्रेष्ठ है, और गृहस्थ सांसारिक जीवन व्यतीत करते हुए मोक्ष या निर्वाण को प्राप्त नहीं कर सकते, यह विचार बौद्धों में गहनता से व्याप्त था। इस समय इसके विरूद्ध प्रबल प्रतिक्रिया हुई। गृहस्थाश्रम सर्वश्रेष्ठ एवं महत्वपूर्ण है, एवं गृहस्थ रहते हुए मानव धर्म एवं समाज के प्रति अपने कर्तव्यों का पूर्ण रूप से पालन कर सकता है, इस भावना का इस युग में पुनः उदय हुआ। वायुपुराण में गृहस्थाश्रम को शेष तीनों आश्रमों की प्रतिष्ठायोनि कहा गया है।

आपस्तम्ब में उल्लिखित है कि स्वाध्यायाध्ययन का परित्याग करके, गाँव में प्राणवृत्ति मात्र के लिए आवश्यक भिक्षाटन करके, इहपरलोक की आकांक्षाओं का त्याग कर, जनसामान्य द्वारा परित्यक्त वस्त्रों को धारण करके या दिगम्बर वृत्ति में रहकर, संन्यासी आत्मज्ञान की प्राप्ति कर लेने का प्रयत्न करे। ऐसा करने से सर्वस्व दुःखों का शमन होता है किन्तु स्वयं उनको यह मत सम्मत नहीं था, क्योंकि इसी में आगे उल्लिखित है कि यदि ऐसा होता, तो ज्ञानी पुरूषों को दुःख हुआ ही न होता।[130]

सातवाहन काल में द्विजवर्ण के ब्रह्मचारी उपनयन संस्कार के सम्पन्नोपरांत गुरूकुल में गुरू के सानिध्य में रहकर ज्ञानोपार्जन किया करते थे। आपस्तम्ब धर्मसूत्र के अनुसार ब्राह्मण बालक का उपनयन बसन्त ऋतु में, क्षत्रिय का ग्रीष्म ऋतु में एवं वैश्य का शरद ऋतु में किया जाता था।[131] उपनयन संस्कार द्वारा यज्ञोपवीत धारणकर शिष्यगण माता–पिता के घर का परित्याग कर आचार्यों के घरों में (गुरूकुलों में) निवास करते थे। उनके लिए वेष भी नियत था। उत्तरीय और अधोवस्त्र के साथ दण्ड और मेखला भी धारण करते थे।[132] गुरूकुल में निवास करता हुआ ब्रह्मचारी भिक्षा द्वारा जीवन निर्वाह करता था। गुरू की सेवा करना ब्रह्मचारी का परम् कर्त्तव्य था। गुरूकुल में निवास करते हुए वह तप और साधना का जीवन व्यतीत करता था। उसके लिए जूते पहनना, छत्र धारण करना, सुगन्धित द्रव्यों का प्रयोग करना, मालाएँ पहनना,

नेत्रों में अंजन लगाना, गायन, नृत्य एवं किसी भी प्रकार से स्त्रियों का संग करना सर्वथा निषिद्ध था।[133]

शिक्षा की समाप्ति पर समावर्तन संस्कार के सम्पन्न होने के बाद लगभग 25 वर्ष की आयु में ब्रह्मचारी गृहस्थ आश्रम में प्रवेश कर विवाह करता था। गृहस्थ लोग धनोपार्जन कर सुखपूर्वक जीवन व्यतीत करते थे। वे धर्मानुसार सम्पत्ति का संचय और अर्जन कर सकते थे। दान देना इनका प्रमुख कर्त्तव्य था। अन्य तीनों आश्रमों की आवश्यकताओं के साथ–साथ अन्य प्राणियों के भरण–पोषण का उत्तरदायित्व भी गृहस्थ का ही कार्य था। सातवाहन युगीन कई अभिलेखों में इन गृहस्थों द्वारा तड़ागों के निर्माण, गुफाओं को खुदवाना तथा अक्षयनीवियों के दान में दिए जाने के उल्लेख प्राप्त होते हैं।[134] गृहस्थ आश्रम में रहकर मनुष्य पंचयज्ञों – देवयज्ञ, पितृयज्ञ, मनुष्ययज्ञ, भूतयज्ञ एवं ब्रह्मयज्ञ, का अनुष्ठान कर सभी प्रकार के ऋणों से उऋणित होता था। साथ ही गृहस्थ आश्रम में ही रहकर मनुष्य सन्तानोत्पत्ति द्वारा अपनी वंश परम्परा को आगे बढ़ाता था।[135]

वृद्धावस्था के प्रारम्भ हो जाने पर मनुष्य अपने पारिवारिक जीवन का परित्याग कर वानप्रस्थ आश्रम में प्रवेश करता था। मनु ने लिखा है कि 'जब मनुष्य के बाल सफ़ेद होने लगें, और उसके पौत्र हो जाएँ, तो वह गृह का त्याग कर बिना कुछ लिए जंगल में चला जाए। पत्नी उसके साथ जाए या न जाए, यह उसकी इच्छा पर निर्भर करता था।'[136] तप, स्वाध्याय तथा साधना में तत्पर वानप्रस्थी लोग आध्यात्म चिन्तन में लगे रहते थे, और अपने जीवन को अत्यन्त उच्च एवं सात्विक बनाने का प्रयास किया करते थे। जुन्नर की गुफा के एक लेख में ऋषि मूलस्वामी की भार्या नंदवालिक द्वारा अपने धर्मदाय के रूप में उस गुफा के खुदवाए जाने का उल्लेख है।[137] यह ऋषि हिंदूधर्मीय रहा होगा, क्योंकि यदि वह बौद्धधर्मीय होता, तो उसे भिक्षु कहा गया होता। मन में सांसारिक

सुखों के प्रति वैराग्यवाद की भावना उत्पन्न होने के कारण ही उसने गृहस्थी का त्याग किया होगा, एवं उसके वानप्रस्थी होने के बाद उसकी भार्या ने इस धार्मिक कृत्य का सम्पादन किया होगा।

सांसारिक सुखों से विरक्त होने के कारण वह धनोपार्जन नहीं करता था। प्राकृतिक रूप से उपलब्ध मूल, फल एवं अन्न आदि का सेवन करता था। वानप्रस्थी भी पंचमहायज्ञों का क्रियान्वयन करते थे।[138]

मानव जीवन का अंतिम पड़ाव संन्यास आश्रम था। वानप्रस्थ आश्रम का अधिकार तीनों वर्णों को था। संन्यासी केवल ब्राह्मण ही बन सकते थे। वैदिक मर्यादा की इस परम्परा का निर्वहन सातवाहन काल में किया गया। यद्यपि बौद्धों एवं जैन धर्म में सभी को भिक्षु एवं मुनिव्रत ग्रहण करने की अनुमति प्रदान कर दी गई थी।[139] संन्यासियों का जीवन अत्यन्त उच्च तथा आदर्शात्मक होता था। अतएव मात्र ब्राह्मण ही परिव्राजक बन सके। समाज में इन संन्यासियों को सम्मानपूर्ण पद प्राप्त था। मनु के अनुसार तीनों ऋणों से उऋणित होने के बाद ही मोक्ष प्राप्ति हेतु मनुष्य को संन्यास आश्रम ग्रहण करना चाहिए। ऐसा न करने पर वह नरक का भागी होता था।[140] संन्यासी किसी एक स्थान पर स्थायी रूप से निवास नहीं करते थे, वरन् निरन्तर परिव्राजक होकर भ्रमण करते रहते थे। परोपकार हेतु सतत् प्रयत्नशील होना और सबका मार्गदर्शन करना संन्यासी के कार्य थे।

इस आश्रम व्यवस्था को समाज के लोगों पर कभी थोपा नहीं गया, वरन् उनके विवेक छोड़ दिया गया, ताकि लोग स्वेच्छा से धर्म, अर्थ, काम और मोक्ष को प्राप्त करने का प्रयत्न करे।

परिवार प्रणाली

सातवाहन काल में संयुक्त परिवार प्रणाली प्रचलन में थी। इस युग में परिवार का अर्थ व्यापक रूप में होता था। वसुधैव कुटुम्बम् का

उद्‌घोष सम्पूर्ण पृथ्वी (वासियों) को एक परिवार में अन्तर्निहित मानकर एक ही परिवार की कल्पना करता है। परिवार वस्तुतः संगठन शक्ति सम्मिलित उत्तरदायित्व, सामाजिक कर्त्तव्य और अधिक से अधिक व्यक्तियों के समूह का प्रतीक था। व्यक्ति, परिवार का सदस्य होने के कारण षोडश संस्कारों से लाभान्वित होता था; गृहस्थाश्रम में प्रवेश करके उससे सम्बन्धित कर्त्तव्यों का निर्वाह करने का अवसर मिलता था; विवाह करके पत्नी का सुखद साहचर्य एवं सन्तान की प्राप्ति होती थी, त्रिऋण से मुक्ति मिलती थी; एवं पन्चमहायज्ञों का सम्पादन करने का सौभाग्य मिलता था। आचार्य मनु[141] ने सन्तान की प्राप्ति, धार्मिक कार्यों का सम्पादन, पूज्यजनों की सेवा एवं रति सुख को परिवार के चार उद्देश्य बताए हैं।

सातवाहनकालीन अनेक अभिलेखों में परिवार के प्रमुख का, दाता के रूप में उल्लेख प्राप्त होता है; साथ ही अपने द्वारा दिए गए दान का पुण्य वह अपने भाई, बहन, पुत्र, कन्याएँ आदि के लिए, प्राप्ति की कामना करता है।[142] जुन्नर से प्राप्त एक अभिलेख में एक उपासक निर्दिष्ट करता है, कि यह दान उसका तथा उसके सगे भाईयों का है। यह इस तथ्य को उद्‌घाटित करता है कि पिता की मृत्योपरान्त भी सभी भाई एक साथ रहते थे।[143] इसी प्रकार अमरावती से ऐसे बहुत से अभिलेख मिले हैं, जिनमें दानदाताओं ने अपने पुण्य में अपने माता–पिता, पत्नी, भाईयों, बेटों, बेटियों, पोतों, परपोतों आदि को सहभागी बनाया है।[144] परिवार के विभिन्न सदस्यों का उल्लेख परिवार में उनकी हैसियत के अनुरूप किया गया है। पिता का नाम माता के नाम से पूर्व, पुत्र का पुत्री से पहले तथा भाई का बहन से पूर्व हुआ है, जो पितृसत्तात्मक परिवार की ओर संकेत करता है।[145]

इस काल में परिवार के समस्त सदस्य – पिता, पुत्र, पुत्रवधुएँ, कन्याएँ, पौत्र–पौत्री, एक साथ निवास करते थे। पितृसत्तात्मक

परिवार होने के कारण पिता अथवा पितामह परिवार का प्रमुख होता था। परिवार का स्वरूप संयुक्तित कुटुम्ब के रूप में होने के कारण परिवार के विभिन्न सदस्यों की पृथक सम्पत्ति न होकर सब सम्पत्ति संयुक्त रूप से कुटुम्ब की मानी जाती थी।

कान्हेरी की गुफा से प्राप्त एक अभिलेख में नागमुलनिका, द्वारा अपने माता–पिता के नाम से गुफा भिक्षुसंघ को दान में देने का उल्लेख प्राप्त होता है।[146] कान्हेरी की गुफा संख्या 36 में उत्कीर्णित एक अन्य अभिलेख में व्यापारी विष्णुनन्दी के पुत्र, जो कि स्वयं एक व्यापारी और गृहपति था, द्वारा अपने माता–पिता, भाई तथा साथ ही अन्य व्यापारी–बांधवों के पुण्योपार्जनार्थ एक गुफा खुदवाये जाने का उल्लेख प्राप्त होता है।[147] इसी प्रकार गजसेन एवं गजमित्र द्वारा भदायनीय आचार्यों के अपने संघ के लिए, दिवंगत माता–पिता, भार्या, पुत्र, कन्या के साथ ही साथ अपने सौतेले भाइयों, भांजे, ज्ञातिजनों एवं समस्त प्राणियों के हितसुखार्थ चैत्य का निर्माण कराए जाने का उल्लेख कान्हेरी की गुफा में किया गया है।[148]

बहुओं का भी संयुक्तित परिवार में महत्वपूर्ण स्थान रहता था। सम्भवतः इसीलिए उन्हें भी पुण्य में भागी बनाया जाता था, जैसा कि कान्हेरी की गुफा में यज्ञ श्रीसातकर्णि के शासनकाल के संवत्सर 16 में उत्कीर्णित अभिलेख में अपरेणु नामक व्यापारी द्वारा अपने समस्त सगे–सम्बन्धियों एवं परिवार के अन्य समस्त सदस्यों, जिसमें बहुएँ भी सम्मिलित है, के साथ माता–पिता के पुण्योपार्जनार्थ गुफा दान में देने का उल्लेख किया गया है।[149] दाता द्वारा अपने दान का पुण्य अपने माता–पिता एवं सन्तानों को प्राप्त होने की बात कही गई है। स्पष्ट है कि उस समय उसके माता–पिता वृद्ध हो चुके थे, इसीलिए परिवार का उत्तरदायित्व उसने स्वयं ले लिया होगा।

नासिक की गुफा में वासिष्ठीपुत्र पुलुमावि के समय के एक अभिलेख में धणम नामक कुटुम्बी द्वारा अपने माता–पिता तथा भगिनी के साथ गुफा बनवाने का उल्लेख किया गया है।[150]

नासिक तथा कान्हेरी की विभिन्न गुफाओं में उत्कीर्णित अभिलेखों के सम्मिलित अध्ययन के आधार पर यह कहा जा सकता है कि सातवाहनकालीन संयुक्तित परिवार में प्रायः तीन पीढ़ी के लोग रहते थे। माता–पिता के वृद्ध हो जाने पर परिवार का समस्त उत्तरदायित्व ज्येष्ठ पुत्र स्वयं ग्रहण कर लेता था। परिवार में माता–पिता, पति–पत्नी, पुत्र–पुत्रवधू, पुत्री, भाई–बहन, भाभी, चाचा–चाची, पितामह–पितामही आदि आदि सदस्यों की गणना होती थी। इसके साथ ही साथ मातामह–मातामही, मातुल–मातुलानी, पड़ोसी, मित्र, भृत्यादि को भी परिवार में मान लिया जाता था। इन्हीं सदस्यों के द्वारा परिवार में व्यक्ति मातृप्रेम, पितृप्रेम, दाम्पत्य, अपत्यप्रीति और सौहार्द को प्राप्त करता था। परिवार के समस्त सदस्य अपने–अपने कर्त्तव्यों का निर्वहन करते थे। गाथासतसई में कुटुम्ब तथा कौटुम्बिक जीवन का सजीव चित्रण किया गया है।[151] कुटुम्ब का वास्तविक स्वरूप संयुक्त परिवार का था, जिसमें कौटुम्बिक व्यवस्था का संचालक गृहपति (गहबइ) कहलाता था। कुटुम्ब परम्परा पितृ प्रधान थी क्योंकि पिता का ऋण पुत्र में संक्रान्त हो जाता था।[152] पारिवारिक सम्बन्धी की रक्षा तथा कुटुम्ब को संगठित रखने का उत्तरदायित्व परिवार के प्रत्येक घटक सदस्य का होता था।

परिवार में पिता का स्थान सर्वोच्च माना जाता था। परिवार के अन्य सब सदस्यों पर उनका नियन्त्रण रहता था। अपरिहार्य परिस्थितियों में उन्हें दण्डित करने का अधिकार उसके पास था। मनुस्मृति के अनुसार पत्नी, पुत्र, भाई, दास आदि यदि कोई अपराध करे, तो पिता रज्जु अथवा बेंत से उनका ताड़न कर सकता है।[153] परिवार में माता का स्थान भी अत्यन्त सम्मानीय था। सातवाहनवंशीय नरेशों के नाम के पूर्व माता के नाम का उल्लेख, यथा वासिष्ठीपुत्र पुलुमावि, गौतमीपुत्र सातकर्णि आदि, तत्कालीन सामाजिक जीवन में माता के महत्व की ओर संकेत करता है।

आज की भाँति उस समय भी माता सन्तान की सर्वश्रेष्ठ शिक्षक मानी जाती थी। वह जैसे संस्कार बच्चों में डालती थीं, उसी के अनुरूप उसका व्यक्तित्व निर्माण होता था। इसीलिए ऋषियों–मनीषियों ने माता को सर्वश्रेष्ठ गुरू माना है। उनके अनुसार उपाध्याय से आचार्य का, आचार्य से पिता का और पिता से माता का गौरव अधिक है।[154] माताएँ केवल छोटे बच्चों को ही शिक्षा नहीं देती थीं, अपितु अपना अधिकार पाने के लिए बड़े पुत्रों को भी निर्देशन देती थीं। पिता के अभाव में वह संरक्षिका के रूप में कार्य करती थीं। सातकर्णि प्रथम की मृत्योपरान्त उसकी रानी नागनिका ने अपने पुत्रों, वेदिश्री एवं शक्तिश्री, की अल्पवयस्कता में संरक्षिका के रूप में शासन का संचालन किया।[155]

परिवार में महत्वपूर्ण स्थान रखने के कारण पति का कर्त्तव्य होता था कि वह पत्नी को परिवार में यथोचित स्थान एवं सम्मान दे। पति, पत्नी के जीवनयापन का प्रबन्ध अपनी सामर्थ्यानुसार करता था एवं परिवार कल्याण हेतु पत्नी को सन्तुष्ट रखता था। विवाहोपरान्त पत्नी को प्रेमयुक्त सुरक्षा प्रदान करना एवं उसका भरण–पोषण करना पति का कर्त्तव्य था। अथर्ववेद में उल्लिखित है कि पति पाणिग्रहण के अवसर पर ही प्रतिज्ञा करता है कि पत्नी मेरे द्वारा पोषणीय होगी। ममैयमस्तु पोष्या।[156] सतसई में वर्णित अनेक गाथाओं में पति का उल्लेख हुआ है।[157] दनित[158] एवं भर्ता[159] (4/90) का प्रयोग भी पति के अभिप्राय के रूप में प्रयुक्त किए गए हैं।

विवाहोपरांत पुरूष एक स्त्री का पति होता है एवं उसे सहधर्मिणी मानकर गृहस्थ धर्म का पालन करते हुए जीवनयापन करना उसका प्रमुख कर्त्तव्य होता है। गाथाओं में कई रूपों में उसे चित्रित किया गया है। पुरूष को द्विपत्नी–परिणय का अधिकार था एवं बहुविवाह भी प्रचलित थे[160]

पत्नी गृहस्थी का मूल है। वैदिक काल से ही उसे घर की आत्मा और प्राण समझा जाता रहा है। ऋग्वेद में उल्लिखित है कि

पत्नी ही घर है।[161] सातवाहनकाल में पत्नी का स्थान बहुत ऊँचा माना जाता था। पति तथा पत्नी संयुक्त रूप से यज्ञ सम्पादित करते थे। पत्नी को पति की अनुपस्थिति में भी अथवा उसकी मृत्योपरान्त भी यज्ञ करने की अनुमति थी। नागनिका ने अपने पति सातकर्णि के साथ अग्न्याधेय, अन्वारभणीय, अंगारिक, राजसूय, तथा अश्वमेघ, भगलदशरात्र और छंदोमपवमानत्रिरात्र यज्ञ किए। इसके अतिरिक्त पति की मृत्योपरान्त अंगिरसामयन, त्रयोदशात्रिरात्र तथा दशरात्र आदि यज्ञों का सम्पादन स्वतन्त्र रूप से किया गया। नागानिका के नानाघाट अभिलेख से उपरोक्त तथ्य की पुष्टि होती है।[162] इन कर्त्तव्यों के प्रत्युत्तर में पत्नी पूर्णनिष्ठा के साथ पति की सेवा करती थी। पति के समस्त कार्यों में उसका साथ देने के साथ–साथ वह लोक–व्यवहार में भी निपुण होती थी। सतसई में धरिणी, जाया[1163] नववधु, बाला तथा मुग्धा[164] पदों का प्रयोग पत्नी के पर्याय के रूप में किया गया है। मनु ने भी पतिसेवा एवं उसके साथ धार्मिक कार्यों को सम्पन्न करना पत्नी का कर्त्तव्य माना है।[165] वस्तुतः गृहिणी गृहस्थ जीवन के चक्र की धुरी होती थी। कुटुम्ब में उसका महत्वपूर्ण स्थान था। वह कुटुम्ब संघटन की मूल तथा जाया–जननी का मूर्त्त रूप थी। विवाहोपरान्त एक परिवार में उसका प्रवेश उसे अनेक दायित्वों में बाँध देता था, जिसमें कौटुम्बिक मर्यादा का दायित्व सर्वोपरि था। पत्नी अपने लिए निर्धारित पतिसेवा के दायित्व का निर्वाह समुचित रूप से करती थी, क्योंकि पति के सानिध्य के फलस्वरूप ही पत्नी को सन्तान, उपभोग के साधन, शय्या आसन, सुन्दर वस्त्र, माला, सुगन्धित पदार्थ, स्वर्गलोक तथा अतुलनीय कीर्ति मिल सकती थी। महाभारत के वन पर्व में इसका उल्लेख किया गया है।[166]

स्पष्ट है कि पत्नी का पति के जीवन में महत्त्वपूर्ण स्थान होता था। वह पति की अर्धांगिनी होने के साथ–साथ आवश्यकतानुसार दासी, सखी, भार्या, भगिनी, माता तथा पति का हित चाहने वाली होती थी।

गाथासतसई में पुत्र के लिए उत्त, डिम्भ, पुत्त, पुत्तअ, सुअ आदि शब्दों का प्रयोग तथा पुत्री के लिए धूआ, कुमरि, पुत्ति, पुतिआ तथा सुआ शब्दों का प्रयोग किया गया है।[167] भवभूति ने पुत्र को माता–पिता का हृदय मिलाने वाला माना है। पति–पत्नी को पारस्परिक प्रेम के बन्धन में बाँधने के लिए, पितरों का श्राद्ध एवं तर्पण करने के लिए, माता–पिता की सेवा के लिए तथा वंश परम्परा का निर्वाह करने के लिए पुत्रोत्पत्ति को आवश्यक माना गया। माता–पिता की प्रतिष्ठा की रक्षा करना, उनकी सेवा–सुश्रुषा करना, भरण–पोषण करना, आज्ञा का पालन करना तथा दिवंगत पितरों का श्राद्ध एवं तर्पण करना पुत्र के निर्धारित कर्त्तव्य थे। पिता के वृद्धावस्था की ओर अग्रसर होने की स्थिति में पुत्र परिवार का उत्तरदायित्व स्वयं निर्वहन करते थे, जिसकी पुष्टि कान्हेरी से प्राप्त अभिलेख से होती है।[168] सातवाहनकालीन अनेक अभिलेखों में स्वयं द्वारा दिए गए दान का भागी अपने माता–पिता को भी बनाया गया है[169] जोकि माता–पिता की तत्कालीन समाज में प्रतिष्ठा का सूचक है।

अभिलेखीय साक्ष्यों से स्पष्ट है कि तड़ागों एवं गुफाओं को खुदवाने एवं अक्षयनीवियों के दान आदि से प्राप्त पुण्योपार्जनार्थ में परिवार के समस्त सदस्यों को भागी बनाया जाता था। विचारणीय प्रश्न यह है कि जिस प्रकार पुण्यविभाजन में पुत्रादिकों को भाग दिया जाता था, पैतृक सम्पत्ति का भी विभाजन क्या इसी प्रकार किया जाता था? इस विषय पर आपस्तम्ब में विभिन्न मतों का उल्लेख किया है।[170] एक मत के अनुसार पैतृक सम्पत्ति ज्येष्ठ पुत्र को मिले तथा पत्नी को भी उसके अलंकार तथा अपने रिश्तेदारों से प्राप्त धन मिले। एक अन्य मत के अनुसार ज्येष्ठ पुत्र को सम्पत्ति का एक बड़ा भाग एवं शेष सम्पत्ति का समान भाग परिवार के अन्य परिवारजन को मिले।[171]

विवाह

विवाह पुरूष तथा स्त्री के नैसर्गिक काम–सम्बन्धों की सामाजिक स्वीकृति है, वासना–तृप्ति के लिए नैतिक मुहर है, जो दम्पत्ति को अधिकारों की सीमा में मर्यादित करती है। यह स्त्री–पुरूष को एक पवित्र बन्धन में बाँधकर उन्हें पति–पत्नी का अधिकार प्रदान करता है, जिसकी सफलता सन्तानोत्पत्ति में निहित है – यही भारतीय आस्था का सार है।

सातवाहन काल में अंतर्जातीय एवं वर्णेतर विवाह के उल्लेख प्राप्त होते हैं।[172] धर्मशास्त्रानुसार ब्राह्म, दैव, प्राजापत्य, तथा आर्ष विवाह को धर्म्य अर्थात धर्मानुकूल एवं प्रशस्त माना गया है। गान्धर्व, आसुर, राक्षस तथा पैशाच विवाह निन्दनीय माने गए।[173] विवाह हेतु कुछ नियम भी निर्धारित किये गए थे। वर–वधु असपिण्ड और असगोत्र तथा सवर्ण होने चाहिए अर्थात दोनो का मातृपक्ष तथा पितृपक्ष से निकट का सम्बन्ध नहीं होना चाहिए, तथा दोनों एक ही गोत्र के नहीं होने चाहिए। किन्तु वर–वधू को एक ही वर्ण का होना चाहिए था। सामान्यतः लोग–ब्राह्मण, क्षत्रिय, वैश्य, अपने ही वर्णों में विवाह करना अच्छा मानते थे।

किन्तु इस काल में सवर्ण विवाह ने वर्तमान काल के सजातीय विवाहों के नियम के कठोर रूप को धारण नहीं किया था, इनमें बड़ा लचीलापन था। व्यावहारिक रूप में सवर्ण विवाह के नियम का उल्लंघन करके तत्कालीन समाज में अनुलोम तथा प्रतिलोम विवाह सम्पन्न होते थे। अपने वर्ण से इतर विवाह करने की परम्परा वैदिक तथा उत्तरवैदिक काल में भी प्रचलित थी।[174] शतपथ ब्राह्मण के अनुसार ब्राह्मण ऋषि च्यवन ने क्षत्रिय राजकुमारी सुकन्या से विवाह किया था। उच्च वर्ण के पुरूष अपने से निम्न वर्ण की कन्या से विवाह कर सकते थे। ऐसे विवाह को अनुलोम विवाह कहते थे। ब्रह्मादि वर्णों को अपने तथा निचले वर्णों की स्त्रियों से विवाह करने की अनुमति थी।[176] यद्यपि ब्राह्मण द्वारा शूद्र

स्त्री से विवाह निन्दनीय माना जाता था। तथापि समाज में ऐसे विवाह प्रचलित थे। मनु तथा याज्ञवल्क्य ने अनुलोम विवाहों की विधियों का वर्णन किया है।[177]

विवाह की अनुलोम प्रणाली पर्याप्त प्रचलन में थी। सातवाहन नरेश वर्णानुसार ब्राह्मण थे। सातकर्णि I ने स्वयं क्षत्रिय वंश की राजकुमारी नागनिका से विवाह किया, जो कि महारठी त्रनकयिर की कन्या थी।[178] इसी प्रकार वासिष्ठीपुत्र सातकर्णि ने महाक्षत्रप रूद्रदामन् की पुत्री से विवाह किया था।[179] सातवाहनों के समकालीन शुंगवंशीय नरेश अग्निमित्र, जो कि जन्म से ब्राह्मण थे, ने क्षत्रिय यज्ञसेन की कन्या मालविका के साथ विवाह किया।[180] यद्यापि सवर्ण विवाह ही श्रेष्ठ माने जाते थे। सवर्ण स्त्री के होते हुए असवर्ण स्त्री धार्मिक कृत्या में पति के साथ अनुष्ठान नहीं कर सकती थी; उनकी स्थिति हीन मानी जाती थी।[181]

इसी के फलस्वरूप अनुलोम विवाह से उत्पन्न सन्तान को पिता की सम्पति में बहुत कम अंश उत्तराधिकार में प्राप्त होता था। मनु तथा याज्ञवल्क्य ने उत्तराधिकार के नियम का निरूपण करते हुए सवर्ण स्त्री से उत्पन्न संतान की तुलना में अनुलोम विवाह से उत्पन्न सन्तान को सम्पत्ति में कम हिस्सा दिये जाने का प्रावधान किया।[182]

प्रतिलोम विवाह में निम्न वर्ण का पुरूष अपने से उच्च वर्ण की स्त्री के साथ वैवाहिक सम्बन्ध स्थापित करता था। धर्मशास्त्रों तथा स्मृतियों में प्रतिलोम विवाह से उत्पन्न संतान को वर्णसंकर माना गया तथा उन्हें निकृष्ट कोटि में रखा गया। इस काल में प्रतिलोम विवाह निषिद्ध थे।[183]

बाल विवाह, बहुपतिविवाह, बहुपत्नीविवाह तथा विधवा विवाह के संदर्भ में स्पष्ट उल्लेख तत्कालीन साक्ष्यों से प्राप्त नहीं होते हैं।

तत्कालीन ग्रन्थ सतसई में विवाह संस्कार का निरूपण किया गया है। विवाह के शुभ अवसर पर आयोजित कार्यक्रम के साथ–साथ

इस अवसर पर गाये जाने वाले मंगलगीत का वर्णन किया गया है।[184] विवाह के दिन से पूर्व ही सौभाग्यवती स्त्रियाँ आनन्दसूचक मंगल–गीत गाया करती थीं[185] जिनमें वर एवं वधूपक्ष के लोगों के नाम भी सम्मिलित रहते थे। हिन्दू परिवारों में आज भी यह परम्परा विद्यमान है। मंगलगीत गाने वाली स्त्रियों को 'मंगल गायिका' कहा जाता था।[185]

विवाह के अवसर पर वर–वधू का श्रृंगार किया जाता था। विशेषतः वधू के कंकण हेतु अविधवाल पद का प्रयोग किया गया है (6/39)। मंगलगीतों से ध्वनित वातावरण के मध्य मण्डप में बैठे वर–वधू का पाणिग्रहण होता था, जो वर की ओर से वधू को स्वीकार करने का उपलक्षण माना जाता था। पाणिग्रहण के संपन्न होने के उपरान्त वर चार दिनों तक अपने श्वसुर के घर में निवास करता था तथा चौथे दिन चतुर्थी मंगल का समारोह हो जाने के बाद वर वधू के साथ अपने घर जाता था (7/44)।

स्त्रियों की स्थिति

भारतीय समाज में स्त्रियों का महत्वपूर्ण स्थान रहा है। हिन्दू समाज में उनका सम्मान तथा आदर प्राचीन काल से आदर्शात्मक एवं मर्यादायुक्त था। उनकी सामाजिक स्थिति पुरूषों के सदृश थी। उन्हें मनोनुकूल आत्मविकास एवं उत्थान कर सकने की स्वतन्त्रता थी। साथ ही विवाह, शिक्षा, सम्पत्ति के अधिकार प्राप्त थे।[187] वैदिक साहित्य में उसे गृह साम्राज्ञी के रूप में प्रतिष्ठित किया गया है।[188] समाज में नारी के महत्व में इतनी अधिक वृद्धि हुई कि उसके अभाव में पुरूष अपूर्ण एवं अधूरा समझा गया। शनैः–शनैः स्त्रियों की स्थिति अपेक्षाकृत रूप से उच्च थी।

सातवाहनकालीन नरेशों के नाम के पूर्व उनकी माताओं के नाम का उल्लेख यथा गौतमीपुत्र सातकर्णि, वासिष्ठी पुत्र पुलुमावि तत्कालीन समाज में स्त्रियों की सामाजिक मान्यता एवं प्रतिष्ठा की

ओर संकेत करते हैं। नासिक की गुफा से सवंत्सर 24 के लेख में गौतमीपुत्र सातकर्णि ने अपनी माता के लिए महादेवी उपाधि का प्रयोग किया है।[189] इसी प्रकार नासिक की गुफा में वासिष्ठी पुत्र पुलुमावि के संवत्सर 19 में उत्कीर्ण कराए गए लेख से भी इसी प्रकार की पुष्टि होती है।[190] अभिलेख में बलश्री को महादेवी, महामाता एवं महाराज–पितामही आदि उपाधियों से अलंकृत किया गया है, जो उनकी समाज में उच्च स्थिति तथा सम्मान का प्रतीक है। इस काल में नागनिका, गौतमीबलश्री आदि नारियों के उदाहरण इस तथ्य की पुष्टि करते है कि पतियों के साथ स्त्रियाँ भी शासन का संचालन करती थीं तथा राजकीय कार्यों में रूचि रखती थीं।[191]

अभिलेखों के अतिरिक्त तत्कालीन शास्त्रकारों के वर्णन भी इस तथ्य की पुष्टि करते है। मनु[192] एवं याज्ञवल्क्य[193] ने स्त्रियों को राजा तथा स्नातक के साथ मार्ग पर भीड़ होने की दशा में अन्य व्यक्तियों से पूर्व मार्ग देने का अधिकार दिया है। साथ ही नवविवाहित तथा गर्भवती स्त्रियों को अतिथियों से भी पूर्व भोजन कराने की व्यवस्था थी, जिसकी पुष्टि मनु[194] एवं याज्ञवल्क्य[195] के विवरणों से होती है। इतना ही नहीं, पत्नी की हत्या को ब्रह्महत्या के समान महापातक माना जाता था।[196] माता के रूप में स्त्रियों को समाज में वही सम्मान प्राप्त था, जैसा कि वैदिक काल में था। नागनिका के नानाघाट अभिलेख में उल्लिखित है कि सातकर्णि की मृत्योपरान्त अपने पुत्र, वेदिश्री तथा शक्तिश्री, की अल्पवयस्कता के कारण नागनिका ने शासनसूत्र अपने हाथों में लेकर राज्य का सफलतापूर्वक संचालन किया।[197] गौतमी बलश्री सातवाहन नरेश शिवस्वाति की महारानी एवं सातकर्णि की माता थी। नासिक अभिलेख में उसके लिए महादेवी उपाधि का प्रयोग किया गया है।[198] गौतमीपुत्र सातकर्णि ने नहपान को नासिक के निकट परास्त करने के बाद वहाँ की गुफाओं का निरीक्षण किया एवं वहाँ के भिक्षुसंघ को एक खेत दान में दिया था। तत्पश्चात् बौद्ध धर्म

में परम् आस्था होने के कारण गौतमीबलश्री ने भिक्षुसंघ को राजाश्रय देने की परम्परा का श्रीगणेश किया। छः वर्षों के पश्चात् जब गौतमी को ज्ञात हुआ कि उस खेत में हल नहीं चलाया जाता तथा जिस गाँव मे वह था, वह उद्ध्वस्त हो गया है, तो उसने अपने पुत्र सातकर्णि से पुराने खेत के बदले दूसरा शासकीय खेत देने की आज्ञा निकलवाई।[199] गौतमीपुत्र के शासनकाल के चौबीसवें वर्ष में निकाली गई यह आज्ञा उसके तथा उसकी माता (बलश्री) के नाम से निकाली गई, जो कि राज्य व्यवहार में उसकी प्रतिष्ठा का द्योतक है। उसकी इच्छानुरूप खुदवाए जाने के कारण क्रमांक तीन की गुफा देवी गुफा के नाम से विख्यात हुई थी।[200] सातकर्णि के पश्चात् अपने पौत्र पुलुमावि से पिशाचीपद्रक गाँव दिलवाया।[201] स्पष्ट है कि राजकीय कार्यों में उसका पर्याप्त हस्तक्षेप एवं अधिकार था।

नानाघाट की गुफा में सिमुक, देवीनागनिका, श्रीसातकर्णि, कुमार भायल, महारठि त्रनकयिर, कुमारहकुश्री, कुमारसातवाहन आदि के नाम अभिलेख के रूप में प्राप्त होते हैं।[202] यद्यपि इन प्रतिमाओं का अधिकांश भाग विनष्ट हो चुका है, मात्र उनके पाँव गोलाकार लट्ठ के रूप में अवशिष्ट हैं तथापि उनके सिर के ऊपर के भाग पर उन प्रतिमाओं के नाम बड़े आकार के अक्षरों में उत्कीर्णित किए गए थे। इनमें से एक के नाम को छोड़कर अन्य पठनीय हैं। देवीनागनिका एवं राजा सातकर्णि इसमें केन्द्रीय व्यक्ति हैं, तथा अन्य इससे सम्बद्ध हैं। इस संयुक्त प्रतिमा में नागनिका के नाम का उल्लेख उसके पति सातकर्णि से पहले किया है। स्पष्ट है कि नागनिका की प्रतिष्ठा के कारण ही उसकी प्रतिमा पति से पहले उत्कीर्णित की गई। राजकुल में उसके महत्व तथा प्रभुत्व की पुष्टि उसके नानाघाट अभिलेख से होती है।[203] इसके साथ ही नागनिका तथा सातकर्णि की जुन्नर से प्राप्त संयुक्त रजत मुद्रा के अग्र भाग पर सातकर्णि के साथ उसकी पत्नी नागनिका के

उल्लेख से स्पष्ट होता है कि राज्य के प्रशासनिक कार्यों में उसकी प्रभुता थी।[204]

राजकीय कार्यों के अतिरिक्त स्त्रियों को सार्वजनिक रूप से धार्मिक कार्यों के सम्पादन की अनुमति थी। ऊपर हमने देखा कि नागनिका ने अपने पति सातकर्णि के साथ अग्न्याधेय, अन्वारभणीय, अंगा (रिक), राजसूयू दो अश्वमेध, भगलदशरात्र तथा छंदोमपवमानत्रिरात्र यज्ञ किए। इसके अतिरिक्त पति की मृत्योपरान्त अंगिरसामयन, त्रयोदशतिरात्र आदि यज्ञों का सम्पादन स्वतन्त्र रूप से किया, नानाघाट अभिलेख से इस तथ्य की पुष्टि होती है।[205]

अभिलेखीय साक्ष्यों में तत्कालीन समाज में पर्दा प्रथा के प्रचलन का उल्लेख प्राप्त नहीं होता है। अतः हम कह सकते है कि इस समय पर्दा प्रथा अस्तित्व में नहीं रही होगी। अमरावती के कुछ शिलापट्टों में स्त्रियों को सार्वजनीन चैत्यगृहों में पूजा करते हुए, सभागृह में वाद–विवाद में भाग लेते हुए, गीतवाद्यादि के सहारे पति एवं अभ्यागतों का मनोरंजन करते हुए दिखाया गया है।[206] यहाँ कहीं भी पर्दे का प्रयोग नहीं दिखाई देता है।

तत्कालीन समाज में सतीप्रथा का प्रचलन नहीं लगता। सातवाहनकालीन एक भी अभिलेख में इसका उल्लेख नहीं है। इतना ही नहीं आपस्तम्ब धर्मसूत्र में इसका निर्देश भी नहीं है। मनु ने भी आदेश दिया है कि पति निधन के पश्चात् आमरण संयतपूर्ण वृत्ति से यमनियमों का आचरण करती हुई पतिव्रता का जीवन बिताए।[207] नानाघाट की गुफा में नागनिका के लिए उल्लिखित है – "वह नागकुलोत्पन्नश्रेष्ठ स्त्री थी। वह मास–मास भर तक उपवास करती थी। वह अपने घर में तपस्विनी की तरह संयतवृत्ति से रहती थी, दीक्षा, व्रत तथा यज्ञ के अनुष्ठान में वह निपुण थी. ...।"[208] इसी प्रकार नासिक अभिलेख में गौतमी बलश्री को सत्यवचन, दान क्षमा तथा अहिंसा में मग्न रहने वाली, तपश्चर्या, दम, नियम, अनुष्ठान में लगी रहने वाली तथा राजर्षि वधू की उपाधि बनाये

रखने वाली के रूप में उल्लिखित किया गया है।[209] अपवादस्वरूप गाथा सप्तशती की क्रमांक 407 और 633 की गाथाओं में सती प्रथा का उल्लेख मिलता है।[210] प्रशासनिक कार्यों के सफलतापूर्वक सम्पादन से स्पष्ट है कि उन्हें सम्भवतः बाल्यकाल से ही पर्याप्त शिक्षा दी जाती रही होगी। हाल की रानी मलयवती संस्कृत की ज्ञाता थी। गाथासप्तशती के गाथासंग्रह में जिनकी गाथाएँ ली गई है, उनमें हाल एवं उसके दरबार के पालित (या पादलिप्त) नामक कवि के साथ रेवा, माधवी, अनुलक्ष्मी, आंध्रलक्ष्मी जैसी कवियित्रियाँ भी हैं। इनमें से कुछ हालकालीन तथा कुछ उत्तरकालीन थीं।[211] स्पष्ट है कि स्त्रियाँ साहित्य के सृजन में निपुण थीं। कान्हेरी अभिलेख में एक रानी ने संस्कृत का प्रयोग किया है।[212] यह रानी वासिष्ठीपुत्र सातकर्णि की रानी तथा महाक्षत्रप रूद्रदामन् की कन्या थी, जो कि स्वयं गुणयुक्त संस्कृत गद्य एवं पद्य काव्य रचना में निपुण थी।

इस स्वर्णिम युग में स्त्रियों को आर्थिक स्वतन्त्रता प्राप्त थी। महारानियों के अतिरिक्त सामन्तों, महामात्यों की पुत्रियों तथा भिक्षुणियों आदि द्वारा विहारों तथा लेणों के दान में दिए जाने के भी पर्याप्त अभिलेखीय साक्ष्य हैं।[213] कभी–कभी तो ये दान बड़े बहुमूल्य होते थे। के० गोपालाचारी के अनुसार अमरावती के 145 लेखों में 72, कुडा के 30 में 13 तथा नासिक के 16 लेखों में या तो नारियों के दानों का उल्लेख है, या फिर इन दानों में पुण्य की भागी बनाई गईं हैं।[214] सातवाहनकालीन अनेक लेखों में भिक्षुणियों द्वारा दिए गए बड़े–बड़े दानों का उल्लेख प्राप्त होता है।[215] उन्होंने प्रायः विधवा होने पर बौद्ध धर्म की दीक्षा ली होगी। कौमार्यावस्था में भिक्षुणी होने का बहुत कुछ प्रमाण नहीं मिलता। किन्तु ऐसा प्रतीत होता है कि उस समय कुछ स्त्रियाँ धनी थी और उन्होंने अपनी सम्पत्ति धर्मदाय में व्यय की थी। नासिक गुफा में भट्पालिका, जो कि अभिलेखानुसार चलिसलिण के अरहलय राजामात्य की

कन्या, महाहकुसिरि की पोती, भांडागरिक (कोषाध्यक्ष) राजामात्य अगियतणक की भार्या तथा कपणणक की माता थी, द्वारा त्रिरश्मि पर्वत में चैत्यगृह खुदवाने का उल्लेख प्राप्त होता है।[216] कान्हेरी की गुफा से हालणिका नामक गृहस्वामिनी द्वारा गुफा खुदवाए जाने का उल्लेख किया गया है।[217] इसी प्रकार कार्ले की गुफा से प्राप्त संवत्सर 5 में उत्कीर्णित अभिलेख में बौद्व भिक्षु की शिष्याओं द्वारा गुफा के समीप स्थित तलैया धर्मदाय के रूप में अर्पण करने का उल्लेख मिलता है।[218] जनसाधारण तथा बौद्ध भिक्षुणियों के अतिरिक्त शासकीय पदों पर नियुक्त पदाधिकारियों के साथ–साथ महारानियों ने भी गुफाएँ खुदवाना तलैयों का निर्माण कराना तथा अक्षयनीवि दान में देना आदि पुण्यापार्जनार्थ कार्य किए। महासेनापति भवगोप की भार्या महासेनापत्नी वासु द्वारा अर्द्धनिर्मित गुफा को पूर्ण कराके भिक्षुसंघ को दान में दिया गया।[219] इसी प्रकार गौतमी–बलश्री, नागनिका आदि महारानियों ने भी विभिन्न गुफाएँ खुदवाकर दान में दी। किन्तु इस बात का उल्लेख नहीं है कि वह धन उन्हें पिता से या पति से मिला था, अथवा उसे उन्होंने अपने स्त्रीधन से व्यय किया था। उदाहरणार्थ, उत्तरी कोंकण में कोल के एक लेख में किसी उपासक की कन्या तथा शिवदत्त की पत्नी धर्मश्री से उस गुफा के खुदवाए जाने का उल्लेख है।[220] किन्तु इसका उल्लेख नहीं है कि उसने यह खर्च कैसे किया?

आपस्तम्ब धर्मसूत्र में उल्लिखित है कि पाणिग्रहण से पति–पत्नी के एक ही होने के कारण उनमें सम्पत्ति का विभाजन उचित नहीं है।[221] पति के विदेश जाने पर उसकी सम्पत्ति से नैमित्तिक दान करने का अधिकार पत्नी को है।[222] किन्तु उसके मृत्योपरान्त अपना हिस्सा मांगने का अधिकार नहीं है। पारिवारिक सम्पत्ति में मृत व्यक्ति के दायादों में आपस्तम्ब ने पुत्र, संपिड, आचार्य और शिष्य का क्रमशः उल्लेख करके फिर कन्या का अधिकार सम्मत माना है। किन्तु उसमें कहीं भी पत्नी का उल्लेख नहीं किया है। यद्यपि

मनु[223] के अनुसार स्त्रियों को सम्पत्ति रखने का अधिकार नहीं था, फिर भी मनु ने स्वयमेव स्त्रीधन पर पत्नी को पूर्ण अधिकार दिया है, साथ ही उसने यह भी उल्लिखित किया है कि राजा का यह उत्तरदायित्व है कि वह पत्नियों, साध्वी विधवाओं, बाँझ एवं रोगग्रस्त स्त्रियों की सम्पत्ति की रक्षा तथा किसी के द्वारा उसे जबरन हस्तगत करने का प्रयास करने पर उसे दण्डित करे। भाइयों को अपनी अविवाहित बहन को सम्पत्ति में कुछ भाग बाधित रूप से देना पड़ता था।[224] मनु ने माता को तथा याज्ञवल्क्य ने सर्वप्रथम पुत्रों के न होने की स्थितियों में पत्नी को पति की सम्पत्ति का उत्तराधिकारी बनाया है।[225] इन व्यवस्थाओं से स्पष्ट है कि नारी का अपने स्त्रीधन पर एकाधिकार था तथा विशेष परिस्थितियों में पारिवारिक सम्पत्ति में भी भाग मिलता था।

इनके अतिरिक्त कुछ परिव्राजिकाओं द्वारा भी दान देने का उल्लेख प्राप्त होता है। वे उन्होंने प्रायः चन्दा एकत्रित करके दिए होंगे। इसी प्रकार के दान का उल्लेख कुडा के लेख में आया है। यह भदन्त पातिमित और भदन्त आगिमित की भांजी और परिव्राजिका नागनिका की कन्या परिव्राजिका पदुमनिका (पद्मिनिका) का था। उसमें उसके द्वारा एक गुफा और एक तलैया खुदवाकर भिक्षुसंघ को अर्पण किये जाने का उल्लेख है।[226] भिक्षुणियों और उपासिकाओं ने कुछ दान महाभोज एवं महारठि जैसे अपने धनी रिश्तेदारों से धन पाकर किए होंगे; उन रिश्तेदारों का उल्लेख अभिलेखों में भी किया गया है।[227]

विरले ही स्त्रियाँ नौकरी करती हुई दिखाई देती हैं। नासिक की गुफा में गौतमीपुत्र सातकर्णि के संवत्सर 24 में उत्कीर्णित कराए गए अभिलेख को राजाज्ञा को द्वारपालिका लोटा ने उत्कीर्ण करवाया।[228]

विहारों में भिक्षुओं की तरह भिक्षुणियों के भी निवास की व्यवस्था की जाती थी। कुडा के एक लेख में दो भिक्षुओं की

पद्मिनिका नामक भांजी द्वारा अपनी दो शिष्याओं सहित धर्मदाय के रूप में गुफा और तलैया खुदवाये जाने के उल्लेख है।[229]

स्पष्ट है कि तत्कालीन समाज में स्त्रियों को न केवल प्रशासनिक अपितु धार्मिक कार्यों, शैक्षिक क्रियाकलापों, दान–दक्षिणा देने सम्बन्धी अधिकार प्राप्त थे, तथा उनकी स्थिति पूर्ववर्ती कालों की अपेक्षा बेहतर थी।

दास प्रथा

पूर्ववर्ती कालों की भाँति सातवाहनयुग में भी दास प्रथा प्रचलन में थी। बौद्ध साहित्य में विभिन्न प्रकार के दासों का वर्णन मिलता हैं। कौटिल्य ने सम्भवतः सर्वप्रथम दास सम्बन्धी नियमों का प्रतिपादन किया था।[230] मनु ने दासों की सात श्रेणियों में विभक्त किया है, युद्ध में पकड़े गए, जीविका अथवा भोजन प्राप्त करने के लिए दासता स्वीकार करने वाले, अपने स्वामी के घर में उत्पन्न होने वाले, द्रव्य लेकर खरीदे गए, दान में प्राप्त, पुरखों से विरासत में प्राप्त, दण्ड भोगने के लिए दास बनाए गये व्यक्ति।[231] सातवाहन काल में दासों की प्राप्ति का एक बड़ा स्रोत युद्ध था। युद्ध में हारे गए व्यक्तियों को दास बना लिया जाता था। इसके अतिरिक्त उपहार में भी दासों का आदान–प्रदान होता था। इनमें स्त्रियाँ भी होती थीं। पेरिप्लस[232] में उल्लिखित है कि उस समय ईरान की खाड़ी से सुन्दर स्त्रियों का आयात रखैल बनाने के लिए किया जाता था। भारत में विदेशी लड़कियों की लोकप्रियता का अनुमान इस बात से लगाया जा सकता है कि यूडाक्सस ने जब अफ्रीका की परिक्रमा करते हुए भारत जाने वाले अपने जहाज में माल भरा, तो इसमें गाने वाली लड़कियाँ एवं नर्तकियाँ भी सम्मिलित थी।[233] टार्न के मतानुसार भारतीय राजाओं के अन्तःपुरों में विदेशी लड़कियों की बड़ी माँग थी। पेरिप्लस में बेरिगाजा के संदर्भ में उल्लिखित है कि वहाँ राजाओं को उपहार में दी जाने वाली वस्तुओं में विदेशी

लड़कियाँ भी थीं। इस सम्बन्ध में यह तथ्य भी उल्लेखनीय है कि यदि भारत में यवन दासियों की माँग थीं, तो टाल्मी द्वितीय (285–246 ई० पू०) के समय मिस्र में भारतीय लड़कियों का आयात किया जाता था।[234] मिलिंदप्रश्न[235] से विदित होता है कि एक ऋणग्रस्त पिता ने जीविका का कोई अन्य

साधन न होने पर अपने पुत्र को दास के रूप में बेचा था। स्पष्ट है कि दासों का क्रय–विक्रय भी होता था। युद्ध से इनकी संख्याँ में वृद्धि होती थी और ऋण चुकाने के लिए व्यक्ति स्वयंमेव दास बनते थे या अपने पुत्रों को बेचा करते थे। इस समय के स्मृतिकारों ने दासों के साथ मानवीय व्यवहार करने पर बहुत बल दिया है।[236]

सातवाहन युग की एक बड़ी विशेषता यह थी कि इस समय आक्रान्ताओं के रूप में अनेक विदेशी जातियाँ आईं और वे शीघ्र ही भारतीय परम्पराओं, धर्म, भाषा, रीति–रिवाजों को ग्रहण करके भारतीय बन गईं। प्रथम शती ई० में समस्त पश्चिमोत्तर भारत विदेशी जातियों द्वारा पदाक्रान्त होता रहा, जिनमें शक, पह्लव, यूनानी प्रमुख थे। पश्चिमी भारत में कार्ले, नासिक तथा जुन्नर की गुफाओं में हमे अनेक यूनानियों द्वारा बौद्धसंघों को दिए दानों का उल्लेख मिलता है।[237] इनमें नासिक की गुफा संख्या 17 में ओतराह (उत्तरापथ) के दातामितियिक (दौमित्र) द्वारा स्थापित की हुई दातामित्री नगरी के निवासी मोनक धर्मदेव के पुत्र इन्दाग्नीदत्त का दान,[238] कार्ले, धेनुकाकट नामक स्थान के निवासी यवन सिहधय (सिंहध्वज) का धं (धर्म) का तथा उसवदन्त (उषवदात) के पुत्र मितदेवणक का दान तथा जुन्नर की गुफा में गतों के यवन हरिल का एवं चिट का दान[239] उल्लेखनीय हैं। यूनानियों की तुलना में शकों में भारतीयकरण की प्रक्रिया अधिक तीव्र थी। इन्होंने यूनानियों की अपेक्षा तेजी से भारतीय सभ्यता और संस्कृति को स्वीकार किया। इन्होंने आरम्भ से ही विशुद्ध भारतीय नाम ग्रहण किए

यथा– ऋषभदत्त,[240] रूद्रसिंह,[241] रूद्रसेन,[242] विजयसेन[243] आदि। चष्टन के उत्तराधिकारी शक क्षत्रपों ने अपनी मुद्राओं पर यूनानी लेखों को अलंकरण के रूप में प्रयुक्त किया और खरोष्ठी लिपि में प्राकृत के स्थान पर ब्राह्मी लिपि में संस्कृत प्रभावित प्राकृत भाषा का प्रयोग किया।[244] यह इन पर बढ़ते हुए भारतीय प्रभाव का द्योतक है। शकों द्वारा उत्कीर्णित अभिलेखों से स्पष्ट है कि इन्होंने अपने अभिलेखों में शनैः शनैः यूनानी वर्ष के महीनों के स्थान पर भारतीय पंचांग के अनुसार पक्षों और महीनों का प्रयोग किया।[245] पश्चिमी भारत के शक शासक उषवदात तथा उसकी पत्नी दक्षमित्रा के नासिक से प्राप्त अभिलेखों में उनके द्वारा ब्राह्मणों एवं बौद्ध भिक्षुओं को प्रचुर मात्रा में दान देने का उल्लेख मिलता है।[246] लेखों से स्पष्ट है कि वह पूर्णरूप से भारतीय संस्कृति में सन्निहित थे। विदेशी जातियों ने यहाँ बसकर भारतीय भाषा, धर्म एवं संस्कृति को आत्मसात करके शनैः शनैः स्वयं को भारतीय बना लिया। इनके वैवाहिक सम्बन्ध सुप्रतिष्ठित भारतीय राजकुलों में होने लगे। तीसरी शती ई० में पश्चिमी भारत के क्षत्रप राजाओं की कन्याओं का विवाह सातवाहन एवं इक्ष्वाकु राजवंशों में होने लगा था। इसका सर्वोत्तम उदाहरण वासिष्ठीपुत्र सातकर्णि की रानी थी, जो कि रूद्रदामन् की कन्या थी।[247]

वस्त्राभूषण

सातवाहनयुगीन वेशभूषा तथा आभूषणों के सम्बन्ध में तत्कालीन साहित्य तथा मूर्तियों से समुचित जानकारी प्राप्त होती है। तत्कालीन मूर्तियों से स्पष्ट है कि उस समय कम वस्त्र धारण करने की परम्परा थी तथा आभूषण अधिक पहने जाते थे।[248] अमरावती की वेदिका तथा कार्ले की चैत्य गुफाओं में उत्कीर्णित आकृतियों से स्पष्ट होता है कि साधारणतया लोग पहनावे के लिए दो वस्त्र तथा शिरोवस्त्र का प्रयोग करते थे। उनमें से एक वस्त्र धोती था तथा

दूसरा उत्तरीय।[249] शिलापट्ट में उत्तरीय प्रायः कमर में लपेट कर नीचे उसका पल्ला छोड़ा गया दिखाया गया है। किन्तु फेंटा सर्वत्र दिखाया गया है।[250] दिव्यावदान मे अधोवस्त्र (धोती) तथा उत्तरीय (दुपट्टे) की जोड़ी को यमनी कहा गया है। कभी–कभी ये इतने उत्तम बनते थे कि इनकी अत्यन्त उत्कृष्ट जोड़ी की कीमत एक लाख कार्षापण तक होती थी।[251] ललितविस्तर के अनुसार राजप्रासादों के रक्षक तथा योद्धा कंचुक पहना करते थे और उनकी बाँहे तथा छाती कवच से आच्छादित रहती थी।[252] इस युग के काव्य साहित्य में भी स्त्री–पुरूषों के परिधान तथा आभूषणों का उल्लेख किया गया है। जिससे विदित होता है कि अधोवस्त्र, उत्तरीय तथा उष्णीष ही मुख्य वस्त्र थे, जिनके द्वारा शरीर को ढका जाता था।[253]

प्रथम शती ई० पू० में सातवाहन युग की वेशभूषा दूसरी शती ई० पू० के मध्य के भरहुत स्तूप में चित्रित वेशभूषा से बहुत कुछ मिलती है। भरहुत की मूर्तियों के अध्ययन के फलस्वरूप जिस प्रकार की वेशभूषा प्रकाश में आई है उसके अनुसार पुरूष शरीर के मध्य भाग में धोती बाँधते थे, जिसका एक सिरा कमर में लपेट लिया जाता था, और लांग पीछे खोंस ली जाती थी।[254] इसके अतिरिक्त लोग दुपट्टे, कमरबन्द, पटके तथा पगड़ियाँ भी पहनते थे। पगड़ियों का वैविध्य इस समय वस्तुतः आश्चर्यजनक है।[255] यज्ञश्रीसातकर्णि सिर पर पक्की बैठने वाली पगड़ी पहनता था।[256] पगड़ी पर आगे शिरोरत्न लगा रहता था। वासिष्ठपुत्र सातकर्णि की पगड़ी यद्यपि यज्ञ सातकर्णि से भिन्न थी, किन्तु वह भी पगड़ी पर आगे शिरोरत्न धारण करता था।[257]

स्त्रियाँ भी पुरूषों की भाँति धोती अथवा साड़ी पहने दिखाई देती हैं। साड़ी भारी भरकम कमरबन्द और करधनी से बँधी होती थी। कमरबंद के कुन्देदार किनारे एक ओर लटकते रहते थे। कमरबन्द से खुँसे दोनो पैरों के बीच में लटकते पटके पहनने की

भी प्रथा थी।[258] पटका प्रायः लहरियादार होता था। भारी पटका मनके पिरोकर भी बनता था। स्त्रियों के सिर कामदार ओढ़नी से ढके रहते थे। कभी–कभी ये पगड़ी भी पहन लेती थीं।[259]

भरहुत स्तूप में चित्रित वेशभूषा से इतनी साम्यता रखने के उपरान्त भी सातवाहन युग की वेशभूषा में कुछ अन्तर आ जाता है। पुरूष यद्यपि घुटने तक की धोती पहनते थे, तथापि उनके पहनावे में भारी–भरकम कमरबन्दों का अभाव सा है। इस युग में पगड़ियाँ भी सादी होती चली गईं। इस समय की वेशभूषा की प्रचुर सामग्री सांची तथा भाजा की मूर्तियों से तथा अजंता की गुफा संख्या नौ एवं दस के भित्तिचित्रों से मिलती है।[260] इस समय प्रायः सभी शिरोवस्त्र के रूप में पगड़ी धारण करते थे। पगड़ी बाँधने की अनेक विधियाँ थीं। सामान्यतया पगड़ी के आगे एक लट्टू होता था तथा पगड़ी के एक छोर से वह ढ़क जाता था और तीन–चार लपेटों के बाद पगड़ी बाँध कर तैयार हो जाती थी।[261] साँची में पगड़ी का एक प्रकार शंखाकार है। जिसमें भी वैविध्य है।[262]

स्त्रियाँ भी एक विशेष प्रकार की शिरोभूषा को धारण करती थीं। कुडा की गुफा में ऊँची नोक वाली टोपी पहने हुए एक स्त्री दिखाई देती है।[263] वह स्त्री सम्भवतः शकवंशीय होगी। शिल्पकला में अन्य स्त्रियों का उरोभाग साधारण रूप से अनावृत दिखाया जाता था। सम्भवतः उस पर अति महीन कपड़े की चोली अथवा ब्लाउज दिखाने के उद्देश्य से ऐसा किया जाता होगा।[264] सातवाहन काल में निर्मित अजंता गुफा सं० 10 में चित्रित बोधिवृक्ष की पूजा के लिए जाती स्त्रियों का अंकन हैं, जिनमें कई स्त्रियों ने पारदर्शी दुपट्टे से अपना सिर ढका है।[265] इनके दुपट्टों के किनारों पर बॉर्डर बने हैं, जिसमें सम्भवतः मोतियों की झालरें लगी हैं, जिसे कालिदास द्वारा वर्णित रत्नजटित उत्तरीय से समीकृत किया जा सकता है।[266] इस युग में शकों, यवनों तथा पह्लवों ने भारत के

अनेक प्रदेशों में अपने राज्य स्थापित कर लिए थे। विदेशियों के सम्पर्क में आने से उनकी वेशभूषा तथा रहन–सहन का प्रभाव भारतीयों के जनमानस पर पड़ना स्वाभाविक था। शक लोग प्रायः ऊँची तथा नुकीली टोपियाँ पहना करते थे। उनके सम्पर्क में आने से भारतीय भी पगड़ी के स्थान पर टोपी पहनने लगे। इसलिए इस युग के स्तूप पूजा के एक दृश्य में कुल्लानुमा टोपी पहने हुए लोगों का दिखाया गया है।[267] शकों तथा यवनों के सम्पर्क मे आने के कारण भारतीय भी अंगरखे, लम्बे कोट तथा कुल्ले पहनने लगे थे।

वैदिककाल में विशेष अवसरों पर उष्णीष धारण करने का उल्लेख मिलता है। इसका सर्वप्रथम उल्लेख अथर्ववेद[268] और पंचविश ब्राह्मण[269] के व्रात्य प्रकरण में किया गया है।

उष्णीष के दोनों किनारों को पीछे की ओर बाँध कर आगे की ओर लाया जाता था, वहीं वे खोंसे जाते थे। वैदिक युग में वर्णित शिरोभूषा से साम्यता रखते हुए सातवाहनकालीन अजंता गुफा सं० दस के छदंत जातक के एक दृश्य में बंहगी लेकर जाते सोनुत्तर व उसके साथी के सिर पर बालों का उष्णीष बनाकर उसमें वस्त्र को लपेटे हुए, उसके छोर को सामने की ओर खोंसे दर्शाया गया है।[270] श्याम जातक कथानक पर आधारित शैलियों में बंधी शिरोभूषा को देखा जा सकता है। चित्र (ललाट) पर वस्त्र के लम्बे टुकड़े को गोलाई लिए फेंटो में बाँधते हुए सिर पर सामने मृदंगाकार आकृति से बने बालों के जूड़े के ऊपर लपेट रखा है तथा उसके छोर को बायीं तरफ निकाल कर खोंसा है।[271]

इसी गुफा के एक अन्य दृश्य में बोधिवृक्ष की पूजा करने जाते हुए लोगों में एक पुरूष के सिर पर बालों का उष्णीष बना है, जिसमें वस्त्र को लपेटे दिखाया गया है। इस पर बीच–बीच में मोतियों का अलंकरण है। इसी दृश्य में पीछे खड़ी आकृति को मोरपंखी से अलंकृत शिरोभूषा धारण किए दिखाया गया है,[272] जिसे बाण द्वारा वर्णित मयूरातपत्र या मोरपंखी छत्र के समान

शिरोभूषा से समीकृत किया जा सकता है।[273] वी० एस० अग्रवाल ने इस प्रकार की शिरोभूषा को विदेशी बताया है।[274]

जनसाधारण से विलग गुरूकुल में ब्रह्मचारी को दो ही वस्त्र पहनने होते थे। उनमें से उत्तरीय जनेऊ की भाँति कंधे पर से दाहिनी बगल के नीचे, प्रयुक्त होता था। आम लोगों की तरह ब्रह्मचारी फेंटा नहीं धारण कर सकता था। सिले हुए वस्त्रों का प्रयोग प्रायः नहीं किया जाता था। आपस्तम्ब धर्मसूत्र[275] में गुरूकुल से विद्यासम्पादन करके वापस आए स्नातक का उल्लेख निम्न शब्दों में किया गया है–

'वह माला धारण करे, मुख में (चन्दन) लगाए, बालों एवं श्वश्रु को तेल लगाए, आँखों में अंजन लगाए, शरीर में (सुगन्धित) तेल लगाए, फेंटा तथा धोती धारण करे, पांव ढकने वाला अँगरखा पहने तथा चप्पल (या) खड़ाऊँ पहने है।'

इस उद्धरण में कंचुक (पांव ढकने वाला अंगरखा) का उल्लेख किया गया है। राजाओं के अतःपुरों का मुख्य सेवक द्वारा इस प्रकार की अंगरखा धारण करने के कारण ही उसे कंचुकी कहा जाता था।[276]

अजंता गुफा सं० 10 में बुद्ध को धर्मचक्रप्रवर्तन मुद्रा में बैठे, एक शिष्य को उपदेश देते अंकित किया गया है। इसमें वे बिना आभूषण के धोती तथा संघाटी एकांसिक रूप में पहने हैं। वे कमल रूपी आसन पर आसीन है, और उनके पीछे एक चित्र में हरे रंग का मसनद है, जबकि एक अन्य चित्र में सफेद मसनद पर चारखाने में चौफुलिया डिजाइन बनी है।[277] बौद्ध भिक्षुक तथा भिक्षुणियों के वस्त्र प्रायः एक समान ही होते थे, जिनमें पीले रंग में रंगे तीन वस्त्र होते थे। अन्तवासक (शरीर के ऊपरी भाग को ढकने वाला वस्त्र), संघाटी (कमर में लपेटने की दोहरी चादर या तहमद) और उत्तरासङ्ग (चादर), इन तीनों को संयुक्त रूप से – त्रिचीर कहा जाता था।[278] सातवाहनकालीन गुफा

संख्याँ 10 में बुद्ध को इसी प्रकार के वस्त्र पहने दिखाया गया है।[279]

सातवाहनयुगीन गाहासतसई में तत्कालीन समाज में प्रचलित वेशभूषा सम्बन्धी अनेक शब्द प्रयुक्त हुए हैं। सतसई में तूल, फलही एवं बेंट आदि शब्द कपास की ओर संकेत करते हैं।[280] वस्त्र निर्माण में इस कपास का प्रयोग गाथाओं से सिद्ध होता है। यद्यपि सतसई में वर्णित गाथाओं में वस्त्र निर्माण विधि अथवा सूत कताई के विषय में जानकारी प्राप्त नहीं होती है, तथापि सिलाई का संकेत अवश्य मिलता है। सूची (सुई) का उल्लेख तीन गाथाओं में किया गया है। सुईवेद्य (6/63), सुईविद्ध (4/94), सुईगुत्थ (सूत्रग्रथित) (1/63) शब्द सिलाई और माला बनाने में सुई के उपयोग की सूचना देते हैं।

सतसई में पुरूषों की वेशभूषा सम्बन्धी उल्लेख अत्यल्प प्राप्त होते हैं। कक्षावंध, जो कि मल्ल वेश (7/84) था, का समीकरण हम आधुनिक लंगोटे से कर सकते हैं। इसके अतिरिक्त वडअ (पटक) (4/29) का उल्लेख भी प्राप्त होता है, जिसे हम उत्तरीय कह सकते हैं, और जिसे दुपट्टे की तरह कंधे पर रखा जाता था। सतसई में स्त्रियों की वेशभूषा के कई प्रकारों का संकेत है। अंसुअ (अंशुक), दुऊल (दुकूल), रिणअंसण (निवसन), थड, पडअ, वडअ (पटक), पट्टंसुअ (पट्टांशुक), वत्थ (वस्त्र), साउली एवं सिचअ (सिचय) तथा कंजुअ, कंचुइ (कंचुकी) स्त्रियों के परिधान थे।[281] दुकूल अत्याधिक झीना सूती अथवा रेशमी दुपट्टा होता था (रत्तदुअलन्तरिओं थणणहलेहो व्व नववहुए) (6/69)। पटांशुक रेशमी अथवा कीमती वस्त्र होता था (6/20) निवसन (4/51, 5/69), पट या पटक (118, 4/29, 6/20), वस्त्र (2/60, 7/46), व सिचय (6/7) दैनिक जीवन में उपयोग किए जाने वाले परिधान थे। इनमें निवसन, सिचय और वस्त्र को कमर में गांठ लगाकर साड़ी की भाँति पहना जाता था, जबकि पट या

पटक उत्तरीय का ही अपर नाम है। स्त्रियों की ओढ़नी को भी सम्भवतः यह कहा जाता है। नीलपट–प्रावृतांगी पद इसी का द्योतक है (6/20)। वस्त्रांचल के रूप में प्रयुक्त साउली से कमर को लपेटकर कंधो पर डाल लिया जाता था। ये घूंघट करने के भी काम आता था (3/69, 7/5)। राजस्थान में आज भी साउली कन्यावेश के लिए प्रयुक्त होता हैं। अतः सम्भवतः उस युग में भी स्त्रियाँ साड़ी की भाँति निवसन धारण करती होंगी, जो कमर में गाँठ लगाने के बाद ऊरू प्रदेश को लपेटता हुआ कन्धों तक अवगुंठन के रूप में प्रयुक्त होता होगा 'संवेल्लिओरू संजमिअ–वत्थगष्ठि गाओ हत्यों (7/46)। कंचुकी व कंचुक सिली हुई चोली होती थी जो गले से कुर्ते की तरह पहनी एवं उतारी जाती थी।[282]

वस्त्र विभिन्न रंगों से रंजित और श्वेत भी पहने जाते थे।[283] सतसई में वर्णित द्यौतपत (1/18) एवं धवलपट्ट स्वच्छ और श्वेत वस्त्र के सूचक है। रंगो में नील वर्ण स्त्रियों को विशेष प्रिय था।[284] नीलपट (6/20) और नील–कंचुक (4/95) को सौन्दर्यवृद्धि में सहायक माना जाता था। ऋतु विशेष में विशेष रंग के वस्त्र पहने जाते थे, यथा वसन्त ऋतु में कुसुम्भी रंग के कंचुक (6/45) एवं दुकूल धारण किए जाते थे। कुसुम्भी रंग उत्सव का, विशेषतः मदनोत्सव का, एवं नीला रंग प्रणय एवं अभिसार का रंग था। नवरंगक का सामान्य अर्थ नवीन रंगीन वस्त्र है, (3/41, 4/28, 5/61) किन्तु सतसई की गाथाओं में नवरंगक रक्तुदुकूल का भी पर्याय है। हरे रंग का भी उल्लेख प्राप्त होता है। (1/75)

स्त्रियों की भाँति पुरूष भी श्रृंगार प्रिय थे। उनमे विविध प्रकार के अलंकार धारण करने की उमंग थी। वासिष्ठीपुत्र सातकर्णि तथा यज्ञश्रीसातकर्णि शिरोरत्न धारण करते थे, यद्यपि अन्य किसी सातवाहन नरेश के संदर्भ में ऐसा उल्लेख प्राप्त नहीं होता है। मिलिन्दप्रश्न[285] में उल्लिखित है कि पुरूष सुगन्धित द्रव्य तथा तेल

से अपनी दाढ़ी की सेवा करते थे। स्त्रियों तथा पुरूषों के आभूषण लगभग समान थे। कानों में गोलाकार कर्णपूरक, बाँहों में केयूर, हाथों में कंगन तथा उंगलियों में अंगूठियाँ दोनों ही धारण करते थे। इसके अतिरिक्त कमर में मोतियों या रत्नों की पेटी तथा पायल भी स्त्रियाँ धारण करती थीं। किन्तु पुरूष इसका प्रयोग नहीं करते थे।

सतसई में स्त्रियों तथा पुरूषों की श्रृंगार प्रियता सम्बन्धी अनेक उल्लेख आए हैं। स्वर्ण, रत्न तथा पुष्पाभूषण तीनों प्रकार के अंलकारों का प्रचलन था। कर्णावतंस एवं कनककुण्डल कानों में पहने जाते थे।[286] जम्बूदल (2/80), उत्पल (2/76), मथूरपिच्छ (2/73), कुवलय (4/23), वदर–सघाटी (5/19) एवं तालवृन्त (4/98) कर्णाभूषण के रूप में धारण किये जाते थे। गले में धारण की जाने वाली कंठिका पद्मराग एवं मरकतमणिओं से जटित एवं सूत्रग्रथित होती थी।[287]

सतसई में हस्ताभूषण के रूप में वलय का अनेक बार उल्लेख हुआ है। अविद्यवालक्षण मानते हुए वलय का अनेक बार उल्लेख हुआ है। अविद्यवालक्षण मानते हुए वलय को सौभाग्यवती नारी का अनिवार्य आभूषण माना गया।[288] ये लाक्षा या काँच से बनाई जाती थी। जालवलय (1/80) जालीदार शिंजावलय घुँघरूदार कड़े होते थे। मेखलिका (5/68), मणिमेखला (6/74) तथा कनकदोर (3/11) कमर में पहने जाते थे। रत्नजड़ित आभूषण सामान्यतः प्रचलन में थे। सतसई में वर्णित इन्द्रनीलखचित कर्णाभूषण के उल्लेख से स्पष्ट है कि सोने के साथ रत्नों की जड़ाई भी की जाती थी (4/2)। गाथाओं में मरकत (4/64), पद्मरागा (1/75), इन्द्रनीलमणि (4/2), प्रवालांकुर, गजमौतिक, आदि मुक्ता व मणियों की विद्यमानता के द्योतक हैं। शारीरिक सौन्दर्य की वृद्धि हेतु इन बहुमूल्य रत्नों को धारण किया जाता था। पुलिन्द लोग गुंजा का तथा व्याध लोग गजमौतिक का प्रयोग करते थे।[289]

स्वर्ण तथा रत्नजड़ित आभूषणों के साथ–साथ ताजे फूलों के आभूषण भी सौन्दर्यवृद्धि हेतु पहने जाते थे। सतसई में वर्णित है कि लोग गले में फूलों के हार (5/29, 46) या अवमालिका (2/94), जिसे धागे में पिरोकर बनाया जाता था, धारण करते थे। पुष्पमण्डन के लिए मालती, कुन्द, उत्पल, कुवलय, आम्रांकुर, कुसुम्भपुष्प आदि पुष्पों के नाम गाथाओं में वर्णित हैं।[290]

अजंता के चित्रों से स्पष्ट है कि स्वर्णाभूषण अधिक चलन में थे, तथा उन्हें स्त्री–पुरूष दोनों ही पहनते थे। उस समय कोल्लार के अतिरिक्त हट्टी, वोंदपल्ली और मास्की में भी सोने की खानें थी।[291] ये सभी स्थल हैदराबाद के रायचूर जिले में स्थित हैं। इनमें मास्की स्वर्ण उद्योग का महत्वपूर्ण केन्द्र था। यहाँ से अशोक का एक शिलालेख भी प्राप्त हुआ है, जिसमें 'देवानंपिय' के अतिरिक्त अशोक नाम भी उल्लिखित है।[292] ओल्ड टेस्टामेन्ट में वर्णित उल्लेखानुसार दकन से पश्चिमी भारत के बंदरगाहों के माध्यम से भूमध्यसागर के देशों को सोना निर्यात किया जाता था।[293] जान मार्शल का मत है कि मोहन–जोदड़ो से प्राप्त स्वर्णाभूषण दकनी सोने से ही निर्मित है, जैसा कि रसायनिक परीक्षण से स्पष्ट है।[294]

आभूषणों के अतिरिक्त विभिन्न प्रकार के सौन्दर्य प्रसाधनों का प्रयोग स्त्री तथा पुरूष करते थे। मण्डन सौन्दर्य और सौभाग्य दोनों का सूचक था।[295]

विभिन्न उत्सवों आदि के अवसरों पर स्त्रियाँ विशेष रूप से मज्जन–प्रसाधन करती थीं। सतसई में वर्णित है कि इस प्रसाधन में हरिद्रा (हल्दी) के उबटन का प्रयोग किया जाता था। (1/80) तथा सुगन्धित जल से स्नान किया जाता था। बालों का जूड़ा बनाकर उन्हें विशेष प्रकार से पुष्प या मुक्तामालादि से सजाया जाता था (3/91)। इसे धम्मिल कहते हैं। जूड़ापाश के अतिरिक्त वेणी–बंधन केश विन्यास का द्वितीय प्रकार था। माँग निकालकर बाल सँवारे जाते थे (7/82)। सतसई के अनुसार अंगों को

सुवासित रखने के लिए स्त्री पुरूष दोनों ही अंगराग नामक चूर्ण अथवा लेप का प्रयोग करते थे (2/89)। अधरों की सौन्दर्यवृद्धि के लिए अधरराग (2/9), पाँवों मे लाक्षरस (पादराग) (2/27, 5/64), आँखों में काजल (4/2), शीतोपचार हेतु चन्दन पंक का लेप (3/88) तथा माँग में सिंदूर (3/100) का प्रयोग किया जाता था। पुरूष माथे पर तिलक लगाते थे (2/79)।

शिखा हिन्दुत्व का लक्षण माना जाता था। आपस्तम्ब में इसका उल्लेख किया गया है।[296] श्रौत यज्ञों के समय उनका मुण्डन कराने की परम्परा थी।[297]

खानपान

शाकाहार के साथ-साथ माँसाहार का भी प्रचलन था। ब्राह्मणादि सभी वर्ण माँसाशन करते थे। आपस्तम्ब में ब्राह्मणों के लिए अनेक जीवों का माँस भक्ष्य के रूप में माना गया हैं। उनमें गाय-बैल का समावेश है।[298] यद्यपि बौद्ध धर्म के अनुयायी अहिंसा के पोषक थे। वे भी माँस की भिक्षा अस्वीकार नहीं करते थे, लेकिन सिर्फ उन परिस्थितिओं में जब वह ज्ञानतावश उनके लिए ही न सिद्ध किया हो। बौद्ध धर्म की महायान शाखा के उदय होने के बाद मांसाशन निषिद्ध माना जाने लगा। वही बात हिन्दू धर्म में भी हुई।[299] सतसई से व्याघ्रों द्वारा मृगों के आखेट का उल्लेख है (6/94)। इसी प्रकार खड्गिक (खटीक) नामक जाति का भी उल्लेख है, जो भैंसों को हांक कर ले जाते थे (7/80)। मछलियों में कमठ और पाठीण का सांकेतिक उल्लेख है, किन्तु मछली को आहार के रूप में प्रयुक्त करने का कोई उल्लेख नहीं मिलता है।300

सतसई की कई गाथाओं में तत्कालीन धान्य एवं अन्नाहार के विभिन्न प्रकारों में जव (यव) (5/2), चणअ (चणक), (6/59), तडुंल (7/89) एवं तिल (1/8, 7/27, 93) आदि का उल्लेख है। गाँव के निकट ही जौ के खेत होते थे। चने को भूनकर भी खाया

जाता था। घर में महिलाएँ इस कार्य को करती थीं।[301] धान को कूटकर एवं पीसकर प्रयोग में लाया जाता था। (7/24, 4/88)। धान को कूटने एवं पीसने के बाद उसे पकाने की क्रिया को रंधनकर्म कहा जाता था (1/14) और गृहिणी रंधन–कर्म–निपुणिका होती थी। पके हुए भात को पाउ (पाक) कहा जाता था, जो किसानों का प्रिय भोजन था (7/92)। तंडुल की शलि और कलम दो जातियाँ होती थीं। तिल के खेत तथा वाटिकाएँ अभिसारिकाओं के मार्ग थे। उपरोक्त वर्णित खाद्यान्नों के अतिरिक्त तुवरी (अरहर की दाल) (4/58) तथा राइआ (राई) (2/71) का भी उपयोग खाद्यान्न के रूप में किया जाता था।

सतसई में वर्णित है कि भोजन में घी (1/22, 6/19) तथा दूध (7/37) का भी प्रयोग किया जाता था। नमकीन (4/16) तथा मीठे (मिष्ठान) दोनों प्रकार के पकवानों का सेवन किया जाता था। गन्ने के रस को पेयपदार्थ के रूप में प्रयुक्त करने के साथ–साथ उससे मदिरा भी बनाई जाती थी। जिसे इक्षुमघ या सरअ (सरक) कहा जाता था (6/34)। गुड़ भी गन्ने के रस से ही बनाया जाता था (णा रसेण विणा गुलो होइ)। पहेणअ (प्रहेणक) (7/3) अथवा लडुअ़ (लड्डुक) (7/41) आदि मिष्ठानों (7/41) को विशेष अवसरों पर महिलाओं द्वारा आस–पड़ोस में वितरित किया जाता था। मधु भी खाद्य पदार्थों में था, तथा इसका प्रयोग त्यौहार आदि के अवसर पर देवताओं की अर्ध्य–सामग्री के रूप में किया जाता था। मधु में तंडुल और इर्वा को मिलाकर अर्ध्य बनाया जाता था।[302]

मद्यपान अत्यन्त प्राचीन काल से प्रचलन में था। वैदिक युग में सोम के साथ–साथ सुरा का भी उल्लेख किया गया हैं। सोम ऋत्विजों एवं देवताओं का पेय माना जाता था एवं सुरा मनुष्यों का। तैतरीय ब्राह्मण[303] में वर्णित हैं कि सोम पति है, और सुरा पत्नी। रामायण[304] तथा महाभारत[305] काल में भी मद्यपान प्रचलन में

था। सातवाहनयुगीन समाज में मद्य का प्रचलन व्यापक स्तर पर था। रोम की मद्य विश्वप्रसिद्ध थी। इस समय उत्तम किस्म की मद्य रोम से आयात की जाती थी। ये मद्य एक विशेष प्रकार के पात्रों में रखकर भारत में आती थी, तथा इसका सेवन प्रायः राजा तथा अन्य शासकीय वर्ग के लोग किया करते थे। इसकी पुष्टि महाराष्ट्र में स्थित पौनार में किए गए उत्खनन से होती है।[306] निम्न स्तर के लोग स्थानीय सुरा का सेवन करते थे। ब्राह्मण, जैन तथा बौद्धों में मद्यपान निषेध था। इसका सेवन करने वाले व्यक्ति को दण्डस्वरूप अत्यधिक गर्म मद्य पिलाया जाता था, जिससे वह शीघ्र मर जाता था।[307] सतसई में मइरा (मदिरा, मधुरस), सरअ (सरक), सुरा एवं सीधु (शीधु) नामक मद्य प्रकारों का वर्णन किया गया है। टीकाकारों के मतानुसार इनमें से मदिरा, सरक और सीधु (शीधु) इक्षुमद्य के नाम हैं।[308] किन्तु स० आ० जोगलेकर सरक का समीकरण द्राक्षामद्य से करते हैं।[309] महुरस (मधुरस) मधूत पुष्पों का आसव था, जो शीघ्र तैयार होने वाला तथा अत्याधिक मादक होता था। तडुंल धान्य से भी मद्य निर्मित की जाती थी।[310]

दो गाथाओं में सुगन्धित मद्य का उल्लेख किया गया है।[311] सामान्यतः सुगन्धित मद्य का सेवन कुलीन वर्ग के लोगों द्वारा ही किया जाता था। सरस मद्य को सुवासित करने के लिए नीलोत्पल के परिमल का प्रयोग किया जाता था। किन्तु मद्य को सुवासित बनाने के लिए उसका पुराना होना आवश्यक है। एक गाथा में जुण्णासुरा (जीर्णसुरा) का उल्लेख है, जो पुरानी मद्य का सम्भवतः सबसे प्राचीन उल्लेख है।[312] कालिदास ने इसे पुराणशीधु कहा है।[313]

स्त्रियों में भी मद्यपान का प्रचलन था। सतसई की छः गाथाओं में स्त्रियों द्वारा सुरापान किये जाने का वर्णन है।[314]

सतसई की एक गाथा में पाणउडी शब्द आया है (3/27)। पाणउडी शब्द पानकुटी का वाचक है। किन्तु टीकाकारों में इसके

अर्थ को लेकर मतभेद है। जहाँ एक और मथुरा नाथ शास्त्री इसे मदिरापान कुटी मानते हैं, वहीं दूसरी ओर भट्ट गंगाधर इसका समीकरण चांडालकुटी से करते हैं[315] और वेबर इसे पर्ण–कुटी मानते हैं। गंगाधर के मत का आधार पाणो शब्द है, जिसका अर्थ है नीच–जातीय, पुरूष या चांडाल।[316] संभव है कि गाँवों में ऐसे पानागारों के रक्षक चाण्डाल होते हो। स्पष्ट है कि मद्यपान एक जनप्रिय व्यसन था।

आमोद-प्रमोद

क्रीड़ा एवं मनोरंजन मानव की प्रवृत्ति है, जिसकी सन्तुष्टि हेतु वह अनेकानेक साधन जुटाता है। और ये साधन मानव के शारीरिक तथा मानसिक सर्वागीण विकास में महत्वपूर्ण भूमिका निभाते हैं। सातवाहन काल में मनोरंजनार्थ समाज, गोष्ठी, द्यूत–क्रीडा, मल्लयुद्ध, पाशक–शारी, उत्फुल्लिका, जलक्रीड़ा, उद्यानयात्रा[318] के साथ–साथ ही विभिन्न उत्सवों, यथा मदनोत्सव, इन्द्रध्वज महोत्सव, क्षणवासर, क्षणरात्रि, फाल्गुनोत्सव, का भी आयोजन किया जाता था।[319]

समाज एक प्रकार का सामाजिक महोत्सव था। अशोक की राजाज्ञाओं में यद्यपि इसका उल्लेख हुआ है,[320] तथापि इस काल में इसका स्वरूप अशोककालीन समाज से सर्वथा भिन्न था। आपस्तम्ब धर्मसूत्र[321] से विदित है कि गुरूकुल में रहने वाले ब्रह्मचारी के लिए समाज को देखना सर्वथा वर्जित था। हर पखवाड़े में एक पूर्व निर्धारित दिवस पर विद्या तथा कला की अधिष्ठात्री देवी सरस्वती के मंदिर में विभिन्न कलाओं में निपुण कलाकारों के साथ–साथ नगर के सम्मानित लोग भी एकत्रित होते थे। कलाकार अपनी कला का प्रदर्शन करते थे। यदा–कदा अन्य नगरों से भी कलाकार अपनी कला के प्रदर्शन के लिए आते थे। उन कलाकारों को सम्मानित करने एवं पारिश्रामिक देने की व्यवस्था सामूहिक

रूप से सम्पूर्ण समाज (गण) की ओर से की जाती थी। इसे गणधर्म कहा जाता था।[322]

इसी प्रकार के महोत्सव विभिन्न देवताओं की पूजा के उद्देश्य से किए जाते थे। इसमें पूरी प्रतिष्ठा से देवमूर्तियों की झाँकी निकाली जाती थी, जिसमें नगर के सभी नर–नारी उत्साह से सम्मिलित होते थे। इन अवसरों पर बड़ी भीड़ होती थी। अतः वात्स्यायन ने इन उत्सवों को घटा नाम से सम्बोधित किया है।[322]

मनोरंजन का एक अन्य साधन था गोष्ठी। यह एक प्रकार की सभा होती थी, जिसमें बौद्धिक तथा साहित्यिक कलाओं के प्रदर्शन हेतु नगर के सम्मानित गण किसी निश्चित स्थान पर एकत्रित होते थे। अपनी विद्या, कला तथा रसिकता के कारण समाज में प्रतिष्ठित स्थान रखने वाली गणिकाओं को भी इन गोष्ठियों में निमन्त्रित किया जाता था। ये नृत्य एवं संगीत के साथ–साथ अपनी विभिन्न कलाओं से उपस्थित जनो का मनोरंजन करती थीं।[324]

मनोरंजनार्थ उद्यानों में विहार करना भी प्रचलन में था।[325] नगर के धूल–धूसरित और व्यस्त जीवन से कुछ क्षण निकाल कर लोग नगर के चारों ओर विद्यमान उद्यानों में यात्रा किया करते थे।

मल्लयुद्ध भी लोगों के मनोरंजन का प्रमुख साधन था। सतसई की दो गाथाओं में इसका उल्लेख किया गया है (7/84, 85)। गाँव में नगाड़े बजाकर इस क्रीड़ा की घोषणा की जाती थी और ग्रामीण जन उसका आनन्द उठाने के लिए एकत्रित होते थे।

ग्रीष्म ऋतु में विशेष आयोजित की जाने वाली जलक्रीड़ा का उल्लेख सतसई में हैं (1/58, 2/89, 3/31, 46, 6/58)। गोदावरी के तटों को शीलोन्मूलक (4/55) भी कहा गया है (4/55)। जलक्रीड़ा युवक–युवतियों के जीवन का एक विनोद साधन भी था तथा काम–क्रीड़ा का विशिष्ट रूप भी।

उत्फुल्लिका (2/69) मुख्यतः बालिकाओं का खेल था और ग्रामीण क्षेत्रों में इसे आज भी फुगड़ी कहा जाता था।[326]

इसके अतिरिक्त द्यूत भी मनोरंजन का एक साधन था, जो प्राचीन काल से ही चलन में था। द्यूत आर्यों का मनपसंद व्यसन था। ऋग्वेद के सातवें मण्डल में पश्चातापदग्ध द्यूतकर का सूक्त प्रसिद्ध है।[327] आपस्तम्ब धर्मसूत्र में वर्णित है कि राजा के सभागृह में द्यूत के लिए चौकी रखकर वहाँ शुद्ध और सत्यशील त्रैवर्णिक आर्यों को पासों से द्यूत खेलने की सुविधा की जाए।[328]

पाशक–शारी नामक खेल का उल्लेख सतसई की गाथाओं में किया गया है (2/48)। वात्स्यायनकृत कामसूत्र (1/3) के टीकाकार जयमंगल का कथन है कि यह पूर्वकालीन द्यूतक्रीड़ा का ही एक प्रकार था। एक खाने से दूसरे खाने में शारी (गोट) के घूमने के वर्णन मात्र से स्पष्ट नहीं होता है कि यह खेल चौसर का है अथवा शतरंज का। फिर भी इससे किसी प्रकार की क्रीड़ा की सूचना अवश्य मिलती है।

नगर तथा ग्रामीण जीवन से विलग वन्य जन–जातियों के लिए मृगया, जिसका उल्लेख गाथासतसई की कई गाथाओं में हुआ हैं,[329] आजीविका का साधन होने के साथ–साथ एक विनोद व्यसन भी था। धनुषबाण धारण किए मृगयासक्त व्याधों एवं पुलिन्दों के चित्रण गाथाओं में यत्र–तत्र उपलब्ध होते हैं। विंध्यपर्वत के घने वनों में रहने वाले मृगों एवं कुंजरो का आखेट मृगचर्म तथा हाथीदाँत के लिए किया जाता था। पाश (जाल) बिछाकर पक्षियों को पकड़ने वाले लुब्धक का भी संकेत गाहासतसई में है (2/38, 35)। पुत्तलक (3/170) नामक खेल, जोकि सम्भवतः कठपुतली का खेल था, ग्राम्यजनों के मनोरंजन का मुख्य साधन था। इसका उल्लेख सतसई में किया गया है। इसके अतिरिक्त शुक–सारिकादि, पक्षियों को पालने का संकेत सतसई में प्रयुक्त पजराशारी (6/52), पाशकचारी (2/38) एवं पंजर–शकुनायित (3/20) आदि के उल्लेख से होती है।

मनोविनोद के अन्य साधनों में काव्यालाप, कथाश्रवण, गायन, वादन, नृत्य तथा स्वछन्द भ्रमण आदि भी थे।[330] नृत्य, गायन तथा वादन का कलात्मक रूप के साथ लोकरूप भी प्रचलित था।

प्रारम्भिक काल से ही आर्य–भूमि को उत्सवों की भूमि कहा गया है। उत्सव हृदय के आह्लाद एवं उमंग की सार्थक अभिव्यक्ति है, प्रकृति के निश्छल विविध भावों से परिपूर्ण रंगों के साथ मन को एकसार करने के सार्वजनिक साधन है। महाकवि कालिदास ने मनुष्य मात्र को उत्सवप्रिय बताकर उत्सव–समारोहादि के आयोजन की मनोवैज्ञानिक व्याख्या की है। सुप्रसिद्ध मनोवैज्ञानिक हैवलाक एलिस का कथन है कि उत्सव सूर्य की स्थिति एवं कृषि सम्पत्ति की समृद्धि पर अवलम्बित होते हैं।[331] निश्चय ही मनुष्य अपने श्रम की सफलता और प्रकृति के वरद् आशीर्वाद से उपलब्ध आनान्दाभिव्यक्ति हेतु उत्सवों का आयोजन करता है।

तत्कालीन समाज में कुछ उत्सव भी प्रचलन में थे। इन्द्रध्वजमहोत्सव उनमें से एक था। यह उत्सव अत्यन्त प्राचीन काल से ही मनाया जाता रहा है। ऋग्वैदिक काल में इन्द्र अत्यधिक लोकप्रिय देवता थे। ऋग्वेद में उनकी कई विजयों का वर्णन किया गया है।[332] सम्भवतः तभी से यह उत्सव प्रचलित हुआ होगा। इस अवसर पर भाद्रपद शुक्ल अष्टमी के दिन एक वृक्ष चयनित कर उसका सीधा तना वाद्यों के बजाने के साथ लाकर नगर द्वारा अथवा राजप्रसाद के समक्ष लाकर खड़ा कर दिया जाता थ। फिर शुक्ल द्वादशी के दिन उसे वस्त्राभूषणों से अलंकृत कर उसके समक्ष इन्द्र देवता की मूर्ति स्थापित की जाती थी। इस अवसर पर नृत्य, गीत, वाद्य आदि सांस्कृतिक कार्यक्रमों का आयोजन किया जाता था। (10/7)।[333] इन्द्रदेवता का तत्कालीन समाज में महत्वपूर्ण स्थान था। नागनिका के नानाघाट अभिलेख में उनकी वंदना की गई है।[334]

सरस्वतीकण्ठा भरण[335] में इन्द्रध्वज के संदर्भ में कहा गया है कि सचमुच यह (ध्वजरूपी) इन्द्र काष्ठमय (काठ का बना) है। यदि

ऐसा न होता, तो किसान की सुंदर कन्या के कमल जैसे कोमल हाथों से उसको स्पर्श किये जाने पर, क्या वह पल्लवित नही हुआ होता?

मदनोत्सव पर्व आयोजन चैत्र शुक्ल त्रयोदशी के दिन किया जाता था। इस तिथि को मदनत्रयोदशी कहा जाता था। उस दिन नगर के बाहर विद्यमान उद्यान में मदन की प्रतिमा की पूजा–अर्चना की जाती थी और एक बड़े मेले का आयोजन किया जाता था। भवभूति के मालतीमाधव से स्पष्ट है कि इस उत्सव के सम्पूर्ण प्रबन्धन का दायित्व सम्बन्धित नगर की स्त्रियों के अधिकार क्षेत्र में था।[336]

फाल्गुनोत्सव फाल्गुन के महीने में मनाया जाता था। इस त्यौहार का विधान बिल्कुल होली जैसा था, जो आज तक फाल्गुन मास की पूर्णिमा के दिन मनाई जाती है। वात्स्यायन ने इसे होलाका–उत्सव कहा है।[337]

सतसई में वर्णित है कि इस उत्सव में लोग रंगीन पानी तथा वर्णचूर्ण (गुलालादि) एक दूसरे पर फेकते थे (4/12) तथा अत्यन्त हर्षोल्लास के साथ सभी लोग गाँवो की गलियों में निकल पड़ते थे। इस उत्सव में कीचड़ फेकना भी निर्दोष माना जाता था, और यदि यह प्रिय द्वारा फेंका जाए तो कर्दम–प्रसाधन बन जाता था। सतसई में वर्णित विवरणानुसार इस उत्सव में निरर्गल–श्रृंगार का प्रचलन तत्कालीन समाज में भी था[338]

सतसई में उल्लिखित है कि ग्राम्य समाज भी क्षणवासर (1/79) तथा क्षणरात्रि (5/66) में समारोह का आयोजन हर्षोल्लास के साथ करते थे। क्षण दिवस के स्वागत में स्त्रियाँ उत्साहपूर्वक स्नान–प्रधान से मज्जन (1/79) तथा मण्डन कर (1/39) धान को कूट कर पकवान तैयार करती थी (7/24)। क्षणरात्रि पूर्णिमा की चंद्रिकाधौत रात्रियों में मनाई जाती थी।

नगर – विन्यास तथा आवासीय संरचना

सातवाहनयुगीन आर्थिक सम्पन्नता तत्कालीन लोगों के उच्च जीवनस्तर को इंगित करती है। इस युग में बड़े–बड़े नगर अस्तित्व में आ गए थे। नासिक, पैठन, तगर, अमरावती, बेणाकटक, वनवासी (वैजयन्ती), धेनुकाकट, नागार्जुनीकोण्डा, कल्याण, सोपारा, भड़ौच आदि तत्कालीन नगरों का उल्लेख सातवाहनकालीन अभिलेखों में तथा साहित्यिक साक्ष्यों में मिलता है। इन क्षेत्रों से सातवाहन कालीन अभिलेख भी प्राप्त हुए हैं।[339] अमरावती में शिवमकसद (शिवश्री सातकर्णि) के शासनकाल का अभिलेख प्राप्त होता है।[340] अमरावती स्तूप के छज्जे के एक द्वार के स्तंभ में लगाए गए शिलापट्ट पर वासिष्ठीपुत्र पुलुमावि के शासनकाल का एक अभिलेख उत्कीर्णित है,[341] यद्यपि इसका सवंत्सर विनष्ट हो चुका है। वनवासी से हारितीपुत्र चुटुकुलानन्द सातकर्णि के संवत्सर 12 का[342] तथा वासिष्ठीपुत्र शिवश्री पुलुमावि का अभिलेख प्राप्त होता है।[343] इसी प्रकार नागर्जुनीकोण्डा से गौतमीपुत्र विजय सातकर्णि के संवत्सर 6 में उत्कीर्णित स्तम्भाभिलेख प्राप्त हुआ है।[344] विजय सातकर्णि ने अपने नाम से विजयपुरी नामक नगरी स्थापित कर वहाँ अपनी राजधानी बनाई होगी। वर्तमान में यह नागार्जुनकोण्डा के नाम से विख्यात है।

नगरों में विशाल प्रासाद, महल तथा भवन बनवाए गए थे। किन्तु अब उनके अवशेष भी अस्तित्व में नहीं हैं, यद्यपि तत्कालीन अमरावती के जैसे बौद्ध केन्द्रों में स्तूपादि के अलंकरणार्थ उत्कीर्णित शिलापट्टों से हम उसकी थोड़ी बहुत कल्पना कर सकते हैं। बड़े नगरों के चारों ओर जल से पूरित खाइयाँ थी। उनसे हटकर इष्टिका निर्मित प्राकार, एवं उनकी रक्षा हेतु अर्धवृत्ताकार बुर्ज, निर्मित किए जाते थे। उन पर युद्धोपयोगी छिद्रयुक्त प्राकार बनवाकर सुरक्षा की व्यवस्था की जाती थी। नगरों में कई मंजिलों वाले भवन निर्मित किए जाते थे, जिन पर अर्धवृत्ताकार छप्पर

बनाए जाते थे।[345] नगर–विन्यास में इष्टिका के साथ–साथ काष्ठ का भी प्रयोग किया जाता था। सम्भवतः इसी का अनुकरण तत्कालीन गुफाओं की निर्मिति में किया गया था।

महाराष्ट्र में तेर, अदम, कोल्हापुर, नासिक, जोर्वे इत्यादि तथा विदर्भ में पौनी में किए गए पुरातात्त्विक उत्खनन में सातवाहनकालीन आवासीय संरचनाओं के अवशेष प्राप्त हुए हैं। कोल्हापुर में पंचगंगा नदी के तट पर ब्रह्मपुरी नामक पुरास्थल से प्राप्त सातवाहनकालीन आवासीय संरचनाएं पक्की नींव पर निर्मित की गई हैं।[346] गोल पत्थरों तथा मिट्टी के गारे के स्तर एक के ऊपर एक रखकर नींव तैयार की जाती थी। फिर उस पर पक्की ईंटों की दीवारें बनाई जाती थीं। दीवारे बनाते समय इस बात का ध्यान रखा जाता था कि ईटों के जोड़ एक के ऊपर दूसरा न आए। आरम्भ में इनका परिमाण 21 × 11 × 3 इंच था, जो कालान्तर में 15 × 7 × 2 इंच हो गया। मध्यवर्गीय घरों में चार से पाँच कक्ष तक होते थे जिनका परिमाण सामान्यतः 3.65 × 4.75 मी. या 3.65 × 3.96 मी. रहता था।[347] इनमें से एक कक्ष का उपयोग रसोई के लिए किया जाता था। उत्खनन में एक कक्ष में वर्तमान की भाँति गोबर–मिट्टी से तीन पत्थर जोड़कर तैयार किए गए दो चूल्हे तथा उनके आगे कुछ दूरी पर चबूतरा निर्मित था ताकि चूल्हे की आग सम्पूर्ण कक्ष में न फैले। रसोईघर की फर्श ईंटों की बनाई गई थी। कक्ष में जमीन में घड़ा अथवा झज्झर (पानी अथवा अनाज के लिए) गाड़ने का भी चलन था। ऊपर का छाजन वर्तमान के मंगलोरी खपड़े की भाँति परनाले के खपड़ों से बनाया था। ये लोहे की कीलों से नीचे के बाँसो में मजबूती से लगाए गए थे, जो कि विलक्षण है।[348] महाराष्ट्र के उस्मानाबाद जिले में स्थित तेर नामक पुरातात्त्विक पुरास्थल के उत्खनन से 12.30 × 12.30 × 2.70 मी० परिमाप का पक्की ईटों तथा मिट्टी के गारे से निर्मित कुण्ड प्रकाश में आया है,[349] जिसमें प्रवेश हेतु दक्षिण तथा पूर्व में सीढ़ियाँ है। 1:3:6 के

अनुपात में निर्मित ईंटें इसके धरातल में बिछी हुई हैं। इसके उत्तरी किनारे पर पूर्वाभिमुख एक गजपृष्ठाकृत संरचना है, जिसकी दीवारों की मोटाई 83 सेमी० तथा व्यास 1.75 मी० है, जोकि एक चहार दीवारी से परिवेष्ठित है। यह सम्पूर्ण आवासीय संरचनाएँ 14 मी० वर्ग के क्षेत्र में विस्तारित है। परिसर की चहारदीवारी से 6 मी० की दूरी पर पूर्वोत्तर किनारे पर धरातल के नीचे द्वितीयक शवाधान के अवशेष प्राप्त हुए है।[350] मूलतः यहाँ दो विभिन्न कालों में आवासीय संरचनाओं का निर्माण किया गया। किन्तु प्रयुक्त निर्माण सामग्री तथा शैली में कोई विशेष अन्तर नहीं है। मकानों में नींव के भराव के लिए पाषाण खण्डों, रोड़ी (गिट्टी) पत्थरों के छोटे टुकड़ों तथा रेत (बालू) का प्रयोग किया गया तथा इसके ऊपर पकी ईंटों से आवासीय संरचनाओं का निर्माण किया गया।[351] महाराष्ट्र में बाघोर नदी के बाँयें तट स्थित अदम नामक पुरास्थल का पाँचवाँ सांस्कृतिक अनुक्रम सातवाहनकालीन है। इस काल में पत्थर तथा ईंटों दोनों ही प्रकार की आवासीय संरचनाओं का निर्माण किया गया जिनके निर्माण में पुरानी सामग्री को पुनप्रर्युक्त किया गया, क्योंकि वो सहजता से उपलब्ध थी। अण्डाकर प्राकार दीवार से परिवेष्टित एक पाषाणिक संरचना, जिसमें पूर्व की ओर प्रवेशद्वार है, के अन्दर चार वृत्ताकार संरचनाएँ, जो कि सम्भवतः स्मारिकाएँ अथवा व्रतुष्ठित प्रयोजन हेतु निर्मित की गई होंगी, प्राप्त हुई हैं।[352] इस परिसर के बाहर विशेषतः पूर्व की ओर द्वितीयक शवाधान प्राप्त हुए हैं।

अदम उत्खनन से प्राप्त साक्ष्यों से स्पष्ट है कि सातवाहनकाल में निर्मित आवासीय संरचनाएँ तलविन्यास में आयताकार, वर्गाकार, अण्डाकार तथा वृत्ताकार थीं। कुओं का निर्माण ईंटों से किया गया। 1.10 मी० व्यास तथा 76 रद्दे के कुएँ का निर्माण फानाकार ईंटों तथा गारे से किया गया। कुएँ के उत्तरी तथा दक्षिणी छोर पर कुछ स्तंभगर्त तथा मुंडेर के अवशेष प्राप्त हुए हैं, जो कि सम्भवतः कुएँ के आच्छादन हेतु निर्मित किसी संरचना को अवलम्बन

देने हेतु निर्मित किए गए होंगे। जल–निकासी हेतु पूर्व तथा पश्चिम में खुला स्थान छोड़ा जाता था। मृणनिर्मित वलयकूप भी निर्मित किए जाते थे, जो कि अधिकतम 23 वलयों से तथा न्यूनतम 7 वलयों से निर्मित किए जाते थे।[353]

वर्ष 1990–91 में अदम में किए गए उत्खनन के फलस्वरूप मार्गों के विन्यास पर भी यथेष्ट प्रकाश पड़ता है। पूर्व की ओर मुख्य प्रवेश द्वार से जुड़े मुख्य मार्ग से अँग्रेजी के 'यू' आकार की सड़कें एक निश्चित अन्तराल पर थी। सम्भवतः ये सड़कें एक दूसरे से त्रिज्याकार गलियों के माध्यम से जुड़ी हुई थीं। इन गलियों तथा सड़कों के धरातल पर किसी प्रकार का प्लास्टर अथवा लेपन नहीं किया गया था। मकानों का निर्माण सड़क अथवा गली के समानान्तर किया गया । 7 मी० चौड़ी तथा लगभग 35 मी० लम्बी एक सड़क उत्खनन में प्राप्त हुई है।[354] इस काल के नगर–विन्यास की यह विशेषता थी कि सड़क के दोनों ओर निर्मित आवासों में समान आकार की ड्योढ़ी निर्मित की गई थी। सड़क के दोनों ओर एक दूसरे के सम्मुख इन्हें निर्मित किया गया। साक्ष्यों के आधार पर इतना कहा जा सकता है कि इस काल में सामान्य नगर विन्यास में भी सन्तुलित योजना दृष्टिगोचर होती है।

यहाँ से प्राप्त आवासीय संरचनाएँ अधिकांशतः स्वतन्त्र रूप से निर्मित की गईं, जिनमें अधिकतर में एक ही प्रवेशद्वार तथा एक दूसरे से आन्तरिक रूप से संयुक्तित कक्ष निर्मित थे।[355]

महाराष्ट्र जिले के पूर्वी विदर्भ क्षेत्र में स्थित पौनी नामक पुरास्थल से भी कई आवासीय संरचनाएँ प्रकाश में आई हैं, जिनके निर्माण में 50 × 50 × 10 सेमी० तथा 50 × 28 × 9 सेमी० परिमाप की ईंटों का प्रयोग किया गया है।[356] सुरक्षा के दृष्टिकोण से प्राकार दीवार का निर्माण किया जाता था। गारे की चिनाई द्वारा समतलोत्तल आकार की ईंटों का प्रयोग इस कार्य में किया जाता

था। इसके साथ ही सम्भवतः प्राकार–दीवार को पानी के रिसाव तथा आर्द्रता से बचाने के लिए ईंटों से फर्श को ढक दिया जाता था। अदम की भाँति यहाँ से भी फानाकार ईंटों से निर्मित कुएँ मिले हैं।[357] कुओं के चारों ओर चबूतरा बनाने का भी प्रचलन था। ईंटों से निर्मित कुओं के साथ–साथ वलयकूप भी निर्मित किए जाते थे। इन वलयकूपों का व्यास 60 से 70 सेमी० के लगभग होता था। इस प्रकार के दस वलयकूप पौनी उत्खनन में प्राप्त हुए हैं।[358]

आवासीय संरचनाओं को प्राकार–दीवार से परिवेष्टित करने का चलन था। कुएँ इसके निकट ही निर्मित किए जाते थे। उत्खनन में कुएँ के निकट ही 2.50 × 1.80 मी० परिमाप की आयताकार ईंटों की संरचना मिली है। इसमें एक 45 × 35 सेमी० परिमाप का पत्थर का चबूतरा भी है। यह सम्भवतः कपड़े धोने के लिए प्रयुक्त किया जाता होगा।[359]

दीवारों में पत्थर के रोड़ों में गारे का मसाला मिलाकर बनाया जाता था, तथा ईंटों से इसके आन्तरिक तथा वाह्य भाग को ढक दिया जाता था। प्राकार–दीवार से परिवेष्टित आवासीय संरचना के निकट निर्मित कुँआ इस तथ्य की ओर संकेत करता है कि लोग व्यक्तिगत प्रयोग हेतु विशेष रूप से निजी कुओं का निर्माण करते थे।[360]

फर्शों के निर्माण में टाइल्स, ईंट तथा पीले रंग के लेट्राइट ग्रेवल्स प्रयुक्त किए जाने लगे थे।[361] पौनी उत्खनन में प्राप्त आवासीय संरचनाओं में अंग्रेजी के 'यू' (U) आकार के चूल्हे भी मिले हैं। मिट्टी के फर्श पर इन्हें बनाया जाता था। भट्ठे भी निर्मित किए जाते थे। भट्ठों का निचला भाग, जहाँ से ईंधन सामग्री भरी जाती थी, ऊपर की अपेक्षा अधिक चौड़ा होता था। ऊपरी सतह को लाल लेट्राइट ग्रेवल्स से लीपने का चलन था।[362]

घरों में जलनिकासी हेतु नालियाँ होती थीं। इन नालियों का पानी 4 से 4½ फुट व्यास के गहरे कूप में जाता था। इन कूपों के किनारे, झज्झरों के मुँह के जैसी पकी हुई मिट्टी की ईंटों से अथवा पकी मिट्टी की गोलाकार कड़ियाँ एक के ऊपर एक रखकर बनाये जाते थे।[363] घर से कुछ दूरी पर निर्मित किये जाते थे।

दैनिक जीवन में प्रयुक्त गृहपयोगी सामग्री

प्रतिदिन प्रयोग में किये जाने वाले बर्तन मिट्टी के बनाये जाते थे। इनमें थालियाँ, लोटे तथा, कटोरे मुख्य थे। विशेष अवसरों में रोमन पात्रों का प्रयोग किया जाता था। उनमें से कुछ मद्यपान के लिए प्रयुक्त होते होंगे। रोम से आयातित मदिरा उन दिनों लोगों में विशेष प्रिय थी, खास तौर से धनी वर्ग में। इस मद्य को रखनें में प्रयोग किए जाने वाले अम्फोरा मृद्भाण्ड पश्चिमी महाराष्ट्र तथा विदर्भ में किए गए उत्खनन से प्राप्त हुए हैं।[364] नीचे से नुकीले इन बर्तनों को काठ की अथवा लोहे की तिपाई पर रखा जाता था। इन्हें पकड़ने के लिए इनके दोनो तरफ हत्थे होते थे। ब्रह्मपुरी से टोंटीवाला लम्बी गर्दन का एक बड़ा पात्र तथा एक छोटा मद्यपात्र प्राप्त हुआ है। यहाँ से अनेक रोमन तथा ग्रीक कॉस्य की प्रतिमाएँ प्राप्त हुई हैं, जो इस स्थान का रोम से व्यापारिक सम्बन्ध होने की पुष्टि करता है। उनमें से पोसीडन की प्रतिमा विशेष लक्षणीय है।[365]

सातवाहन काल के पूर्व ही लोहे का ज्ञान हो चुका था। इसलिए भाला आदि शस्त्रास्त्र के साथ–साथ चाकू, छुरा आदि व्यवहारोपयोगी वस्तुएँ लोहे की बनाई जाती थी। पौनी उत्खनन में चूल्हे के निकट ही लोहे का एक चाकू प्राप्त हुआ है।[366] इस समय तक सम्भवतः पीसने वाली चक्की प्रचलन में नहीं आयी थी, क्योंकि वह किसी भी उत्खनन में प्राप्त नहीं हुई है। कूटने के लिए चार पैर वाले सिल तथा बट्टे का प्रयोग किया जाता था।[367]

उपरोक्त समस्त तथ्यों के विश्लेषणात्मक अध्ययन के आधार पर कहा जा सकता है कि सातवाहन काल में लोगों का जीवन–स्तर उच्च था। आर्थिक रूप से सम्पन्न होने के कारण उनमें सामाजिक सन्तुष्टि का भाव था। नगर–विन्यास एक निश्चित योजना के आधार पर किया गया था। निष्कर्षतः उनका सामाजिक जीवन सम्पन्न एवं वैभवशाली था।

सन्दर्भ

1. चरणव्यूह, भाष्यानुवाद, पृ० 47; सेक्रेड बुक्स ऑफ द ईस्ट, II, पृ० XXX.
2. मिराशी, वा० वि०, सातवाहनों और पश्चिमी क्षत्रपों का इतिहास और अभिलेख पृ० 127.
3. पूर्ववत्.
4. पूर्ववत्.
5. सेक्रेड बुक्स ऑफ द ईस्ट II, पृ० X/III.
6. विंटरनिट्ज, एम० (अँग्रेजी अनुवाद) हिस्ट्री ऑफ इण्डियन लिट्रेचर, III, पृ० 539.
7. ऋग्वेद, 2.112.14 तथा 1.1179.16.
8. मनुस्मृति 10.111.
9. गुप्त, आर० के०, प्राचीन भारत में समाज, धर्म, कला एवं वास्तुकला, पृ० 1.
10. जर्नल ऑफ बिहार उड़ीसा रिसर्च सोसाइटी 1928, पृ० 402–14.
11. महाभारत, कर्ण पर्व, 8.45.23.
12. पूर्ववत्, 8.45.41.
13. वेदालंकार, हरिदत्त, प्राचीन भारत का राजनीतिक तथा सांस्कृतिक इतिहास, पृ० 572,
14. पाण्डेय, राजेन्द्र, भारत का सांस्कृतिक इतिहास, पृ० 117.

15. पूर्ववत्.
16. आपस्तम्ब धर्मसूत्र, 1.2.7.20.
17. पूर्ववत्, 2.4.9.5.
18. मिराशी, वा० वि०, सातवाहनों और पश्चिमी क्षत्रपों का इतिहास और अभिलेख पृ० 128.
19. 'वैश्याच्छूद्रायां जात उग्र उग्रकर्मा वा द्विजातिः।', हरिदत्त, आपस्तम्ब धर्मसूत्र, 1.2.7.20.
20. वेदालंकार, हरिदत्त, प्राचीन भारत का राजनीतिक तथा सांस्कृतिक इतिहास, पृ० 574.
21. मनुस्मृति, 2.155.
22. पूर्ववत्, 1.96, 10.3.
23. याज्ञवल्क्य स्मृति 1.198.–199.
24. आपस्तम्ब धर्मसूत्र, 1.2.6. 24–29.
25. सर्वान् वैश्वदेवे भगिनः: कुर्वीताश्चचाण्डालेभ्य, आपस्तम्ब धर्मसूत्र, 2.4.9.5.
26. मिराशी, वा० वि०, सातवाहनों और पश्चिमी क्षत्रपों का इतिहास और अभिलेख पृ० 139.
27. विद्यालंकार, सत्यकेतु प्राचीन भारत का धार्मिक, सामाजिक एवं आर्थिक जीवन, पृ० 574.
28. मनुस्मृति, 4.186.
29. मनुस्मृति, 4.1.9; याज्ञवल्क्य समृति, 1.128.
30. मनुस्मृति, 4.186.
31. विद्यालंकार, सत्यकेतु प्राचीन भारत का धार्मिक, सामाजिक एवं आर्थिक जीवन, पृ० 178.
32. मिराशी, वा० वि०, सातवाहनों और पश्चिमी क्षत्रपों का इतिहास और अभिलेख पृ० 128.
33. आपस्तम्ब धर्मसूत्र, 1.6, 18.21–23.

34. परीक्षार्थोपि ब्राह्मण आयुध नाददीत, आपस्तंब धमसूत्र, 1.10.29.6.
35. द्विजातिभिग्रह्यिं धर्मों यत्रोपरूध्यते। द्विजातीनां च वर्णनां विप्लवे कालकारिते, मनुस्मति 8.348.
36. मनुस्मृति, 3.150–178.
37. पूर्ववत्, 2.168, 8.102.
38. विद्यालंकार, सत्यकेतु प्राचीन भारत का धार्मिक, सामाजिक एवं आर्थिक जीवन, पृ० 179.
39. गौतम धर्मसूत्र, 8.12–13.
40. पूर्ववत्, 6.21–22.
41. मनुस्मृति, 8.123, 378–81, 383–85; याज्ञवल्क्य समृति, 2.90.
42. मनुस्मृति, 9.237, 11.55, 102; याज्ञवल्क्य समृति, 3.227, 257.
43. मनुस्मृति, 4.162, 11.90
44. पूर्ववत्, 7.133.
45. पूर्ववत्, 70.
46. विद्यालंकार, सत्यकेतु प्राचीन भारत का धार्मिक, सामाजिक एवं आर्थिक जीवन, पृ० 179.
47. मनुस्मृति, 8.37–38.
48. मिलिन्दप्रश्न, पृ० 178
49. वेदालंकार, हरिदत्त, प्राचीन भारत का राजनीतिक तथा सांस्कृतिक इतिहास, पृ० 580.
50. जर्नल ऑफ द बॉम्बे ब्रांच ऑफ द रॉयल एशियाटिक सोसाइटी, V, पृ० 41.
51. महाभारत, शान्तिपर्व, 78.18.
52. गौतमधर्मसूत्र, 10.17; मनुस्मृति, 1.89; याज्ञवल्क्य स्मृति, 1.118 119; भागवत पुराण, 7.11.22; श्रीमद्भगवद्गीता, 18.43; महाभारत, शान्तिपर्व, 64.27.

53. मनुस्मृति, 1.89, 10.77–89; याज्ञवल्क्य स्मृति, 1.119.
54. वेदालंकार, हरिदत्त, प्राचीन भारत का राजनीतिक तथा सांस्कृतिक इतिहास, पृ० 583.
55. आपस्तम्ब धर्मसूत्र, 2.9, 25.10.
56. पूर्ववत्, 2.9.25.11.
57. पूर्ववत्, 2.9.25.15.
58. पूर्ववत्, 2.5.11.2.
59. पूर्ववत्, 2.5.8.
60. मनुस्मृति, 1.90.
61. याज्ञवल्क्य स्मृति, 1.19.
62. महाभारत, 12.60.21.
63. मिराशी, वा० वि०, सातवाहनों और पश्चिमी क्षत्रपों का इतिहास और अभिलेख, पृ० 130.
64. एपिग्राफिया इंडिका, XIV पृ० 143–145.
65. शिवराममूर्ति, अमरावती स्कल्पचर्स इन द मद्रास गवर्मेन्ट म्यूजियम, पृ० 283; ल्यूडर्स लिस्ट 1248.
66. जर्नल ऑफ द बॉम्बे ब्रांच ऑफ द रॉयल एशियाटिक सोसाइटी, XV, पृ० 313.
67. आर्कियोलॉजिकल सर्वे ऑफ वेस्टर्न इंडिया, V, फलक 15; ल्यूडर्स लिस्ट 1024.
68. एपिग्राफिया इंडिका, VIII, पृ० 94; ल्यूडर्स लिस्ट 1147.
69. आपस्तम्ब धर्मसूत्र, 2.11.29.15.
70. गौतमधर्मसूत्र, 10.57.
71. मनुस्मृति, 1.91; 9.334.
72. विष्णुस्मृति, अध्याय 2.
73. वृहत्पराशरस्मृति, 4.216., 222.

74. याज्ञवल्क्य स्मृति, 1.120.
75. अर्थशास्त्र, 1.2.3.
76. मनुस्मृति, 8.418.
77. पूर्ववत्, 9.157.
78. महाभारत, 13.47.56.
79. पूर्ववत्, 12.328.48, 1.62.22, 1.95.87.
80. वेदालंकार, हरिदत्त, प्राचीन भारत का राजनीतिक तथा सांस्कृतिक इतिहास, पृ० 587.
81. मनुस्मृति, 8.385.
82. मनुस्मृति, 3.236.
83. आपस्तम्ब धर्मसूत्र, 1.6.18, 13–14.
84. पूर्ववत्, 2.2, 3.1 और 4.
85. वेदालंकार, हरिदत्त, प्राचीन भारत का राजनीतिक तथा सांस्कृतिक इतिहास, पृ० 588.
86. पूर्ववत, पृ० 589.
87. पूर्ववत.
88. महाभाष्य, 2.4.10.
89. इन्द्रजी, भगवानलाल, बर्जेस, इंस्क्रिप्शन्स फ्राम द केव टेम्पिल्स ऑफ वेस्टर्न इण्डिया, पृ० 14.
90. एपिग्राफिया इंडिका, VIII, फलक 7.
91. ल्यूडर्स लिस्ट 1134, 1132; एपिग्राफिया इंडिका, VIII फलक 7.
92. शनकैस्तु क्रियालोपादिमाः क्षत्रियजातयः। वृशलत्वं गता लोके ब्राह्मणादर्षनेन च।। पौण्ड्राकाश्चौड्रद्रविडाः काम्बोजायवनाः शकाः। पारदाः पल्लवाष्चीनाः किराता दरदाः खशाः।।, मनुस्मृति, 10. 43.44.
93. मिराशी, वा० वि०, सातवाहनों और पश्चिमी क्षत्रपों का इतिहास और अभिलेख, पृ० 129.

94. जर्नल ऑफ द बॉम्बे ब्रांच ऑफ द रॉयल एशियाटिक सोसाइटी, V, पृ० 41; ल्यूडर्स लिस्ट 1123.
95. हिस्ट्री एण्ड कल्चर ऑफ दि इण्डियन पीपल, II, पृ० 229.
96. हिस्टोरिकल रिसर्चेस, पृ० 59; ल्यूडर्स लिस्ट 1133.
97. वेदालकांर, हरिदत्त, प्राचीन भारत का राजनीतिक तथा सांस्कृतिक इतिहास, पृ० 104.
98. पूर्ववत्.
99. याज़दानी, जी०, दकन का प्राचीन इतिहास, पृ० 126.
100. गाथासप्तशती, 1.84, 2.7, 2.80, 3.41, 4.17, 4.60, 4.73, 4.88, 5. 56, 6.67, 6.100, 7.3, 7.93, 2.69, 3.38, 4.58, 7.89, 7.92.
101. पूर्ववत्, 2.22, 7.1, 18, 29, 63.
102. पूर्ववत्, 2.16, 4.10, 7.30, 33, 34.
103. पूर्ववत्, 2.12, 14, 28, 7.37, 55, 90, 91.
104. पूर्ववत्, 2.67, 75, 6.53.
105. पूर्ववत्, 6.56, 7.3.
106. पूर्ववत्, 7.3.
107. पूर्ववत्, 7.8.
108. पूर्ववत्, 2.53.
109. हरिराम आचार्य, महाकवि हाल और गाहासतसई, पृ० 164.
110. पूर्ववत्.
111. गाथासप्तशती, 6.96.
112. पूर्ववत्, 2.61.
113. पूर्ववत्, 3.70, 4.17.
114. पूर्ववत्, 6.54.
115. पूर्ववत्, 6.39.
116. पूर्ववत्, 6.72.

117. पूर्ववत्, 7.80.
118. पूर्ववत्, 7.84, 85.
119. पूर्ववत्, 1.9. 3.59
120. पूर्ववत्, 5.8.
121. पूर्ववत्, 5.77.
122. पूर्ववत्, 6.56.
123. पूर्ववत्, 2.62.
124. पूर्ववत्, 5.27.
125. पूर्ववत्, 5.74.
126. याज़दानी, जी०, दकन का प्राचीन इतिहास, पृ० 128.
127. मनुस्मृति, अध्याय 3; याज्ञवल्क्यस्मृति, अध्याय, 1.
128. वेदालंकार, हरिदत्त, प्राचीन भारत का राजनीतिक तथा सांस्कृतिक इतिहास, पृ० 594–595.
129. पूर्ववत्, पृ० 595.
130. आपस्तम्ब धर्मसूत्र, 2.9.21, 14–16.
131. विद्यालंकार, सत्यकेतु, प्राचीन भारत का धार्मिक, सामाजिक एवं आर्थिक जीवन, पृ० 199.
132. पूर्ववत्, पृ० 200.
133. पूर्ववत.
134. एपिग्राफिया इंडिका, VIII पृ० 94, 60; ल्यूडर्स लिस्ट 1001.
135. विद्यालंकार, सत्यकेतु, प्राचीन भारत का धार्मिक, सामाजिक एवं आर्थिक जीवन, पृ० 201.
136. पूर्ववत, पृ० 204.
137. आर्कियोलॉजिकल सर्वे ऑफ वेस्टर्न इंडिया, IV, पृ० 95.
138. विद्यालंकार, सत्यकेतु, प्राचीन भारत का धार्मिक, सामाजिक एवं आर्थिक जीवन, पृ० 204.

139. पूर्ववत्, पृ० 205.
140. पूर्ववत्.
141. अपत्यं धर्मकर्माणि शुश्रुषा रतिरूत्तमा। दाराधीनाः .... ।। मनुस्मृति, 9.28
142. शिवराममूर्ति, अमरावती स्कल्पचर्स इन द मद्रास गवर्मेन्ट म्यूजियम, पृ० 283; ल्यूडर्स लिस्ट 1248; 1024, 1001, जर्नल ऑफ द बॉम्बे ब्रांच ऑफ द रॉयल एशियाटिक सोसाइटी, VI, पृ० 06.
143. आर्कियोलॉजिकल सर्वे ऑफ वेस्टर्न इंडिया, IV, फलक 96.
144. अग्रवाल, वासुदेवशरण, भारतीय कला पृ० 349.
145. याज़दानी, जी०, दकन का प्राचीन इतिहास, पृ० 127.
146. जर्नल ऑफ द बॉम्बे ब्रांच ऑफ द रॉयल एशियाटिक सोसाइटी, V, पृ० 06.
147. पूर्ववत्.
148. आर्कियोलॉजिकल सर्वे ऑफ वेस्टर्न इंडिया, V, पृ० 75.
149. पूर्ववत्, V, फलक 15, ल्यूडर्स लिस्ट 1024.
150. एपिग्राफिया इंडिका, VIII, पृ० 94.
151. हरिराम आचार्य, महाकवि हाल और गाहासतसई, पृ० 164.
152. ऋणामिव पुत्रेशु संक्रामति, गाथासप्तशती, 2.13.
153. विद्यालंकार, सत्यकेतु, प्राचीन भारत का धार्मिक, सामाजिक एवं आर्थिक जीवन, पृ० 255.
154. मनुस्मृति, 2.1145.
155. आर्कियोलॉजिकल सर्वे ऑफ वेस्टर्न इंडिया, V, पृ० 67.
156. 'ममैयमस्तु पोष्या', अथर्ववेद, दृ० विद्यालंकार,, सत्यकेतु, प्राचीन भारत का धार्मिक, सामाजिक एवं आर्थिक जीवन, पृ० 255.
157. गाथासप्तशती, 1.1, 11, 13, 36, 54, 55, 69; 2.59, 97, 100; 3. 37, 40, 93, 97, 99; 4.1, 24, 47; 5.72, 98; 6.28, 49, 97.

158. पूर्ववत्, 1.7, 15, 48, 59, 74, 100; 2.88; 3.70, 92; 4.2, 97; 5. 33, 33, 37, 53, 67.
159. पूर्ववत्, 4.90.
160. पूर्ववत्, 4.82, 1.58, 5.49.
161. ऋग्वेद, 3.153, 14.
162. आर्कियोलॉजिकल सर्वे ऑफ वेस्टर्न इंडिया, V, पृ० 60.
163. गाथासप्तशती, 1.6, 31, 47, 84; 2.69, 100; 3.22, 28, 83; 4.13, 37, 73, 86, 99.
164. पूर्ववत्, 1.15; 4.7, 82; 5.33, 65; 6.4, 33; 7.78.
165. मनुस्मृति.
166. महाभारत, वनपर्व, 234.2.3.
167. हरिराम आचार्य, महाकवि हाल और गाहासतसई, पृ० 177.
168. आर्कियोलॉजिकल सर्वे ऑफ वेस्टर्न इंडिया, V, फलक 15.
169. पूर्ववत्; जर्नल ऑफ द बॉम्बे ब्रांच ऑफ द रॉयल एशियाटिक सोसाइटी, VI, पृ० 10.
170. मिराशी, वा० वि०, सातवाहनों और पश्चिमी क्षत्रपों का इतिहास और अभिलेख, पृ० 133.
171. आपस्तम्ब धर्मसूत्र, 2.6.14.1.
172. पाण्डेय, राजेन्द्र, भारत का सांस्कृतिक इतिहास, पृ० 118.
173. मनुस्मृति, 3.27, 34; याज्ञवल्क्य स्मृति, 1.58, 61.
174. विद्यालंकार,, सत्यकेतु, प्राचीन भारत का धार्मिक, सामाजिक एवं आर्थिक जीवन, पृ० 249.
175. पूर्ववत्.
176. आपस्तंब धर्मसूत्र, 2.6.13.1.
177. मनुस्मृति, 3.43, 44; याज्ञवाल्क्य स्मृति, 1.62.
178. पाण्डेय, राजेन्द्र, भारत का सांस्कृतिक इतिहास, पृ० 118.

179. पूर्ववत्.
180. विद्यालंकार, सत्यकेतु, प्राचीन भारत का धार्मिक, सामाजिक एवं आर्थिक जीवन, पृ० 250.
181. पूर्ववत्. पृ० 249.
182. पूर्ववत्. पृ० 250.
183. मिराशी, वा० वि०, सातवाहनों और पश्चिमी क्षत्रपों का इतिहास और अभिलेख, पृ० 130.
184. हरिराम आचार्य, महाकवि हाल और गाहासतसई, पृ० 166.
185. गाथासप्तशती, 7.43.
186. पूर्ववत्, 7.42.
187. मिश्रा, जयशंकर, प्राचीन भारत का सामाजिक इतिहास, पृ० 403
188. अथर्ववेद 14.14.
189. एपिग्राफिया इंडिका, VIII, पृ० 73.
190. पूर्ववत्. पृ० 60.
191. याज़दानी, जी०, दकन का प्राचीन इतिहास, पृ० 111.
192. मनुस्मृति, 2.138.
193. याज्ञवल्क्य, 1.117.
194. मनुस्मृति, 3.114, 16
195. याज्ञवल्क्य स्मृति, 1.117.
196. मनुस्मृति, 11.88.
197. शास्त्री, के० ए० एन, मौर्याज एण्ड सातवाहनाज, पृ० 303.
198. एपिग्राफिया इंडिका, VIII, पृ० 73.
199. पूर्ववत्.
200. पूर्ववत्. VIII पृ० 65.
201. जर्नल ऑफ द बॉम्बे ब्रांच ऑफ द रॉयल एशियाटिक सोसाइटी, V, पृ० 41.

202. ल्यूडर्स लिस्ट, 1113–1118.
203. आर्कियोलॉजिकल सर्वे ऑफ वेस्टर्न इंडिया, V, पृ० 60.
204. मिराशी, वा० वि०, सातवाहनों और पश्चिमी क्षत्रपों का इतिहास और अभिलेख, पृ० 224.
205. आर्कियोलॉजिकल सर्वे ऑफ वेस्टर्न इंडिया, V, पृ० 66–67.
206. गजेटियर ऑफ द महाराष्ट्र स्ट्रेट–हिस्ट्री, I, पृ० 175.
207. मिराशी, वा० वि०, सातवाहनों और पश्चिमी क्षत्रपों का इतिहास और अभिलेख, पृ० 134.
208. आर्कियोलॉजिकल सर्वे ऑफ वेस्टर्न इंडिया, V, पृ० 60.
209. एपिग्राफिया इंडिका, VIII, पृ० 60.
210. गाथासप्तशती, पृ० 200.
211. मिराशी, वा० वि०, सातवाहनों और पश्चिमी क्षत्रपों का इतिहास और अभिलेख, पृ० 153.
212. ल्यूडर्स लिस्ट, 994.
213. एपिग्राफिया इंडिका, VIII, पृ० 91, 94.
214. गोपालाचारी, के०, अर्ली हिस्ट्री ऑफ आन्ध्रा कन्ट्री, पृ० 97.
215. एपिग्राफिया इंडिका, VIII, पृ० 94.
216. पूर्ववत् पृ० 91.
217. आर्कियोलॉजिकल सर्वे ऑफ वेस्टर्न इंडिया, V, पृ० 82.
218. ल्यूडर्स लिस्ट, 1107.
219. एपिग्राफिया इंडिका, VIII, पृ० 94.
220. आर्कियोलॉजिकल सर्वे ऑफ वेस्टर्न इंडिया, IV, पृ० 89.
221. आपस्तम्ब धर्मसूत्र, 2.6.14.16.
222. पूर्ववत्, 2.6.14.20.
223. मनुस्मृति, 8.416
224. पूर्ववत्, 9.110.

225. पूर्ववत्, 9.217.
226. आर्कियोलॉजिकल सर्वे ऑफ वेस्टर्न इंडिया, IV, पृ० 89.
227. मिराशी, वा० वि०, सातवाहनों और पश्चिमी क्षत्रपों का इतिहास और अभिलेख, पृ० 134.
228. एपिग्राफिया इंडिका, VIII, पृ० 73.
229. बर्जेस तथा भगवानलाल इन्द्रजी, इंस्क्रिपशन्स फ्राम द केव–टेम्पिल्स ऑफ वेस्टर्न इण्डिया, पृ० 6.
230. अर्थशास्त्र, 3.13
231. मनुस्मृति, 8.415.
232. पेरिप्लस, शाफ का अनुवाद, सैक्शन 49.
233. टार्न, दी ग्रीक्स इन बैक्ट्रिया एण्ड इण्डिया, पृ० 374.
234. पूर्ववत्, पृ० 374–375.
235. मिलिन्दप्रश्न, पृ० 279.
236. मनुस्मृति, 4.184, 185.
237. वेदालंकार, हरिदत्त, प्राचीन भारत का राजनीतिक तथा सांस्कृतिक इतिहास, पृ० 599.
238. एपिग्राफिया इंडिका, VIII, पृ० 90.
239. वेदालंकार, हरिदत्त, प्राचीन भारत का राजनीतिक तथा सांस्कृतिक इतिहास, पृ० 599.
240. हिस्टोरिकल रिसर्चेज़, पृ० 59; ल्यूडर्स लिस्ट 1133.
241. संबोधि, III, पृ० 75.
242. देवदत्त रामकृष्ण भण्डारकर वॉल्यूम, पृ० 173; ल्यूडर्स लिस्ट 962.
243. संबोधि, III, पृ० 75.
244. वेदालंकार, हरिदत्त, प्राचीन भारत का राजनीतिक तथा सांस्कृतिक इतिहास, पृ० 600.
245. हिस्टोरिकल रिसर्चेज़, पृ० 59; ल्यूडर्स लिस्ट 1133.

246. पूर्ववत्.
247. वेदालंकार, हरिदत्त, प्राचीन भारत का राजनीतिक तथा सांस्कृतिक इतिहास, पृ० 601.
248. याज़दानी, जी०, दकन का प्राचीन इतिहास, पृ० 27.
249. पूर्ववत्.
250. मिराशी, वा० वि०, सातवाहनों और पश्चिमी क्षत्रपों का इतिहास और अभिलेख, पृ० 135.
251. दिव्यावदान, पृ० 236.
252. ललितविस्तर, पृ० 47.
253. विद्यालंकार, सत्यकेतु, प्राचीन भारत का धार्मिक, सामाजिक एवं आर्थिक जीवन, पृ० 294.
254. वेदालंकार, हरिदत्त, प्राचीन भारत का राजनीतिक तथा सांस्कृतिक इतिहास, पृ० 627.
255. मोतीचन्द्र, प्राचीन भारत वेशभूषा, पृ० 66; कनिंघम; भरहुत फलक सं० 33.3, 24, 21, 57.
256. मिराशी, वा० वि०, सातवाहनों और पश्चिमी क्षत्रपों का इतिहास और अभिलेख, फलक 23.
257. पूर्ववत्.
258. वेदालंकार, हरिदत्त, प्राचीन भारत का राजनीतिक तथा सांस्कृतिक इतिहास, पृ० 626.
259. पूर्ववत्.
260. पूर्ववत्, पृ० 627.
261. वेदालंकार, हरिदत्त, प्राचीन भारत का राजनीतिक तथा सांस्कृतिक इतिहास, पृ० 628; मोवे; पृ० 77.
262. मोतीचन्द्र, प्राचीन भारत वेशभूषा, पृ० 78.
263. गजेटियर ऑफ द महाराष्ट्र स्ट्रेट–हिस्ट्री, I, पृ० 176.

264. मिराशी, वा० वि०, सातवाहनों और पश्चिमी क्षत्रपों का इतिहास और अभिलेख, पृ० 136.
265. घोष, ए०, अजंता म्यूरल, फलक 1, रेखा फलक 11, चित्र 4.
266. पाण्डेय, सुमन, अजंता के भित्तिचित्रों में अंकित वस्त्र एवं वेशभूषा का आलोचनात्मक अध्ययन, पृ० 89.
267. विद्यालंकार, सत्यकेतु, प्राचीन भारत का धार्मिक, सामाजिक एवं आर्थिक जीवन, पृ० 294.
268. पाण्डेय, सुमन, अजंता के भित्तिचित्रों में अंकित वस्त्र एवं वेशभूषा का आलोचनात्मक अध्ययन, पृ० 84.
269. पूर्ववत्.
270. पूर्ववत्.
271. पूर्ववत्, पृ० 86.
272. घोष, ए०, अजंता म्यूरल, रेखाचित्र 1; रेखा फलक 21, चित्र 4.
273. बाणभट्ट, उच्छ्वास सप्तम्, मयूरापत्रायमाणशेखरपाटपदपहलैः
274. अग्रवाल, वी० एस०, हर्षचरितः एक सांस्कृतिक अध्ययन, पृ० 155, 156.
275. आपस्तम्ब धर्मसूत्र, 1.2.8.2.
276. मिराशी, वा० वि०, सातवाहनों और पश्चिमी क्षत्रपों का इतिहास और अभिलेख, पृ० 135.
277. अजंता के भित्तिचित्रों में अंकित वस्त्र एवं वेशभूषा का आलोचनात्मक अध्ययन, पृ० 68.
278. महावग्ग, 8, 13.4, 8.13, 5, 8, 14.1, 8, 14.2, 8, 15.21.
279. अजंता के भित्तिचित्रों में अंकित वस्त्र एवं वेशभूषा का आलोचनात्मक अध्ययन, पृ० 69.
280. हरिराम आचार्य, महाकवि हाल और गाहासतसई, पृ० 183.
281. पूर्ववत्.
282. गाथसप्तशती, 7.72.

283. हरिराम आचार्य, महाकवि हाल और गाहासतसई, पृ० 184.

284. पूर्ववत्, पृ० 185.

285. मिलिन्दप्रश्न, पृ० 243, 338, 248.

286. हरिराम आचार्य, महाकवि हाल और गाहासतसई, पृ० 185.

287. गाथासप्तशती, 1.75.

288. पूर्ववत्, 6.39.

289. हरिराम आचार्य, महाकवि हाल और गाहासतसई, पृ० 186.

290. पूर्ववत्.

291. याज़दानी, जी०, दकन का प्राचीन इतिहास, पृ० 129.

292. गुप्त, पी० एल०, प्राचीन भारत के प्रमुख अभिलेख, पृ० 9.

293. याज़दानी, जी०, दकन का प्राचीन इतिहास, पृ० 129.

294. पूर्ववत्.

295. हरिराम आचार्य, महाकवि हाल और गाहासतसई, पृ० 187.

296. आपस्तम्ब धर्मसूत्र, 1.3, 10.8.

297. पूर्ववत्, 1.3.14.9.

298. पूर्ववत्, 1.5.14.30.

299. मिराशी, वा० वि०, सातवाहनों और पश्चिमी क्षत्रपों का इतिहास और अभिलेख, पृ० 136.

300. हरिराम आचार्य, महाकवि हाल और गाहासतसई, पृ० 180.

301. पूर्ववत्, पृ० 179.

302. पूर्ववत्, पृ० 180.

303. तैतिरीय ब्राह्मण, पृ० 1.3, 2.2.

304. रामायण, 4.33, 38.

305. महाभारत, 1.148.5, 4.15, 7.

306. पौनार एक्सकेवेशन, पृ० 3.

307. आपस्तंब धर्मसूत्र, 1.9.25.3.

308. 'सरको स्त्रीडशीधुपाने शीधुपात्रेक्षुशीधुनोः, मेदिनीकोश'.

309. गाथासप्तशती (मराठी), भूमिका, पृ० 223.

310. अष्टांगहृदय, सूत्रस्थान, 5.67, 68.

311. गाथासप्तशती, 6.34, 44.

312. पूर्ववत्, 2.97.

313. सहकार भङ्ग पुराणशीधु नवपाटल च।; पुष्पासवामोद–सुगन्धिवस्त्रों निश्वासवातैः सुरभी कृवाङ.गः ऋतुसंहार।, कालिदास, रघुवंश, 16. 52.

314. गाथासप्तशती, 1.97, 2.97, 3.27, 70, 6.34, 44.50.

315. हरिराम आचार्य, महाकवि हाल और गाहासतसई, पृ० 182.

316. देशीनाममाला, 6.38.

317. कौटिल्य, अर्थशास्त्र, 2.42.

318. गाथासप्तशती, 7.84, 85, 2.48, 2.69, 1.58, 2.89, 3.31, 46, 6.58.

319. मिराशी, वा० वि०, सातवाहनों और पश्चिमी क्षत्रपों का इतिहास और अभिलेख, पृ० 137, 138.

320. पूर्ववत्, पृ० 137.

321. आपस्तंब धर्मसूत्र, 1.1, 3.12.

322. वेदालंकार, हरिदत्त, प्राचीन भारत का राजनीतिक तथा सांस्कृतिक इतिहास, पृ० 619.

323. कामसूत्र, अध्याय, पृ० 4.

324. वेदालंकार, हरिदत्त, प्राचीन भारत का राजनीतिक तथा सांस्कृतिक इतिहास, पृ० 620.

325. मिराशी, वा० वि०, सातवाहनों और पश्चिमी क्षत्रपों का इतिहास और अभिलेख, पृ० 137.

326. हरिराम आचार्य, महाकवि हाल और गाहासतसई, पृ० 188.

327. मिराशी, वा० वि०, सातवाहनों और पश्चिमी क्षत्रपों का इतिहास और अभिलेख, पृ० 138.

328. आपस्तम्ब धर्मसूत्र, 2.9.25.12, 13.

329. गाथासप्तशती, 2.29, 2.16, 7.1, 18, 29, 30.

330. हरिराम आचार्य, महाकवि हाल और गाहासतसई, पृ० 188.

331. पूर्ववत्, पृ० 190.

332. मिराशी, वा० वि०, सातवाहनों और पश्चिमी क्षत्रपों का इतिहास और अभिलेख, पृ० 137.

333. मृच्छकटिक, 10.7.

334. आर्कियोलॉजिकल सर्वे ऑफ वेस्टर्न इंडिया, V, पृ० 60.

335. "सच्चं चिअ कट्ठमओ सुरणाहो जेण हलिअधूआए। हत्थेहिं कमलदलकोमलेहिं छित्ताोण पल्लविओ।।", सरस्वतीकण्ठाभरण, 5. 3149;

336. मिराशी, वा० वि०, सातवाहनों और पश्चिमी क्षत्रपों का इतिहास और अभिलेख, पृ० 138.

337. होलाका फाल्गुनपूर्णिमायां ऋड.गकादिमुक्तेन किंशुकादिकुसुम्भरागाम्भसा परस्परोक्षणम् (जयमड.गलाटीका), कामसूत्र, 1.4.42.

338. फाग.गुच्छणणिद्दोस केण वि कद्दमपसाहणं दिण्णम्। धणअलसमुह–पलोट्ठन्तसेअधोअं किणो धुअसि।। (4/69), गाथासप्तशती, 4.69.

339. ल्यूडर्स लिस्ट, 1141, 1125, 1126, 1147, 1248, 1279, 1001; स्टडीज इन एपिग्राफी, I, पृ० 34 से 39..

340. शिवराममूर्ति, अमरावती स्कल्पचर इन दि मद्रास गवर्नमेन्ट म्यूजियम, पृ० 291; ल्यूडर्स लिस्ट 1279.

341. पूर्ववत्, पृ० 283; ल्यूडर्स लिस्ट, 1248.

342. एपिग्राफिया इंडिका, XXXIV पृ० 238.

343. एपिग्राफिया इंडिका, XXXVI पृ० 273, 274.

344. स्टडीज इन एपिग्राफी, ए पृ० 34 से 39.
345. मिराशी, वा० वि०, सातवाहनों और पश्चिमी क्षत्रपों का इतिहास और अभिलेख, पृ० 139.
346. जर्नल ऑफ द बॉम्बे ब्रांच ऑफ द रॉयल एशियाटिक सोसाइटी, XXVII, पृ० 99.
347. मिराशी, वा० वि०, सातवाहनों और पश्चिमी क्षत्रपों का इतिहास और अभिलेख, पृ० 141.
348. पूर्ववत्.
349. इण्डियन आर्कियोलॉजी 1987–88, ए रिव्यू, पृ० 87.
350. पूर्ववत्.
351. इण्डियन आर्कियोलॉजी 1988–89, ए रिव्यू, पृ० 63.
352. पूर्ववत्, पृ० 59.
353. इण्डियन आर्कियोलॉजी 1989–90, ए रिव्यू, पृ० 64.
354. इण्डियन आर्कियोलॉजी 1990–91, ए रिव्यू, पृ० 49.
355. पूर्ववत्.
356. नाथ, अमरेन्द्र, फर्दर एक्सकेवेशन एट पौनी, पृ० 19.
357. पूर्ववत्.
358. पूर्ववत्.
359. पूर्ववत्, पृ० 21.
360. पूर्ववत्.
361. पूर्ववत्.
362. पूर्ववत्, पृ० 23.
363. मिराशी, वा० वि०, सातवाहनों और पश्चिमी क्षत्रपों का इतिहास और अभिलेख, पृ० 142.
364. पूर्ववत्, पृ० 141.
365. पूर्ववत्, फलक 18, आकृति 27.

366. नाथ, अमरेन्द्र, फर्दर एक्सकेवेशन एट पौनी, पृ० 23.

367. मिराशी, वा० वि०, सातवाहनों और पश्चिमी क्षत्रपों का इतिहास और अभिलेख, पृ० 142.

अध्याय–चार

आर्थिक स्थिति

आर्थिक जीवन किसी भी समाज की सर्वतोमुखी अभिवृद्धि का आधार होता है। भारतीय समाज का आर्थिक क्रियान्वयन पुरूषार्थ चतुष्टय के जीवन दर्शन से हुआ है जिसमें अर्थ गत्यात्मक तत्व के रूप में स्वीकार किया गया है। भौतिक सन्तुष्टि का सर्वप्रमुख साधन होने के कारण भारतीय आचार्यों एवं मनीषियों ने धर्म एवं काम की तुलना में अर्थ को ही श्रेष्ठ पुरूषार्थ माना है। धर्म के अर्थ पर आश्रित होने के कारण अर्थ को मोक्ष का भी साधन माना गया है। महाभारत के शान्ति पर्व में अर्थ की महत्ता का उल्लेख करते हुए भीष्म युधिष्ठिर से कहते हैं कि हे नराधिप! अर्थ के द्वारा धर्म, काम और स्वर्ग (मोक्ष) सभी प्राप्त किए जा सकते है।[1] अर्थ, अर्थ को खींचता है और अर्थाभाव में न तो यह लोक और न ही परलोक ही सुखमय हो सकता है।[2] अतः अर्थहीनता इस लोक में महापाप है।[3] जैन ग्रन्थ **समराइच्चकहा** में अर्थ की महत्ता का उल्लेख करते हुए कहा गया है, 'अर्थहीन पुरूष, पुरूष नहीं कहा जा सकता, क्योंकि वह न तो यश प्राप्त कर सकता है, न सज्जनों की संगति और न ही परोपकार का सम्पादन ही कर सकता है।'[4] स्पष्ट है कि राष्ट्र अथवा राज्य का संगठन, उसके नगरजनों का जीवन–स्तर, सुख–वैभव आदि उस राष्ट्र की समृद्ध अर्थव्यवस्था पर ही निर्भर करता है।

सातवाहन युग भारतीय इतिहास में आर्थिक दृष्टि से असाधारण महत्व रखता है। दूसरी शती ई. पू. से लेकर दूसरी शती ई. तक लगभग चार शताब्दियों में विदेशों के साथ सामुद्रिक व्यापार के अभूतपूर्व विकास के कारण भारतीय माल की माँग विदेशों में बढ़ी, जिसने उद्योग–धन्धों को विकसित होने का सुअवसर प्रदान किया। साथ ही विदेशों में कृषि जन्य वस्तुओं की माँग ने इस क्षेत्र को उन्नत करने के लिए प्रेरित किया। कारीगरों एवं व्यापारियों की श्रेणियों, निगमों आदि विभिन्न संगठनों का विकास हुआ। अनुकूल व्यापार सन्तुलन के फलस्वरूप अतीव समृद्धि के स्वर्णयुग का श्रीगणेश हुआ।

इस युग की आर्थिक दशा पर प्रकाश डालने वाले तीन प्रकार के स्रोत प्राप्त होते हैं। विभिन्न प्रकार के साहित्यिक साक्ष्यों के साथ–साथ विदेशी लेखकों के विवरण एवं अभिलेखों, मुद्राओं एवं पुरातात्त्विक उत्खनन से प्राप्त सामग्री आदि के सम्मिलित अध्ययन से इस युग के आर्थिक जीवन का निर्धारण किया जा सकता है। बुधस्वामी का **बृहत्कथाश्लोक संग्रह**, जिसकी रचना लगभग पाँचवी छठी शती ई. में की गई, की बहुत कुछ सामग्री गुणाढ्य की **वृहत्कथा** से ली गई है, जिसका रचना काल लगभग प्रथम शती ई. है। संघदासकृत वसुदेव हिण्डी की भी यही स्थिति है। **बृहत्कल्पसूत्र, आचारांग सूत्र, आवश्यक चूर्णि, ज्ञातधर्म कथा, अन्तगडदसाओं** आदि जैन ग्रन्थों के साथ–साथ तमिल साहित्य से भी इस पर पर्याप्त प्रकाश पड़ता है। **शिलप्पदिकारम्** एवं **मणिमेखलै** आदि संगम युगीन सुप्रसिद्ध कृतियाँ, महत्वपूर्ण स्रोत है।

इस युग में भारत के रोम तथा अन्य देशों के साथ व्यापारिक संबंधों पर अनेक विदेशी लेखकों के विवरण प्राप्त होते हैं। **पेरिप्लस ऑफ दी एरिथ्रियन सी**, प्लिनी की **नेचुरल हिस्ट्री**, टॉल्मी की **गाइड टू ज्यॉग्राफी**, स्ट्रेबो के विवरण आदि से सातवाहन युग की व्यापारिक समद्धि पर प्रकाश पड़ता है। इनमें सबसे अधिक महत्वपूर्ण

ग्रन्थ **पेरिप्लस आफ दि एरिथ्रियन** सी है, इसका शाब्दिक अर्थ है हिन्द महासागर की पथ–प्रदर्शक पुस्तिका। यद्यपि इसके लेखक का नाम अज्ञात है, तथापि इसके रचनाकाल के सम्बन्ध में तीन प्रकार के मत प्रचलित हैं। पहले मत के अनुसार इसकी रचना सम्भवतः 80 ई. के लगभग प्लिनी के ग्रन्थ लिखने के पश्चात् हुई। फ्रेन्च विद्वान पिरेन्ने ने अपना मत व्यक्त करते हुए कहा कि चूँकि पेरिप्लस में सासानी सम्राट अर्दशीर की विजयोपरान्त उत्पन्न परिस्थितिओं का उल्लेख है, इसका रचना काल तीसरा शती के आरम्भ में लगभग 225 से 230 ई. तक है।[5] किन्तु अधिकांश विद्वान इसे पहली शती ई. के उत्तरार्ध में, लगभग 80 ई. की रचना मानते है।

प्लिनी ने अपनी पुस्तक नेचुरल हिस्ट्री में भारत से रोम में आयातित व्यापारिक वस्तुओं का विस्तृत उल्लेख किया है। इसके साथ ही टाल्मी द्वारा 140 ई. में रचित भूगोल विषयक ग्रन्थ में भारत का उल्लेख करते हुए इसके विभिन्न बन्दरगाहों का वर्णन किया गया है। स्ट्रेबो (54–24ई0 पू0) के विवरणों से भी तत्कालीन व्यापारिक क्रियाकलापों पर प्रकाश पड़ता है।

पश्चिमोत्त्तर भारत के नासिक, कार्ले, कान्हेरी, बेडसा, कुडा, भाजा आदि से प्राप्त तत्कालीन सातवाहन नरेशों के अभिलेखो में भूमिदान, श्रेणी संगठनों, सिंचाई के साधनों, तलैयों के दान में देने आदि के सम्बन्ध में जानकारी प्राप्त होती है। सातवाहनयुगीन मुद्राओं पर दो मस्तूल वाले जहाज[6] का अंकन इस तथ्य की ओर संकेत करता है कि सामुद्रिक व्यापार को राजकीय संरक्षण प्राप्त था। यज्ञ श्री सातकर्णि की एक मुद्रा पर उसके द्वारा कर्णाभूषण के रूप में प्रयुक्त किया गया कुंडल जहाज के लंगर से साम्यता रखता है।[7] इसके अतिरिक्त विभिन्न सातवाहन युगीन पुरातात्विक पुरास्थलों के उत्खनन से प्राप्त रोमन मुद्राएँ तत्कालीन व्यापार एवं वाणिज्य की समृद्ध परम्परा की ओर संकेत करती हैं।

प्राचीन काल से ही अर्थ के मुख्यतः चार महत्वपूर्ण स्रोत रहे हैं कृषि, पशुपालन, उद्योग–धन्धे तथा व्यापार। इसमें कृषि का पशुपालन से जो सम्बन्ध है, वही सम्बन्ध उद्योग– धन्धों का व्यापार से है। सातवाहन युग में कृषि, पशुपालन, आखेट, विकसित श्रेणी–संगठनों एवं व्यापार तथा वाणिज्य ने तत्कालीन अर्थव्यवस्था को एक सुदृढ़ आधार प्रदान किया। इसके अतिरिक्त भू–लगान, व्यापारियों पर कर, चुंगीकर, अपराधियों पर अर्थदण्ड, पुत्रहीन दम्पत्ति की सम्पत्ति पर कर तथा अन्य विभिन्न प्रकार के कर राज्य की आय के प्रमुख स्रोत थे।

कृषि

आर्य भूमि प्राचीन काल से ही कृषि प्रधान रही है। कृषि का विकास समाज को एक सुदृढ़ आधार प्रदान करता है। मानव सभ्यता का प्रादुर्भाव ही कृषि के प्रारम्भ के साथ हुआ । कृषि के उत्पादन ने समाज के अन्य क्षेत्रों को प्रभावित कर सातवाहन युगीन भौतिक संस्कृति को एक नवीन आयाम प्रदान किया ।

पूर्ववर्ती ऐतिहासिक काल में दकन क्षेत्र में उत्तम वर्षा के कारण विभिन्न प्रकार के खाद्यान यथा गेहूँ, जौ, ज्वार एवं चावल की विभिन्न प्रजातियों की पैदावार होती थी। ताम्रपाषाण काल के प्रमुख खाद्यान्न जौ की खेती सातवाहन काल में भी की जाती थी। भवमित्रा की **भवप्रकाश** में गोदावरी नदी की घाटी में उत्पादित की जाने वाली जौ की पाँच विभिन्न प्रजातियों का उल्लेख किया गया हैं।[8] इन फसलों में से कुछ के उल्लेख गाथासतसई[9] में आये हैं। इसमें वर्णित उल्लेख के अनुसार सातवाहन काल में मुख्य रूप से धान की खेती की जाती थी (आनन्दिज्जइ हलिओं पुत्तेणा व सालिछेत्तेणा 6/67) इसके साथ ही कपास (2/65), तिल (1/18), ईख (6/41), अरहर(4/58), राई (2/71), चना (6/57), जौ (5/2), राणा (1/9) आदि फसलों का भी उत्पादन किया जाता

था। ये समस्त फसलें इस तथ्य को प्रमाणित करती हैं, कि वर्तमान की भाँति उस काल में भी रबी एवं खरीफ की खेती की जाती थी। जाड़े में साधारणतया वर्षा नहीं होती थी, तथापि कुँओं द्वारा सिंचाई की सुविधा ने फसलों के क्रमानुसार उत्पादन को सम्भव बनाया। समुद्रतटीय क्षेत्रों में धान की खेती के फलस्वरूप नवीन बस्तियाँ आवासित हुईं। अनुकूल जलवायु ने सुदृढ़ कृषि आधारित अर्थव्यवस्था प्रदान करने में योगदान दिया। सतसई के ग्राम्य गीतों में तत्कालीन ग्राम्य जीवन का सुंदर वर्णन किया गया है।

सतसई में वर्णित गाथाओं में कृषक को हलिक (4/7) एवं क्षेत्र श्रमिक को पामर (2/64) कहकर सम्बोधित किया गया है। जोत (योक्त) तथा नाथ (अवहासिनी) डालकर (7/92) बैलों को वपन के लिए (4/58) हल में जोता जाता था। कृषक का सम्पूर्ण परिवार कृषिकार्य में उसकी सहायता करता था। (1/84, 2/7, 7/92) खेतों को सुरक्षा की दृष्टि से बाड़ द्वारा घेरने का प्रावधान था (1/96, 6/63)। खेत गॉव के निकट होते थे (5/2)। गुलेल से खेतों की रखवाली की जाती थी (2/77)। कृषक–कन्या या कृषक वधू, जो कि खेतों में निगरानी करती थी, को कलमगोपी कहा गया है (7/91)। फसल पकने के बाद उसे काटकर उसे खलिहानों में एकत्रित किया जाता था, तत्पश्चात् अन्न के दाने अलग किये जाते थे। (6/68)।

मिलिन्दप्रश्न[10] में मुख्य रूप से भूमि से कांटों, पत्थरों और जंगली घास को हटाना, भूमि को जोतना, बोना, सींचना, खेतों के चारों ओर मेड़बन्दी करना, पक्षियों एवं पशुओं से फसल की रक्षा करना तथ इसकी कटाई एवं गहाई आदि कृषिगत कार्यों का विस्तृत उल्लेख किया गया है। इस समय के आयुर्वेद के ग्रन्थों में विभिन्न प्रकार के धान्यों, फसलों तथा शाक–सब्जियों का भी उल्लेख मिलता है।[11] प्लिनी ने अपने ग्रन्थ नेचुरल हिस्ट्री में भारत में उत्पादित की जाने वाली कृषिजन्य वस्तुओं में धान, जौ, सरसों,

आदि के अतिरिक्त ऊन पैदा करने वाले पेड़ों, अलसी के पौधों तथा गन्ने का भी विशद् वर्णन किया है।[12] धान की कई किस्मों का भी उत्पादन किया जाता था। इसमें बासमती चावल की कुछ बढ़िया किस्मों का उपभोग मात्र राजा लोग करते थे।[13]

विदेशों में निर्यात किये जाने वाले सुगन्धित पदार्थों, मसालों, तथा विदेशों में अत्यधिक माँग वाली वस्तुओं के पौधों को उगाने पर विशेष बल दिया जाता था। विदेशों में अत्यधिक माँग होने से इनकी खेती में बहुत लाभ होता था।

पेरिप्लस के लेखक और प्लिनी ने अपनी पुस्तक में भारत में बड़े पैमाने पर उत्पादित की जाने वाली अनेक ऐसी बहुमूल्य वस्तुओं का उल्लेख किया है, जिसकी रोम में अत्यधिक माँग थी यथा–कुठ, दारूहरिद्रा, जटामांसी या बालछड़, गन्धतृण, गुग्गुल, काली मिर्च, दालचीनी आदि। प्लिनी[14] ने भारत के बहुमूल्य पौधों में कालीमिर्च, कुठ, इलायची, गुग्गुल, दारू हरिद्रा तथा कुटज का उल्लेख किया है। ग्रामवासियों का सर्वोत्तम धन गोधन माना जाता था। गो शब्द से गोधन के व्यापक अर्थ का संकेत मिलता है। गोधन निश्चित रूप से कृषिकार्य के लिए उपकारक हुआ करता था। यह बात आज भी ग्रामीण क्षेत्रों में पारम्परिक कृषकों के कृषि–कार्यों में देखी जा सकती है। अन्य कृषिगत कार्यों के अतिरिक्त कृषक फसल अथवा धान्य दोनों के लिए व्यापक रूप से इनका प्रयोग करते थे।[15] इस तथ्य की पुष्टि नागनिका के प्रथम शती में उत्कीर्णित कराए गए नानाघाट अभिलेख[16] से होती है। इस प्रकार तत्कालीन समाज में कृषिगत कार्यों हेतु गोधन की महत्ता स्पष्ट होती है।

अकाल जैसी विषम परिस्थितियों हेतु अन्न एवं चारे का विशेष प्रबन्ध किया जाता था। अन्नागार में संग्रहीत अनाज का उपयोग अकाल जैसे विषम समय में किया जाता था । अनाजों का संग्रह स्तूप के आकार का होता था। विशाल धान्य स्तूप कृषि एवं धान्य

संग्रह दोनों के औचित्य को व्यक्त करते हैं। इस तथ्य का उल्लेख नागनिका के प्रथम शती के नानाघाट अभिलेख[17] में हुआ है।

इन धान्यागारों में कृषक अपने धान्यों को भावी उपयोग हेतु सुरक्षित रखते थे।[18] महाभारत[19] में प्रयुक्त धान्यकोष शब्द का अभिप्राय भी सम्भवतः अन्न के सरकारी गोदामों से रहा होगा। इस प्रकार अन्न के उत्पादन से लेकर अन्नागारों में इसे भावी उपयोग हेतु सुरक्षित रखना, तत्कालीन कृषकों की सजगता व अनुभव की परिपक्वता को स्पष्ट करते है।

सिंचाई व्यवस्था

जल कृषि का सूत्रधार है। बुद्धचरित में जल बरसाने वाले मेघों को जगत के जीवन का आधार कहा गया है।[20] इसके अतिरिक्त प्रचुर खाद्यान्नोत्पादन हेतु सिंचाई की यथेष्ट आवश्यकता एवं उपयोगिता को अनुभव कर व्यक्तिगत, सामूहिक एवं राजकीय प्रयासों से जलापूर्ति की पर्याप्त व्यवस्था की जाती थी। सिंचाई कृषि के लिए निर्विवाद रूप से अत्यन्त महत्वपूर्ण आधार है। मौर्यकाल में उत्तर भारत में नहरों के द्वारा सिंचाई के प्रमाण काफी प्रारम्भ से ही मिलते हैं, किन्तु इसके विपरीत भिन्न भौगोलिक संरचना के कारण नहरों द्वारा सिंचाई दक्षिणी क्षेत्र में प्रारम्भ नहीं हुई थी, लेकिन कुँओं एवं तड़ागों द्वारा सिंचाई के प्रामाणिक साक्ष्य प्राप्त होते हैं। ऋषभदत्त के नासिक अभिलेख से स्पष्ट है, कि कुँओं एवं तड़ागों को खुदवाना प्रशंसनीय एवं सम्मान का प्रतीक था।[21] प्राकृतिक सिंचाई के साधन के रूप में तड़ागों का उल्लेख प्राप्त होता है। अनेक सातवाहन कालीन अभिलेखों से तलैयों को खुदवाकर दान में देने के उल्लेख प्राप्त होते हैं। हारितीपुत्र चुटुकुलानन्द सातकर्णि के शासन काल के संवत्सर 12 में बनवासी से प्राप्त अभिलेख में शिवस्कन्दनागश्री द्वारा अपने धर्मदाय के रूप में तालाब को खुदवाने का उल्लेख प्राप्त होता है।[22] इसी प्रकार का एक अन्य अभिलेख

कान्हेरी की गुफा में वासिष्ठीपुत्र सातकर्णि की रानी के विश्वासी अमात्य द्वारा धर्मदाय के रूप में एक तलैया बनवाने का उल्लेख करता है।[23] राजकीय व्यक्तियों के अतिरिक्त जनसाधारण भी इस प्रकार के पुण्यार्थ कार्यों में रूचि रखते थे। कार्ले की एक गुफा से प्राप्त वासिष्ठीपुत्र पुलुमावि के शासनकाल में उत्कीर्णित अभिलेखानुसार एक बौद्ध भिक्षु की शिष्याओं द्वारा अपनी श्राविका–भगिनियों के पुण्योपार्जनार्थ बौद्ध संघ को एक तलैया दान स्वरूप प्रदान की।[24] नानाघाट से प्राप्त अभिलेख में कामवन के गृहपति दमघोष द्वारा पानी की तलैया खुदवाकर भिक्षुसंघ को दान में देने का उल्लेख प्राप्त होता है।[25] इसी प्रकार का उल्लेख अडोणी तालुके से प्राप्त अभिलेख में होता है, जहाँ उल्लिखित है कि वेपुरक गाँव के कोतवंशीय संब नामक गृहपति ने एक तालाब खुदवाया।[26] इन जलाशयों के उत्तम प्रबन्धन हेतु राजकीय अधिकारी भी नियुक्त किये जाते थे। अमरावती से प्राप्त अभिलेख में जलाशयों की निगरानी करने वाले अधीक्षक को पानीयघरिय की संज्ञा दी गई है,[27] और जो नगर के जलाशयों का प्रबन्ध करने वाला अधिकारी था। इससे यह अनुमान लगाया जा सकता है कि शासनाधिकारी जलाशयों के प्रबन्धन में रूचि लेते थे। इन जलाशयों अथवा तलैयों द्वारा अन्न के उत्पादन में सहायता मिलती थी।

प्रशिक्षित व्यक्तियों की औदयंत्रिक नामक एक श्रेणी होती थी, जो कि सिंचाई में प्रयुक्त होने वाले जलयन्त्रों का निर्माण करती थी। कौटिल्य ने अपने अर्थशास्त्र में इस जलयन्त्र को श्रौतयन्त्र के नाम से सम्बोधित किया है। इन जलयन्त्रों के संचालनकर्ता सहकारी समितियों अथवा श्रेणियों के द्वारा संगठित होते थे।[28] यह जलयन्त्र सम्भवतः जल उठाने अथवा निकालने की मशीन थी, जिसे रहट्ट–घदिया या अरहट्ट कहा जाता था और जिसमें जलपात्र सहित पहिया होता था।[29]

खेती में लोहे के प्रयोग से पैदावार में उत्तरोत्तर वृद्धि हुई। इसके फलस्वरूप धनी कृषकों का एक नवीन वर्ग उदयित हुआ, जिसे गृहपति कहा गया। इन सम्पन्न गृहपतियों ने तत्कालीन बौद्ध मठों के उत्थान हेतु आर्थिक सहायता प्रदान की, जिसकी पुष्टि अभिलेखीय साक्ष्यों से होती है।[30] कुटम्बि (खेतिहरों) की स्थिति इन सम्पन्न गृहपतियों से अपेक्षाकृत निम्नतर थी, और इनका स्तर लगभग आज के छोटे कृषकों–कुन्बिस के समकक्ष था। इस सुदृढ़ कृषि–रूपी आधारशिला पर सातवाहन युग की सम्पन्नता आश्रित थी।

भू–स्वामित्व

वर्तमान की भाँति उस समय भी कृषकों का अपनी भूमि पर पूर्ण स्वामित्व था। शासनाधिकारी उचित प्रतिफल का भुगतान किये बिना उसे कृषक से अधिग्रहीत नहीं कर सकता था। यदि शासनाधिकारी को उस भूमि को दान में देना हो, तो उसे उसके स्वामी से क्रय करना पड़ता था।[31] नासिक की गुफा में ऋषभदत्त द्वारा उल्लिखित लेख में वर्णित है कि 'गोवर्धन नगर के पास का खेत ऋषभदत्त, नासिक के भिक्षुसंघ को देना चाहते थे, तो उसे वाराहीपुत्र अश्व भूमि नामक ब्राह्मण से कार्षापण देकर खरीदना पड़ा। खेतों का मूल्य भूमि के कस पर आधारित था, अतएव गौतमीपुत्र ने कखड़ी नामक ग्राम के बिना जुते 200 निर्वतनों के स्थान पर अपने स्वयं के खेत में से सौ निर्वतन भूमि दी थी[32] इसके अतिरिक्त राजा तथा अन्य राजकीय पारिवारिक सदस्यों की अपनी व्यक्तिगत भूमि भी होती थी।[33] इस भूमि का वे दान आदि के प्रसंग में हस्तान्तरण कर सकते थे। सवंत्सर 11 में उत्कीर्णित लेख में सातकर्णि कहता है कि पश्चिमी कखड़ी गाँव का अजकालक नामक यक्ष के नाम से ज्ञात नौ सौ निर्वतनों का खेत पहले ऋषभदत्त के स्वामित्व में था (जो अब उस पर विजय पाने के

कारण हमारा हुआ है।) वह हम त्रिरश्मि पर्वत के भिक्षुसंघ को दे रहे हैं। स्पष्ट है कि इस प्रकार के भी अनेक खेत होते थे, जिन पर राजा का स्वामित्व था।

गौतमीपुत्र सातकर्णि द्वितीय के चौबीसवें वर्ष में उत्कीर्णित नासिक अभिलेख में निवतण–शत परिमाण भूमि दान में देने का उल्लेख प्राप्त होता है। पाणिनि ने अष्टाध्यायी[35] में भूमि माप हेतु काण्ड शब्द का प्रयोग किया है, जबकि मनु[36] ने इसके लिए कुल शब्द का प्रयोग किया है। इस प्रकार अभिलेखीय साक्ष्यों से स्पष्ट है, कि भूमि माप निवतण या निवर्तन से होती थी। लेकिन विद्वतजनों के मध्य निवर्तन के परिमाण क्षेत्र में भिन्नता नहीं है। काणे के अनुसार निवर्तन भूमि के उस क्षेत्र की माप की इकाई है, जिस पर एक दिन में आठ छः कृषक अपने खेत में जोत लेते थे, अर्थात एक दिन में आठ या छः जोतक द्वारा जोती गई भूमि निवर्तन को द्योतित करती है।

कौटिल्य[39] के अनुसार– 1 दण्ड=4 आर्थिन, 10 दण्ड=1रज्जु, 10 दण्ड=40 आर्थिन अर्थात 1 रज्जु=40 आर्थिन, 3 रज्जु= 1 निवर्तन, 1 निवर्तन=30 दण्ड, 1दण्ड=8 हाथ, 1 हाथ=8 इंच (औसतन)। उपर्युक्त विवरणानुसार 200 × 200 वर्ग हाथ (लगभग 2 एकड़)[40] अर्थात एक निवर्तन= 2 एकड़ है। विज्ञानेश्वर[41] बृहस्पति के संदर्भ में 'सप्त–हस्तेन दण्डेन त्रिशंददण्डम् निवर्तनम् के अनुसार निवर्तन 210 × 210 वर्ग हाथ के समतुल्य अर्थात एक निवर्तन लगभग 2(एकड़ बताता है। भास्कराचार्य के लीलावती (4) के अनुसार 1 निवर्तन =200 × 200 वर्ग हाथ, 1 एकड़= 10 × 100 वर्ग हाथ, निवर्तन = 2 एकड़ है। हेमाद्रि की चतुवर्गचिन्तामणि[42] भी इस संदर्भ मे लीलावती के विचारों का समर्थन करती थी।

समग्र विश्लेषण के आधार पर हम कह सकते हैं कि भू–माप की इकाई के रूप में निवर्तन का प्रचलन एक बहुत ही विस्तृत क्षेत्र में और एक समय तक अवश्य रहा है, तथा इसकी माप में भी

भिन्नता रही होगी। सातवाहन काल के सम्भवतः एक निवर्तन दो एकड़ के बराबर रहा होगा।

सातवाहन शासनकाल में सामन्ती व्यवस्था का भी क्षीण आभास होता है। यद्यपि इस युग का सामन्तवाद प्रशासनिक संदर्भ में अधिक महत्व रखता है। विभिन्न सामन्त पारम्परिक भूमि व्यवस्था में हस्तक्षेप नहीं करते थे। धर्मशास्त्रों के विधानानुसार राजा भूमि का षष्टांश कर के रूप में ग्रहण करता था। वेदों के अध्ययन–अध्यापन के महत्व तथा उसे प्राप्त करने हेतु किये गए परिश्रम को ध्यान में रखकर श्रौत्रिय अर्थात वेदवेत्ता ब्राह्मणों पर किसी भी प्रकार के कर का विधान नहीं था[43] (अकरः श्रौत्रिय)।

तत्कालीन लेखों में गायों, भूमि एवं ग्रामों के दान में दिये जाने का उल्लेख आया है। जिससे उस काल के दैनिक जीवन में इनके महत्व का ज्ञान होता है। दान में पूरे गाँव के ही दिये जाने के उल्लेख प्राप्त होते हैं। इस प्रकार के दानों से न केवल उस गाँव की सम्पूर्ण भूमि, वरन्, उससे सम्बन्धित समस्त अधिकार भी दान प्राप्त करने वाले ब्राह्मण को हस्तान्तरित कर दिये जाते थे। दानित ग्राम में निवास करने वाले कृषकों को अपने खेतों का लगान उस ब्राह्मण को देना होता था, जिसे ग्राम दान में प्राप्त होता था।

दानित ग्राम को कुछ विशिष्ट सुविधाएँ प्रदान की जाती थीं। राजसेवकों को इस प्रकार के गाँवों में प्रवेश की अनुमति नहीं थी, मात्र चोरों एवं राजद्रोहियों को पकड़ने के लिए ही राजसेवक उस गाँव में प्रवेश कर सकते थे, अन्यत्र नहीं। सामान्यतः नमक हेतु खोदने का कार्य प्रशासन द्वारा सम्पन्न किया जाता था। किन्तु दान में दिये गए ग्राम में नमक हेतु खोदने का अधिकार शासन को भी नहीं था। इसके अतिरिक्त इस प्रकार के गाँवों में कोई अपराधिक घटना घटित होती थी, तो उस अपराधी से वसूला जाने वाला जुर्माना दान प्राप्त व्यक्ति को मिलता था, न कि राजा को।

इसके अतिरिक्त अपराधों की जाँच का अधिकार भी ग्राम के साथ दिया जाता था, जिसकी पुष्टि दानपत्रों से होती है।[44]

पशुपालन

कृषि के अतिरिक्त पशुपालन भी जीविकोपार्जन का साधन था। गाथासतसई[45] में उल्लिखित विवरण के अनुसार गोधन ग्राम्यजनों का सर्वश्रेष्ठ धन माना जाता था (7/9) तथा उनको रखने के लिए गोष्ठ का प्रावधान था (गोहरारहिअं गोड्डम) (7/9)। गायें दूध प्राप्ति हेतु पाली जाती थी। घड़ा भरकर दूध देने वाली गायों का वर्णन गाथाओं में मिलता है (सा च्चिअ धेणू एहिं पेच्छसु कुडदोहिणी जाआं 7/37)। गाय के अतिरिक्त कृषि कार्य में उपयोगी बैल (वलीवर्द) तथा महिष का भी पालन किया जाता था। (2/72) गाथा में एक गोष्ठ का व्यंजनापूर्ण चित्रण भी किया गया है। (7/38)

आखेट

आखेट प्रायः वन्य जीवन का प्रिय व्यवसाय था। सतसई[46] के विवरणानुसार गिरिग्रामवासी वन्य–जातियों का आर्थिक जीवन आखेट पर आश्रित था (7/30)। जिसके लिए ये विविध आयुधों का प्रयोग करते थे। धनुष–बाण इनका प्रमुख आयुध था (2/20,3/10)। कांड–करंडक शब्द का प्रयोग बाणों को रखने हेतु प्रयुक्त किये जाने वाले तरकश के लिए किया गया है (7/30)। धनुष के अतिरिक्त भाला (6/94) तथा पाश अन्य आयुध थे। पाश का प्रयोग पशुपक्षियों को पकड़ने के लोग व्याघ्र जनजाति के लोग करते थे (2/35, 3/5) पुलिंद लोगों को हाथियों का शिकार प्रिय था।

श्रेणी संगठन

पूर्ववर्ती कालों की भाँति इस काल में भी श्रेणी एवं गणों का विशेष महत्व था। कृषि तथा पशुपालन के पश्चात् राज्य की आर्थिक

व्यवस्था श्रेणियों पर आधारित थी। स्मृतियों एवं नीति–ग्रन्थों द्वारा इनके संगठन एवं कार्यों के विषय में समुचित जानकारी प्राप्त की जा सकती है। शिल्पियों के समूह या संगठन को श्रेणी कहा जाता था। विज्ञानेश्वर ने श्रेणी को इस प्रकार परिभाषित किया है– **एक–पण्यशिल्पोयजीविनः श्रेणयः** अर्थात जो किसी एक शिल्प द्वारा तैयार हुए माल के विक्रय से आजीविका कमाएं, उसका समूह (संगठन) श्रेणि कहलाता है। भिन्न–भिन्न उद्योगों में संलग्न व्यक्ति विभिन्न श्रेणियों के माध्यम से संगठित होते थे। नासिक एवं जुन्नर अभिलेखों[47] में तत्कालीन अनेक श्रेणियों का उल्लेख आया है। धानिक (अनाज के व्यापारी), गान्धिक (सुगन्धित पदार्थो के व्यापारी), मालाकार, सुवर्णकार, सेलवढ़कि (सिलावट), औदयंत्रिक (जलयन्त्रों के निर्माणकर्ता या उसका संचालन करने वाले), तिलपिषक, कुलरिक, (कुम्हार), कंसकार (ठठेरे)। नासिक तथा जुन्नर के अतिरिक्त सम्भवतः अन्य नगरों में भी इसी प्रकार के निकाय रहे होंगे। इसी प्रकार के कई निकायों का उल्लेख हमें जातक कथाओं में मिलता है। शिल्पियों को निकायों के रूप में संगठित होना इस तथ्य की ओर संकेत करता है कि इस काल में स्वायत्त शासन सम्बन्धी संस्थाओं का अस्तित्व था जो कि आधुनिक बैंको की भाँति धन के लेन–देन का भी कार्य करती थीं।[48]

एक गाँव में एक से अधिक श्रेणियाँ भी होती थीं।[49] नासिक से प्राप्त एक लेख से विदित होता है कि गोवर्धन गाँव में जुलाहों की दो श्रेणियाँ थी। ये श्रेणियाँ न केवल व्यवसाय से सम्बद्ध विषयों की व्यवस्था करती थीं, वरन आवश्यकता पड़ने पर लोगों को ब्याज पर ऋण भी देती थीं, तथा नगद राशि एवं अन्य सम्पत्ति को निक्षेप के रूप में ग्रहण करती थीं, साथ ही विभिन्न कार्यो में इस धन का उपयोग करती थीं। इस प्रकार कई बार लोग इन श्रेणियों के पास धन स्थायी रूप से जमा कर देते थे, इसे अक्षयनीवि कहा जाता था। उषवदात के नासिक लेख से ज्ञात होता है कि गोवर्धन

में बुनकरों की एक श्रेणी ने 2000 कहापणों (कार्षापणों) की एक अक्षयनीवि 1% मासिक ब्याज दर पर तथा दूसरी 1000 कहापणों की 3/4% मासिक ब्याज दर पर प्राप्त की। इनमे से पहली नीवि उस गुफा में रहने वाले बीस भिक्षुओं में, प्रत्येक पर बारह कहापण वस्त्र हेतु व्यय करने की तथा दूसरी अन्य आवश्यकताओं की पूर्ति हेतु थी।[50] जुन्नर के एक शक उपासक ने कोनचिक की श्रेणी को अपने खेतों की आय करंज और बरगद के वृक्ष लगाने के उद्देश्य से दी थी।[51] महान सेनापति उषवदात ने इस दान का प्रबंध स्थानीय राजकोष से न करके जुलाहों की श्रेणी के माध्यम से किया था। ये सम्भ्वतः उसकी दूरदर्शिता का परिचायक था क्योंकि साम्राज्य का तो उत्थान–पतन होता रहता था, जबकि श्रेणी एक स्थायी संस्था थी। श्रेणियाँ अपने नाम से भी दान देती थीं। जुन्नर से प्राप्त एक लेख में वर्णित हैं कि धन्निकों की एक श्रेणी के दान से एक गुफा में सात कक्षों एवं एक जलकुण्ड का निर्माण किया गया।[52] इस प्रकार की संस्थाओं की निरन्तरता एवं विश्वसनीयता पर न केवल सामान्यजन वरन् विजातीय तथा विदेशी दानकर्त्ता एवं राजवर्ग के लोगों को पूर्ण विश्वास था। ये लोग अपने दानधर्म आदि से सम्बन्धित कार्य इन्हीं श्रेणी रूपी बैंकों के माध्यम से करते थे। कभी–कभी कुछ विशिष्ट कार्य दानकर्त्ता की शर्तों के अनुरूप भी करते थे, यथा भिक्षुओं के वस्त्र की व्यवस्था करना, वृक्षारोपण करना आदि।[53] श्रेणी बैकों में जमा पूँजी व्यापार में विनियोजित कर औद्योगिक उत्पादन होते थे।

इन श्रेणियों के अपने नियम तथा कानून होते थे, जिन्हें श्रेणी धर्म कहते थे[54] तथा जिन्हें राज्य संस्था द्वारा भी मान्यता प्राप्त थी। मनुस्मृति में लिखा है कि राजा अपने धर्म (कानून) का निर्माण करते हुए जनपद धर्मों के साथ श्रेणी धर्म की भी समीक्षा करे, और उन्हें दृष्टिगत रखते हुए ही अपने कानून बनाए। इसी प्रसंग में मनुस्मृति के पुराने टीकाकारों ने यह भी स्पष्ट किया है, कि

श्रेणियों के साथ संविदा (करार) करके यदि कोई व्यक्ति उसका पालन न करे, तो उसे कठोर दण्ड दिया जाए।[55] इससे ज्ञात होता है कि माल के क्रय–विक्रय के या इसी प्रकार के विषयों के सम्बन्ध में शिल्पी श्रेणियों के साथ अनुबन्ध भी किये जाते थे, जिनका पालन करना सब के लिए आवश्यक था। श्रेणियों के साथ किये गए अनुबन्ध का पालन न करने वाले को राज्य की ओर से दण्ड दिए जाने का प्रावधान था।[56]

याज्ञवल्क्य स्मृति[57] में वर्णित है कि यदि कोई व्यक्ति श्रेणी या किसी अन्य 'समूह' की सम्पत्ति की चोरी करे, या उसके साथ किये गये किसी प्रकार के अनुबन्ध अथवा संविदा का पालन न करे, तो देश से बहिष्कृत कर दिया जाए और उसकी सब सम्पत्ति जब्त कर ली जाए। विष्णु स्मृति के अनुसार भी गण अथवा समूह के द्रव्य का अपहरण करने वाले व्यक्ति को बहिष्कृत कर देना चाहिए।

श्रेणियों तथा इससे सम्बन्धित अधिकारियों का समाज में सम्मान एवं आदर था एवं इन्हें पर्याप्त स्वयत्तता प्राप्त थी। याज्ञवल्क्य स्मृति में श्रेणी, निगम एवं पाषाण्ड–तीन प्रकार के संगठनों के स्वरूप को स्पष्ट किया गया है। इन समूहों के पदाधिकारी कार्यचिन्तक कहलाते थे, और इन पदों पर ऐसे व्यक्ति ही नियुक्त किये जाते थे, जो धर्मज्ञ, शुचि और अलुब्ध हो, वे जो कोई भी आदेश दें, संगठन के हित के लिए संगठन के समस्त सदस्यों को उसका पालन करना होता था। बृहस्पति स्मृति में भी लिखा है कि सत्यसन्धि, वेदज्ञ, कुलीन, आत्मसंयमी, धर्म के ज्ञाता तथा व्यवहार में कुशल व्यक्तियों को ही कार्यचिन्तक नियुक्त करना चाहिए। जो व्यक्ति व्यसनी, लोभी, अतिवृद्ध या बाल हो, उसे यह पद नहीं देना चाहिए। इन कार्यचिन्तकों को दूसरे के प्रति निग्रह और अनुग्रह कर सकने का अधिकार था।

निगम सभा, जो कि प्रायः स्थानीय लोगों के प्रतिनिधियों का एक संगठन होता था, में ग्रामों तथा अक्षयनीवियों के दान पहले

उद्घोषित कर स्थानीय पंजीकरण कार्यालय में पंजीकृत किये जाते थे।[58] यह श्रेणियों के कार्यों का निरीक्षण भी करती थीं।

उस काल में ब्याज की दरें 9 से 12% वार्षिक थीं। ब्याज की अलग–अलग दरें सम्भवतः श्रेणियों की साख अथवा आवश्यकता पर निर्भर करती थी। ऋषभदत्त ने अपना 2,000 कार्षापणों का निक्षेप एक श्रेणी के पास 12% वार्षिक की दर से तथा दूसरा 1,000 कार्षापणों का निक्षेप 9% वार्षिक की दर मे रखा था।[59]

मुद्रा व्यवस्था

निर्बाध व्यापार हेतु धन का उतना ही महत्व है, जितना कि यातायात संसाधनों का। दक्षिण भारत में पूर्व सातवाहन काल (मौर्य काल) में टंकित अथवा आहत मुद्राएँ प्रचलित थी। साहित्य में इसका उल्लेख कार्षापण के रूप में किया गया है। साहित्यिक साक्ष्यों से विदित है कि स्वर्ण, रजत एवं ताम्र का उपयोग कार्षापण के निर्माण हेतु किया जाता था। मौर्यकाल में मुद्राओं का निर्माण रजत से किया, जिसके लिए कौटिल्य ने रूप्य शब्द का प्रयोग किया है, और जो सम्पूर्ण भारत में प्रचलित थे। इसी नाम से सातवाहनयुगीन मुद्राएँ भी लोकप्रिय हुईं। सातवाहनों ने रजत, ताम्र, इलेक्ट्रम (स्वर्ण–रजत का कृत्रिम अनुपात), सीसा, पोटीन, तथा कॉस्य निर्मित मुद्राएँ प्रचलित करायीं, जिनमें कलात्मकता का अभाव था।[60] इन्हें कार्षापण की संज्ञा प्रदान की। उस समय की प्रचलित मुद्रा को कार्षापण की संज्ञा देने का कारण यह था, कि इनका भार एक कर्ष या 146.4 ग्रेन था।[61] मनु–स्मृति में भी एक कर्ष (96 मास) भार की ताम्र मुद्रा को कार्षापण के नाम से अभिहित किया गया।[62] स्वर्ण मुद्राओं एवं ताम्रपण का यही भार होता था, किन्तु रजत की धरण या पुरण नामक मुद्रा 32 रत्ती (58. 56 ग्रेन) की होती थी। उल्लेखनीय है कि नहपान की रजत मुद्राएँ

कार्षापण कहलाने पर भी इससे अपेक्षाकृत हल्की (36 ग्रेन की) थीं और ऐसी 35 मुद्राएँ एक सुवर्ण के समतुल्य थी।

नागनिका के नानाघाट अभिलेख में यज्ञानुष्ठान के उपलक्ष्य में हजारों कार्षापणों के ब्राह्मणों को दान में दिए जाने का उल्लेख हैं। ये कार्षापण ताम्र अथवा सीसे के रहे होगें। कौटिल्य ने अपने अर्थशास्त्र में हजारों मुद्राओं के वेतनों का उल्लेख किया है। भारत में रजत की कमी को देखते हुए यह प्रतीत होता है कि ये उल्लेख भी ताम्र मुद्राओं के ही होंगे।[63]

सातवाहनों द्वारा रजत का प्रयोग मुद्रा निर्माण हेतु सीमित मात्रा में किया गया। इसका एक कारण यह था कि सातवाहनों की अपनी कोई मुद्रानीति नहीं थी, साथ ही जिस पश्चिमी बन्दरगाह (कल्याण) से रजत का आयात होता था, उस पर क्षत्रपों का आधिपत्य था। जिस समय सातवाहनो का उस भू–भाग पर आधिपत्य हो जाता, रजत का आयात सरल हो जाता। यही कारण था कि सातवाहनों की रजत मुद्राएँ अधिक संख्या में नहीं मिलती हैं।[64]

तौलमान तथा बनावट में सातवाहन रजत मुद्राएँ हिन्द–यवन शासकों की रजत मुद्राओं का अनुकरण कर निर्मित की गई, जिसके अग्र भाग पर राजा की आवक्ष आकृति तथा पृष्ठ पर लेख उत्कीर्ण है। रजत की मुद्राओं का भार 36 ग्रेन निर्धारित किया गया। नहपान के समय में उत्कीर्णित अभिलेखों में उल्लिखित कार्षापण सम्भवतः रजत के रहे होंगे,[65] क्योंकि नहपान ने इस प्रकार की हजारों मुद्राएँ प्रचलित करायीं। जोगलथम्बी से उसकी 13,250 से भी अधिक मुद्राओं की प्रसिद्ध निधि प्राप्त हुई हैं। हाल ही में अन्य सातवाहन मुद्राओं के भारत से भिन्न 108 ग्रेन की एक रजत मुद्रा प्राप्त हुई है। सम्भवतः अश्वमेघ यज्ञ के उपलक्ष्य में जारी इस मुद्रा पर राजा सातकर्णि एवं रानी नागनिका का नाम उल्लिखित है। सातकर्णि के अतिरिक्त वासिष्ठी पुत्र पुलुमावि,

वासिष्ठी पुत्र सातकर्णि, यज्ञ श्रीसातकर्णि, शिव श्री पुलुमावि आदि ने रजत की मुद्राएँ प्रचलित करायीं।

आर्थिक सम्पन्नता के उस स्वर्णिम युग में सातवाहन राजाओं ने अपनी स्वर्ण मुद्राएँ जारी नही की। तथापि उस युग में स्वर्ण मुद्रा प्रचलन में थी। उषवदात के नासिक अभिलेख में 70,000 रजत कार्षापणों का मूल्य 2,000 स्वर्ण मुद्राएँ दिया गया है। इस लेख में यह बात स्पष्ट रूप से बतायी गई है कि उस काल में स्वर्ण एवं रजत मुद्राओं का विनिमय मूल्य 1:35 अर्थात एक स्वर्ण मुद्रा 35 रजत कार्षापणों के समतुल्य थी।[66] रैप्सन ने इस सन्दर्भ में यह मत व्यक्त किया कि यहाँ उल्लिखित स्वर्ण मुद्राओं का तात्पर्य कुषाणों द्वारा प्रचलित स्वर्ण मुद्राओं से है।

उनके अनुसार उषवदात नहपान कुषाण नरेशों द्वारा महाराष्ट्र गुजरात, सौराष्ट्र, मालवा आदि प्रदेशों पर नियुक्त क्षत्रप था। अल्तेकर के अनुसार उस समय का स्वर्ण रजत की कीमत का अनुपात 9:1 था।[67]

भारत में सोने की धारा व्यापार के माध्यम से प्रवाहित हो रही थी, जबकि रजत वाह्य क्षेत्रों से आयातित करनी पड़ती थी। इसलिए रजत का मूल्य अधिक दिखायी देता है।

उपरोक्त मुद्राओं के अतिरिक्त सातवाहन शासकों ने सीसा निर्मित मुद्राएँ भी प्रचलित करवायी। सीसे की मुद्राएँ 'ठप्पा प्रणाली' से निर्मित की जाती थीं।[68] नासिक के उत्खनन से ताम्रमुद्राओं के अतिरिक्त सीसे की भी मुद्राएँ प्राप्त हुई हैं।[69] वहीं नेवासा के उत्खनन से सीसे की चौकोर मुद्रा मिली है। हैदराबाद, वाटेगाँव (जिला–सांगली), गुंटूर, कोंडापुर आदि पुरास्थलों से सीसा निर्मित गोल तथा अण्डाकार मुद्राएँ प्राप्त हुई हैं। रैप्सन ने अपनी मुद्रा–सूची में सीसे की एक वृत्ताकार मुद्रा को 'मालवा प्रकार' नाम से अभिहित किया गया है।[70] सातवाहन, सातकर्णि प्रथम, गौतमीपुत्र सातकर्णि, वासिष्ठीपुत्र पुलुमावि, गौतमीपुत्र यज्ञश्रीसातकर्णि, श्री

रूद्र सातकर्णि आदि शासकों की भी सीसा निर्मित मुद्राएँ पर्याप्त संख्या में प्राप्त हुई हैं। परमेश्वरी लाल गुप्ता ने मुद्राओं के अग्र भाग में अंकित प्रतीकों के आधार पर इन मुद्राओं को छः वर्गों–हस्ति प्रकार, मेरू प्रकार, सिंह प्रकार, अश्व प्रकार, चक्र प्रकार तथा पोत प्रकार, में विभाजित किया है।[71]

सातवाहनों द्वारा प्रवर्तित पोटीन की मुद्राएँ तरहला, ब्रह्मपुरी, चाँदा जनपद एवं हैदराबाद क्षेत्र से निधियों के रूप में प्राप्त हुई हैं।[72] इसके अतिरिक्त करीमनगर (कप्परोपेट) तथा पौनी से भी कुछ मुद्राएँ प्राप्त हुई हैं। ये मुद्राएँ आकार में गोल–मटोल हैं, किन्तु सीसे की मुद्राओं से अपेक्षाकृत छोटी हैं। कुछ चौकोर मुद्राएँ भी मिली हैं।

काँस्य की बनी एक चौकोर मुद्रा जबलपुर के समीप तेवर (प्राचीन त्रिपुरी) नामक पुरास्थल से प्राप्त हुई हैं।[73] लगभग 80 ग्रेन की इस मुद्रा के अग्रभाग पर उत्कीर्णित लेख के आधार पर इसे सातकर्णि प्रथम द्वारा जारी मानते हैं। उल्लेखनीय है कि मुद्रा त्रिपुरी के विध्वस्त भाग से मिली है। सातकर्णि प्रथम ने साँची तक का कुछ समय अपने आधिपत्य में रखा था, उस समय की यह मुद्रा रही होगी।[74]

सातवाहन मुद्राओं पर लेख अंकित करने के लिए प्राकृत भाषा एवं ब्राह्मी लिपि का प्रयोग किया गया। रोचक तथ्य यह है कि दक्षिण भारतीय राजवंश होते हुए भी सातवाहन राजाओं द्वारा जारी मुद्राएँ दक्षिण भारतीय मुद्राओं की अपेक्षा उत्तर भारतीय मुद्राओं के अधिक सन्निकट थीं।

सातवाहनों ने ताँबा, सीसा तथा पोटीन धातु का प्रयोग मुद्राओं के निर्माण में सर्वाधिक किया। राव ने आन्ध्र प्रदेश के संग्रहालय में संरक्षित 38,000 मुद्राओं का परीक्षण किया है, जिसमें 21,000 से ज्यादा सीसा, लगभग 15,000 ताम्र तथा 2,000 पोटीन की मुद्राएँ हैं।

सातवाहन शासकों ने अपनी नवीन मुद्रानीति को कार्यान्वित न करके दक्षिण में सर्वप्रथम प्रादेशिक आवश्यकता को दृष्टिगत रखते हुए जनपदीय एवं क्षेत्रीय प्रतीकों के आधार पर राजनामांकित

मुद्राएँ प्रचलित करायीं। जितने शाासकों ने उस प्रदेश पर राज्य किया, सभी ने उस शैली का अनुकरण किया।

आन्ध्र शैली

सीसे से निर्मित आन्ध्र शैली में लगभग समस्त नरेशों की मुद्राएँ प्राप्त हुईं हैं जिनके अग्र भाग पर कई चापों से युक्त चैत्याकृति, जिसके ऊपर अर्द्धचन्द्र की आकृति चित्रित हैं, अन्य प्रकार में घोड़ों या हाथी की आकृति बनायी जाती थी, तथा मुद्रा में माता के नाम के साथ शासक का नाम अंकित रहता था। पृष्ठ भाग पर सदा उज्जैन चिह्न का अंकन प्राप्त होता है।

चाँदा शैली

इस शैली की मुद्राओं का निर्माण पोटीन (ताँबा+टीन) से किया गया तथा जिसकी तौल लगभग 300 ग्रेन तक मिलती है। इन मुद्राओं के अग्र भाग पर सूँड उठाए हाथी तथा मुद्रा लेख एवं पृष्ठ भाग पर उज्जैन चिह्न प्राप्त होता है। कुछ मुद्राओं पर दोनों भागों पर हाथी की आकृति मिलती है। इस शैली की पुलुमावि की मुद्राओं पर हाथी की आकृति सर्वप्रथम अंकित की गई।

अन्नतपुर शैली

इस दक्षिण भारतीय शैली की समस्त मुद्राएँ सीसे द्वारा निर्मित की गईं। जिसके अग्र भाग पर अश्वाकृति एवं लेख तथा पृष्ठ पर वृक्ष के साथ चैत्य अंकित है।

चोलमण्डल शैली

वासिष्ठीपुत्र पुलुमावि की मुद्राएँ इस शैली में सर्वप्रथम निर्मित की गईं, जो कि चोलमण्डल पर सातवाहन आधिपत्य की पुष्टि करता है। इस शैली की मुद्राओं के अग्र भाग पर मस्तूल के साथ जहाज

का अंकन इस तथ्य की प्रामाणिक पुष्टि करता है, कि दक्षिण–पूर्वी एशिया से सामुद्रिक व्यापार संचालित होता था।[76]

मैसूर चित्तलदुर्ग शैली

आन्ध्र प्रदेश के मैसूर प्रान्त से सीसे द्वारा निर्मित इस शैली की मुद्राएँ प्राप्त हुई हैं, जिसके अग्र भाग पर नन्दि एवं पृष्ठ पर उज्जैन चिह्न अंकित है। मुद्राओं के पृष्ठ भाग पर महारठी वंश के शासकों के लेख अंकित हैं। सम्भवतः चित्तलदुर्ग शैली की मुद्राओं को प्रान्तीय राज्यपाल (गवर्नर) से तैयार करवाया गया हो।[77]

सोपारा शैली

उत्तरी कोंकण तथा नासिक से प्राप्त इस शैली की मुद्राओं का निर्माण रजत से किया गया। कोंकण की मुद्राएँ सोपारा शैली के नाम से विख्यात हुईं, जिनका निर्माण सातवाहन शासकों ने स्वयं करवाया। नासिक (जोगलथम्बी) से प्राप्त मुद्राओं को गौतमीपुत्र सातकर्णि ने नहपान की मुद्राओं को पुर्नमुद्रित कर प्रचलित करवाया,[78] यद्यपि दोनों स्थलों से प्राप्त मुद्राएँ बनावट एवं तौल में 'क्षत्रप प्रकार' की हैं।

मालवा शैली

मालवा से आहत कार्षापण तथा साँचे में निर्मित, दो प्रकार की मुद्राएँ प्राप्त हुई हैं। इस क्षेत्र से प्राप्त मुद्राओं से इस तथ्य की पुष्टि होती है, कि ई0पू0 की प्रथम शती में पश्चिमी मालवा पर सातवाहनों का आधिपत्य था।

कोल्हापुर शैली

दक्षिणी महाराष्ट्र में कोल्हापुर नामक स्थान से पोटीन तथा सीसे से निर्मित अत्यधिक भद्दी सातवाहन मुद्राएँ प्राप्त हुई हैं। सीसे

निर्मित मुद्राओं के अग्र भाग पर चैत्य तथा वृक्ष, जबकि पोटीन की मुद्राओं पर वृक्ष के सामने चैत्य अंकित है। मुद्राओं के पृष्ठ भाग पर धनुष–बाण तथा ब्राह्मी लिपि में मुद्रा लेख प्राप्त होता है।

इस प्रकार प्राप्ति स्थान ज्ञात न होने पर भी उन मुद्राओं का क्षेत्र निर्धारित किया जा सकता है। तीन अथवा छः शिखर वाला पर्वत एवं उज्जैन चिह्न अधिकांश सातवाहन मुद्राओं पर अंकित मिलता है। रैप्सन ने इस सन्दर्भ में यह सुझाव दिया है, कि ये सम्भवतः सातवाहन वंश के विशिष्ट लान्छन रहे होंगे, जैसे कि गुप्त मुद्राओं पर गरूड का अंकन। इसके अतिरिक्त विस्तृत भू–भाग से प्राप्त इन मुद्राओं पर वृषभ, गज, मेरू, चक्र, पोत, वेदिका वेष्टित वृक्ष, पुरूषाकृति, इन्द्रध्वज, नदी में मत्स्य, केकड़ा, कच्छप, सूर्य, चन्द्र अथवा अर्द्धचन्द्र, स्वास्तिक, नन्दी, श्रीवत्स, कमल, शंख, वज्र आदि लान्छन भी मिलते हैं।[79]

व्यापार एवं वाणिज्य

समाज के विकास के क्रम में समूह के स्तर पर जीवनयापन करना एक महत्वपूर्ण तथ्य को रेखांकित करता है। एक इकाई के रूप में अपर्याप्तता की भावना का अनुभव करने के उपरान्त मानव समूह या समुदाय के रूप में एक बड़ी इकाई का सृजन करता है। इसके उपरान्त एक समूह का दूसरे समूह से सम्पर्क स्थापित होता है। इस प्रकार की व्यवस्था के संचालन हेतु व्यापार का उपक्रम किया जाता है। इस प्रकार व्यापार मानव की विकास यात्रा का एक जटिल उपक्रम है। निश्चित रूप से व्यापार एवं वाणिज्य अर्थव्यवस्था का एक प्रमुख घटक है। साधारणतया व्यापार का मुख्य लक्ष्य समाज के लिए आवश्यक विभिन्न प्रकार की वस्तुओं को उपभोक्ताओं तक पहुँचाना होता है।

सातवाहन काल में राजाओं ने तत्कालीन आन्तरिक एवं वाह्य व्यापार और वाणिज्य को पूर्ण संरक्षण प्रदान कर उसे प्रोत्साहित

किया। **'पेरीप्लस ऑफ इरिथ्रियन सी,** प्लिनी की **नेचुरल हिस्ट्री** तथा स्ट्रेबो के विवरण, **टालमी की गाइड टू ज्याग्राफी,** नासिक कार्ले, कान्हेरी, कुडा, बेडसा से प्राप्त अभिलेख एवं मुद्राएँ भी इस युग की व्यापारिक समृद्धि पर प्रकाश डालती हैं। उस समय देश के अन्य प्रान्तों से तथा विदेशों से भी व्यापार चरमोत्कर्ष पर था।

उन्नत उद्योग धन्धों ने आन्तरिक तथा वाह्य व्यापार को भी प्रोत्साहित किया। तत्कालीन साहित्य में अनेक प्रकार के व्यवसायियों एवं व्यापारियों के उल्लेख प्राप्त होते हैं। वे व्यापारी, जो दुकान में बैठकर अपना माल बेचते थे, वे वणिक कहलाते थे।[80] वणिक, लोग विविध प्रकार की वस्तुओं के क्रय–विक्रय के माध्यम से अपना जीवन निर्वाह करते थे। व्यापारियों का एक अन्य वर्ग सार्थ कहलाता था। चोर–डाकुओं एवं जंगली जानवरों से माल की सुरक्षा को दृष्टिगत रखते हुए व्यापारी गण अकेले यात्रा न करके बड़े–बड़े समूहों या काफिलों में यात्रा किया करते थे। इन समूहों को सार्थ एवं सार्थ बनाकर चलने वाले व्यापारी सार्थवाह कहलाते थे।[81] अमरकोश के टीकाकार क्षीरस्वामी (3/9/78) के सार्थवाह शब्द की व्याख्या करते हुए कहा है कि, जो पूँजी द्वारा व्यापार करने वाले यात्रियों का अगुआ हो, वह सार्थवाह है।[82] वस्तुतः सार्थ का अभिप्राय है समान अर्थ (पूँजी) लगाकर चलने वाले व्यापारी। हिन्दी के 'साथ' शब्द की उत्पत्ति संस्कृत के इसी सार्थ से हुई है। ये सार्थ अपने बड़े नेता या अध्यक्ष (सार्थवाहजेठक या प्रमुख) की अध्यक्षता में मरूभूमिओं एवं जंगलों की लंबी दूरियों को पार किया करते थे। निरन्तर एवं सतत् रूप से इस प्रकार से साथ–साथ यात्रा करने वाले वणिजों को अपरस्पर सार्थ कहते थे।[83] सार्थ का नेता एक अच्छा मार्गदर्शक होता था जिसे समस्त मार्गों का पूर्ण ज्ञान होता था। वासुदेव शरण अग्रवाल ने इस प्रकार के व्यापारियों एवं सार्थवाहों का वर्णन करते हुए लिखा है भारतीय व्यापारिक जगत् में, जो सोने की खेती हुई, उसके फूल, पुष्प चुनने वाले

व्यक्ति सार्थवाह थे, बुद्धि के धनी, सत्य में निष्ठावान, साहस के भण्डार व्यापारिक सूझबूझ में पगे हुए, उदार, दानी, धर्म और संस्कृति में रूचि रखने वाले, नयी स्थिति का स्वागत करने वाले, देश–विदेश की जानकारी के कोष, यवन, शक, पह्लव, रोमक, ऋषिक, हूण आदि विदेशियों के साथ कन्धा रगड़ने वाले, उनकी भाषा, रीति–नीति के पारखी भारतीय सार्थवाह महोदधि के तट (बंगाल की खाड़ी) पर स्थित ताम्रलिप्ति से लेकर सीरिया की अन्ताखी नगर तक, यवद्वीप और कटाहद्वीप (जावा और केडा) से चोल मण्डल के सामुद्रिक पत्तनों तक और पश्चिम में यवन एवं बर्बर देशों तक के विशाल जल–थल पर छा गये थे।[84]

पेरीप्लस से विदित होता है कि सातवाहन साम्राज्य के पश्चिमी एवं पूर्वी क्षेत्रों की आबादी अपेक्षाकृत रूप से धनी थी और लोग काफी समृद्ध थे। भीतरी भाग में जंगल थे। इसमें रेगिस्तान और ऊँचे पहाड़ थे, जिनमें जंगली जानवर जैस–चीते, बाघ, हाथी, बड़े साँप, भेड़िए, और विभिन्न प्रकार के लंगूर पाये जाते थे।[85]

फिर भी दकनी पठार के पश्चिमी भाग में व्यापारिक नगर जैसे–पैठन, तगर (उस्मानाबाद जिले का तेर), नासिक, गोवर्धन, करहाट (क–हाट), वैजयंती (उत्तरी कानडा जिले का वनवासी) आदि, थे। पेरीप्लस के अनुसार ''चौपहिया गाड़ियों में कभी–कभी सड़कविहीन बड़े क्षेत्रों को पारकर पैठन से प्रचुर मात्रा में इन्द्रगोपमणि, तगर से सामान्य वस्त्र, तरह–तरह की मलमल और मैलों के वस्त्र एवं दूसरी वस्तुएँ, जो समुद्री मार्गों से वहाँ आती थी, बेरिगाझा (आधुनिक भड़ौच) में भेजी जाती थीं।[86] टाल्मी ने कोंटाकोसिला, कोड्डोइरा, (आधुनिक गुंडुर) और अल्लोसीगें का उल्लेख मईसोलिया क्षेत्र के बन्दरगाहों के रूप में किया है।[87] पेरीप्लस के अनुसार यह क्षेत्र भीतरी भाग के साथ लगा, पर समुद्र–तट के सहारे काफी दूर तक फैला हुआ था। मध्य दकन में जंगली क्षेत्र का विस्तार एक विस्तृत भू भाग में था। किन्तु फिर भी सातवाहन साम्राज्य के पूर्वी

एवं पश्चिमी भागों के मध्य पर्याप्त मात्रा में यातायात होता था। फ्लीट का कथन है कि नक्शों के अध्ययन से मुझे पूरब से पश्चिम के लिए प्राचीन व्यापारिक मार्ग का पता चल गया हैं जिसके चिह्न यत्र–तत्र बिखरे पड़े है। अभिलेखों में वर्णित यह मार्ग गोलकुडा या हैदाबाद, तेर और भड़ौच को जाता था। दकन के विभिन्न नगरों के मध्य आवागमन का प्रमाण दानों में मिलता है, जो नासिक में दशपुर के और कार्ले में वैजयंती, धान्यकटक, और सोपारा के, जुन्नर के भरूकच्छ (भड़ौच) और कल्याण के एवं नानाघाट में सोपारा के निवासियों ने दिए थे।[89]

आन्तरिक व्यापार उस समय प्रगति पर था। राज्य द्वारा प्रदत्त सुरक्षा न केवल रोमन व्यापारियों, वरन् भारतीय व्यापारियों, के लिए भी सुविधाजनक थी। प्रतिष्ठान उत्तरापथ से सम्बद्ध था तथा उज्जैन जैसे व्यापारिक केन्द्र सातवाहन कालीन व्यापारियों द्वारा संचालित होते थे। सातवाहन मुद्राओं पर अंकित उज्जैन चिह्न संभवतः इस तथ्य के द्योतक हैं।

कौटिल्य ने अपने अर्थशास्त्र में श्रेणीबल का उल्लेख किया है।[90] इन श्रेणियों को अनेक देशों एवं स्थलों से व्यापार करना पड़ता था। साथ ही अरण्यादि (वन) में से अपना माल ले जाना पड़ता था। अतः इन्हें अपनी सुरक्षा हेतु रक्षक रखने पड़ते थे। चूँकि शासकगण इन श्रेणीबलों का उपयोग अपनी आवश्यकतानुरूप राज्य की रक्षा हेतु करते थे, इसलिए इनकी गिनती शासकों के सैन्यबल में की जाती थी। कुछ विद्वान श्रेणिबल को पेशेवर सैनिकों की श्रेणी मानते हैं।

एक स्थान के व्यापारियों का व्यापारिक सम्पर्क दूसरे स्थान के व्यापारियों से रहता था। नासिक में दशपुर के, कार्ले में वैजयन्ती, धान्यकटक और सूर्पारक के, जुन्नर में भरूकच्छ और कल्याण के नानाघाट में सूर्पारक के व्यापारियों के केन्द्र थे। इन व्यापारियों ने इन स्थानों पर उदारतापूर्वक दान किए। अमरावती भी इस समय

का सुप्रसिद्ध व्यापारिक केन्द्र था।[91] सातवाहन नरेशों द्वारा प्रदत्त व्यापारिक संरक्षण के प्रति व्यापारी कृतज्ञ थे। अमरावती के एक स्तूप–स्तंभ फलक पर व्यापारीगण किसी सातवाहन नरेश को उपहार भेंट करते हुए दिखाये गए हैं।[92]

सातवाहन काल में जहाँ सामुद्रिक व्यापार जलपोतों के माध्यम से सम्पन्न होता था, वहीं शकट (बैलगाड़ी), रथ, शिविका, हाथी, अश्व, उष्ट्र गर्दभ, बैल आदि का प्रयोग स्थलीय परिवहन हेतु किया जाता था।

साहित्यिक तथा पुरातात्विक साक्ष्यों के साथ–साथ तत्कालीन कला से भी इन वाहनों की उपयोगिता सिद्ध होती है। व्यापारिक एवं वैयक्तिक दोनों ही दृष्टिकोणों से इनमें सर्वाधिक महत्वपूर्ण शकट है। जातक कथाओं में बैलगाड़ियों के आवागमन एवं माल दोनों हेतु प्रयोग में लाने के प्रचुर उल्लेख प्राप्त होते हैं। पंतजलि के महाभाष्य से विदित है कि बड़ी गाड़ी को शकट एवं छोटी को शकटी कहते थे।[93] भारवाही–साधनों मे शकट का विशिष्ट महत्व था। द्रव्यों एवं सवारी के साथ ही साथ कृषि की पैदावार भी इस पर ढोयी जाती थी।[94] शकट से माल ढोना आय का एक साधन था। कुछ लोग केवल इसी उद्देश्य से बैलों को पालते थे।[95] महाभाष्य में नेमि, चक्र, अर, नाभि, धूः और अदा के रूप में शकट के विभिन्न भागों का उल्लेख किया गया है।[96] ये बैलगाडियाँ खुली[97] एवं ढकी[98] दोनों ही प्रकार की होती थीं। खुली बैलगाड़ी का प्रयोग सामान ढोने एवं बन्द गाड़ी का प्रयोग सवारी ढोने के लिए किया जाता था।[99] कभी–कभी खुली बैलगाड़ी का प्रयोग सवारी के लिए भी कर लिया जाता था,[100] जिसके कक्ष के किनारों पर रेलिंग लगी रहती थी।[101] अमरावती के अर्द्धचित्रों से ज्ञात होता है कि दक्षिण भारत में ईसा की आरम्भिक सदियों में एक हल्की बैलगाड़ी माल ढोने एवं सवारी हेतु प्रयुक्त की जाती थी।[102] इसी प्रकार साँची स्तूप के दक्षिणी तोरणद्वार के पूर्वी स्तम्भ[103] (सम्मुख

भाग) पर दो बैलों से जुती हुई एक बन्द गाड़ी का अंकन न्यूनाधिक ताँगे से साम्य रखता है। आयताकार रूप से दृष्टिगत एक ओर के पक्ष पर काष्ठ का लगभग पाँच छः अँगुल का पटरा लिटा कर रखा गया है। जिसके ऊपर छः काष्ठ स्तंभदण्डों पर निर्मित गजपृष्ठाकार छत परिलक्षित है। स्तम्भ दण्ड सीधे न होकर टेढ़े हैं। सम्भवतः लोगों के बैठने के लिए गाड़ी में लकड़ी का तख्ता लगा रहता होगा। यद्यपि बैलगाड़ी में लगे बैलों के वस्त्राभूषण का स्पष्ट अंकन इसमें नहीं किया गया है, तथापि साँची के अन्य स्थानों पर स्वतन्त्र रूप से अंकित बैलों के गले में भारी–भरकम हार अथवा कई लड़ियों के मनकों की मालाएँ, जिनमें बीच–बीच में गोल और वर्गाकार पदक है,[104] अलकृंत है। स्पष्ट है कि सातवाहन काल में स्थल परिवहन के रूप में बैलगाड़ी का बहुत अधिक महत्व था।

इन शकटों को खीचँने के लिए बैलों के अतिरिक्त अश्व, गर्दभ, खच्चर आदि भी प्रयुक्त किये जाते थे। स्वतन्त्र रूप से भी इन पशुओं का उपयोग भारवाही पशुओं के रूप में किया जाता था। अष्टाध्यायी में घोड़ो का यातायात के सम्बन्ध में प्रचुर उल्लेख मिलता है। अश्वों से जुते रथ को अश्वरथ कहा जाता था।[105] पतंजलि ने महाभाष्य में इन अश्वों को वडवा[106] कहकर सम्बोधित करते हुए इनकी गति साधारणतया प्रतिदिन पयोजन एवं उत्तम अश्वों की 8 योजन बतायी है।[107] साँची स्तूप पर अंकित दृश्यों में अश्वों का प्रयोग रथ खींचने के साथ ही वाहन के रूप में प्रयुक्त किए जाने का उल्लेख है।

प्राचीन साहित्य में गर्दभों का उल्लेख रथ खींचने एवं स्वतन्त्र वाहन के रूप में किया गया है। यद्यपि ऋग्वेद में गर्दभ को घोड़े से हीन पशु बताया गया है,[108] तथापि तैतरीय संहिता में इसे घोड़े से हीन,[109] किन्तु साथ ही पशुओं में सर्वोत्तम भारवाहक[110] (भार–भारितम्) भी कहा गया है। इन गर्दभों पर सामान लादकर व्यापारी व्यापारार्थ आवागमन करते थे। गर्दभों की एक मिश्रित

जाति खच्चर पर भी व्यापारीगण माल लादकर यत्र–तत्र आवागमन करते थे।

हाथी का प्रयोग आवागमन एवं युद्ध के साथ–साथ व्यापार हेतु भी किया जाता था। वाहन के रूप में हाथियों का प्रयोग जातक कथाओं में मिलता है। महाकाव्यों में भी हाथियों का उल्लेख आवागमन, युद्ध एवं व्यापार के संदर्भो में हुआ है। सातवाहन काल में हाथी सामान्य सवारी के साथ ही व्यापारिक वाहन भी था। साँची शिल्प में हाथियों का प्रचुर मात्रा में अंकन किया गया है। कभी–कभी स्तंभ के शीर्षकों के रूप में इसका उपयोग किया गया है।[112]

वणिक एवं सार्थ के अतिरिक्त तीसरा वर्ग उन व्यापारियों का था, जो समुद्री व्यापार करते थे। इस प्रकार के व्यापारियों के उल्लेख बौद्ध एवं जैन साहित्य में वर्णित कोटिपूर्ण, ज्ञाताधर्म, सानुदास आदि व्यापारियों की कथाओं के रूप में प्राप्त होते हैं। इस प्रकार के भारतीय व्यापारी स्वदेश एवं विदेश के बन्दरगाहों में दूर–दूर तक के स्थानों की यात्रा किया करते थे। मिलिन्दप्रश्न[113] में इस प्रकार के एक व्यापारी का उल्लेख प्राप्त होता है। जिसने सामुद्रिक यात्राओं के द्वारा वंश, तक्कोल, चीन सौवीर, सुरठ, अलसन्द, कोलपट्टन, सुवर्ण भूमि तथा अन्य बन्दरगाहों का भ्रमण किया। महानिद्देस में एक व्यापारी द्वारा अनेक कष्टों को सहते हुए गुम्ब, तक्कोल, तक्कसिला, कालमुख, मरणपार, वेसुंग, वेरापथ, जव, तमली, बंग, एलबद्धन, सुवण्णकूट, तम्बपण्णि, भरूकच्छ, गंगण, परमगंगण, योन, परमयोन, अलसन्द, मरूकन्तार, अजपथ, जवण्हुपथ, मेण्डपथ, संकुपथ, भूमिकपथ, और वेत्ताधार में भ्रमण किये जाने का उल्लेख प्राप्त होता है। किन्तु फिर भी यह प्रतीत होता हैं कि ये समस्त बन्दरगाह सुदूरपूर्व से आरम्भ होकर पश्चिम में समाप्त होते थे।

इनमें जब (जावा), सुपार (सुपारा), भरूकच्छ (भड़ौच) सुरठ (सौराष्ट्र कोई बन्दरगाह), योन (यूनानी राज्य का कोई बन्दरगाह), अलसन्द (सिकन्दरिया) उल्लेखनीय हैं।

आर्यशूर की जातकमाला के रग सुप्पारक जातक में सुपारग अर्थात जहाजरानी की कला में और सामुद्रिक यात्राओं में कुशल व्यापारी की साहसिक एवं चमत्कारपूर्ण कथा का उल्लेख किया गया । साथ ही भीषण, समुद्री तूफानी थपेड़ों का सामना करते हुए साहसिक यात्रियों द्वारा खुरमाल, दधियाल, कुशमाल, नलनाल आदि समुद्रों की यात्रा करके सोने–रजत एवं विभिन्न बहुमूल्य रत्नों को लाने का भी वर्णन किया गया हैं इन समुद्रों का समीकरण फारस की खाड़ी, लाल सागर एवं भूमध्य सागर के विभिन्न भागों से किया गया है।[115]

व्यापारियों को अपनी इन सामुद्रिक यात्राओं में अनेक कष्टों का सामना करना पड़ता था। दिव्यावदान में कोटिकर्ण नामक व्यापारी की कथा में सामुद्रिक यात्राओं के दौरान आने वाले संकटों का व्यंजनापूर्ण उल्लेख किया गया है। समुद्री यात्रा के कुशलता पूर्वक सम्पन्न होने का प्रधान कारण अनुकूल वायु होती थी। इसलिए सामुद्रिक यात्रा करने वाले जहाजों के अध्यक्षों के लिए सोलह प्रकार की समुद्री हवाओं का ज्ञान आवश्यक समझा जाता था।[116]

वृहत्कल्पसूत्र भाष्य के अनुसार ऐसे समुद्री बन्दरगाह जहाँ विदेशी माल उतारा जाता था, और देशी माल का चालान होता था, जलपट्टन कहलाते थे। बैलगाड़ियों से माल उतारने वाले स्थलों के स्थलपट्टन एवं ऐसे स्थल, जहाँ जल और थल दोनों से माल आता था, द्रोणमुख कहलाते थे, जैसे ताम्रलिप्ति एवं भरूकच्छ।

वैदेशिक व्यापार में वृद्धि के फलस्वरूप भारत के पश्चिमी समुद्र तटों पर अनेक बन्दरगाहों का विकास हुआ था जिसका उल्लेख टाल्मी तथा प्लिनी ने अपने–अपने विवरणों में किया है। पेरिप्लस में प्रथम शती ई0 में सिंधु नदी के मुहाने से गंगा के डेल्टा तक स्थित 22 बन्दरगाहों का उल्लेख किया गया है। वही दूसरी तरफ टॉल्मी ने दूसरी शती ई0 में विद्यमान 40 बन्दरगाहों

का वर्णन किया है। पेरिप्लस के लेखक द्वारा स्वयमेव भारत के पश्चिमी तट के बंदरगाहों की यात्रा करने के फलस्वरूप तत्कालीन व्यापारिक दशा पर सुन्दर प्रकाश पड़ता है।

पश्चिमी भारत का सबसे बड़ा बन्दरगाह बेरीगाजा था, जिसका समीकरण नर्मदा नदी के सागर में मिलने वाले स्थान पर स्थित वर्तमान भड़ौच से किया जाता है, और जो उन दिनों पश्चिमोत्तर भारत की व्यापारिक वस्तुओं की बड़ी मण्डी थी। नम्बेनस नामक शासक का यहाँ राज्य था,[117] जो विदेशों से रजत, अन्तःपुर के लिए सुन्दर स्त्रियाँ, बहुमूल्य पात्र, महीन वस्त्र, तथा उत्तम किस्म की मदिरा आयतित करता था। उन दिनों इटली की, अरब की और सीरिया के लाओडिसिया नामक स्थान की मदिरा अत्यन्त लोकप्रिय थी। इसके अतिरिक्त सोने तथा रजत की मुद्राएँ, ताँबा, रांगा, सीसा, मूंगा, कमरबन्द, मन्सल, संखिया, स्वीट क्लोवर चकमक के चूर्ण से निर्मित विशुद्ध चमकीला शीशा आदि का आयात किया जाता था। निर्यातित प्रधान वस्तुओं में बालछड़ या जटामांसी, गुग्गुल, कुठ, हाथी दाँत, गोमेद, कार्नेलियन, दारूहरिद्रा, सूती, वस्त्र, मलमल, रेशम, सूत, एवं बड़ी पिप्पली था। बेरिगाजा तक पहुँचने वाली जल प्रणाली अत्यन्त संकरी थी। उथला पानी होने के कारण जहाजों के आवागमन में समस्या रहा करती थी। इसके अतिरिक्त नर्मदा के मुहाने पर एक लम्बा, सँकरा और पथरीला कगार था, जो पानी में छिपा रहता था। उथले पानी के कारण समुद्री धाराओं के प्रवाह में परिवर्तन आ जाते थे, जिससे जहाजों को कठिनाई का सामना करना पड़ता था।[118] उपरोक्त कठिनाईयों से जलपोतों की रक्षा हेतु त्रप्पग और कोटिम्बा नामक विशालकाय नौकाओं में नाविक पथ–प्रदर्शन हेतु नदियों के मुहाने पर तैनात रहा करते थे। समुद्र में उत्तर की ओर चलकर काठियावाड़ तक पहुँचकर बेरीगाझा आने वाले जहाजों को खाड़ी के मुहाने में पानी के अन्दर विद्यमान कगार से बचाकर बन्दरगाहों तक सुरक्षित

पहुँचाने का उत्तरदायित्व इन नाविकों का होता था। इस बन्दरगाह के माध्यम से होने वाले व्यापार से राज्य को बड़ी आमदनी होती थी।

सोपारक (आधुनिक सोपारा) तथा कल्याण, जिसे प्राच्य अभिलेखों में कलियण तथा पेरीप्लस में कललीना कहा गया है, तत्कालीन अन्य बड़े बन्दरगाह थे। प्रथम शती ई0 पू0 में क्षत्रपों द्वारा सातवाहनों की पराजय के फलस्वरूप कल्याण का स्थान बेरिगाजा के बन्दरगाह ने ले लिया तथा दकन की सम्पूर्ण आयातित–निर्यातित वस्तुएँ कल्याण के स्थान पर नासिक के मार्ग से बेरिगाजा पहुँचने लगी। ये बन्दरगाह खुश्की के रास्ते से पैठन, नगर (वर्तमान में उस्मानाबाद जिले का तेर) उज्जैनी आदि व्यापारिक केन्द्रों से जुड़े थे जो कि व्यापारिक मंडियाँ थी।[119] उन बन्दरगाहों से मिस्र, इटली, ग्रीस आदि पश्चिमी देशों के साथ व्यापार चरमोत्कर्ष पर था। सेमिल्लाह (मुम्बई से 25 मील दूर दक्षिण मे चौल), मन्दगोरा (सम्भवतः बानकोट) पेलीपतभी (दाभौल), मेलिजिगर (मलयगिरि, आधुनिक राजपुर) बाइजेन्टियम (विजयदुर्ग), तोगरूम (देवगढ़), औरन्नोवोस (माल्वण), सेसेकीनेयी (वेनगुर्ना की चट्टानें), एजीडाई (गोवा), केर्सोनिसस (कारवाड़) तथा श्वेतद्वीप (पिजन आई लैण्ड) आदि पश्चिमी समुद्रतटीय बन्दरगाह है।[120]

पुरातात्विक एवं साहित्यिक साक्ष्यों से बेरिगाजा, सोपारा तथा कल्याण आदि बन्दरगाहों से भारतीय जलपोतों के रोमादि देशों में जाने की पुष्टि होती है। परन्तु साहित्यिक साक्ष्यों के अभाव में इस काल के सामुद्रिक यातायात हेतु प्रयुक्त किये जाने वाले जलपोतों के स्वरूप का ज्ञान हो पाता है। पेरीप्लस के लेखक द्वारा जिस जल पोत के माध्यम से भारत की यात्रा की गयी, उसमें एक जगह पर लगे ऊपरी तिकोने को मोती चन्द्र ने पाल की संज्ञा प्रदान की।[121] वारमिगंटन ने पेरीप्लस के विवरणों के आधार पर यह निष्कर्ष निकाला कि तत्कालीन जलपोतों का संचालन मुख्यतः

हवाओं पर ही अवलम्बित होता था। पतवार की स्थिति आड़े और गलही के मध्य में कहीं थी और कर्णधार गलही पर बने एक ऊँचे मचान पर बैठकर पतवार को संचालित करता था।[122] मौसमी हवाओं की जानकारी से पतवार चलाने की क्रिया पर भी प्रभाव पड़ा। पेरीप्लस में उल्लिखित है कि मौसमी हवा के रूख से कुछ हटकर पतवार चलायी जाती थी, इससे जहाज सीधा न चलकर दक्षिण की ओर मुड़ जाता था। जहाजों के संचालन की यह क्रिया कुछ तो पतवार के घुराव–फिराव से और कुछ पाल हटाने–बढाने के साथ की जाती थी।[123]

तत्कालीन सातवाहन नरेशों की मुद्राओं,[124] पेरीप्लस तथा अमरावती स्तूप पर अंकित नावों का अवलोकन करने के पश्चात् उनकी निर्माण प्रविधि का अनुमान लगाया जा सकता है। दक्षिण भारत के चोलमण्डल क्षेत्र से मद्रास एवं कडुलोर के मध्य प्राप्त सातवाहन राजाओं की कुछ मुद्राओं पर जहाज का अंकन प्राप्त होता है। दो मस्तूलों वाले जहाज के अंकन के युक्त इन मुद्राओं पर अंकित मछली एवं शंख[125] से समुद्र का आभास होता है दोनों किनारों पर उठे हुए इस जहाज को मस्तूलों, डोरियों एवं पालों से सुसज्जित दिखाया गया है। इस जहाज का समीकरण मद्रास में आज भी चलने वाली मसूला नामक नावों से किया जा सकता है। इन नावों की पेंदी नारियल की जटा से सिले, तख्तों से निर्मित एवं अलकतरे से लेपित तथा चपटी होती है। इन नावों की यह विशेषता होती है कि ये आकार में अपने से बड़े जहाजों की अपेक्षा लहरों के आघातों को सहने की अधिक क्षमता रखती हैं। बोरोबुदूर में भी इस प्रकार के दो मस्तूल वाले जहाजों का चित्रण किया गया है। मोती चन्द्र ने मुद्राओं पर अंकित इन जहाजों के चित्रण के आधार पर यह मत व्यक्त किया है कि यह जहाज उस भारतीय व्यापार का प्रतीक है जो सातवाहन युग में अपने चरमोत्कर्ष पर था।[126] उनका यह भी विचार है कि इस प्रकार के जहाजों की

सहायता से लगभग दूसरी शती ई0 में भारत के पूर्वी तट से एक ओर चीन तक तथा दूसरी ओर सिकन्दरिया तक व्यापार होते रहे होंगे।[127] दूसरे प्रकार के जहाज संगर कहलाते थे। तटीय व्यापार हेतु प्रयुक्त किये जाने वाले इन जहाजों को खोखले लट्ठों से निर्मित दो नावों को जोड़ कर बनाया जाता था। ये दोनों नावें एक ऐसे चबूतरे से जुड़ी रहती थीं। जिस पर एक केबिन बना होता था। अगला और पिछला भाग एक जैसा होने के कारण आवश्यकतानुसार पाल किसी भी हिस्से में बाँधा जा सकता था, जिससे हवा का रूख बदलने पर जहाज को घुमाने की आवश्यकता नहीं होती थी। अत्यधिक तंग जल प्रणालियों के अनुकूल रहने की क्षमता इन जहाजों मे होती थी। प्लिनी (6/24) ने मौसमी हवाओं के अविष्कार के पश्चात् मलाबार एवं लंका में चलने वाले 44 टन वाले ऐसे जहाजों का वर्णन किया है। तीसरे प्रकार के जहाजों को कोलन्दिया की संज्ञा प्रदान की गयी। राजेन्द्र लाल मित्र ने कोलन्दिया शब्द का मूल एक संस्कृत शब्द कोलन्तर पोत अर्थात विदेशों को जाने वाला पोत माना है।[128] ये जहाज पूर्वी समुद्र से दक्षिण–पूर्वी एशिया अथवा सुवर्ण भूमि के विभिन्न प्रदेशों को जाया करते थे। वर्गाकार पाल से युक्त इन जहाजों में विभिन्न व्यापारियों का सामान रखने हेतु अलग–अलग कमरे निर्मित होते थे। अमरावती के स्तूप पर अंकित एक अर्द्धचित्र के मध्य भाग में इस काल की एक नाव का अंकन प्राप्त होता है। नाव की पेंदी, सीट एवं माथा चौकोर है, उसके मध्य में एक मतावरण है, जिसमें एक कुर्सी पर कोई परिचय चिह्न रखा हुआ हैं। नाव के पृष्ठ भाग पर डाड के साथ नाविक बैठा हुआ है तथा अग्र भाग पर बौद्ध भिक्षु है। मोती चन्द्र का मत हैं कि सम्भवतः इस अर्द्धचित्र का अभिप्राय सिंहल अथवा किसी अन्य जगह बुद्ध की धातु को ले जाना रहा होगा।[129]

इसके अतिरिक्त पेरी प्लस (44) में कोटिम्बा एवं त्रप्पग नामक जहाजों का उल्लेख किया गया है जो नर्मदा में आने वाले विदेशी

जहाजों का पथ प्रदर्शन करने हेतु सुराष्ट्र तक जाया करते थे। ये मछलियाँ पकड़ने वाले छोटे जहाज होते थे किन्तु इनके नाविक अत्यन्त कुशल होते थे।

अंगविज्जा नामक जैन ग्रन्थ में इन्हें कोट्टिव एवं तप्पक कहा गया है जो कि मध्यम आकार के होते थे। संगर के लिए संघाई एवं कोलन्दिया के लिए कोल्ल शब्द का भी प्रयोग इन ग्रन्थ में प्राप्त होता है।[130]

सातवाहन काल में भारत व्यापार जगत का मुख्य केन्द्र था। भारत के पूर्व में चीन तथा दक्षिण पूर्वी एशिया की सुवर्ण भूमि थी, वही दूसरी ओर पश्चिम में ईरान पार्थव साम्राज्य और रोमन साम्राज्य। इस युग में सम्पन्नता एवं वैभव की स्वर्णिम धारा व्यापार के माध्यम से भारत में प्रवाहित हो रही थी।

मिस्र के साथ भारत के सामुद्रिक व्यापार का श्री गणेश टाल्मी राजाओं के शासनकाल में हुआ। इन राजाओं ने सिकन्दर की मृत्योपरांत 321 ई0 पू0 से 30 ई0 पू0 तक मिस्र पर राज्य किया। लगभग प्रथम शती ई0पू0 के अन्तिम चरण में मिस्र का रोमन साम्राज्य का अंग बन जाने के उपरान्त भारत का पश्चिमी जगत से सीधा व्यापारिक सम्बन्ध स्थापित हुआ। लगभग 45 ई0 में हिप्पलास द्वारा मानसूनी हवाओं के आविष्कार एवं भारत के मसालों, सुगन्धित द्रव्यों, बहुमूल्य रत्नों, मणियों, सूती एवं रेशमी वस्त्रों की रोम में बढ़ती माँग से व्यापार में युगान्तर एवं अभूतपूर्व उत्कर्ष हुआ। इस समय सामुद्रिक व्यापार के साथ–साथ स्थलीय मार्ग से भी पश्चिमी एशिया के साथ भारत का व्यापार होता रहा। सिकन्दरिया पर राज्य करने वाले टाल्मी शासकों ने लाल सागर के सामुद्रिक मार्ग के विकास में सराहनीय योगदान दिया। उन दिनों सीरिया में राजनैतिक अशान्ति का दौर चल रहा था। इसके अतिरिक्त पर्थिया का विरोधी साम्राज्य एवं बैक्ट्रिया पर शकों के आक्रमण ने दूसरी शती ई0पू0 में इस मार्ग को और अधिक लोकप्रिय बना दिया

जिसके फलस्वरूप पश्चिमी एशिया से भारत जाने वाले स्थलीय मार्ग को अपेक्षाकृत संकट पूर्ण माना जाने लगा और सिकन्दरिया से लाल सागर होकर भारत जाने वाले सामुद्रिक मार्ग को प्रधानता मिलने लगी। किन्तु इस मार्ग के विकास में एक बाधा स्वेज का स्थलडमरूमध्य था आजकल इसे स्वेज नहर से पार किया जाता है। किन्तु इसका विचार बहुत प्राचीन हैं एवं इसके लिए अनेक असफल प्रयास किए गए। अन्ततः टाल्मी फिलाडेल्फस (285–246 ई0पू0) ने स्वेज के मार्ग को विकसित करने की योजना का त्यागकर लालसागर के पश्चिमी समुद्रतट पर एक बन्दरगाह बनाने एवं उसके नील नदी के साथ एक मरूस्थलपथ से सम्बद्ध करने की योजना बनाई। नील नदी के निकटवर्ती व्यापारिक मण्डी कोप्टोस या कोफत से 258 मील दूर स्थित लाल सागर के तट पर एक प्राकृतिक बन्दरगाह को चयनित किया और जिसे बेरेनिके की संज्ञा प्रदान की गयी। नदी के मार्ग से सिकन्दरिया से यहाँ तक माल लाया जाता था[131] और फिर ऊँटों पर लादकर कोफत से लाल सागर के तट पर स्थित बेरेनिके तक लाया जाता था। लगभग 11–12 दिन की सिकन्दरिया से बेरेनिके तक की इस यात्रा को सुविधाजनक बनाने के आठ विश्राम स्थल निर्मित किए गए, जिन पर पानी का प्रबन्ध किया गया, ताकि मरूस्थलीय मार्ग को सुविधापूर्वक पार किया जा सके। कालान्तर में 274 ई0पू0 में टॉल्मी फिलाडेल्फस ने बेरेनिके से 180 मील उत्तर में स्थित मिओस हारमोस नामक एक अन्य बन्दरगाह बनवाया,[132] जिसके फलस्वरूप मरूस्थल की यात्रा करने में कम समय लगभग पाँच दिन लगने लगा। बेरेनिके का अपेक्षाकृत अधिक गहरा यह बंदरगाह समुद्री झँझावतों से भी अधिक सुरक्षित था। जिससे शीघ्र ही यह पूर्व एवं भारत के व्यापार का प्रमुख केन्द्र बन गया । यहाँ से जहाज जुलाई में चलकर सितम्बर तक लाल सागर होते हुऐ अदन पहुँच जाते थे।[133] उन दिनों एडुलिस (वर्तमान मसावा) नामक एक

बन्दरगाह लाल सागर के एक सिरे पर स्थित था। यहाँ से व्यापारीगण अफ्रीका का बहुमूल्य सुगन्धित द्रव्य एवं हाथीदाँत खरीदा करते थे। मिस्त्र के यूनानी व्यापारियों का भारत से सीधा सम्पर्क न होने के कारण अरब व्यापारी मध्यस्थ की भूमिका निभाते थे।[134] मुहाने पर बाबल मन्दब जलडमरूमध्य पार करके अदन एवं मुजा के बंदरगाहों में अरब व्यापारियों को बेच देते थे, और इनसे भारतीय माल खरीद लेते थे। अरब व्यापारी इनका माल भारत में बेच देते थे। अरब व्यापारियों को इससे आर्थिक लाभ होता था। प्रारंभ से ही भारतीय मसालों तथा अन्य वस्तुओं की मिस्र में अत्यधिक माँग थी।[135] दूसरी शती ई0पू0 के अंतिम चरण में भारत के साथ व्यापार को महत्व दिया जाने लगा। टाल्मी द्वितीय के शासन काल में राजाओं द्वारा व्यापार को प्रोत्साहन देने के साथ–साथ लाल सागर के बंदरगाहों के विकास को भी योगदान प्रदान किया। मिस्री नाविकों ने लाल सागर से निकलकर हिन्द महासागर तक बढ़कर सोकोतरा नामक टापू की खोज कर ली।[136] स्ट्रेबो के विवरणानुसार (2/5/12) इस समय बहुत ही कम व्यापारी भारत की यात्रा कर वहाँ से माल लाया करते थे। किन्तु इस युग में कई बार भारतीय व्यापारी सिकन्दरिया तक पहुँचते थे। यदा–कदा यूनानी भी भारत आने का साहस करते थे। स्ट्रेबो (2/3/4) ने टर्की में मारामारा सागर के तटवर्ती सिजिकस नामक नगर के निवासी यूनानी नाविक यूडाक्सस का उल्लेख किया है। भूगोलवेत्ता एवं जाति शास्त्र विशारद के रूप में ख्याति अर्जित कर चुके इस नाविक को नील नदी की खोज का कार्य दिया गया । अपने इस साहसिक अभियान के दौरान जब वह मिस्र पहुँचा, तो उन दिनों सिकन्दरिया में एक भारतीय को मिस्री राजाओं के लाल सागर के समुद्रतट की रक्षा हेतु नियुक्त पहरेदार अर्द्धचेतनावस्था में लाए। मिस्री सरकार के समक्ष उसने एक जहाज माँगकर भारत तक पहुँचने वाले मार्ग का पता बताने का प्रस्ताव रखा। मिस्र के

शासक युएरगेटीस (146–117 ई0पू0) ने उसे यूडाक्सस के साथ एक जहाज देकर भेजा। उस भारतीय के पथ–प्रदर्शन में युडाक्सस भारत आया एवं बहुमूल्य वस्तुएँ तथा भारतीय मसाले लेकर सिकन्दरिया पहुँचा, किन्तु यूएरगेटीस ने उसे इनाम देने के स्थान पर सारा माल हस्तगत कर लिया। कालान्तर में टाल्मी (117–80 ई0 पू0) के काल में राजा से अनुमति लेकर वह पुनः व्यापारिक उद्देश्य से भारत आया।[138] वापस लौटते समय लाल सागर के मुहाने पर उसका जहाज तूफान में फंस कर गरदफुई अन्तरीप के नीचे अफ्रीका के समुद्रतट पर जा लगा। स्थानीय नाविकों के पथ–प्रदर्शन में वह माल सहित स्वदेश लौटा और साथ में अफ्रीका के समुद्रतट से प्राप्त एक जहाज का अश्वाकार अग्र भाग भी लाया। किन्तु टाल्मी द्वितीय ने उस पर जहाज के माल के गबन का आरोप लगाकर उससे सारा माल हस्तगत कर लिया।

साथ लाये अश्वाकार गलही के संबंध में सिकन्दरिया के नाविकों ने उसे भूमध्यसागर के पश्चिमी किनारे से अफ्रीका के दक्षिण की ओर जाने वाले जहाज का माना। इस बात से यूडाक्सस के मन में अफ्रीका महाद्वीप की परिक्रमा कर भारत पहुँचने का विचार मन में आया, किन्तु अपने इस अभियान में उसे विफलता मिली और सम्भवतः उसका जहाज किसी तूफान में नष्ट हो गया। सर्वप्रथम सिकन्दरिया से दो बार लाल सागर के मार्ग से अफ्रीका की परिक्रमा कर भारत पहुँचने का दो बार विफल प्रयास के कारण वह इतिहास के पन्नों में अपना नाम दर्ज कराने में सफल रहा।

यद्यपि टॉल्मी राजाओं के समय भारत और मिस्र के व्यापारिक सम्पर्कों के अत्यल्प साक्ष्य ही प्राप्त होते हैं तथापि बेरेनिके एवं एडफू नामक स्थल के मध्य में स्थित एक प्राचीन मंदिर के ध्वंसावशेषों में प्राप्त एक विलक्षण अभिलेख में सोफोन नामक भारतीय के वहाँ जाने का उल्लेख प्राप्त होता है।[139] इसे संस्कृत के शोभन का यूनानी रूपान्तर माना गया है, और इसे शोभन जैसे

व्यापारी की लाल सागर के मार्ग से सिकन्दरिया पहुँचने की पुष्टि होती है। हुल्श को बंगलौर के बाजार में मिस्र के शासक टॉल्मी सोटर की एक रजत मुद्रा प्राप्त हुई,[140] जो कि भारत और मिस्र के मध्य व्यापारिक सम्पर्को को सूचित करता है।

30 ई0पू0 में मिस्र का रोमन साम्राज्य का अंग बनने के उपरान्त आगस्टस (29ई0 पू0–14ई0) के काल में रोमन साम्राज्य का स्वर्णिम युग प्रारम्भ हुआ।[141] एशिया, अफ्रीका और यूरोप के विभिन्न प्रदेशों को विजित करने के फलस्वरूप रोमन लोगों को अपार सम्पत्ति प्राप्त हुई, जिसने रोमन शासक, कुलीन गण, जमींदार आदि को ठाठ–बाट के साथ बहुमूल्य रत्नों, सुगन्धित पदार्थों, मसालों एवं उत्तम वस्त्रों का प्रयोग करने के लिए प्रेरित किया, इससे चीन के रेशम, भारत की मलमल, पन्ना, बहुमूल्य मोतियों एव मसालों की माँग रोमन बाजार मे बढ़ गयी जिसकी पूर्ति ने भारत और रोम के मध्य व्यापार एवं वाणिज्य को प्रोत्साहित किया।[142] इन व्यापारिक सम्बन्धों की जानकारी पेरिप्लस, स्ट्रेबो तथा प्लिनी के विवरणों के साथ–साथ पुरातात्विक साक्ष्यों से भी होती है। पॉण्डिचेरी के निकट स्थित अरिकमेडु नामक पुरातात्विक पुरास्थल के उत्खनन के फलस्वरूप इस पुरास्थल के रोमन लोगों के एक बड़े व्यापारिक केन्द्र के होने की पुष्टि होती है। लगभग प्रथम शती ई. में भारत और रोम के मध्य व्यापार अपनी चरम पराकाष्ठा पर पहुँच गया। पश्चिमी भारत से पहले पाँच रोमन शासकों की 612 स्वर्ण एवं 1187 रजत मुदाएँ प्राप्त हुई।[143] इसमें अधिकांश मुद्राएँ आगस्टस (29 ई0पू0 से 14 ई0) तथा टाइबेरियस (14 से 37 ई0) की हैं, जिनके शासन काल में रोम में भारतीय वस्तुओं का व्यापार चरम पराकाष्ठा पर पहुँच गया था। इसके कारण रोम को एक बड़ी धनराशि रेशम, मलमल, मसाले आदि के लिए भारत को देनी पड़ती थी, जिसकी प्लिनी ने अश्रुपूरित नेत्रों से निन्दा की है।

मृद्भाण्डों के प्रमाणों के निरीक्षण एवं पांडिचेरी के निकट स्थित अरिकमेडु नामक पुरातात्विक पुरास्थल में किये गए उत्खनन के फलस्वरूप प्रथम शती ई0पू0 अथवा इससे पूर्व भी भारत के पूर्व साम्राज्यवादी रोम के साथ व्यापारिक सम्बन्धों की पुष्टि होती है।[144] अरिकमेडु उस समय भारतीय–रोमन व्यापार का प्रमुख केन्द्र था। किन्तु महत्वपूर्ण तथ्य यह है कि यदि समुद्री यात्राएँ दूसरी शती ई.पू. में प्रारम्भ हुई, जो कि सफलतापूर्वक सम्पन्न की जाती थी, तो प्रश्न यह उठता है कि उस समय यह व्यापारिक स्वर्णिम धारा क्यों नहीं प्रवाहित होती थी? समस्त तथ्यों का गहन अध्ययन करने पर यह निष्कर्ष निकला कि अरब जहाज मानसूनी तूफानों का सामना करने में पर्याप्त रूप से सक्षम नहीं थे, जबकि इसके विपरीत रोमन जहाज अपेक्षाकृत अधिक मजबूत होते थे, जिससे साम्राज्यवादी युग में व्यापार में आश्चर्यजनक रूप से वर्धन हुआ।[145] ये जहाज उस समय चलते थे जबकि दक्षिणी–पश्चिमी मानसून अपनी चरम सीमा पर होता था और यहाँ से ये भारत के समुद्री किनारों पर अपेक्षाकृत शीघ्र पहुँच जाते थे और नवम्बर में उत्तर–पश्चिमी मानसून की अनुकूल दशाओं में ये वापस लौटते थे।

रोमन शासक क्लाडियस (41–54ई0) के शासन काल में एक नाविक हिप्पलास द्वारा मानसूनी हवाओं के नियमित रूप से चलने के नियम की खोज की गई। जिससे भारत पहुँचने के छोटे मार्ग का पता चला।[146] इससे पूर्व में यूनानी तथा रोमन व्यापारी लाल सागर के प्रवेश–मार्ग अदन तक ही आते थे, और अरबी व्यापारियों से भारतीय माल खरीद कर स्वदेश लौट जाते थे। अरब व्यापारी रोमन तथा यूनानी व्यापारियों से पश्चिमी जगत का माल खरीद कर उसे भारत में भारतीय व्यापारियों को बेच देते थे, और उनसे भारतीय माल खरीद कर यूनानी एवं रोमन व्यापारियों को बेच देते थे। अरब व्यापारियों के माध्यम से होने वाले इस व्यापार पर अरबों

का एकाधिकार था। रोम में भारतीय वस्तुओं की बढ़ती माँग ने रोमन व्यापारियों को भारत से सीधा व्यापार करने एवं अपेक्षाकृत छोटे एवं सुरक्षित मार्ग ढूढ़ने के लिए प्रेरित किया था। लाल सागर के मुहाने के निकट स्थित एक बन्दरगाह से मलाबार तट पर मुजिरिस का बंदरगाह 2000 मील की दूरी पर स्थित था। यूनानी जहाज 50 कि0मी0 प्रतिदिन की चाल से इस दूरी को 40 दिन में तय कर लेते थे। कई बार इन मानसूनी हवाओं की गति अत्यधिक तीव्र होने पर यह दूरी और कम समय में पूरी कर ली जाती थी। अब सिकन्दरिया से मलाबार की दूरी मात्र दो माह में तय कर ली जाती थी, जबकि स्वेज से सिन्धु नदी तक पहुँचने में स्काईलेक्स नामक यूनानी यात्री को 30 माह का समय लगा था।[147] हिप्पलास द्वारा मानसूनी हवाओं के अविष्कार के फलस्वरूप भारत एवं रोम के मध्य सामुद्रिक यात्रा के लघुमार्ग से समय की बचत होने के साथ ही साथ समुद्र को सीधे पार करने के कारण ये जहाज समुद्रतटीय जलदस्युओं की लूटपाट से भी सुरक्षित हो गए, जिसने यवन, रोमन एवं अन्य समुद्री व्यापारियों को भारत आने के लिए प्रोत्साहित किया और जिनकी संख्या में उत्तरोत्तर वृद्धि होती गयी। उन्होनें भारतीय व्यापार पर अरबों के एकाधिकार को समाप्त कर दिया। दक्षिण भारत में उनकी बस्तियाँ स्थापित हो गईं। पुरातात्विक प्रमाण इस तथ्य की पुष्टि करते हैं कि अनेक रोमन व्यापारी व्यापारिक उद्देश्य से भारत आये और स्थायी रूप से यहीं निवास करने लगे। नासिक, नेवासा[148] अरिकमेडु[149] तथा प्रतिष्ठान रोमन व्यापारियों के केन्द्र थे, जहाँ से प्राप्त मुद्राओं एवं मृतिकापात्रों से यह स्पष्ट हैं। इन मृतिकापात्रों में रोम से मदिरा का आयात होता था। भारत में स्थायी रूप से निवास करने वाले इस प्रकार के व्यापारियों ने बौद्धमठों की स्थापना एवं उनके विकास हेतु आर्थिक सहायता प्रदान की। इस प्रकार के एक व्यापारी के निवसित स्थल के कोल्हापुर में होने के साक्ष्य प्राप्त हुए

हैं जहाँ से लगभग प्रथम शती ई0पू0 की इटालियन शिल्पकारी में निर्मित कॉस्य कलाकृतियो की एक निधि प्राप्त हुई हैं।[150]

प्लिनी ने लिखा है कि यवन व्यापारी बड़ी संख्यां में सिकन्दरिया एवं मिस्र से दो माह में भारत के दक्षिणी तट पर पहुँचने लगे। पेरिप्लस के विवरण से यह विदित होता है कि इस समय भारतीय व्यापारी भी इसमें भाग ले रहे थे और पश्चिमी भारत के बेरिगाजा (भड़ौच) बन्दरगाह से भारतीय जहाज नियमित रूप से अरब प्रायद्वीप के दक्षिणी तट एक ओर अफ्रीका एवं लाल सागर के समुद्री किनारे तक जाया करते थे, किन्तु अपनी स्वार्थपूर्ण नीति के कारण अरब व्यापारी इस व्यापार पर एकाधिकार बनाये रखने की दृष्टि से भारतीय व्यापारियों को लाल सागर के प्रवेश मार्ग पर स्थित ओकलिस नामक बदरगाह से आगे नहीं बढ़ने देते थे। पेरिप्लस से ज्ञात होता है कि व्यापारी डायोस्कोर्डिया अर्थात वर्तमान सोकोतरा के टापू पर रहते थे। वे बेरिगाजा एवं मलाबार के बंदरगाह से यहाँ आते एवं यहाँ से पूर्वी अफ्रीका के प्रदेशों में जाया करते थे। सम्भवतः यहाँ से कुछ जहाज सिकन्दरिया की ओर भी जाते थे। दूसरी शती ई. के बौद्ध ग्रन्थ महानिद्देस में योन एवं परमयोन के साथ अलसन्दा (सिकन्दरिया) एवं मरूकान्तार नामक स्थानों में भारतीय व्यापारियों के जाने का वर्णन प्राप्त होता है। महाभारत में भारतीय राजदूतों के अन्ताखी रोम एवं यवनपुर (सम्भवतः सिकन्दरिया) जाने का उल्लेख है।[151] 130 ई0 में अर्मीनिया के प्रदेश में एक भारतीय उपनिवेश का उल्लेख प्राप्त होता है जो सम्भवतः व्यापारियों द्वारा ही बसाया गया होगा। 300 ई0 में इस प्रदेश के भारतीयों को बलपूर्वक ईसाई बनाया गया था।

रोम से आयातित-निर्यातित प्रधान वस्तुएँ

पेरिप्लस के विवरणों में सातवाहन काल में रोम एवं पश्चिमी जगत के साथ आयातित–निर्यातित अनेक वस्तुओं की विस्तृत सूची प्राप्त

होती है। सूची के आधार पर भारत से निर्यातित वस्तुओं में प्रधान रूप से निम्न का उल्लेख है:–

मोती एवं बहुमूल्य रत्न

प्लिनी के अनुसार सम्राट आगस्टस द्वारा सिकन्दरिया पर विजय प्राप्त करने के पश्चात् रोम में मोतियों का प्रयोग प्रारम्भ हुआ, और अल्पकाल में ही मोतियों के आभूषणों ने रोमन स्त्रियों के मध्य अच्छी पैठ बना ली। कर्णाभूषणों एवं मुद्रिकाओं में प्रयोग किये जाने के साथ ही साथ जूतियों को अलंकृत करने में भी इसका प्रयोग किया गया। प्लिनी ने मोती धारण करने वाली रोमन स्त्रियों की फैशनपरस्ती का उल्लेख इन शब्दों में किया है, ''हमारी महिलाएँ इस बात में गौरव का अनुभव करती हैं कि वे मोतियों के आभूषणों को अपनी उंगलियों एवं कानों में धारण करें। वे परस्पर मिलते समय अपने मोतियों के आभूषणों के टकराने से उत्पन्न हुई मधुर ध्वनि से आनन्दित होती हैं। इस समय यह स्थिति है कि निर्धन वर्गों की स्त्रियाँ भी मोतियों के आभूषणों को सार्वजनिक रूप में धारण करने में अभिमान अनुभव करती हैं, और इसे अपनी प्रतिष्ठा में वृद्धि करने वाला समझती हैं। उन्हें शरीर पर मोती धारण करने से ही संतोष नहीं है, वे उन्हें पैरों पर भी धारण करती हैं। न केवल उनके जूतों के तस्मे ही अपितु सारी जूतियाँ ही मोतियों से जड़ी होती हैं। उनके लिए मोतियों को धारण करना ही पर्याप्त नहीं, वे मोतियों के साथ और उनके ऊपर चलना पसंद करती हैं। मैंने एक बार सम्राट कैलिगुला (37–41ई0) की रानी लोल्लियापालीना के दर्शन किये थे। यह कोई सार्वजनिक महोत्सव अथवा महत्वपूर्ण धार्मिक संस्कार का अवसर नहीं था, वरन् सगाई का सामान्य अवसर था। इस समय उनका सिर केशपाश, कर्ण, कंठ, बाजू, कलाई तथा उगलियाँ पन्नों एवं मोतियों की चमकीली लड़ियों से पूर्णतया आवृत थे। इन सबका मूल्य चार करोड़ सैस्टर्स

था।''[152] रोमन स्त्रियों के मोतियों से अत्यधिक लगाव ने रोम में मोतियों की माँग को बढ़ा दिया। दक्षिण भारत उन दिनों मोतियों के व्यापार से बड़ा समृद्ध हो रहा था। यद्यपि ईरान की खाड़ी से भी मोती निकाले जाते थे, तथापि भारतीय मोती की तुलना में ये घटिया माने जाते थे, अतः भारतीय मोती को प्राथमिकता दी जाती थी। मोतियों के अतिरिक्त बहुमूल्य रत्न और माणिक्य भी पश्चिमी जगत को भेजे जाते थे। पन्ना, जिसका उत्पत्ति–स्थल प्लिनी के अनुसार केवल भारत ही था, का निर्यात रोम को किया जाता था। इसके साथ ही नीलम, हरा, गोमेद आदि भी प्रमुख निर्यातित बहुमूल्य रत्न थे। प्लिनी ने नीलम का उल्लेख हियासिन्थस नाम से किया है, जो कि सफेद, हरा, पीला, आसमानी और नीले रंग का होता था। प्लिनी ने भारतीय हीरे की प्रशंसा करते हुऐ बहुमूल्य रत्नों एवं मणियों में इसे सर्वोच्च स्थान प्रदान किया।[153] पेरिप्लस में उल्लिखित है कि हीरे एवं नीलम तथा उत्तम किस्म के मोतियों के अतिरिक्त सभी प्रकार के पारदर्शी मणि–माणिक्य विदेश भेजे जाते थे। गोमेद और सुलेमानी आदि का निर्यात बेरिगाजा के बंदरगाह से किया जाता था। इसका प्रयोग विशेष रूप से चाकू, तलवार आदि की मूठ बनाने में प्याले बनाने में तथा विविध आभूषणों के निर्माण में किया जाता था। रोमन जगत् में इसके प्यालों की काफी माँग थी।

मसाले, जड़ीबूटियाँ एवं सुगन्धित पदार्थ

प्रथम शती ई. के लगभग रोमन् जगत में भारतीय मसालों की बहुत अधिक माँग बढ़ गयी थी। जिसके फलस्वरूप कालीमिर्च, दालचीनी, इलाइची, कुठ, जटामासी, गुग्गुल, दारूहरिद्रा और नील का बड़ी मात्रा में निर्यात होता था। कालीमिर्च इसमें प्रमुख थी।[154] टार्न के अनुसार 120 से 88 ई0पू0 के मध्य भारत एवं रोम के बीच कालीमिर्च का व्यापार आरम्भ हुआ था।[155] रोमन एवं यूनानी लोगों

को अत्यधिक प्रिय होने के कारण भारतीय साहित्य में इसे यवनप्रिय अर्थात यूनानियों को प्रिय लगने वाली वस्तु भी बताया है। प्लिनी के अनुसार उन दिनों एक पौण्ड कालीमिर्च का मूल्य 15 दीनार हुआ करता था। चटपटापन इसकी प्रमुख विशेषता थी और इसी के कारण रोम में इसकी माँग थी।[156] खाद्य पदार्थो एवं व्यंजनों को स्वादिष्ट बनाने में इसका प्रयोग किया जाता था। रोमन साम्राज्य में कालीमिर्च के व्यापारियों को बहुत अधिक लाभ हुआ करता था। भारत एवं रोम के मध्य व्यापार का प्रधान द्रव्य यही था। शॉफ के कथनानुसार रोम को निर्यात की जाने वाली वस्तुओं में तीन चौथाई भाग कालीमिर्च ही होता था[157] पश्चिमी जगत में इसकी लोकप्रियता का अनुमान इस बात से लगाया जा सकता है कि जर्मन आक्रमणकारी एलरिक ने 410 ई0 में रोम की घेराबन्दी हटाने के लिए जिन वस्तुओं की माँग की थी, उसमें 5,000 पौण्ड सोना, 30,000 पौण्ड रजत और 4,000 रेशमी पोशाकों के साथ–साथ 3,000 पौण्ड कालीमिर्च भी थी।[158] संगम युग के तमिल ग्रन्थों के अनुसार उन दिनों यवन व्यापारी सोना देकर कालीमिर्च अपने बोरों में भरा करते थे। कालीमिर्च के साथ ही साथ पिप्पली का भी निर्यात बेरिगाजा के बन्दरगाह से होता था।[159]

अन्य मसालों में रोम में इलायची का प्रयोग औषधि एवं सुगन्धित द्रव्य के रूप में किया जाता था। किन्तु पेरिप्लस में इसका कोई भी उल्लेख प्राप्त नहीं है। इसका कारण सम्भवतः यह रहा होगा कि इसका निर्यात समुद्री मार्ग की अपेक्षा स्थलीय मार्ग से अधिक होता था। तथापि अन्य लेखकों के पर्याप्त विवरणों में इसका उल्लेख किया गया है।[160]

रोम में लगभग 1500 दीनार प्रति पौण्ड के हिसाब से बिकने वाले द्रव्य दालचीनी का प्रयोग लोग औषधि, धूप एवं मसाले के रूप में भी करते थे। इसके पत्तों एवं तने की छाल का विभिन्न प्रकार से प्रयोग किया जाता था। इसके पत्तों को यूनानी लोग

मैलाब्राथम कहते थें। इसका निर्यात मुख्य रूप से दक्षिण भारत के बंदरगाहों से किया जाता था।[161] रोम में इसका प्रयोग दो रूपों में किया जाता था। इसके पेड़ के फूलों एवं तने के कोमल भागों का प्रयोग केवल सम्राट एवं कुलीन वर्ग ही किया करते थे। 1500 दीनार प्रति पौण्ड के हिसाब से बिकने वाले इस द्रव्य का प्रयोग अत्यधिक महत्वपूर्ण अवसरों पर किया जाता था। इसका दूसरा रूप कैस्सिया था, जिसमें इस पेड़ की छाल, जड़ एवं लकड़ी सम्मीलित होती थी। इसका प्रयोग साधारण जनता करती थीं, और यह 50 दीनार प्रति पौण्ड के हिसाब से बिका करती थी।[162]

भारत से रोम को निर्यात की जाने वाली वस्तुओं में कुट भी लोकप्रिय पदार्थ था। इसका प्रयोग खाद्य पदार्थों एवं व्यंजनों को स्वादिष्ट बनाने में किया जाता था। कश्मीर में शाल के व्यापारी इसका प्रयोग शालों को कीड़ा लगने से बचाने के लिए किया करते है। उन दिनों इस वनस्पति की जड़ों को छोटे–छोटे टुकड़ों में काटकर जहाजों के माध्यम से बेरिगाजा एवं बर्बरिकोन बंदरगाहों से रोम को निर्यात किया जाता था।[163] रोम में इसकी जड़ का प्रयोग होने के कारण इसे मूल अथवा रेडिक्स कहा जाता था।

रोमन लोगों में गन्धतृण नामक वनस्पति भी बड़ी लोकाप्रिय थी। यह एक प्रकार की सुगन्धित घास हैं। इस घास की जड़ से निकाले जाने वाले तेल का प्रयोग ग्राही के रूप, में लेपन द्रव्य के रूप में एवं सुगन्धित पदार्थ बनाने में किया जाता था।[164]

कुठ की भाँति जटामांसी या बालछड़ के तनों एवं पत्तों का प्रयोग रोमन लोग एक विशेष प्रकार के लेपन द्रव्य के निर्माण में करते थे। यह उन दिनों सर्वोत्तम लेप माना जाता था। प्लिनी के कथनानुसार इसकी विभिन्न किस्में उन दिनों 40 दीनार से 75 दीनार प्रति पौण्ड तक बिकती थीं। इसमें विद्यमान मनमोहक सुगन्ध इसके ताजे पत्तों में अधिक पायी जाती थी। इससे बनाये

गए लेपन द्रव्य की एक शीशी 3,000 दीनार के मूल्य की होती थी। इसका निर्यात बेरिगाजा के बंदरगाह से किया जाता था।[165]

गुग्गुल मूलतः पश्चिमोत्तर भारत में उगने वाली एक वनस्पति का सुगन्धित निर्यास या गोंद था। प्लिनी के अनुसार[166] यह निर्यास पारदर्शक, मोम के रंग का, सुगन्धित एवं स्वाद में कड़वा होता था। शराब में सुगन्ध हेतु इसे मिलाकर धार्मिक कार्यो में इसका प्रयोग किया जाता था। रोम में इसका मूल्य 3 दीनार प्रति पौण्ड था। इसका निर्यात बर्बनिकोन एवं बेरिगाजा के बन्दरगाहों से किया जाता था।[167]

उपरोक्त मसालों एवं सुगन्धित पदार्थो के अतिरिक्त दारूहरिद्रा नामक सुप्रसिद्ध पदार्थ का प्रयोग औषधि के निर्माण हेतु किया जाता था। साथ ही इसकी जड़ों एवं तनों से पीला रंग बनाया जाता था। औषधि के निर्माण हेतु इसकी छाल, फल और तने के प्रयोग से एक औषधि बनायी जाती थी। प्लिनी[168] के कथनानुसार इसकी शाखाओं और जड़ों, जो कि स्वाद में कड़वी होती थी, को कूट कर ताँबें के बर्तन में तीन दिन तक उबाला जाता है। इसके बाद लकड़ी के भाग को अलग करके इसका शहद की तरह गाढ़ा काढ़ा बनाया जाता है। इस काढ़े के झाग को आँख की विभिन्न बीमारियों के लिए प्रयोग किया जाता है। इसके साथ ही गले मसूड़ों की विभिन्न बिमारियों, खाँसी तथा बहने वाले फोड़ो–फुंसियों के इलाज में भी इसका प्रयोग किया जाता है। वर्तमान समय में भी आयुर्वेद में रसौंत के रूप में नेत्र–रोगों में इसका प्रयोग किया जाता है। पोम्पिपयाई के ध्वंसावशेषों से दारूहरिद्रा की औषधि बनाने में प्रयुक्त किये जाने वाले पात्र प्राप्त हुए हैं।[169]

रोमन लोग नील तथा डामर या इण्डियन कोपल नामक निर्यास का प्रयोग वार्निश बनाने में करते थे।[170] अतिसार के उपचार हेतु रोमन लोग कुटज नामक पेड़ की छाल से निर्मित की जाने वाली मेकिर नामक औषधि का प्रयोग करते थे। रोमन में इसकी छाल के

काढ़े को शहद के साथ मिलाकर अतिसार रोकने के लिए दिया जाता था। इसका निर्यात रोमन साम्राज्य के विभिन्न प्रदेशों को किया जाता था।[171]

गन्धमुकुट

सातवाहन काल में भारतीय गन्धमुकुटों का भी निर्यात रोम को किया जाता था। प्रारम्भ में ये मुकुट विभिन्न प्रकार की वनस्पतियों की पत्तियों एवं पुष्पों से तैयार किए जाते थे। कलान्तर में स्वर्ण–रजत आदि की बारीक पत्तियों से और विभिन्न प्रकार की कढ़ाई वाले वस्त्रों के टुकड़ों एवं रेशम से निर्मित किया जाने लगा। इन्हें दीर्घकाल तक सुरक्षित रखने हेतु रेशम आदि के बहुमूल्य वस्त्रों पर फूल काटकर युक्तिपूर्वक इत्रों से सुवासित करके रखा जाता था। रोम में क्रीड़ाओं में विजेताओं को सम्मानित करने हेतु उसे पुष्पमालाएँ पहनाने एवं सिर पर मुकुट बाँधा जाता था, जिसे विजय मुकुट कहा गया। प्लिनी के अनुसार सम्मानित व्यक्ति के अतिरिक्त अन्य व्यक्तियों के लिए इसे धारण करना कानून द्वारा दण्डनीय अपराध था। इस प्रकार के मुकुटों का प्रयोग देवताओं एवं पितरों की समाधियों पर भी चढ़ाने के लिए किया जाता था।[172] कालान्तर में रोम एवं यूनान में स्त्रियों के मध्य अत्यधिक लोकप्रिय होने के कारण उन्होंने इसे आभूषण के रूप में प्रयोग करना प्रारम्भ किया। महावस्तु में इस प्रकार के शेखरकों को गन्धमुकुट के नाम से अभिहित किया गया।[173]

सूती वस्त्र

भारत में निर्मित सूती वस्त्र रोम में अत्यन्त लोकप्रिय थे। रोम को निर्यात की जाने वाली उत्तम किस्म की मलमल बंगाल, आन्ध्र एवं चोल राज्यो में तैयार होती थी। पेट्रानियम नामक रोमन लेखक ने इस मलमल को बुनी हुई हवा का जाला कहा था।[174] संगम

साहित्य में दक्षिण भारत में तैयार की जाने वाली बारीक मलमल की उपमा सांप की केंचुली से की, क्योंकि वह इसके सदृश हल्की, चमकीली एवं पारदर्शक थी। उत्तम किस्म की मलमल के अतिरिक्त मोलोकाइन नामक वस्त्र की कई किस्मों की विदेशों में बड़ी माँग थी।[175] बेरिगाजा के बंदरगाह से ये वस्त्र रोम भेजे जाते थे।

रेशम

रेशम की रोम में अच्छी खपत थी। प्रारंभ में रोमन लोग रेशम के धागों को अलसी के रेशों तथा उनके तारों के साथ जोड़कर वस्त्र बनाया करते थे। कलान्तर में विशुद्ध रेशमी वस्त्रों का प्रयोग बढ़ गया। रोमन सम्राट औरेलियन (270 ई0) ने अपने शासन काल में इसका मूल्य तौल में सोने के बराबर निर्धारित किया, जिससे यह सोने के साथ तौलकर बिकता था। प्लिनी[176] ने रेशम की गणना रोम की अतीव बहुमूल्य वस्तुओं में की है।

हाथी दाँत

रोम में अत्यधिक लोकप्रिय हाथीदाँत का प्रयोग संभ्रान्त धनी परिवार के लोग पलंग तथा विभिन्न प्रकार की वस्तुओं एवं कलाकृतियों के निर्माण में करते थे। पेरिप्लस के विवरणों के अनुसार इसका निर्यात बेरिगाजा, मुजरिस और नेलकिण्डा के बन्दरगाहों से किया जाता था।[177]

इसके अतिरिक्त बेरिगाजा के बन्दरगाह से चन्दन, सागौन, शीशम एवं आबनूस की लकड़ी का निर्यात भी रोम को किया जाता था।[178] भारतीय पशु–पक्षियों का भी आकर्षण रोमन लोगों में प्रबल था।[179] सम्राट आगस्टस के सिहांसनारूढ़ होने के उपलक्ष्य में कई भारतीय राजाओं ने अपने बधाई सन्देश उसे भेजे। लगभग 25 ई0पू0 में भारत के 600 राजाओं के प्रतिनिधि एक भारतीय सम्राट के दूत भरूकच्छ से खाना होकर आगस्टस के पास रोम पहुँचे।

उपहार की वस्तुओं में बाघ, भारी–भारी कछुए, बाज के बराबर का एक कबूतर और पैर से तीर चलाने में पारंगत एक लूला लड़का आदि भी थे, जिनको सुरक्षित ले जाने के लिए उन्हें स्थल मार्ग का अनुसरण करना पड़ा, जिससे उन्हें पहुँचते पहुँचते चार वर्ष का समय लग गया।[180] भारतीय पशु–पक्षियों के निर्यात की पुष्टि लेम्पोस्कस से प्राप्त एक रजत की थाली से होती हैं, जिसमें भारत माता हाथी दाँत के पांवों वाली एक भारतीय कुर्सी पर विराजमान है, उनके बाँये हाथ में धनुष एवं दायाँ हाथ आशीर्वाद की मुद्रा में है। महीन मलमल की साड़ी धारण किये भारत माता के जूड़े से ईख के दो टुकड़े बाहर निकले हुए हैं। उसके चारों ओर तत्कालीन रोमन जगत में लोकप्रिय भारतीय पशु–पक्षी, जिसमें एक सुग्गा, मुनाल, दो कुत्ते रोस्तोवोजेफ के अनुसार बंदर तथा पैरों के नीचे दो भारतीय पशु–एक पालतू शेर और एक चीता है, का अंकन प्राप्त होता है। अंकन की विषय सामग्री से स्पष्ट है कि रोमन लोगों को भारतीय पशु–पक्षियों से विशेष लगाव था। रोस्तोवोजेफ के मतानुसार इस थाली का समय दूसरी अथवा तीसरी शती ई. है।[181]

कृषि-जन्य एवं खनिज पदार्थ

कुछ भारतीय कृषि–जन्य एवं खनिज उत्पादों का निर्यात भी रोम को किया जाता था जिसमें चावल, गेहूँ, घी, तिल का तेल एवं खण्ड आदि प्रमुख थे। चावल एवं गेहूँ को बेरिगाजा के बन्दरगाह से व्यापारीगण सोकोत्रा के टापू में बेचने के लिए ले जाया करते थे।

निर्यातित खनिज पदार्थों में भारतीय लोहा एवं फौलाद की वस्तुएँ थीं इन्हें यहाँ से भेजा जाता था। उन दिनों सिकन्दरिया के बन्दरगाह में जिन वस्तुओं पर चुंगी कर लगता था, उनकी सूची में भारत से निर्यातित फौलाद भी था।

आयातित वस्तुएँ

सोना-रजत

जहाँ एक ओर रोम में भारतीय वस्तुओं की माँग थी, वही भारत भी रोम से कुछ वस्तुएँ आयातित करता था, तथापि निर्यात की तुलना में आयात की मात्रा कम थी। भारत में रोम से आयातित वस्तुओं में बहुमूल्य धातुओं एवं मुद्राओं की प्रमुखता थी। रोम को अपने माल के मूल्य का भुगतान करने हेतु सोने तथा रजत की मुद्राएँ भारत को देनी पड़ती थी। पेरिप्लस में उल्लिखित है कि उन दिनों बेरिगाजा एवं मलाबार के बंदरगाहों में भारतीय आयातित वस्तुओं के मूल्य के भुगतान हेतु सोने तथा रजत की मुद्राएँ बड़ी मात्रा में यहाँ आया करती थी। प्लिनी व्यथित होकर अफसोस जाहिर करते हुए इस बात का रोना रोता है कि भारतीय वस्तुएँ अपने मूल्य से सौ गुना मूल्य पर रोम में बिकती हैं,[182] जबकि रोम भारत को बहुत कम वस्तुओं का निर्यात करता है, और उससे खरीदे जाने वाले माल के कारण उसे प्रतिवर्ष एक बड़ी धनराशि भारत को भेजनी पड़ती थी, जो कि रोम की स्वर्ण मुद्राओं के रूप में होती थी। सम्भवतः रोमन स्वर्ण मुद्राएँ दक्षिण भारत में मुद्राओं के रूप में प्रयुक्त की गई, जबकि उत्तर भारत में कुषाण राजाओं ने इन रोमन स्वर्ण मुद्राओं को गलाकर अपनी स्वर्णमुद्राएँ निर्मित की।

मूँगा

रोम से भारत में आयातित वस्तुओं में मूँगा या प्रवाल भी महत्वपूर्ण वस्तु थी। मूँगे की उत्पत्ति छिछले समुद्रों में जल–जीवों के द्वारा होती है। ये सफेद, काले, मटमैले एवं लाल रंग के होते है, जिसमें काले रंग का प्रवाल ईरान की खाड़ी एवं लाल रंग के भूमध्य सागर से मिलते है। भारत में लाल रंग के मूँगे की माँग अधिक थी, एवं इसी की गणना रत्न के रूप में की जाती है। इसकी बनाई मालाएँ

जाप करने में एवं गुलाब जल में इसे घोटकर पिष्टि बनाने में की जाती थी जो एक महत्वपूर्ण औषधि है। इसके साथ ही इसके पुटपाक से भस्म भी बनायी जाती थी, जो कि आयुर्वेद की औषधि है। विगत दो हजार वर्षो से लाल मूँगा भारत में भूमध्य सागर में निकटवर्ती प्रदेशों से आयातित किया जाता रहा हैं प्लिनी (37/7. 32/2) ने इसके महत्व के सम्बन्ध में मत व्यक्त करते हुए कहा कि जिस प्रकार रोमन स्त्रियाँ भारतीय मोतियों के आभूषणों को धारण करने में गर्व महसूस करती थी, उसी प्रकार भारतीय पुरूष भी मूँगे को धारण करने में गर्व का अनुभव करते थे।[184] पहली शती ई. में बेरिगाजा के बंदरगाह से मूँगे का आयात किया जाता था।[185]

दासियाँ एवं नर्तकियाँ

तत्कालीन युग में विदेशी दास–दासियों की माँग भारत में अधिक थी। जैन साहित्य भारत में विदेशी दास–दासियों की खपत की पुष्टि करता है।[186] पेरिप्लस[187] के विवरणानुसार उन दिनों बेरिगाजा में सुंदर लड़कियों का आयात रखैल बनाने के लिए एवं नृत्य हेतु किया जाता था बेरिगाजा के बन्दरगाह पर रोम से भारतीय राजाओं को उपहार में दी जाने वाली वस्तुओं में रजत के बहुमूल्य पात्र, उत्तम किस्म की मदिरा, वस्त्र आदि के साथ ही साथ अन्तःपुरों के लिए सुंदर कन्याएँ एवं गाने वाले लड़के भी आयातित किये जाते थे। इनकी लोकप्रियता का अनुमान इस बात से लगया जा सकता हैं कि यूडाक्सस द्वारा अफ्रीका का चक्कर काटकर भारत जाने वाले जलपोत में आवश्यक माल के साथ–साथ नृत्य एवं गायन में निपुण लड़के तथा लड़कियाँ भी सम्मिलित थीं।[188] टार्न के मतानुसार उन दिनों भारतीय राजाओं के अन्तःपुरों में विदेशी लड़कियों की बड़ी मॉग थी। भास तथा अन्य संस्कृत कवियों के नाटकों में भारतीय राजाओं द्वारा यवन सेविकाओं के

रखे जाने के उल्लेख प्राप्त होते हैं। एक तरफ जहाँ भारत में यवन सेविकाओं की माँग थी, वही दूसरी ओर टालमी द्वितीय (285–246 ई.पू.) के शासनकाल में भारतीय कुत्तों एवं पशुओं के साथ–साथ भारतीय लड़कियों का भी आयात किया जाता था।[189] प्रथम शती ई० में मिस्र में समुद्री मार्ग से आयातित लड़कियों पर वसूली जाने वाली बहुत अधिक चुंगी इस व्यापार को लोकप्रियता का सूचक है।

मदिरा

विदेशी मदिरा की भारत में अच्छी खपत थी। इटली, लाओदिसी तथा अरब आदि से बेरिगाजा एवं मलाबार के बन्दरगाहों में विदेशी मदिरा आयातित की जाती थी।[190]

खजूर, कमतर दर्जे के मोती तथा बैगनी रंग ईरान की खाड़ी से आयातित किया जाता था।

औषधि एवं सुगन्धित द्रव्य

जैनकल्पसूत्र[191] में काली घृतकुमारी के एक तुर्क प्रकार का उल्लेख हैं। साथ ही तुरूष्क एवं यवन सुगन्धियों का उल्लेख जातकों में किया गया है। सम्भवतः ये विदेशों से आयातित सुगन्धित द्रव्य थे। लोबान तथा स्टोरेक्स का आयात बर्बरिकम में तथा स्वीट क्लोवर का आयात बेरिगाजा के बंदरगाह में होता था।

खनिज उत्पाद

हड़ताल और मनसिल नामक खनिज पदार्थो का आयात ईरान की खाड़ी से बेरिगाजा के बंदरगाह में किया जाता था। ये दोनों संखिया के समान है। इसमें हड़ताल पीले रंग की खनिज पदार्थ होता है। इसका प्रयोग औषधि बनाने एवं रंग बनाने में किया जाता था। इसके अतिरिक्त इसका तथा मनसिल का प्रयोग वार्निश तथा रंगाई के काम मे किया जाता था।[192] प्लिनी के विवरणानुसार

करमानिया में संखिया की खानें है।[193] सुरमा सम्भवतः करमानिया एवं पूर्वी अरब से बेरिगाजा आया करता था। सुरमे का प्रयोग अंजन बनाने में किया जाता था

बहुमूल्य मणियों में पुखराज का आयात लाल सागर के द्वीपों से किया जाता था और इसके प्रायः चतुष्कोणीय खण्ड होते थे। ताँबा, सीसा एवं रांगा बेरिगाजा के बंदरगाहो में रोम से मँगाया जाता था। इसमें ताँबे का मूल उत्पत्ति करमानिया था, जबकि रांगा स्पेन से मिस्र होता हुआ भारत आया था। इसके अतिरिक्त सोने तथा रजत के पत्र एवं ईरान की खाड़ी से सोना आयातित किया जाता था[194] भारत में विभिन्न प्रकार के वस्त्र और शीशा भी मँगाया जाता था।

अनुकूल व्यापार सन्तुलन के फलस्वरूप पश्चिमी जगत अर्थात् रोम के साथ व्यापार से भारत को आर्थिक लाभ प्राप्त हुआ। भारत रोम को बहुत अधिक मूल्य पर माल बेचता था, और इससे कम मूल्य का माल खरीदता था, जिससे व्यापार सदैव भारत के अनुकूल रहा और रोम को भारत से आयातित वस्तुओं के मूल्य का भुगतान अपनी स्वर्ण एवं रजत मुद्राओं के रूप में करना पड़ता था। 22 ई0 में सम्राट टाईबेरियस ने रोम की सीनेट में लिखित रूप से इस बात की शिकायत की थी कि रोमन साम्राज्य विलासिता एवं दिखावटी वस्तुएँ भारत से मँगाने के लिए अपना कोष खाली कर रहा है। प्लिनी के विवरणानुसार कोई भी वर्ष ऐसा नहीं बीतता था, जबकि भारत हमारे देश से 55 करोड़ सैस्टर्स की धनराशि न खीच लेता हो। इसके बदले में वो हमे ऐसे माल भेजता है, जो यहाँ सौ गुने दाम पर बिकते हैं।[195] शाफ के मतानुसार 55 करोड़ सैस्टर्स मूल्य दो करोड़ बीस लाख डालर है (1912 में)।

प्रतिवर्ष इतनी बड़ी धनराशि का व्यय मात्र भोग विलासिता की वस्तुओं पर करने का दुष्प्रभाव रोमन साम्राज्य पर पड़ा। राजकोष के स्वर्णकोष में कमी आने से रोमन मुद्राओं में सोने–रजत की

मात्रा में कमी आने लगी। निकटवर्ती विभिन्न प्रान्तों को विजित करने के उपरान्त जिस वैभव एवं सम्पन्नता का श्री गणेश हुआ, उनका उचित लाभ न उठाकर लूट में प्राप्त सम्पत्ति को उत्पादन कार्यों में न लगाकर भोग विलास में व्यय कर दिया गया।

272 ई0पू0 में रोम द्वारा टारेन्टम नाम वैभवशाली नगर को विजित करने के उपरान्त शासक ने ताँबे के स्थान पर रजत की मुद्राएँ प्रचलित करायीं। 146 ई0पू0 में कार्थेज एवं कोरिन्थ को विजित करने के उपरान्त लूट में प्राप्त सोने का प्रयोग रोम ने स्वर्ण मुद्राओं के निर्माण में किया। आगस्टस (27 ई. पू.–14 ई.) के शासनकाल में स्वर्ण–रजत अनुपात 1:9.3 हो गया। क्लाडिसस (41–54 ई.) के समय में भारत एवं रोम के मध्य सीधे सामुद्रिक व्यापार का शुभारम्भ हुआ और नीरो (54–68ई0) के शासन काल में मुद्राओं को अनुचित भोग विलास की वस्तुओं में व्यय करने की प्रवृत्ति चरमोत्कर्ष पर पहुँच गई।[196] इससे सोने–रजत की कमी आने के कारण मुद्राओं की शुद्धता पर अंतर पड़ा और मुद्राओं में 20% ताँबे की मात्रा मिलाई जाने लगी, जो कालान्तर में बढ़ती ही चली गयी। ट्राजन (98–117ई0) के समय 30% सेफिटपियस सेवरस (209–211ई0) के समय 50% ताँबे की मिलावट की जाने लगी और अन्ततः रजत का एक दीनार ताँबे की मुद्रा में परिवर्तित हो गया। रजत की मुद्राओं की भाँति सोने की मुद्रा औरियस की भी शुद्धता में कमी आई। जहाँ आगस्टस के शासनकाल में इसका वजन एक पौण्ड था, वही डायोक्लेशियन (284–286 ई.) के समय 1/60 एवं कान्स्टैण्लटाइन (324–327ई.) के समय यह 1/72 ही रह गया। रोम में सोने–रजत की इस भारी कमी के कारण ही रोमन साम्राज्य की राजधानी को रोम से स्थानान्तरित कर अन्यत्र ले जाना पड़ा।[197]

सातवाहन युग में न केवल रोम वरन् श्रीलंका एवं सुदूर दक्षिणी–पूर्व एशिया के देशों के साथ व्यापारिक सम्बन्धों में आशातीत

वृद्धि हुई, जिसके फलस्वरूप उपनिवेशीकरण द्वारा वृहत्तर भारत के निर्माण की प्रक्रिया प्रारंभ हुई। वस्तुतः भारतीय व्यापारियों ने राजकीय संरक्षण में विशेषतया बर्मा, मलाया प्रायद्वीप,[198] जावा, सुमात्रा आदि देशों के साथ व्यापारिक सम्बन्ध स्थापित किये।[199] उनके लिए बर्मा और सुमात्रा सुवर्ण देश, अराकान रजत देश और चंपा (हिन्द देश) ताम्र देश थे। भारतीय व्यापारियों ने इन क्षेत्रों के विभिन्न प्रदेशों को अवासित किया। फ्रेन्च विद्वान फेरॉ के अनुसार यह सम्पर्क ईसा से पहले की दो शताब्दियों और एक अन्य विद्वान सिदेस के मतानुसार दूसरी शती ई0 में हुआ। सम्भवतः प्रथम शती ई0 में सामुद्रिक व्यापार में वृद्धि हुई, एवं द्वितीय शती में भारतीयों ने दक्षिणी पूर्वी एशिया के विभिन्न क्षेत्रों को आवासित किया। **टालमी** की **गाइड टू ज्याग्राफी** में उल्लिखित हैं कि सुवर्ण भूमि जाने वाले जहाज अलोसिंज नामक स्थान के उत्तर में एकत्र होते थे, और वहाँ से सुवर्ण भूमि के लिए यात्रा प्रारम्भ करते थे।[200] इस स्थान का समीकरण आन्ध्र प्रदेश में आधुनिक चिकाकोल से किया गया है। इस व्यापार एवं वाणिज्य के फलस्वरूप जो आर्थिक लाभ आन्ध्र प्रदेश के व्यापारियों को हुआ, उसका दान उन्होंने अमरावती एवं नागार्जुनीकोण्डा के स्तूपों के निर्माण में किया।

पश्चिम तट पर स्थित भरूकच्छ (भडौच) के बंदरगाह से सुवर्ण भूमि के लिए जहाज जाया करते थे। दूसरी शती ई0 के **अवदानशतक** में तथा **वृहत्कथामंजरी, वृहत्कथाश्लोक संग्रह** तथा **कथासरित्सागर** आदि ग्रन्थों में इन यात्राओं से सम्बन्धित अनेक गाथाओं का वर्णन किया गया है। महानिद्देस में दक्षिण–पूर्व एशिया के कई बंदरगाहों एवं प्रदेशों तक्कोल, सवर्णकूट, सुवर्ण भूमि में इसी काल में फूनान एवं चंपा में भारतीय उपनिवेश का श्री गणेश हुआ।[201] सुवर्ण भूमि एवं गंगा के मध्य समुद्री यात्रा कोलन्दिया नामक बड़े जलपोतों से की जाती थी। जिसकी पुष्टि पेरिप्लस से होती है।

विदेशी व्यापार एवं उपनिवेशन में ताम्रलिप्ति से कावेरीपट्टनम तक पूर्वी समुद्रतट पर विद्यमान सभी प्रदेशों के निवासियों ने भाग लिया। कन्टकोस्सिल (कण्टकशैल) आधुनिक घंटशाल, कोड्डरा (कृष्ण नदी के बन्दरतालुका में आधुनिक गुदर का बंदरगाह) अल्लोसिंगी आदि पूर्वी तटीय बंदरगाह थे। टाल्मी इसके उत्तर के प्रदेश को समुद्र प्रस्थान पट्टन अर्थात सुवर्णदेश जाने वाले जहाजों के लिए ऐसा केन्द्र मानता है, जहाँ से ये जहाज तट से गहरे समुद्र में चले जाते थे। गुण्टूर जिले में स्थित चिन्नगंज में अवशेष के रूप में विद्यमान तीन स्तूपों से लगभग तीन मील उत्तर पूर्व में मोटुपल्ले नामक स्थान को बारहवीं शती के एक अभिलेख में एक बंदरगाह बताया गया हैं। मद्रास और कुट्टलोर के बीच में यज्ञश्रीसातकर्णि की दो मस्तूल वाले जहाज की आकृति वाली मुद्रा इस समय के सामुद्रिक व्यापार के उत्कर्ष को सूचित करती है।[202] पुलुमावि द्वितीय के शासन काल में सामुद्रिक व्यापार के जिस युग का प्रदुर्भाव हुआ, वह यज्ञश्रीसातकर्णि के शासनकाल में अपनी पराकाष्ठा पर पहुँच गया था।

भारत और सुवर्णभूमि के मध्य व्यापारिक सम्बन्धों के फलस्वरूप स्वर्ण, रजत, काली मिर्च, कुछए की खोपड़ियाँ, ताँबा, चन्दन, अगर आदि द्रव्यों का आदान–प्रदान होता था। टाल्मी (7,2,17) ने गंगा पार स्थित भारत के प्रदेश में सोने–रजत की खानों वाले देशों का उल्लेख किया है। जावा के टापू को स्वर्ण उत्पादक एवं इसकी राजधानी को रजतनगरी कहा गया हैं।[203] यूनानी लेखकों ने मलाया प्रायद्वीप को सुवर्ण भूमि के नाम से सम्बोधित किया है। स्पष्ट है कि इन प्रदेशों में भारतीयों के आने का कारण इनका सोने से सम्पन्न होना था। टाल्मी ने **गाइड टू ज्याग्राफी** में खलकिटिस नामक ताँबे की खानों वाले एक प्रान्त का उल्लेख किया है। इसका समीकरण वर्तमान में किस प्रान्त के साथ किया जाए, निश्चित नहीं है। राँगा का निर्यात इस प्रदेश के बंका टापू

से होता था, इसीलिए इसे संस्कृत में बंग कहा जाता। वासुदेव शरण अग्रवाल के अनुसार यह धर्मपत्तन स्याम की खाड़ी में स्थित नखेन धर्मराट (धर्मराजनगर) नामक बंदरगाह था। इस बंदरगाह से भारत में कालीमिर्च आने के कारण ही इसे धर्म पत्तन कहा जाने लगा। कालीमिर्च का संस्कृत में एक नाम धर्मपत्तन भी है। सातवाहन काल में कालीमिर्च मलाया प्रायद्वीप के पूर्वी तट पर धर्मपत्तन से लदकर भारत में ताम्रपर्णि के मुहाने पर स्थित कोलक के बंदरगाह पर उतरती थी, और फिर भारतीय व्यापारियों द्वारा अरब के मध्यस्थों द्वारा रोमन साम्राज्य में निर्यातित की जाती थी। काली मिर्च के दो पर्याय कोल और धर्म पत्तन में इसकी स्मरणीय स्मृति अवशिष्ट है।[206] पेरीप्लस के मतानुसार सुवर्ण द्वीप की कछुए की खोपड़ियाँ सर्वोत्तम मानी जाती थीं। भारतीय व्यापारी इन्हें यहाँ से मलाबार और फिर इसका निर्यात पश्चिमी देशों को कर दिया जाता था। इसके अतिरिक्त विभिन्न प्रकार का अगर और चंदन भी सुवर्ण भूमि के अलग–अलग प्रान्तों से आता था। सबसे उत्तम गोशीर्ष चंदन मेकासिर और तिमोर टापू का माना जाता था। इसके अतिरिक्त मेकासिर अर्थात सेलिबीज टापू में भी उत्तम किस्म का चन्दन होता था। चम्पा और अनाम से अगर का आयात किया जाता था।[207]

चीन के साथ व्यापार

सातवाहन युग में भारत का चीन के साथ भी सामुद्रिक व्यापार का विकास हुआ।[208] लगभग प्रथम शती ई0 में एक चीनी ऐतिहासिक पान–कू के ग्रन्थ में टोनकिन की खाड़ी से आगे के ह्वागंची आदि कुछ ऐसे दूरवर्ती देशों का उल्लेख किया गया हैं जहाँ मोती एवं बहुमूल्य मणि–माणिक्य आदि खरीदने के लिए चीनी व्यापारी जहाजों द्वारा यात्रा करके जाया करते थे। इन द्रव्यों का विनिमय ये रेशम एवं सोना देकर करते थे। और ये समस्त देश सम्राट बु

(140–86ई0पू0) के शासन काल से अपना कर चीन को दिया करते थे। फ्रेन्च विद्वान फेरॉ के अनुसार यदि ह्वांगची को कांची मान लिया जाए, तो यह मानना होगा कि दूसरी शती ई.पू. में दक्षिण भारत एवं चीन के मध्य सामुद्रिक व्यापार का शुभारम्भ हो गया था।[209] पेरिप्लस से भी भारत एवं चीन के मध्य व्यापारिक सम्बन्धों की पुष्टि होती है।

रेशमी वस्त्र, रेशम का सूत तथा कच्चा रेशम, बाँस एवं इससे निर्मित अन्य सामान, समूर आदि चीन के युन्नान एवं जूचुआन आदि प्रान्तों से भारत में आया करता था। संस्कृत साहित्य मे रेशम को चीन से आने के कारण चीनांशुक अर्थात चीनी कपड़ा कहा गया है। कालिदास[210] ने भी अपने ग्रन्थ **'अभिज्ञान शाकुन्तलम्'** में इस शब्द का प्रयोग किया है। चीन से आयातित पदार्थो में रेशम मुख्य था। मध्य एशिया के स्थलीय मार्ग से इसका आयात होता था। यहाँ तकलामकान मरूभूमि के उत्तर एवं दक्षिण से पश्चिमी जगत को जाने वाले मार्गो से मुख्यतः रेशम का निर्यात होने के कारण इन्हें उत्तरी एवं दक्षिणी कौशेयपथ कहा जाता था। रेशम, समूर एवं अन्य जानवरों की रोंएदार खालें बल्ख एवं अफगानिस्तान के मार्ग से चीन से भारत और यहाँ बेरिगाजा के बंदरगाह से रोम आदि पश्चिमी जगत को निर्यातित किया जाता था। भारत के बंदरगाहों से चीनी द्रव्यों के विदेशों में भेजे जाने का कारण सम्भवतः ईरान के पर्थियन एवं रोमन साम्राज्यों का उग्र संघर्ष था जिसके कारण चीनी व्यापारी इससे बचने के लिए अपना माल बल्ख से सीधा दक्षिण की ओर भारतीय बदंरगाहों को भेज देते थे।[211] दक्षिणी–पूर्वी एशिया में भारतीय उपनिवेशों की स्थापना ने इस व्यापार को प्रोत्साहित किया ।

सातवाहन काल में व्यापार एवं उपनिवेश की प्रक्रिया में इस अभूतपूर्व वृद्धि के कई कारण थे। आर्य जनों में अपनी सम्पन्न संस्कृति के प्रचार–प्रसार की पारम्परिक भावना ने इस व्यापार को

बल प्रदान किया। इसके साथ ही साथ रोमन साम्राज्य में भारतीय वस्तुओं यथा कालीमिर्च जैसे मसालों, चन्दन, कपूर आदि सुगन्धित द्रव्यों की बढ़ती माँग इसका सर्वप्रमुख कारण थी। उत्तर भारत की विक्षुब्ध परिस्थितिओं ने साइबेरिया की ओर से भारत में आने वाले सोने के प्रवाह को रोक दिया, जिसकी पूर्ति रोमन स्वर्ण मुद्राओं ने की। इससे जहाँ एक ओर पश्चिमी देशों के साथ व्यापार को प्रगाढ़ता मिली, वहीं दूसरी ओर रोम से इन स्वर्ण मुद्राओं को पाने के लिए दक्षिण–पूर्वी एशिया के देशों के साथ व्यापार में वृद्धि हुई।[212] सुवर्णद्वीप के साथ व्यापार में वृद्धि का एक बड़ा कारण पूर्वी दक्खिन एवं आन्ध्र के क्षेत्रों में सातवाहनों की शक्ति का विस्तार था, और उनके प्रोत्साहन से जावा, सुमात्रा, मलाया आदि देशों के साथ भी व्यापार में वृद्धि हुई । इस काल में भारत को व्यापार से वैसे ही समृद्धि प्राप्त हुई, जैसी समृद्धि यूरोपियन देशों को सोलहवीं शती में पूर्वी देशों के साथ व्यापार से प्राप्त हुई थी। तत्कालीन संस्कृत, पालि एवं तमिल साहित्य इसकी पुष्टि करते हैं जिसमें हीरा, पन्ना, माणिक, नीलम, स्फटिक पुखराज, गोमेद, मुक्ता, प्रवाल आदि के व्यापारियों एवं सूती, रेशमी वस्त्रों आदि देशी–विदेशी वस्तुओं से सम्पन्न बाजारों का उल्लेख किया गया है।

सन्दर्भ

1. महाभारत, 12.7.8.21.
2. पूर्ववत्, 012.8.20,22.
3. पूर्ववत्, 12.8.14.
4. अत्थरहिओ पुरिसो अपुरिसो चेव, समराइच्चकहा, 4, पृ. 246.
5. बुद्ध प्रकाश, इण्डिया एण्ड द वर्ल्ड, पृ. 237.
6. आई. के शर्मा, क्वाइनेज ऑफ द सातवाहन एम्पायर, पृ. 68, 227 एवं 228.

7. पूर्ववत्, XVIII, सं0 8 एवं 9.
8. जर्नल ऑफ द एशियाटिक सोसाइटी, 1906,पृ0130.
9. गाथा सप्तशती (सं0 जोगलेकर), पृ0 213.
10. चरक, सूत्र स्थान 27.05.10, सुश्रत, सूत्र स्थान, 46.5.52.
11. मिलिन्द्र प्रश्न, पृ0 252–292.
12. प्लिनी, नेचुरल हिस्ट्री, अनु0 मैक्रिण्डल, 12.4,18.10,13.
13. मिलिन्दप्रश्न, पृ0 252–292.
14. प्लिनी, नेचुरल हिस्ट्री, अनु0 मैक्रिण्डल, पृ0 12.
15. अहितोपस्थियोरिति वत्तव्यम्। इद्यापि यथा स्यात्। इक्षुवाहणम्, शखाहणम् अपर आह। वाहन वाहयादिति वत्तव्यम्। यक्ष हि, महाभाष्य, वाहनमाहितात्, 8.4.8.
16. सेलेक्ट इंस्क्रिप्शन्स, I, पृ0 189–190.
17. पूर्ववत्, पृ0 192.
18. नक्षत्रव्यूहाध्याय अष्ट्म, ... धनधान्यढ़या कोष्ठगारणि पर्वताश्रार्यण. ...। वृहत्संहिता।
19. कच्चिद्बीज च भक्त च कर्षकायात सीदते.। महाभारत, सभापर्व, 5. 68..
20. बुद्धचरित, 24/11, सौन्दरानन्द काव्य, 230.
21. एपिग्राफिया इण्डिका, VIII पृ0 99, सं0 5; ल्यूडर्स लिस्ट, 1133.
22. वा.वि. मिराशी, सातवाहनों और पश्चिमी क्षत्रपों का इतिहास और अभिलेख, पृ0 83.
23. पूर्ववत्, पृ0 61.
24. पूर्ववत्, पृ0 32.
25. पूर्ववत्, पृ0 56.
26. पूर्ववत्, पृ0 76.
27. पूर्ववत्, पृ0 59.

28. एपिग्राफिया इण्डिका, VIII, पृ0 99, सं0 5.
29. इण्डियन एपिग्राफिकल ग्लोसरी, पृ0 26.
30. धवलीकर, एम0 के0, द सातवाहन ईपॉक एन इकोलॉजिकल पर्सपेक्टिव, (सं0) शास्त्री, अजयमित्र, द एज ऑफ द सातवाहन, I पृ0 107.
31. सरकार, डी0सी0, सेलेक्ट इंस्क्रिप्शन्स, I, पृ0 169.
32. एपिग्राफिया इण्डिका, VIII पृ0 73, सं0 5; ल्यूडर्स लिस्ट, 1126.
33. पूर्ववत्, पृ0 73–74.
34. पूर्ववत्, पृ0 71; ल्यूडर्स लिस्ट, 1125.
35. अष्टाध्यायी, 4.1.21.
36. मनुस्मृति, 7.11.9.
37. गैरोला, वाचस्पति, भारतीय संस्कृति और कला, पृ0 332.
38. काणें पी0वी0, धर्मशास्त्र का इतिहास, III, पृ0 145.
39. षट्कंसो दण्डो ब्रह्मदेयातिथ्यमानम्। दशदण्डा रज्जुः। द्विरज्जुकः परिदेशः। त्रिरज्जुंक निवर्तनम्। एकतो द्विदण्डाधिको बाहुः द्विधनः सहस्त्र गोरूतम्। चतुगोरूतं योजनम्। इति देशमानम्...। कौटिल्य अर्थशास्त्र, अध्याय 20, प्रकरण 36.
40. सरकार, डी0सी0, इण्डियन एपिग्रफिकल ग्लोसरी, पृ0 409.
41. याज्ञवल्क्य स्मृति, 1.210,
42. शिरोमणि, भारतचन्द्र, चतुर्वर्गचिन्तामणि, पृ0 200.
43. आपस्तम्ब धर्मसूत्र, 2.10.26,20.
44. कॉर्पस इन्सिक्रिप्शन्स इंडिकैरम, IV, पृ0 253.
45. हरिराम आचार्य, महाकवि हाल और गाथासतसई, पृ0 213.
46. पूर्ववत्, पृ0 213.
47. एपिग्राफिया इण्डिका, VIII, पृ0 88, सं0 15; पृष्ठ 82 सं 12; आर्कियोलॉजिकल सर्वे ऑफ वेस्टर्न इण्डिया, IV, पृ0 94, सं0 10, पृ0 98, सं0 30; ल्यूडर्स लिस्ट, 1137, 1133, 1180, 1168.

48. एपिग्राफिया इण्डिका, VIII पृ0 82; मजूमदार, आर0सी0, प्राचीन भारत में संगठित जीवन, पृ0 37.

49. एपिग्राफिया इण्डिका, VIII, पृ0 8, सं0 12.

50. पूर्ववत्।

51. आर्कियोलॉजिकल सर्वे ऑफ वेस्टर्न इण्डिया, IV, पृ0 96, सं0 24; ल्यूडर्स लिस्ट, 1162.

52. पूर्ववत्, पृ0 94, सं0 10; ल्यूडर्स लिस्ट, 1180.

53. पूर्ववत्, पृ0 96, सं0 24; ल्यूडर्स लिस्ट, 1162.

54. एपिग्राफिया इण्डिका, VIII, पृ0 82, सं0 12; ल्यूडर्स लिस्ट, 1133.

55. मनुस्मृति, 8.218–221.

56. विद्यालंकार, सत्यकेतु, प्राचीन भारत का धार्मिक, सामाजिक एवं आर्थिक जीवन, पृ0 380.

57. याज्ञवल्क्य स्मृति, 2.187–97.

58. एपिग्राफिया इंडिका VIII, पृ0 71–73; ल्यूडर्स लिस्ट; 1137, आर्कियोलॉजिकल सर्वे ऑफ वेस्टर्न इण्डिया IV, 54 सं0 31 (1180), पृ0 97, सं0 21 (1165)

59. ल्यूडर्स लिस्ट, 1133.

60. शर्मा, आई0के0, क्वाइनेज ऑफ द सातवाहन एम्पायर, पृ0 58.

61. उपाध्याय, वासुदेव शरण, प्राचीन भारतीय मुद्राएँ, पृ0 36.

62. पूर्ववत्।

63. काणे, पी0वी0, हिस्ट्री ऑफ धर्मशास्त्र, III, पृ0 120.

64. उपाध्याय, वासुदेव शरण, प्राचीन भारतीय मुद्राएँ, पृ0 86.

65. एपिग्राफिया इंडिका, VIII, पृ0 82 (1133).

66. पूर्ववत्।

67. गजेटियर ऑफ महाराष्ट्र स्टेट–हिस्ट्री, I, (एन्सियन्ट हिस्ट्री) पृ0 18.

68. उपाध्याय, वासुदेव शरण, प्राचीन भारतीय मुद्राएँ, पृ0 89,

69. राव, राजवन्त एवं राव, प्रदीप कुमार, प्राचीन भारतीय मुद्राएँ, पृ0 152.
70. पूर्ववत् पृ0 152.
71. पूर्ववत् पृ0 153.
72. पूर्ववत् पृ0 153
73. वा0 वि0 मिराशी, सातवाहनों तथा पश्चिमी क्षत्रपों का इतिहास और अभिलेख, पृ0 233.
74. पूर्ववत्, पृ0 223.
75. उपाध्याय, वासुदेव शरण, प्राचीन भारतीय मुद्राएँ, पृ0 89.
76. पूर्ववत्, पृ0 90.
77. पूर्ववत्, पृ0 91.
78. राव, राजवन्त एवं राव, प्रदीप कुमार, प्राचीन भारतीय मुद्राएँ, पृ0 154.
79. पूर्ववत्, पृ0 150.
80. वेदांलकार, हरिदत्त, प्राचीन भारत का राजनीतिक तथा सांस्कृतिक इतिहास, पृ0 530.
81. पूर्ववत्, पृ0 531.
82. अमरकोश, 3.9.78.
83. महाभाष्य, 6.1.44.
84. मोतीचन्द्र, सार्थवाह, पृ0–2.
85. पेरिप्लस ऑफ दि एरिथ्रियन सी, डब्ल्यू शॉफ का अनुवाद, सै 50.
86. पूर्ववत्, सै. 51.
87. टॉल्मी, (मिक्रिण्डल) कृत अँग्रेजी अनुवाद, कृष्णा तथा गोदावरी के बीच का समुद्रतट, पृ0 66–68.
88. जर्नल ऑफ द रॉयल एशियाटिक सोसाइटी, 1901, पृ0 598.

89. ल्यूडर्स लिस्ट, 1138,1090, 1092, 1093, 1096, 1097, 1169, 1177 और 1119.
90. कौटिल्य, अर्थशास्त्र, 9.2.
91. ल्यूडर्स लिस्ट, 1139, 1090, 1092, 1093, 1096, 1097, 1177, 1119.
92. शिवराममूर्ति, सी0, अमरावती स्कल्पचर्स इन द मद्रास गर्वंमेन्ट म्यूजियम, फलक 25, चित्र सं0 2.
93. यत्कूजाति शकटम् यतीकूजति शकटी मद्ररथः कूजति। महाभाष्य 8.1.30, पृ0 288.
94. पूर्ववत्, 1.2.24, पृ0 160.
95. गौरेय शकट वहति गोतरो यः शकट वहति सीर च। पूर्ववत्, 5.3. 55, पृ0 455.
96. यदेवहति, मण्डल चक्राणेमण्डल चक्र तल्लभ्यमित्युच्यते नाभिखिनभ्यामितिः। पूर्ववत्, 3.2.17, पृ0 278, 5.4.74. पृ0 502, 5. 1.2. पृ0 296.
97. बरूआ, बेनीमाधव, भरहुत, चित्र 45; स्मिथ, द जैन स्तूप एण्ड अदर एण्टीक्वीटीज आफ मथुरा, फलक 20.
98. पूर्ववत्, फलक 24. 19; मार्शल, सॉची, फलक 19.
99. बेनीमाधव बरूआ, भरहुत, चित्र 45.
100. स्मिथ द जैन स्तूप एण्ड अदर एण्टीक्वीटीज ऑफ मथुरा, फलक 20.
101. पूर्ववत्.
102. शिवराम मूर्ति, सी, अमरावती स्कल्पचर्स इन द मद्रास म्यूजियम, फलक 10, आकृति 19.
103. मार्शल एवं फूशे, दी मोनुमेन्ट्स ऑफ सॉची, फलक 19 सी।
104. पूर्ववत्, फलक 41, 43.
105. महाभाष्य, 8.2.18, पृ0 342.

106. पूर्ववत्, 2.4.12, पृ0 468.

107. अश्वोडयं यश्चत्वारि योजनानि गच्छति। अश्वतरो यं योष्ट्रा योजनानि गच्छति। पूर्ववत्, 5.3.55, पु0 446.

108. ऋग्वेद, 3.53.23; ऐतरेय ब्राह्मण, 4.9; ऐतरेय आरण्यक, 3.2.4.

109. तैतरीय संहिता, 5.1.2,1.2.

110. पूर्ववत् 5.1,5.5.

111. जातक, II. 115.194.202.156य III. 259,262,276,314; IV. 408,411,433, 454,463,483, V. 513,532,537, VI. 538. 545.

112. मार्शल एवं फूशे, द मॉन्यूमेन्ट्स ऑफ साँची, 31.39.

113. मिलिन्द प्रश्न, 359.

114. सिलव्याँ लेवी, जर्नल एशियाटिक, 2, पृ0 55 तक.

115. मोती चन्द, सार्थवाह, पृ0 148,

116. पूर्ववत्, पृ0 172.

117. वा0 वि0 मिराशी, सातवाहनों ओर पश्चिमी क्षत्रपों का इतिहास और अभिलेख, पृ0 147.

118. शाफ का अनुवाद, पेरिप्लस ऑफ द एरिथ्रियन सी, सै0 43.

119. जर्नल ऑफ दी रॉयल एशियाटिक सोसाइटी, 1901, पृ0 537.

120. वेदालंकार, हरिदत्त, प्राचीन भारत का राजनीतिक तथा सांस्कृतिक इतिहास, पृ0 254,

121. मोतीचन्द्र, सार्थवाह, पृ0 111.

122. ई0 एच0 वारमिंगटन, द कामर्स बिटविन इंडिया एण्ड द रोमन एम्पायर, पृ0 40.

123. शाफ का अनुवाद, पेरीप्लस ऑफ दी एरिथ्रियन सी, पृ0 52–53.

124. जर्नल ऑफ न्यूमिस्मैटिक सोसाइटी ऑफ इण्डिया, III, पृष्ठ 42–45.

125. रैप्सन ई0जे0, ब्रिटिश म्यूजियम कैटलॉग ऑफ द क्वाइन्स ऑफ द आन्ध्र डायनेस्टी, पृ0 81–82.

126. मोतीचन्द्र, सार्थवाह, पृ0 99.

127. पूर्ववत्, पृ0 230.

128. मित्र, राजेन्द्र लाल, एण्टीकिटीज ऑफ ओरिस्सा, I, पृ0 115.

129. मोतीचन्द्र, सार्थवाह, पृ0 230.

130. पूर्ववत्, पृ0 10.

131. वेदालंकार, हरिदत्त, भारत का सांस्कृतिक इतिहास, पृ0 108.

132. वेदालंकार, हरिदत्त, प्राचीन भारत का राजनीतिक तथा सांस्कृतिक इतिहास, पृ0 542.

133. धवलीकर, एम0के0, द सातवाहन एपॉक, इन इकोलॉजिकल पर्सपेक्टिव, (सं0) शास्त्री, अजयमित्र, द एज आफ सातवाहनाज, I पृ0 109.

134. पूर्ववत्, पृ0 108.

135. वेदालंकार, हरिदत्त, प्राचीन भारत का राजनीतिक और सांस्कृतिक इतिहास, पृ0 543.

136. राव, एस0आर0, लोथल, अ पोर्ट टाउन, मेमोरीज ऑफ आर्कियोलॉजिकल सर्वे ऑफ इण्डिया 78, I , पृ0 224.

137. रोस्तोवजेफ़, एम0, द सोशल एण्ड इकोनामिक हिस्ट्री ऑफ द हेलेन्स्टिक वर्ल्ड, II, पृ0 926–929.

138. मजूमदार, आर0सी0 क्लासिकल एकाउन्ट्स ऑफ इण्डिया, पृ0 283–84.

139. रालिन्सन, इण्टरकोर्स बिटविन इण्डिया एण्ड दि वैस्टर्न वर्ल्ड, पृ0 99.

140. जर्नल ऑफ दी एशियाटिक सोसाइटी, 1904, पृ0 403.

141. धवलीकर, एम0के0, द सातवाहन एपॉक एन इकोलाजिकल पर्सपेक्टिव, (सं0) शास्त्री, अजय मित्र, द एज ऑफ सातवाहनाज, I पृ0 109.

142. वेदालंकार, हरिदत्त, प्राचीन भारत का राजनीतिक और सांस्कृतिक इतिहास, पृ0 546.

143. पूर्ववत्.

144. बेगले, विमला, 'सिरेमिक इवीडेन्सेस फॉर प्री पेरिप्लस ट्रेड ऑन द इंडियन कोस्ट', विमलाबेगले एवं आर डी दी पूमा, रोम एण्ड इण्डिया–एंशियन्ट सी ट्रेड, पृ0 82–112.

145. कैसेन, लियोनल, एशियन्ट नेवल टेक्नलॉजी, पृ0 8–11.

146. धवलीकर, एम0 के0, द सातवाहन एपाक, एन इकोलाजिकल पर्सपेक्टिव, (सं0) शास्त्री, अजय मित्र, द एज ऑफ सातवाहन, I, पृ0 110.

147. वेदालंकार, हरिदत्त, प्राचीन भारत का राजीनितिक तथा सांस्कृतिक इतिहास. पृष्ठ0 548.

148. पाण्डेय, जे0 एन0, पुरातत्व विमर्श, पृ0 618.

149. पूर्ववत्, पृ0 651.

150. आर0डी0 दी पूमा, 'रोमन ब्रॉन्जेस फ्राम कोल्हापुर' विमला बेगले एवं आर0डी0दी0पूमा, रोम एण्ड इण्डिया, एशियन्ट सी ट्रेड, पृ0 82–112.

151. अन्ताखीं चैव रोमान्च यवनानां पुरं तदा। दूतैरेव वशे चक्रे कंर चैनानदायत्।। महाभारत, 2.28.49.

152. प्लिनी, नेचुरल हिस्ट्री, अनु0 मैक्रिण्डल, पृ0 154–58,

153. पूर्ववत्, 37.15.

154. विद्यालंकार, सत्यकेतु, भारतीय संस्कृति का इतिहास पृ0 238.

155. टार्न, द ग्रीक्स इन बैक्ट्रिया एण्ड इण्डिया, पृ0 37.

156. प्लिनी, नेचुरल हिस्ट्री, अनु0 मैक्रिण्डल, पृ0 12.14.

157. शाफ का अनुवाद, पेरिप्लस आफ द एरिथ्रियन सी, पृ0 214.

158. गिबन, डिक्लाइन एण्ड फॉल ऑफ रोमन एम्पायर, III, पृ0 272.

159. वेदालंकार, हरिदत्त, प्राचीन भारत का राजनीतिक तथा सांस्कृतिक इतिहास, पृ0 551.
160. पूर्ववत्.
161. पूर्ववत्.
162. पूर्ववत्.
163. पूर्ववत्, पृ0 553.
164. शाफ का अनुवाद, पेरिप्लस ऑफ दी एरिथ्रियन सी, 42, 45, 47, 118–119.
165. वेदालंकार, हरिदत्त, प्राचीन भारत का राजनीतिक तथा सांस्कृतिक इतिहास, पृ0 555.
166. प्लिनी, नेचुरल हिस्ट्री, अनु0 मैक्रिण्डल, पृ0 12.19.
167. वेदालंकार, हरिदत्त, प्राचीन भारत का राजनीतिक तथा सांस्कृतिक इतिहास, पृ0 555.
168. प्लिनी, नेचुरल हिस्ट्री, अनु0 मैक्रिण्डल, पृ0 24–27.
169. वेदालंकार, हरिदत्त, प्राचीन भारत का राजनीतिक तथा सांस्कृतिक इतिहास, पृ0 555.
170. पूर्ववत्.
171. पूर्ववत्, 556.
172. प्लिनी, नेचुरल हिस्ट्री, अनु0 मैक्रिण्डल, पृ0 21.1–10.
173. महावस्तु पृ0 463.
174. वेदालंकार, हरिदत्त, प्राचीन भारत का सांस्कृतिक इतिहास पृ0 108; विद्यालंकार, सत्यकेतु, भारतीय संस्कृति का विकास, पृ0 239.
175. वेदालंकार, हरिदत्त, प्राचीन भारत का राजनीतिक तथा सांस्कृतिक इतिहास, पृ0 556.
176. प्लिनी, नेचुरल हिस्ट्री, अनु0 मैक्रिण्डल, पृ0 37.37.
177. वेदालंकार, हरिदत्त, प्राचीन भारत का राजनीतिक तथा सांस्कृतिक इतिहास, पृ0 559.

178. पूर्ववत्.
179. पूर्ववत.
180. पूर्ववत्, पृ0 566
181. रोस्तोवजोफ़, द सोशल एण्ड द इकोनामिक हिस्ट्री ऑफ रोमन एम्पायर, फलक 17.
182. धवलीकर, एम0के0, द सातवाहन ईपॉक एन इकोलॉजिकल पर्सपेक्टिव, (सं0) शास्त्री, अजय मित्र, द एज ऑफ सातवाहनाज, I पृ0 110.
183. राव, राजवन्त एवं राव, प्रदीप कुमार, प्राचीन भारतीय मुद्राएँ, पृ0 167.
184. प्लिनी, नेचुरल हिस्ट्री, अनु0 मैक्रिण्डल, पृ0 37.7, 32.2.
185. वेदालंकार, हरिदत्त, प्राचीन भारत का राजनीतिक तथा सांस्कृतिक इतिहास, पृ0 563.
186. भगवती सूत्र, 9.6.
187. शाफ का अनुवाद, पेरिप्लस ऑफ दी एरिथ्रियन सी, 49.
188. टार्न द ग्रीक्स इन बैक्ट्रिया एण्ड इण्डिया, पृ0 374.
189. पूर्ववत्, पृ0 374–375.
190. वेदालंकार, हरिदत्त, प्राचीन भारत का राजनीतिक तथा सांस्कृतिक इतिहास, पृ0 563.
191. जैनकल्प, सूत्र पृ0 32.
192. जातक, I पृ0 265; III पृ0 291; V पृ0 79.
193. प्लिनी, नेचुरल हिस्ट्री, अनु0 मैक्रिण्डल, पृ0 6.26.
194. वेदांलकार, हरिदत्त, प्राचीन भारत का राजनीतिक तथा सांस्कृतिक इतिहास, पृ0 564.
195. धवलीकर, एम0 के0, द सातवाहन ईपॉक एन इकोलॉजिकल पर्सपेक्टिव, (सं0) शास्त्री, अजय मित्र, द एज ऑफ सातववाहनाज, I, पृ0 110.

196. वेदालंकार, हरिदत्त, प्राचीन भारत का राजनीतिक तथा सांस्कृतिक इतिहास, पृ0 565.
197. शाफ का अनुवाद, पेरीप्लस ऑफ दी एरिथ्रियन सी, पृ0 219–220.
198. गैरोला, वाचस्पति, भारतीय संस्कृति का विकास पृ0 333.
199. विद्यालंकार, सत्यकेतु, भारतीय संस्कृति का विकास पृ0 239.
200. वेदालंकार, हरिदत्त, प्राचीन भारत का राजनीतिक तथा सांस्कृतिक इतिहास, पृ0 565.
201. पूर्ववत्, पृ0 566.
202. उपाध्याय, वासुदेवशरण, प्राचीन भारतीय मुद्राएँ पृ0 90.
203. वेदालंकार, हरिदत्त, प्राचीन भारत का राजनीतिक तथा सांस्कृतिक इतिहास पृ0 567.
204. पूर्ववत्.
205. पूर्ववत्.
206. मोतीचन्द्र सार्थवाह, पृ0 9; अमर कोश, कोलं धर्मपत्तनम्।
207. वेदालंकार, हरिदत्त, प्राचीन भारत का राजनीतिक तथा सांस्कृतिक इतिहास पृ0 567.
208. विद्यालंकार, सत्यकेतु, भारतीय संस्कृति का विकास, पृ0 239.
209. वेदालंकार, हरिदत्त, प्राचीन भारत का राजनीतिक तथा सांस्कृतिक इतिहास, पृ0 569.
210. अभिज्ञान शाकुन्तलम् प्रथम अंक, श्लोक 34.
211. वेदालंकार, हरिदत्त, प्राचीन भारत की राजनीतिक तथा सांस्कृतिक इतिहास, पृ0 570.
212. वेदालंकार, हरिदत्त, भारत का सांस्कृतिक इतिहास पृ0 108.

अध्याय-पाँच

धार्मिक स्थिति

नियमबद्ध, संयमित और सात्विक जीवन ही धार्मिक जीवन है। धर्म शब्द 'धृ' धातु से बना है, जिसका अर्थ धारण करने से है। हर युग की भाँति सातवाहन युग में भी धर्म का प्रबल उत्कर्ष हुआ। भारत के धार्मिक इतिहास में सातवाहन शासकों का महत्वपूर्ण योगदान रहा है। सातवाहन युग में अनेक पुराणों की मूल रचना हुई, तथा अनेकों का पुनः संस्करण किया गया। सातवाहनों के उत्थान से पूर्व भारत में जैन एवं बौद्ध धर्म प्रचलन में थे, जिसके कारण वैदिक धर्म शिथिल पड़ गया था। अशोक ने बौद्ध धर्म को अत्यन्त सहज एवं उदार बना दिया था, जिससे लगभग सम्पूर्ण समाज बौद्ध धर्म का अनुयायी हो गया था। अनेकों मठों, विहारों, तथा उपाश्रयों की निरन्तर स्थापना हो रही थी। वहाँ कुछ ऐसे लोग प्रश्रेय पा रहे थे, जो समाज की दृष्टि से गिर गये थे।[1]

इसी समय वैदिक धर्म का पौराणिक धर्म के रूप में पुनः संस्करण हुआ। इस नये धर्म के विभिन्न सम्प्रदायों को भागवत् शैव, पाशुपत तथा शाक्त आदि विभिन्न नामों से अभिहित किया गया। इस परिवर्तन का श्रेय सातवाहन शासकों को भी जाता है।

जिस प्रकार उत्तर भारत में शुंग वंश के समय में वैदिक यज्ञों के अनुष्ठान की परम्परा प्रारम्भ हुई थी।, उसी परम्परा का अनुकरण

सातवाहनों ने दक्षिण भारत में किया एवं वैदिक धर्म का पुनरूद्धार किया।[2] नागनिका के नानाघाट अभिलेख में बीस यज्ञों का उल्लेख किया गया है, यद्यपि इस अभिलेख का कुछ भाग विनष्ट हो चुका है, तथापि अभिलेख के अवशिष्ट भाग में सातकर्णि के श्रौत यज्ञ करने का उल्लेख किया गया है। भगल–दशरात्र यज्ञ में दस हजार एक गायें और छंदोमपवमान यज्ञ में एक हजार एक गायें, दक्षिणा के रूप में दी गईं थीं। सातकर्णि ने दो बार अश्वमेध यज्ञ किया था। उनमें से दूसरे यज्ञ में रूप्यांलकार सहित एक अश्व, चौदह हजार कार्षापण, एक गाय, कुछ हाथी दक्षिणा के रूप में प्रदान किये गये थे।[3] नानाघाट अभिलेख के खंडित हो जाने के कारण बहुत थोड़े ही यज्ञों के नाम पठनीय है। किन्तु अवशिष्ट भाग में भी इन यज्ञों के तथा उनमें दी गयी उदार दक्षिणाओं के उल्लेख प्राप्त हुए हैं। ये यज्ञ हैं अग्न्याधेय अन्तरंभणीय, अंगारिक, दो अश्वमेध, भगलदशरात्र, गर्गत्रिरात्र, गवामयन, अंगिरसामयन, शतातिरात्र, अंगिरसात्रिरात्र, छंदोमपवमानत्रिरात्र आदि। इन यज्ञों के लिए सैकड़ो श्रोत्रियों को आमन्त्रित किया जाता होगा। यज्ञों में हजारों गाय दान में दी जाती थीं। इससे गायों की संख्या का अनुमान किया जा सकता है। सातवाहन युग में कृष्ण यजुर्वेद की आपस्तम्ब शाखा का तथा सामवेद की कुछ शाखाओं का प्रसार दक्षिण में हुआ था।

सातवाहन युग में पौराणिक धर्म का भी जनता में प्रसार था। नासिक के एक लेख में ऋषभदत्त द्वारा ब्राह्मणों को सत्तर हजार कार्षापणों का दान दिए जाने का उल्लेख प्राप्त होता है।[5]

श्रौत यज्ञों का अनुष्ठान और पौराणिक देवताओं की पूजा केवल सातवाहन काल के आरम्भ में ही नही, वरन् अन्त तक प्रचलित थी। इस सन्दर्भ में विदर्भ में प्राप्त मल्हारा ताम्रपत्र[6] का प्रमाण उल्लेखनीय है। इस प्रकार के यज्ञयाग, बड़े खर्च के एवं

दीर्घकाल तक चलने वाले थे, जो कि जनसाधारण की सामर्थ्य के बाहर थे।

पौराणिक हिन्दू धर्म के यमनियमों की तरह व्रत, अनशन, दान, तीर्थ–यात्रा, पूर्त (जनोपयोगी कार्य) आदि का पुण्योपार्जन के साधनों के रूप में पर्याप्त प्रसार था। नागनिका महीना–महीना तक अनशन करती थी। अपने घर में वह तपस्विनी की तरह रहती थी, वह दीक्षा, व्रत, यज्ञ आदि अनुष्ठानों के सम्पादन में निपुण थी।[7] एक अन्य सातवाहन रानी बलश्री तप, दम, नियम से रहने वाली तथा अनशन करने वाली एवं सत्यवचन, दान, क्षमा, अंहिसा, का निष्ठापूर्वक पालन करने वाली थी।[8] तीर्थस्थल जाकर स्नान करना और वहाँ दान देना पुण्योपार्जन का उपाय माना जाता था। गोसहस्रदान, लक्ष ब्राह्मणभोज, अपने खर्च से ब्राह्मणों के विवाह करवाना, तत्कालीन धारणा के अनुसार पुण्योपार्जन के उपाय थे।

पूर्तकर्मों में तालाब खुदवाना, पौशाले लगाना, नदियों को पार करने के लिए धर्मार्थ नावों की योजना करना, धर्मशालाएँ बनवाना आदि का समावेश था। ऋषभदत्त ने ये सभी पुण्योपार्जन कार्य किये थे।[9]

नानाघाट के लेख में सातकर्णि के द्वारा किये गए यज्ञों एवं ब्राह्मणों को दक्षिणा स्वरूप दिये गए गोदानों, हस्तिदानों और विभिन्न दानों से यही विदित होता है, कि वैदिक अनुष्ठानों का उसके राज्यों पर अत्यधिक प्रभाव था।[10] इसी लेख में इंद्र, संकर्षण, वासुदेव, चन्द्र, सूर्य, यम, वरूण और कुबेर का देवताओं के रूप में आह्वान किया गया है। इससे यह स्पष्ट है कि सातवाहन काल वैदिक से पौराणिक देववर्ग के प्रचार का संक्रमण काल था। हाल की गाथा सतसई[11] में पशुपति, रूद्र, गौरी, पार्वती, लक्ष्मी और नारायण के उल्लेख है। सरस्वती और गौरी का आह्वान है, और कृष्ण लीला से सम्बद्ध कथानकों के भी संकेत मिलते हैं।

यज्ञ प्रधान वैदिक धर्म के साथ–साथ इस काल में वैष्णव और शैव धर्मों का भी प्रचलन था। भण्डारकर के अनुसार अभिलेखों[12] में वर्णित गोपाल, विष्णुदत्त, विष्णुपालित जैसे नाम वैष्णव धर्म की लोकप्रियता को सिद्ध करते हैं।

वैष्णव धर्म

सातवाहन युग में विष्णु की उपासना पर बल देने वाले वैष्णव धर्म का विकास सम्भवतः शैव धर्म के पहले हुआ। इसके अन्य नाम पांचरात्र तथा भागवत सम्प्रदाय भी है। महाभारत एवं पुराणों के अनुसार भागवत सात्वत अथवा वृष्णि संघ के नेता वासुदेव कृष्ण की उपासना भगवान के रूप में करते थे। देवकी के पुत्र कृष्ण का उल्लेख हमें सर्वप्रथम छान्दोग्य उपनिषद में मिलता है। श्री कृष्ण के व्यक्तित्व के बारे में अनेक विचित्र एवं मनोरंजक कल्पनाएँ विद्वानों द्वारा की गई हैं। बार्थ और हापकिन्स के अनुसार कृष्ण कोई ऐतिहासिक मानवीय महापुरूष नहीं थे, किन्तु वे एक लोकप्रिय देवता थे, जो कलान्तर में विष्णु के साथ एकीकृत हो गए, और जिससे वैष्णव धर्म की उत्पत्ति हुई। वैष्णव धर्म के विकास की पहली अवस्था वासुदेव कृष्ण को वैदिक देवता से अभिन्न समझा जाना था। दूसरी अवस्था वासुदेव कृष्ण और विष्णु का एक महापुरूष नारायण से अभिन्न समझा जाना था। वैष्णव धर्म में सम्मिलित होने वाली तीसरी धारा वीरपूजा की थी।[13]

वैष्णव धर्म में चतुर्व्यूह पूजा का भी उल्लेख है, लेकिन यह किस समय वैष्णव धर्म में सम्मिलित हुई, यह प्रश्न विवादस्पद है। नानाघाट लेख से विदित होता है कि पहली शताब्दी से ई0पू0 तक गरूडवाहन विष्णु वासुदेव से अभिन्न थे और इनकी पूजा संकर्षण के साथ आरम्भ हो चुकी थी, किन्तु इस समय तक चतुर्व्यूह पूजा का आरम्भ नहीं हुआ था। इसका सर्वप्रथम उल्लेख विष्णु संहिता (66/2) में मिलता है। यहाँ वासुदेव का नाम पहले आया है, और

इसके बाद संकर्षण, प्रद्युम्न और अनिरूद्ध के नाम हैं। इसमें साम्ब का उल्लेख नहीं है।[14]

सातवाहन युग में इस सम्प्रदाय के दो बड़े केन्द्र मथुरा और विदिशा थे। मथुरा श्री कृष्ण की जन्म भूमि होने के कारण एक प्रसिद्ध केन्द्र था। यहाँ वैष्णव धर्म के प्रभाव को सूचित करने वाले अभिलेख एवं मूर्तियाँ पर्याप्त मात्रा में मिले हैं। मथुरा के अतिरिक्त वैष्णव सम्प्रदाय का दूसरा प्रधान केन्द्र मध्य भारत में विदिशा का प्रदेश था। कनिंघम को बेसनगर में विशाल प्रस्तर मूर्तियाँ मिली थीं। इनका समय तीसरी से दूसरी शती ई.पू. बताया जाता है। इनमें एक भागवत धर्म से सम्बद्ध विष्णु की पत्नी श्री या लक्ष्मी की मूर्ति थी। श्री सातकर्णि और गौतमीपुत्र श्री यज्ञ सातकर्णि के नानाघाट और चिन्नगंजाम के अभिलेखों से विदित होता है कि भागवत धर्म को दक्षिण भारत में बड़ी लोकप्रियता प्राप्त थी।[15]

शैवधर्म

वैष्णव धर्म की भाँति शैव धर्म के विकास में भी इसी समय विभिन्न उपासना पद्धतियों का समन्वय हुआ। इसका विकास ईसा से पहले हो चुका था। वैदिक युग में और सिंधु सभ्यता में शैव धर्म के कई रूप मिलते हैं।

सातवाहन युग में शैव धर्म बड़ा लोकप्रिय था। पतंजलि के महाभाष्य के अनुसार इस युग में श्री शिव की भक्ति का प्रसार सबसे अधिक था। शिव के उपासकों का अपना अलग सम्प्रदाय बन चुका था। ये शिवभागवत कहलाते थे। शिव के चिह्न के रूप में ये अपने पास त्रिशूल रखते थे। । महाभाष्य में इसे अयः शूल कहा गया है और इसको रखने वाले आयः शूलिक कहलाते थे।[16]

उस समय शिव की मूर्तियों की पूजा प्रचलित थी। पतंजलि (5/3/99) ने इस प्रसंग में शिव, स्कन्ध, और विशाख की मूर्तियों

का उल्लेख किया है। महाभाष्य में बताया गया है कि उस समय पाँच प्रकार की मूर्तियाँ होती थीं।

1. कुछ मूर्तियाँ सार्वजनिक स्थलों, यथा खुले चौराहों पर स्थापित होती थीं। इन पर किसी एक व्यक्ति का अधिकार न था, अतः ये किसी की जीविका का साधन नहीं थीं, और न ही बिक्री के लिए। पण्य के रूप में इनका प्रयोग होता था। ये केवल पूजार्थ होती थीं, इन्हें शिव स्कन्द कहा जाता था, इनके साथ क प्रत्यय नहीं लगता था।
2. दूसरे प्रकार की मूर्तियाँ पुजारियों के वैयक्तिक अधिकार में होती थीं। वे या तो एक स्थान पर प्रतिष्ठित की जाती थीं, या पुजारी उनके द्वारा धन बटोरने के लिए उन्हें घर–घर ले जाते थे। ऐसी चल और अचल मूर्तियाँ पूजार्थ तथा पुजारियों के लिए अजीविकार्य होती थीं, किन्तु बिक्री के लिए न होने के कारण अपण्य थीं। इनमें कन् प्रत्यय का लोप करके इन्हे शिव, स्कन्द आदि कहा जाता था।
3. तीसरे प्रकार की मूर्तियाँ दुकानों में बिक्री के लिए रखी जाती थीं। वे पूजनार्थ नहीं थीं। यद्यपि अपने स्वामी दुकानदारों के लिए जीविका का साधन अवश्य थीं। ऐसी मूर्तियाँ पण्य कहलाती थीं। इनमें कन् प्रत्यय लगता है, अतः इन्हे शिवक, स्कन्दक आदि कहा जाता था।
4. चौथे प्रकार की मूर्तियाँ मौर्य राजाओं ने धन के लोभ से बनवायी थी। ये मूर्तियाँ बिकती थीं, पूजा के लिए भी थीं और साथ ही जीविका का साधन भी थीं। इस प्रकार की मूर्तियों का नामकरण करना पतंजलि के लिए एक समस्या थी। वस्तुतः मौर्यों ने धन एकत्रित करने के उद्देश्य से कुछ मूर्तियाँ गढ़वाई थीं। कौटिल्य के अर्थशास्त्र में कहा गया है कि देवताध्यक्ष को चाहिए कि वह देव मूर्तियों के

द्वारा सोना बटोरे, खजाना भरे और देवताओं के चैत्यों मे उत्सव और मेले करवाए। नाग मूर्तियाँ अपने फणों की संख्या घटा बढ़ा लेती हैं, इस प्रकार चमत्कार की बातें फैलाकार भोली–भाली जनता से अपनी मूर्तियों की पूजा करवा कर धन इकट्ठा करे। इस प्रकार यह विदित होता है, कि इस प्रकार की मूर्तियाँ जीविका, पण्य और पूजा के लिए होती थी।[17]

5. पाँचवे प्रकार की मूर्तियाँ पतंजलि के समय की ऐसी थीं, जो पूजा हेतु निर्मित थीं, जिनसे पुजारियों की जीविका चलती थीं, किन्तु जो बिक्री के लिए पण्य वस्तु नहीं थीं।[18]

सातवाहन युग में शैव धर्म के पाशुपत सम्प्रदाय का विकास हुआ। इसके संस्थापक लकुलीश थे। इन्हें शिव का अट्ठाइसवाँ या अंतिम अवतार माना जाता है। पुराणों के वर्णन से ज्ञात होता है, कि शिव ने ब्रह्मचारी के रूप में लकुलीश के नाम से अवतार ग्रहण किया था।[19]

शैव मतानुयायी भी विधर्मियों को अपने धर्म में दीक्षित करते थे। शैव मंदिरों में पहले शिव की मूर्ति स्थापित की जाती थीं। कलान्तर में मूर्ति का स्थान लिंग ने ले लिया।[20]

सूर्योपासना

विष्णु एवं शिव के समान सूर्य की पूजा भी इस समय प्रचलित थी। सूर्य वैदिक देवताओं में से एक है। इस युग में भारत में सूर्य के मंदिर बनाए गए, तथा उनमें मूर्ति स्थापित की गई। ऐसा प्रतीत होता हैं कि सूर्य की इस नये रूप में पूजा का श्रेय भारत और प्राचीन ईरान के सम्बन्ध को है। दूसरी–तीसरी शती ई. की लाल बलुए पत्थर की कुछ सूर्य मूर्तियाँ मथुरा से मिली हैं। इनमें एक मूर्ति में चार घोड़ों द्वारा खींचे जाते हुए रथ में बैठे हुए सूर्य देवता

की स्थूलकाय मूर्ति के दोनों हाथ में कमल–कलिकायें हैं, और उसके कन्धों के पीछे छोटे–छोटे पंख दिखाये गए हैं, जैसे गरूड मूर्ति में दिखाये जाते हैं। सूर्य देवता की ये सभी मूर्तियाँ, उस समय इसकी उपासना की लोकप्रियता को सूचित करती हैं।[21]

लक्ष्मी तथा श्री की उपासना

लक्ष्मी का उल्लेख सर्वप्रथम ऋग्वेद में मिलता है।[22] दक्षिण भारत के वैष्णव धर्म में श्री की सपत्नी भू देवी और बंगला के वैष्णव धर्म में लक्ष्मी की सौत सरस्वती मानी जाती है।

लक्ष्मी इस युग में सम्पत्ति और सौभाग्य की सूचक होने के कारण नगरदेवता और राजलक्ष्मी के रूप में भी पूजित होने लगी थीं। नगर देवता के रूप में वह नगरों की समृद्धि और संरक्षिका समझी जाती थीं। ऐसा विश्वास प्रचलित था, कि यदि यह देवता नगर या राज्य से चला जाए, तो वहाँ विपत्तियों के बादल उमड़ पड़ते है। राजा की समृद्धि उसी समय तक बनी रहती है, जब तक कि उसके राज्य में राजलक्ष्मी का निवास होता है।[23] लक्ष्मी वहीं रहती है, जहाँ नीति और धर्म का पालन होता है। तीसरी शताब्दी ई.पू. से पहली शताब्दी ई. तक की मुद्राओं पर कमल पर बैठी या खड़ी हुई और कमल हाथ में लिए हुए लक्ष्मी की अनेक मूर्तियाँ मिली हैं।[24] भरहुत में तथा इस युग की मुद्राओं में श्री का चित्रण मिलता है।[25]

नागपूजा

सातवाहन युग की मूर्ति कला में नागों का अंकन मिलता है। इस युग में निर्मित अनेक नागमूर्तियों से नागपूजा की लोकप्रियता के संकेत मिलते हैं। ये मूर्तियाँ सर्पाकार एवं मानवाकार, दोनों रूपों में मिलती हैं। मानवीय मूर्तियों में एक, तीन, पाँच, अथवा सात की विषम संख्या में फण दिखाए गए हैं।[26]

इसके अतिरिक्त मातृपूजा और यक्ष पूजा का भी इस युग में प्रचलन था। भरहुत के स्तूप के छज्जे पर अनेक यक्ष और यक्षणियों की प्रतिमाएँ उत्कीर्णित की गई हैं। और उसके नीचे उनके नाम अंकित किये गए हैं।

यद्यपि इस प्रकार की प्रतिमाएँ पौनी के स्तूप के छज्जों पर उत्कीर्णित नहीं मिलती है, तथापि अभिलेखीय साक्ष्य प्राप्त होते हैं, कि तत्कालीन समाज में यक्ष पूजा प्रचलन मे थी। कुछ खेतों को यक्ष–यक्षिणियों के नाम दिये थे। नासिक में अजकालकिय नाम का एक खेत था, जो अजकालक यक्ष के नाम से विख्यात था।[27] नासिक की गुफा में वासिष्ठीपुत्र पुलुमावि के संवत्सर 19 और 22 में उत्कीर्णित अभिलेख में सुदर्शना नामक ग्राम भदायनीय भिक्षुसंघ को दान में देने का उल्लेख किया गया है।[28] यह ग्राम इसी नाम की यक्षिणी का माना जाता था। इसकी प्रतिमा भरहुत में उत्कीर्णित की गयी थीं और उसके नीचे उसका नाम भी अंकित किया गया।

मातृदेवी की पूजा

इसके अतिरिक्त मातृदेवी की उपासना भी प्रचलन में थी। महाराष्ट्र में अनेक पुरास्थलों में किये गये उत्खनन के फलस्वरूप मातृदेवी की पकी हुई मिट्टी की मूर्तियाँ प्राप्त हुई हैं। ये बैठिका पर बैठी हुई, आसनासीन एवं प्रायः नग्न रूपों में होती हैं। उनके स्तन तथा जघन भाग अपेक्षाकृत अधिक उभरे हुए दिखाये गए हैं, बाल ढीले एवं बिखरे हुए हैं, तथा गले में, कमर पर और हाथ में अलंकार प्रदर्शित हैं। इस प्रतिमा की पूजा समृद्धि की कामना हेतु की जाती होगी।[29]

जैन धर्म

जैन धर्म का पदार्पण विंध्य के दक्षिणी प्रदेशों में ई.पू. चौथी शती में ही हो चुका था। दकन के चारों ओर ऐसे प्रदेश थे जो उस

काल में जैन धर्म के गढ़ बन चुके थे, जबकि वह अपनी जन्मभूमि में प्रमुख धर्म न रह गया था।[30]

श्वेताम्बर और दिगम्बर सम्प्रदायों का भेद इस युग की एक प्रधान घटना थी। भद्रबाहु ने अपनी दिव्य दृष्टि से यह भविष्यवाणी की थी कि उत्तर भारत में बारह वर्ष का भीषण अकाल पड़ेगा। अतः उन्होंने अपने अनुयायियों के साथ दक्षिण भारत जाने का निश्चय किया। कुछ भिक्षु इस यात्रा के लिए तैयार नहीं थे। उन्हें स्थूल भद्र के नेतृत्व में मगध में छोड़कर वे दक्षिण चले गए। उस समय दक्षिण जाने वाले और उत्तर में रहने वाले जैनों की संख्या बारह–बारह हजार बतायी गई है।[31] सातवाहन काल मे जैन धर्म के अभिलेख प्राप्त नही हुए है। फिर भी यह अनुमान लगाया जाता है कि जैन धर्म उस समय प्रचलन में था।[32] सातवाहनों के समकालीन क्षत्रपों के शासनकाल में जूनागढ़ के निकट उपलब्ध जयदामन् के पौत्र के समय के एक खंडित अभिलेख में केवलिज्ञान प्राप्त हुए किसी मुनि को कुछ दान दिये जाने का उल्लेख प्राप्त होता है। वह लेख जैन धर्मसम्बन्धी होगा।[33] उपरोक्त अभिलेख तत्कालीन समाज में जैन धर्म के प्रचलन की पुष्टि करता है।

बौद्ध धर्म

वैदिक पौराणिक धर्म के पश्चात् बौद्ध धर्म के अनुयायियों की संख्या सबसे अधिक थी। इतिहास में सातवाहनों के आने से पहले ही विन्ध्य पार के प्रदेशों में बौद्ध धर्म प्रचलित हो चुका था। पश्चिम में पीतलखोरा और कोल्हापुर में तथा पूर्व में भट्टिप्रोलु और घंटशाल में किये गये पुरातात्विक उत्खननों से बौद्ध धर्म से सम्बन्धित अति प्राचीन काल के पुरावशेष प्रकाश में आए हैं।[24] बुद्ध–परिनिर्वाण के पश्चात् लगभग तीन सौ वर्ष तक उनके धर्म का प्रसार दक्षिण भारत में नही हुआ था।

महाराष्ट्र में बौद्ध धर्म का प्रवेश मौर्यकाल में हुआ। श्रीलंका में दीपवंस एवं महावंस नामक ऐतिहासिक ग्रन्थ ईसा की चौथी–पाँचवी शती में लिखे गए थे। आन्ध्र क्षेत्र में जग्गयपेट, अमरावती और भट्टिप्रोलु के स्तूपों पर मौर्य लिपि में लेख उत्कीर्णित हैं, जो ई0 पू0 तीसरी शती के हैं। बौद्ध ऐतिहासिक कथाओं के अनुसार अशोक के धर्मदूतों ने महिष–मंडल और महाराष्ट्र में बौद्ध धर्म का प्रचार किया था।[35]

महाराष्ट्र में बौद्ध धर्म का प्रसार शुरू होने पर वहाँ भिक्षुओं की संख्या बढ़ने लगी, और उनके निवास के लिए विहार, धर्मोपदेश के लिए चैत्यगृह या गन्धकुटी और पूजा के लिए स्तूप पहाड़ों में जगह–जगह खोदे गए हैं। महाराष्ट्र की गुफाएँ और वहाँ के अभिलेख प्राचीन काल में उस क्षेत्र विशेष में बौद्ध धर्म के प्रसार के चिह्न हैं।[36]

भारत के अन्य कुछ भागों में भी पर्वतों एवं विशाल चट्टानों में खोदी गई गुफाएँ हैं, किन्तु महाराष्ट्र की गुफाओं की तरह वे विशाल एवं सुन्दर नहीं हैं। महाराष्ट्र में इस प्रकार की गुफाओं की संख्याँ लगभग एक हजार है। इनमें से कुछ गुफाएँ अत्यधिक लघु आकार की हैं जबकि कुछ अत्यधिक विशाल हैं। शिल्प तथा स्थापत्य का अद्भुत समन्वय इन गुफाओं में दिखाई देता है। कुछ में तो सौभाग्यवश अब तक अवशिष्ट चित्र शेष हैं। अजंता की गुफा सं. नौ तथा दस इसके ज्वलंत उदाहरण हैं। जिसमें बौद्ध धर्म से सम्बन्धित जातक कथाओं का सुन्दर अंकन प्राप्त होता है।

इस प्रकार की गुफाएँ तीन प्रयोजनों हेतु उत्खनित की जाती थी जिनमें से प्रथम स्तूप रूप हैं। स्तूप मूलतः पूज्य व्यक्ति के पवित्र अवशेषों के ऊपर स्थापित मिट्टी, पत्थर अथवा इष्टिका निर्मित अथवा पहाड़ में खोदा गया अर्द्धवृत्ताकार ढेर है। चूँकि इस स्थापत्यीय वास्तु संरचना में व्यक्ति विशेष के धातु अवशेषों को गर्भ में स्थापित किया जाता है अतः इसका एक अन्य नाम दागोब

धातुगर्भ भी है। इसके अतिरिक्त बौद्ध भिक्षुओं के निवास हेतु गुफाओं के रूप में विहारों का भी निर्माण किया गया। सातवाहनकालीन अभिलेखों में इस प्रकार के विहारों को गुफाओं के रूप में खुदवाकर बौद्ध भिक्षुओं को दान में दिए जाने के उल्लेख प्राप्त होते हैं।[37] इस प्रकार के विहार किसी विशिष्ट भिक्षुसंघ को अधिकार में दिए जाने पर भी वे भिक्षुओं को वर्षाकाल में आश्रयार्थ देते थे। तीसरा स्थापत्य प्रकार चैत्य अथवा गन्धकुटी के नाम से अभिहित किया गया। ये भिक्षुओं की प्रार्थना करने हेतु निर्मित किये जाते थे। इन विहारों एवं चैत्यगृहों के निकट पेयजल की व्यवस्था हेतु पानी की तलैया खोदी जाती थी, जिन्हे 'पौढ़ी' कहा जाता था।

यद्यपि सातवाहनवंशीय नरेश ब्राह्मण धर्म के अनुयायी थे तथापि बौद्धधर्म के प्रति उदार दृष्टिकोण रखते थे। गौतमी पुत्र सातकर्णि, वासिष्ठीपुत्र पुलुमावि, यज्ञ श्री सातकर्णि आदि सातवाहन नरेशों ने गुफाएँ खुदवा कर भिक्षुओं को अर्पित की थीं– यथा नासिक की क्रमांक 3 की गुफा गौतमीपुत्र सातकर्णि की माता महादेवी गौतमी बलश्री ने खुदवाकर भदायनीय भिक्षुसंघ को अपने धर्मदाय के रूप में दान में दिया था।[38] सातवाहनवंशीय नरेशों के अतिरिक्त अधीनस्थ सामन्तों एवं सरदारों का भी बौद्ध धर्म के प्रति झुकाव था। उन्होंने तथा उनके परिवार के सदस्यों ने अनेक गुफाएँ खुदवाई थी। इन सामन्तों को महाभोज तथा महारठी आदि उपाधियाँ प्राप्त थीं। नासिक की क्रमांक बीस की गुफा, कौशिकगोत्रीय महासेनापति भवगोप की भार्या महासेनापत्नी बासु ने गौतमी पुत्र यज्ञ श्रीसातकर्णि के शासनकाल के सातवें वर्ष में खुदवाकर इसे चारों दिशाओं में रहने वाले भिक्षुसंघ को निवास के लिए अर्पण कर दिया। इसी प्रकार चुटुकुलानन्द सातकर्णि के शासनकाल के नवें वर्ष में महारठि की भार्या स्कन्दनाग सातक की (सातकर्णि की) माता एवं महाभोज धणसेण की भगिनी नागमुलनिका ने गुफा सं. 70 खुदवाकर

दानस्वरूप भिक्षुसंघ को अर्पित की।[40] नासिक की गुफा में भट्पालिका[41] एवं धणम कुनबी[42] द्वारा, कार्ले की गुफा में भदन्त की शिष्याओं[43] एवं अबुलामा निवासी सेतफरण के पुत्र हरफरण[44] द्वारा, कान्हेरी की गुफा में कल्याण निवासी व्यापारी आनंद के पुत्र अपरेणु[45] एवं विष्णुनदी के पुत्र की भार्या[46] द्वारा विभिन्न चैत्यगृहों, विहारों, तथा मण्डपों का निर्माण कराए जाने का उल्लेख अभिलेखीय साक्ष्यों में मिलता है।

राजा, क्षत्रप, उनके सामन्त एवं सरदार आदि ने बौद्ध धर्म को दान देकर पर्याप्त प्रोत्साहन प्रदान किया। इसके साथ ही साथ ईसा पूर्व तथा ईसा के बाद दो–तीन शती में महाराष्ट्र में बौद्ध धर्म के उत्थान एवं प्रसार–प्रसार में सामान्य वर्ग के लोगों ने भी अपना अभूतपूर्व योगदान प्रदान किया। गुफा खुदवाना स्वर्गप्राप्ति का साधन माना जाता था। अजंता की गुफा स. 26 में उत्कीर्णित हैः–

यावत्कीर्तिर्लोके तावत्स्वर्गेषु मोंदते देही।
चन्द्राक्रकालकल्पा कार्या कीर्तिर्महीध्रेषु।।

अर्थात जब तक विहार–चैत्यों के जैसे पुण्य कृत्य इस जगत में विद्यमान है, तब तक उनको बनाने वाला मनुष्य स्वर्ग लोक में खुशी में रहता है। अतः पहाड़ों में यावच्चन्द्रदिवाकरौ बनी रहने वाली गुफाएँ खुदवाएँ।[47]

पर्वतों पर इस प्रकार के चैत्य, विहार खुदवाने के अतिरिक्त इष्टिका, मिट्टी तथा पत्थर की सहायता से भी इस प्रकार की वास्तुगत संरचनाओं का निर्माण किया जाता था। विदर्भ क्षेत्र स्थित पौनी में किये गए उत्खनन के फलस्वरूप दो स्तूपों के भग्नावशेष प्रकाश में आये हैं[48] जो कि इस क्षेत्र के बौद्ध धर्म के सुप्रसिद्ध तत्कालीन केन्द्र होने की पुष्टि करते हैं। इनमें से एक स्तूप में उसी प्रकार का अलंकरण किया गया है जैसा कि साँची, भरहुत के स्तूप में दिखायी देता है। स्तूप के विभिन्न खण्डित अवशेषों में अनेक धार्मिक स्त्री–पुरुषों ने लेख उत्कीर्णित कराकर अपने दानों

का उल्लेख किया है। इन गुफाओं एवं स्तूपों को दान देने वालों में राजन्य तथा कुलीन परिवारों के लोगों के साथ–साथ समाज के अन्य वर्गों के भी लोग थे। उनमें ब्राह्मण, ब्राह्मणियों, यवन, शक, गृहस्वामिनी, माली, सुवर्णकार, लोहवणिज, वंशकार, (बँसोड़), काँस्यकार, गृहपति (गृहस्थ), सार्थवाह (व्यापारी), हलिक (किसान), उनकी स्त्रियाँ, श्रेष्ठी (साहुकार), गांधिक आदि विभिन्न जातियों एवं व्यवसायगत जातियों के लोगों के साथ–साथ भदन्त या भिक्षु, प्रव्राजिका या भिक्षुणियाँ आदि भी सम्मिलित थे। महाराष्ट्र का पर्वतीय क्षेत्र गुफाएँ खुदवाने के दृष्टिकोण से उत्तम माना जाता था। सम्भवतः यही कारण रहा होगा कि लोग दूर–दूर से यहाँ आकर गुफाएँ खुदवाते थे एवं भिक्षुसंघो को कल्याणार्थ अर्पित करते थे। कार्ले के भव्य चैत्यगृह में अभिलिखित है[49]–

वैजयंतितो सेठिण सेलघरं भूतपालेना परिनिठपितं जुबुदियम्हि उतम।

अर्थात समग्र जंबुद्वीप में (भारत में) अब तक उत्कृष्ट मानी जाने वाली यह चैत्य गुफा वैजयंती के श्रेष्ठी भूतपाल ने खुदवाई थी। वैजयन्ती का समीकरण उत्तरी कानडा जिले में स्थित वर्तमान के वनवासी क्षेत्र से किया जाता है। सातवाहनकाल में यह सातवाहनों की एक शाखा की राजधानी थी। दूरस्थ स्थित प्रदेश से यहाँ आकर उस श्रेष्ठी ने इस सुन्दर गुफा का निर्माण करवाया था।[50] इसी प्रकार कान्हेरी (कृष्णगिरि) का स्तूप गौतम बुद्ध के अग्रशिष्य सारिपुत्र की स्मृति में सिंध प्रदेश से आये बुद्धरूचि ने बनवाया था।[51] सम्भवतः यही कारण है कि करहाड (क–हाड) धेनुकाकट, शूर्पारक (सोपारा), कलिएण (कल्याण), चेमुल (चौल), वस्य (वसई) स्थानक (ठाणे) आदि स्थलों के दानकर्ताओं का उल्लेख पश्चिमी भारत की गुफाओं में उत्कीर्णित अभिलेखों में मिलता है।[52]

बौद्ध धर्म के आन्तरिक विकास की दृष्टि से सातवाहन युग का बहुत महत्व है। विभिन्न प्रदेशों एवं राज्यों में बौद्ध धर्म के प्रसार का यह परिणाम स्वभाविक था, कि उसमें विविध आचारों–विचारों को लेकर मतभेद उत्पन्न होने लगे। अशोक द्वारा बौद्ध धर्म के प्रचार–प्रसार के फलस्वरूप दूरस्थ क्षेत्रों में बौद्ध धर्म के केन्द्र उत्पन्न हो गये। केन्द्रीय नियन्त्रण के अभाव में इससे विभिन्न निकायों (शाखाओं) की उत्पत्ति हुई जिनकी संख्या अठारह तक ज्ञात है। कालान्तर में आन्तरिक मतभेदों के फलस्वरूप उनमें से कुछ विलग शाखाओं में सन्निहित हो गई। लगभग दूसरी शती ई. पू. में महासंघिक संघ की उत्पत्ति हुई, जिसकी आठ शाखाएँ थीं। उनमें व्यावहारिक लोकोत्तरवाद, अपरशैलिक, एवं पूर्वशैलिक प्रमुख थीं। इस संघ की उत्पत्ति वैशाली में हुई। कालान्तर में यह पूर्व के प्रदेशों में विस्तारित होता हुआ दक्षिण भारत आया।[53] आन्ध्र प्रदेश का धान्यकटक, जिसका समीकरण वर्तमान के धरणीकोट से करते हैं, महासंघिक शाखा का प्रमुख केन्द्र था। वहाँ के लेख में उसकी सभी शाखाओं का उल्लेख मिलता है।[54] अतः उसमें संदेह नहीं है, कि वह सातवाहन काल में दक्षिण भारत का प्रमुख बौद्ध केन्द्र था।[55] इस शाखा से सम्बन्धित भिक्षुओं का उल्लेख महाराष्ट्र के कार्ले एवं कान्हेरी की गुफा लेखों में किया गया है।

वस्तुतः महात्मा बुद्ध के महापरिनिर्वाण के उपरान्त लगभग एक शती पश्चात् जब वैशाली में बौद्ध धर्म की द्वितीय संगीति का आयोजन किया गया, तो पारस्परिक मतभेद के कारण बौद्ध धर्म दो सम्प्रदायों में विभक्त हो गया–महासंघिक एवं स्थविरवाद। स्थविरवाद के केन्द्र कौशाम्बी एवं उज्जैनी थे, जबकि महासंघिक वैशाली एवं पाटलिपुत्र में केन्द्रित था। इनमें महासंघिक शाखा का प्रसार पहले एवं कालान्तर में स्थविरवाद का प्रसार हुआ। महासंघिकों की भाँति स्थविरवाद में भी अनेक सम्प्रदायों अर्थात् शाखाओं का विकास हुआ। अशोक के समय तक बौद्ध धर्म अठारह सम्प्रदायों में विभक्त

हो चुका था। बौद्ध धर्म की तृतीय संगीति में अशोक ने इन भेदों को दूर करने का प्रयत्न किया, और उसने स्थविरवाद को बुद्ध की मूलशिक्षाओं के अनुरूप घोषित किया। अशोक ने जिस बौद्ध धर्म को देश–विदेश में प्रसारित करने के लिए महान उद्योग किया था, वह स्थविरवाद ही था। महासंघिक सम्प्रदाय के अनुयायी बुद्ध के लोकोत्तर स्वरूप में विश्वास करते थे।[56]

स्थविरवाद की दो मुख्य शाखाएँ थी, सर्वास्तिवाद और हैमवत (या मूलस्थविरवाद) । इनमें सर्वास्तिवाद का विस्तार उत्तर भारत में मथुरा में पंजाब के नगरहार तक एवं तक्षशिला से कश्मीर तक था। इसकी प्रमुख शाखा भदायनीय (या भदावनीय) विदर्भ के पौनी में थी । सम्भवतः इस शाखा से सम्बन्धित भिक्षु तथा भिक्षुणियाँ नासिक[57] तथा कान्हेरी[58] गए थे। उनको सातवाहनों ने अनेक गुफाओं एवं ग्रामों के दान दिए थे। नासिक की गुफा में वासिष्ठीपुत्र पुलुमावि के शासनकाल के उन्नीसवें वर्ष में उत्कीर्णित लेख में उल्लिखित है कि दक्षिणापथेश्वर पुलुमावि ने त्रिरश्मि पर्वत की नैऋत्य में स्थित पिशाचीपद्रक ग्राम समस्त अधिकारों के साथ वहाँ के भदावनीय भिक्षुसंघ को अपने धर्मदाय के रूप में दान दिया।[59] इसी प्रकार का एक अन्य उल्लेख कान्हेरी की गुफा में यज्ञ सातकर्णि के शासनकाल में अभिलिखित लेख में मिलता है।[60] अभिलेख में वर्णित हैं कि कान्हेरी की इस गुफा को गजसेन एवं गजमित्र नाम श्रेष्ठियों ने खुदवाना आरम्भ किया, फिर इस गुफा को स्थविर अचल भदन्त, गहल, बोधि, विजयमित्र, धर्मपाल एवं उपासक अपरेणुक श्रेष्ठी ने पूरा कराकर भदायनीय को दान में प्रदान किया। इसके अतिरिक्त कुछ अन्य शाखाओं के उल्लेख महाराष्ट्र के लेखों में आते हैं जैसे सोपारा, जुन्नर एवं कार्ले की धर्मोत्तरीय[61] और सौवर्षक[62] या काश्यपीय, जुन्नर की चैत्यक[63] और अपराजित।[64]

सातवाहन काल में दक्षिण में बौद्ध धर्म की हीनयान शाखा का प्रसार सर्वत्र था, जिसके कारण बुद्ध की मूर्ति रूप में पूजा न होकर

उनसे सम्बन्धित उपादानों की पूजा की जाती थी यथा धर्मचक्र, अश्व, स्तूप, आदि। कालान्तर में कनिष्क के शासनकाल में लगभग महायान शाखा का उदय होने के फलस्वरूप बुद्धमूर्ति की पूजा आरम्भ होने लगी। सातवाहन काल के अन्त में महायान का प्रमुख दार्शनिक नागार्जुन हुआ था।[65]

महायान दर्शन का सर्वप्रथम प्रतिपादन नागार्जुन ने किया। नागार्जुन ने सम्पूर्ण त्रिपिटक का नब्बे दिन में अध्ययन कर लिया, किन्तु इससे उसको संतोष नही हुआ। हिमालय में रहने वाले एक अतीव वृद्ध भिक्षु से उन्हे महायान के सूत्र प्राप्त हुए। नागार्जुन ने महायान सम्प्रदाय का अनुयायी होते हुए भी हीनयानियों से कोई विरोध नही रखा, और उनके कल्याण का प्रयत्न किया। चीनी साहित्य में नागार्जुन के नाम से बीस रचनाएँ मिलती हैं। दर्शनशास्त्र के क्षेत्र में इनकी सबसे प्रसिद्ध रचना माध्यमिककारिका या माध्यमिकशास्त्र है।[66] महायान में बौद्ध धर्म के मूल सिद्धान्तों की नये आदर्शवादी दृष्टिकोण की व्याख्या की गई और दो नयी विचारधाराओं ने जन्म लिया। पहली विचारधारा माध्यमिक दार्शनिकों की एवं दूसरी योगाचार की थी। नागार्जुन ने माध्यमिक दर्शन के शून्यवाद का प्रतिपादन किया था। इनका कार्यक्षेत्र सम्भवतः कर्नाटक एवं धान्यकटक था। नागार्जुन को अपने सिद्धान्तों के प्रचार में सातवाहन वंशीय नरेशों से सहायता प्राप्त हुई थी। बौद्ध अनुश्रुति के अनुसार सातवाहन नरेशों ने बौद्ध धर्म की इस शाखा के प्रचार–प्रसार में योगदान प्रदान किया। एक बौद्ध ग्रन्थ में एक भविष्यवाणी का उल्लेख प्राप्त होता है कि दक्षिण भारत में सातवाहन नाम का एक राजा होगा। जब इस धर्म का लोप होने वाला होगा, उस समय वह प्रकट होगा और महाधर्म के वैपुल्य सूत्र का प्रचार करेगा और धर्म को लुप्त होने से बचायेगा।[67]

दूसरे सम्प्रदाय योगाचार के व्याख्याता पुरूषपुर में रहने वाले असंग और वसुबन्धु थे। इनका समय चौथी शती.ई. माना गया है,

किन्तु योगाचार के सिद्धान्तों का विकास इससे पूर्व कुषाणकाल में हो चुका था, क्योंकि अनेक विद्वान इस सम्प्रदाय का प्रथम प्रवर्तक बोधिसत्व मैत्रेय अथवा मैत्रेयनाथ को मानते थे।[68]

हीनयान के संदर्भ में, बुद्ध के महापरिनिर्वाण के प्रतीक स्तूप (चैत्य) की पूजा पुष्प, दीप, धूप इत्यादि से की जाती थी। इसमें दीप का विशेष महत्व था। स्तूप के समक्ष सतत् दीप प्रज्जवलित रखना विशेष पुण्यप्रद माना जाता था। बौद्ध चैत्य में सतत् दीप प्रज्जवलित रहे, इसलिए दान दिया जाता था।[69]

चैत्य एवं गुफा के सुनियोजित प्रबन्धन का उत्तरदायित्व मुख्य भिक्षु का होता था, जिसे महास्वामी कहते थे। राजन्य तथा कुलीन परिवारों के अतिरिक्त विभिन्न सम्पन्न श्रेणियों एवं संगठनों तथा जनसामान्य द्वारा पुण्योपार्जनार्थ हेतु दान में दी गईं वस्तुओं एवं ग्रामदानों का उचित प्रबन्धन वह करता था। भिक्षुओं के निवास एवं वस्त्रों के प्रबन्ध हेतु दानकर्ता निकटस्थ श्रेणियों में स्थायी निक्षेप रखते थे। सातवाहनों के समकालीन पश्चिमी क्षत्रपों के शासनकाल में नहपान के दामाद एवं दीनीक पुत्र ऋषभदत्त ने नासिक की गुफा संख्या 10 दान में प्रदान की, साथ ही भिक्षुओं के चीवर (वस्त्र) एवं औषधि के प्रबन्धन हेतु गोवर्धन की श्रेणियों में 3,000 कार्षापण दो अक्षय नीवियों (स्थायी निक्षेप) में ब्याज पर रखी।[70] लेख में स्पष्ट कहा गया है कि ये निक्षेप वापस न लिया जाएँ, मात्र उसके ब्याज का उपयोग भिक्षुओं के चीवर एवं औषधि के लिए किया जाए। इस गुफा में उत्कीर्णित अभिलेख से इस तथ्य की पुष्टि होती है।

नियमतः भिक्षुओं के लिए प्रावधान था कि वे समीप के गाँव में जाकर उदरपूर्ति हेतु भिक्षा माँगते थे। जो माँस जानबूझकर अपने लिए तैयार न किया गया हो, उसे भिक्षा में लेने की अनुज्ञा थी। यद्यपि बौद्ध धर्म में हिंसा निषिद्ध मानी गई है, किन्तु चूँकि उस समय अधिकांश लोग माँसाहारी थे, इसी कारण सम्भवतः इस

प्रकार की अनुज्ञा दी गई, अन्यथा भिक्षुओं को प्रायः अनशन ही करना पड़ता।[71]

भिक्षु लोग जाड़े के और गर्मी के दिनों में धर्मप्रचारार्थ सभी जगह घूमते थे। किन्तु वर्षा ऋतु में उन्हे किसी विहार का आश्रय लेना पड़ता था। ये विहार वस्तुतः किसी शाखा विशेष के अधीन होते थे। तथापि यह नियम था कि उसमें सभी भिक्षुओं को आश्रय दिया जाए। सम्भवतः यही कारण रहा होगा कि दानकर्त्ता अभिलेख में इस तथ्य को स्पष्ट रूप से निर्देशित करता था, कि ये विहार चारों दिशाओं के भिक्षुसंघों के लिए अमुक भिक्षुसंघ के अधीन दिया।[72]

बुद्ध द्वारा प्रतिपादित नियमानुसार भिक्षु तथा भिक्षुणियाँ बहुमूल्य वस्तुएँ, यथा सोना, रजत आदि दान के रूप में स्वीकार नही कर सकते थे। किन्तु ऐसा प्रतीत होता है कि कालान्तर में इस नियम का कड़ाई से पालन नहीं किया गया, क्योंकि कई अभिलेखो में उल्लेख मिलता है कि गुफा खुदवाने से लेकर उसे पूरा करवाने एवं अलंकरणार्थ समस्त व्यय भिक्षु–भिक्षुणियों द्वारा वहन किया गया। कार्ले के दो हस्तशिल्पों का दान आचार्य इन्द्रदेव नामक भिक्षु ने किया था।[73] इसी प्रकार भद्रसेन नामक भिक्षु ने मिथुन (दंम्पती) का शिल्प अपने व्यय से खुदवाया था।[74] कुडा की एक सम्पूर्ण गुफा तथा उसके निकट की तलैया परिव्राजिका (भिक्षुणी) ने अपना धन व्यय करके खुदवाई थी।[75] प्रश्न यह उठता है कि इन भिक्षु–भिक्षुणियों के पास इतना धन कहाँ से आया? सम्भवतः यह धन या तो उन्हे अपने शिष्य–शिष्याओं द्वारा प्राप्त हुआ होगा, या फिर उन्होने अपने सम्पन्न सम्बन्धियों से धर्मार्थ पाया होगा।

विहारों में भिक्षुओं के साथ–साथ भिक्षुणियों के निवास का भी प्रबन्ध होता था। ये भिक्षुणियाँ प्रायः पति की मृत्योपरान्त संन्यासिनी हुई होंगी। अविवाहिताओं को भी संघ–प्रवेश की अनुज्ञा प्राप्त थी। इसकी पुष्टि कुडा से प्राप्त एक अभिलेख में होती है, जिसमें वर्णित

है कि दो भिक्षुओं की पद्‌मिनिका नामक भाँजी ने अपनी दो शिष्याओं सहित धर्मदाय के रूप में गुफा एवं तलैया खुदवाकर दान स्वरूप प्रदान की।[76] इस अभिलेख में कही भी उसके पति या पुत्र का निर्देश पुण्यप्राप्ति के उद्‌देश्य से नहीं किया गया है वरन् भिक्षु बने उसक मामा का है। स्पष्ट है कि उनका उदाहरण देखकर उसने भी दीक्षा ली होगी।

यदा–कदा भिक्षुगण विहारों में अध्यापन कार्य भी करते थे। इन्हे गणाचार्य कहा जाता था।[77] भिक्षुणियों को शिष्या बनाने की अनुज्ञा भिक्षुओं को थी, किन्तु भिक्षुओं को शिष्य बनाने की अनुज्ञा भिक्षुणियों को नहीं थी। सातवाहन काल में अनेक विदेशी जातियों का भारत आगमन हुआ, जिनमें से कुछ स्थायी रूप से यहीं निवास करने लगे एवं स्वयं को एकसार करने के लिए हिन्दू अथवा बौद्ध धर्म ग्रहण कर लिया। सातवाहनकालीन मंदिरों में विहारों तथा स्तूपों की भाँति नाम खुदवाने की प्रथा न होने से भी इसके सम्बन्ध में अभिलेखीय साक्ष्य का अभाव है। किन्तु बौद्ध गुफाओं में इस प्रकार के अनेक उल्लेख प्राप्त होते हैं। नासिक के एक अभिलेख में यवन धम्मदेव के पुत्र इंद्राग्निदत्त द्वारा दिये गए दान का उल्लेख है।[79] कार्ले की गुफा में सीहधय और धम्म यवनों द्वारा दिये गए दान का उल्लेख किया गया हैं।[80] नासिक की गुफा संख्या 10 में उल्लिखित है कि विष्णुदत्त नामक शकनिका (शक स्त्री) ने बीमार भिक्षुओं की औषधि हेतु समीप की श्रेणी में स्थायी निक्षेप का प्रबन्ध किया था।[81] शकवंशीय ऋषभदत्त एवं उसकी पत्नी दक्षमित्रा ने नासिक में एक गुफा खुदवाई थी। ऊपर हमने देखा कि इसके अतिरिक्त ऋषभदत्त ने भिक्षुओं के चीवर, औषधि तथा आहार हेतु अक्षयनीवि रखकर स्थायी प्रबंध किया था।[82] इसी प्रकार कार्ले की गुफा में वासिष्ठीपुत्र पुलुमावि के शासनकाल के चौबीसवें वर्ष के अभिलेख[83] में वर्णित है कि अबुलामा के निवासी सेतफरण के पुत्र सुवर्ष अथवा काश्यपीय संघ के अनुयायी तथा

उपासक हरफरण ने विहार गुफा का दान महासंघीय भिक्षुसंघ को अपने माता पिता के सम्मानार्थ दिया था। इसमें वर्णित अबुलामा सम्भवतः ईरान के किसी प्रदेश का या स्थल का नाम होगा,[84] जैसा कि व्यूह्लर का मत है। लेख में वर्णित हरफरण एवं सेतफरण नाम ईरानी है। इसमें से हरफरण ग्रीक–फारसी का होरोफर्नेस अथवा होलो फर्नेस प्रतीत होता है। इन नामों के अन्त में प्रयुक्त फरण शब्द का फारसी भाषा में अर्थ स्वामी है।

सातवाहनकालीन धार्मिक जीवन में कट्टरता का अभाव था जिसके फलस्वरूप तत्कालीन समाज में हिन्दू धर्म एवं बौद्ध धर्म में परस्पर सामंजस्य एवं सुलह की स्थिति थी। गौतमीबलश्री स्वयं हिन्दू राजवंश की पटरानी थी, किन्तु बौद्ध धर्म पर उसकी असीम निष्ठा थी, नासिक की गुफा में गौतमीपुत्र सातकर्णि के शासनकाल के चौबीसवें वर्ष में उत्कीर्णित अभिलेख[85] में वर्णित है कि गौतमीबलश्री ने अपने पुत्र सातकर्णि से कहकर गोवर्धन नगर की सीमा पर स्थित शासकीय खेत में से 100 निवर्तन भूमि त्रिरश्मि पर्वत में रहने वाले भिक्षुओं को दानस्वरूप प्रदान करवायी। प्रस्तुत लेख की आज्ञा गौतमीबलश्री के कहने पर निकाली गई प्रतीत होती है। कालान्तर में अपने पौत्र वासिष्ठीपुत्र पुलुमावि से कहकर गौतमीबलश्री ने पिशाचीपद्रक नामक गाँव भिक्षुसंघ को दान करवाया, जिसकी पुष्टि नासिक की गुफा में वासिष्ठीपुत्र के शासनकाल के उन्नीसवें वर्ष में अभिलिखित लेख से होती है।[86] इसी प्रकार का उल्लेख कुडा की गुफा संख्या 13 में किया गया है। लेख में वर्णित है कि ब्राह्मण उपासक अयितिलु की ब्राह्मण पत्नी भायिला ने चैत्यगृह का दान किया।[87]

भिक्षुसंघों को दिए जाने के साथ–साथ ब्राह्मणों को भी इस प्रकार के दान प्राप्त होते थे। रोचक तथ्य यह है कि ब्राह्मणों को प्राप्त इस प्रकार के दानों का उल्लेख बौद्ध विहारों से प्राप्त अभिलेखों में किया गया हैं। सातवाहनों के समकालीन पश्चिमी

क्षत्रपों के शासनकाल में नासिक की गुफा में ऋषभदत्त द्वारा अभिलिखित लेख में उसके द्वारा दो हजार सुवर्णों का दान भगवान देवों एवं ब्राह्मणों को अर्पित करने का वर्णन हैं।[88] यह लेख नासिक की उस गुफा में उत्कीर्णित है, जो भिक्षुसंघ को दानस्वरूप प्रदान की गयी थी। स्पष्ट है कि हिन्दू देवताओं एवं ब्राह्मणों को दिये गए दानों का वर्णन अपने को दिये गए विहार के प्रमुख स्थान पर खुदवाने में भिक्षुओं ने आपत्ति नहीं की होगी। यद्यपि कालान्तर में हिन्दू एवं बौद्ध दर्शनों की परिणति होकर वाद विवाद में उनके अनुयायियों द्वारा तीव्र वाक्प्रहार किये गए, ऐसा उनके ग्रन्थों में स्पष्ट रूप से परिलक्षित होता है,[89] तथापि इसमें कोई सन्देह नहीं है कि व्यवहार में उनमें सामंजस्य था। ब्राह्मणों को दान में प्राप्त गाँव एवं खेतों को ब्रह्मदाय एवं भिक्षुओं को दिये गए खेत को भिखुहल कहा जाता था।[90] दान देते समय दानित ग्राम अथवा खेत के साथ–साथ उससे सम्बन्धित समस्त अधिकारों एवं सहूलियतों को भी दान प्राप्त करने वाले ब्राह्मण अथवा भिक्षु को हस्तान्तरित कर दिया जाता था, यथा उस गाँव या खेत में कोई प्रवेश न करे, नमक के लिए उसे न खोदा जाए, खेत अथवा गाँव में किसी प्रकार का हस्तक्षेप न किया जाए, उसमें राजकीय सैनिक प्रवेश न करे। ये सभी सहूलियतें केवल मौखिक नहीं थीं, वरन् इन्हे अभिलिखित करने का प्रचलन था। एक लेख में दान दिये गए ग्राम के लिए ससिद्धिक विशेषण का प्रयोग किया गया है। इसी प्रकार अभ्यन्तरसिद्धिक अथवा अभ्यन्तरसिद्धया शब्द का प्रयोग बाद के ताम्रपटों में आते हैं।[91] 'उस गाँव अथवा प्रदेश में यदि कोई अपराध हुआ, तो उसका निर्णय करने के अधिकार के सहित' इसका यह अर्थ लगता है। इसी अर्थ का 'सदण्डदशापराध' जैसा विशेषण का भी सम्भवतः यही अर्थ रहा होगा, जो कि बाद के ताम्रपट्टों में प्रयुक्त किया गया है।[92] कुछ विद्वानों का मत है कि इस प्रकार से गाँवों तथा खेतों को दान दिये जाने से ही जमींदारी प्रथा का

उद्भव हुआ।[93] किन्तु यह सन्देहास्पद लगता है, क्योंकि जागीरदारी के उचित संचालन हेतु मात्र भू सम्पदा का होना ही पर्याप्त नहीं है, इसके साथ शक्ति एवं प्रभुत्व होना अनिवार्य है। विचारणीय प्रश्न यह है कि जिन्हें इस प्रकार के दान दिये गए थे उन ब्राह्मणों अथवा भिक्षुसंघों की शक्ति कैसे प्राप्त होगी। अतएव उनकी तुलना यूरोप के करना अनुचित है। इस प्रकार की सुविधाओं को देने का उद्देश्य मात्र यह रहा होगा कि राजसेवकों से उन्हें किसी प्रकार का कष्ट न हो एवं वे सुख–शान्ति से अपना धर्माचरण कर सकें।

उपरोक्त विवरण के आधार पर ज्ञात होता है कि सातवाहन शासक धर्म सहिष्णु थे। यद्यपि वे स्वयं ब्राह्मण धर्म के अनुयायी थे, तथापि अन्य धर्मों के प्रति उनका दृष्टिकोण उदार था। वे बौद्ध एवं जैन संस्थाओं को दान दिया करते थे। वैदिक धर्म के उपरान्त बौद्ध धर्म का महत्व इस युग में था, जिसके प्रसार का अनुमान इस बात से लगाया जा सकता है कि अनेक विदेशियों ने भी ब्राह्मण एवं बौद्ध धर्म को अधिग्रहण कर उसका सहर्ष अनुपालन किया।

सन्दर्भ

1. गैरोला, वाचस्पति, भारतीय संस्कृति और कला, पृ0 331
2. वेदालंकार, हरिदत्त, प्राचीन भारत का राजनैतिक तथा सांस्कृतिक इतिहास, पृ0 247.
3. आर्कियोलॉजिकल सर्वे ऑफ वेस्टर्न इंडिया, V, पृ0 60
4. मिराशी, वा0वि0, सातवाहनों और पश्चिमी क्षत्रपों का इतिहास और अभिलेख, 112.
5. ल्यूडर्स लिस्ट, 1133.
6. विदर्भ संशोधन मण्डल, 1976.
7. आर्कियोलॉजिकल सर्वे ऑफ वेस्टर्न इंडिया, V, पृ0 60; ल्यूडर्स लिस्ट, क्रमांक 1112.

8. जर्नल ऑफ द बॉम्बे ब्रांच ऑफ द रॉयल एशियाटिक सोसाइटी, V, पृ0 41; ल्यूडर्स लिस्ट, 1123.
9. ल्यूडर्स लिस्ट, 1131.
10. याज़दानी, जी0, दकन का प्राचीन इतिहास, पृ0 130.
11. 'गाथा सप्तशती' (काव्यमाला 21), भूमिका, पृ0 9, प्रारम्भ व अन्त की गाथाएँ, गाथा सं0 455,372,403.
12. आर्कियोलॉजिकल सर्वे ऑफ वेस्टर्न इंडिया, IV, पृ0 100; एपिग्राफिया इंडिका, VIII, पृ0 65; जर्नल ऑफ द बॉम्बे ब्राँच ऑफ द रॉयल एशियाटिक सोसाइटी, VI, पृ0 6.
13. वेदालंकार, हरिदत्त, प्राचीन भारत का राजनीतिक सांस्कृतिक इतिहास, पृ0 346—348.
14. पूर्ववत् पृ0 350—351.
15. पूर्ववत् पृ0 352, 353, 354.
16. कि योडयः शूलेनान्विच्छति स आयः शूलिकः। किं चातः? शिव भागवते प्राप्नोति। महाभाष्य 5.2.76.
17. वेदालंकार, हरिदत्त, प्राचीन भारत का राजनीतिक तथा सांस्कृतिक इतिहास, पृ0 348.
18. पूर्ववत् पृ0 349.
19. पूर्ववत्, पृ0 362.
20. विद्यालंकार, सत्यकेतु, प्राचीन संस्कृति का विकास, पृ0 225
21. वेदालंकार, हरिदत्त, प्राचीन भारत का राजनीतिक तथा सांस्कृतिक इतिहास, पृ0 368.
22. पूर्ववत्, पृ0 370.
23. पूर्ववत्, पृ0 371.
24. पूर्ववत्
25. पूर्ववत् पृ0 370—371.
26. पूर्ववत् पृ0 372, 374.

27. एपिग्राफिया इंडिका VIII, पृ0 71; ल्यूडर्स लिस्ट 1125.
28. जर्नल ऑफ द बॉम्बे ब्रॉच ऑफ द रॉयल एशियाटिक सोसाइटी, V, पृ0 41; ल्यूडर्स लिस्ट, 1123.
29. मिराशी, वा0 वि0, सातवाहनों और पश्चिमी क्षत्रपों का इतिहास और अभिलेख, पृ0 125–126.
30. याज़दानी, जी0, दकन का प्राचीन इतिहास, पृ0 131,
31. वेदालंकार, हरिदत्त, प्राचीन भारत का राजनीतिक तथा सांस्कृतिक इतिहास, पृ0 399,
32. मिराशी, वा,वि0, सातवाहनों और पश्चिमी क्षत्रपों का इतिहास और अभिलेख, पृ0 11.
33. पूर्ववत्.
34. याज़दानी, जी0 दकन का प्राचीन इतिहास, पृ0 131.
35. पूर्ववत्
36. पूर्ववत्, पृ0 118.
37. एपिग्राफिया इंडिका VIII, फलक 3; 7 फलक 3; VII, 3; VIII, पृ0 60.
38. जर्नल ऑफ द बॉम्बे ब्रॉच ऑफ द रॉयल एशियाटिक सोसाइटी, V, पृ0 41, ल्यूडर्स लिस्ट 1123,
39. एपिग्रफिया इंडिका, VIII, पृ0 94; ल्यूडर्स लिस्ट, 1146.
40. जर्नल ऑफ द बॉम्बे ब्रॉच ऑफ द रायल एशियाटिक सोसाइटी, VI, पृ0 10; ल्यूडर्स लिस्ट 1021.
41. एपिग्राफिया इण्डिका, VIII, पृ0 91.
42. पूर्ववत, पृ0 94.
43. जर्नल ऑफ द बॉम्बे ब्रॉँच ऑफ द रायल एशियाटिक सोसाइटी, V, पृ0 158.
44. एपिग्रफिया इंडिका, VII, फलक 3.
45. आर्कियोलॉजिकल सर्वे ऑफ वेस्टर्न इण्डिया, V, फलक 15.

46. जर्नल ऑफ द बॉम्बे ब्रॉच ऑफ द रायल एशियाटिक सोसाइटी, VI, पृ0 6.
47. ऑर्कियोलॉजिकल सर्वे ऑफ वेस्टर्न इण्डिया, IV, पृ0 13, 14.
48. पौनी एक्सकेवेशन्स, पृ0 25.
49. बर्जेस और इन्द्राजी, भगवानलाल, इंस्क्रिप्शन्स फ्रॉम द केव टेम्पिल्स ऑफ इण्डिया, पृ0 28.
50. मिराशी, वा0 वि0, सातवाहनों और पश्चिमी क्षत्रपों का इतिहास और अभिलेख, पृ0 120.
51. कॉर्पस इंस्क्रिप्शनम् इंडिकैरम, IV.
52. बर्जेस और इन्द्राजी भगवानलाल, इंस्क्रिप्शन्स फ्रॉम द केव टेम्पिल्स ऑफ वेस्टर्न इण्डिया, पृ0 28.
53. टू थाउजेन्ड इयर्स ऑफ बुद्धिज्म, पृ0 112.
54. मिराशी, वा0 वि0, सातवाहनों और पश्चिमी क्षत्रपों का इतिहास और अभिलेख, पृ0 121.
55. शिवराममूर्ति, एस0, अमरावती स्कल्पचर्स इन द मद्रास गवर्नमेंट म्यूजियम, पृ014.
56. विद्यालंकार, सत्यकेतु, भारतीय संस्कृति का विकास, पृ0 227.
57. एपिग्राफिया इंडिका VIII, पृ0 60, पंक्ति–10.
58. ऑर्कियोलॉजिकल सर्वे ऑफ वेस्टर्न इण्डिया, V, पृ0 75, पंक्ति 9–10.
59. जर्नल ऑफ द बॉम्बे ब्रॉच ऑफ द रायल एशियाटिक सोसाइटी, V, पृ0 41.
60. ऑर्कियोलॉजिकल सर्वे ऑफ वेस्टर्न इण्डिया, V, पृ0 75.
61. बर्जेस और इन्द्राजी, भगवानलाल, इंस्क्रिप्शन्स फ्रॉम द केव टेम्पिल्स ऑफ वेस्टर्न इंडिया, पृ0 29.
62. पूर्ववत्, पृ0 35.
63. ऑर्कियोलॉजिकल सर्वे ऑफ वेस्टर्न इंडिया, पृ0 85.

64. बर्जेस और इन्द्रजी, भगवान लाल, इंस्क्रिप्शन्स फ्रॉम द केव टेम्पिल्स ऑफ वेस्टर्न इंण्डिया, पृ0 44.
65. मिराशी, वा0वि0 सातवाहनों और पश्चिमी क्षत्रपों का इतिहास और अभिलेख, पृ0 121–122.
66. वेदालंकार, हरिदत्त, प्राचीन भारत का राजनैतिक तथा सांस्कृतिक इतिहास, पृ0 390–391.
67. पूर्ववत्, पृ0 395.
68. पूर्ववत्
69. बर्जेस और इन्द्रजी, भगवानलाल, इंस्क्रिप्शन्स फ्रॉम द केव टेम्पिल्स ऑफ वेस्टर्न इंण्डिया, पृ0 11.
70. हिस्टोरिकल रिसर्चेज़, पृ0 59; ल्यूडर्स लिस्ट 1133.
71. मिराशी, वा0वि0 सातवाहनों और पश्चिमी क्षत्रपों का इतिहास और अभिलेख, पृ0 122.
72. पूर्ववत्, पृ0 123.
73. बर्जेस और इन्द्रजी, भगवानलाल, इंस्क्रिप्शन्स फ्रॉम द केव टेम्पिल्स ऑफ वेस्टर्न इंडिया, पृ0 29.
74. पूर्ववत, पृ0 35.
75. आर्कियोलॉजिकल सर्वे ऑफ वेस्टर्न इंडिया, IV, पृ0 85.
76. बर्जेस और इन्द्रजी, भगवानलाल इंस्क्रिप्शन्स फ्रॉम द केव टेम्पिल्स ऑफ वेस्टर्न इंण्डिया, पृ0 6.
77. मिराशी, वा0वि0 सातवाहनों और पश्चिमी क्षत्रपों का इतिहास और अभिलेख, पृ0 123.
78. पूर्ववत्.
79. आर्कियोलॉजिकल सर्वे ऑफ वेस्टर्न इंडिया, IV, पृ0 115.
80. बर्जेस और इन्द्रजी, भगवानलाल, फ्रॉम द केव टेम्पिल्स ऑफ वेस्टर्न इंडिया, पृ0 31.
81. कॉर्पस इंस्क्रिप्शनम् इंडिकैरम् IV, पृ0 3.

82. हिस्टोरिकल रिसर्चेज़, पृ0 59.
83. एपिग्राफिया इण्डिका, खण्ड VII, फलक 3.
84. आर्कियोलॉजिकल सर्वे ऑफ वेस्टर्न इंण्डिया, IV, पृ0 112.
85. जर्नल ऑफ द बॉम्बे ब्रॉच ऑफ द रॉयल एशियाटिक सोसाइटी, VII, पृ0 46.
86. पूर्ववत्, पृ0 41.
87. आर्कियोलॉजिकल सर्वे ऑफ वेस्टर्न इंण्डिया IV, पृ0 86.
88. एपिग्राफिया इण्डिका, VIII, पृ0 75, 87.
89. मिराशी, वा0वि0 सातवाहनों और पश्चिमी क्षत्रपों का इतिहास और अभिलेख, पृ0 124, 125.
90. जर्नल ऑफ द बॉम्बे ब्रॉच ऑफ द रायल एशियाटिक सोसाइटी, V, पृ0 45.
91. कॉर्पस इंस्क्रिप्शनम् इंडिकैरम, IV, पृ0 154.
92. मिराशी, वा0वि0 सातवाहनों और पश्चिमी क्षत्रपों का इतिहास और अभिलेख, पृ0 125.
93. सत्यनारायण, सी0 जे0 के0, ए स्टडी ऑफ द हिस्ट्री एण्ड कल्चर ऑफ द आन्ध्राज, पृ0 257.

अध्याय–छः

प्रशासनिक स्थिति

दकन का सांस्कृतिक इतिहास वस्तुतः उसके आर्यीकरण का इतिहास है। यहाँ का प्रशासन, सामाजिक और आर्थिक जीवन, धर्म एवं दर्शन, कला एवं साहित्य–वस्तुतः मानव जीवन की प्रत्येक शाखा आर्यों के सांचे में ढल गई। वैदिक ऋषियों, मौर्य प्रशासन के अधिकारियों एवं बौद्ध संस्थाओं ने समान रूप से अपने उपदेशों एवं आचरण से इस परिवर्तन की गति को तीव्र किया, और दकन की भूमि में आर्य संस्थाओं की जड़ें सुदृढ़ करने का कार्य किया। वस्तुतः इस बात के पर्याप्त साक्ष्य मिलते हैं कि उन लोगों ने सुविचारित ढंग से उपलब्ध अर्थशास्त्र एवं स्मृतियों में उपदिष्ट नीति के अनुपालन की चेष्टा की। सम्भवतः उस समय धर्मशास्त्र एवं अर्थशास्त्र की प्रतियाँ तैयार की जाती थीं, एवं साथ ही उनका अनुशीलन भी किया जाता था। जायसवाल के मतानुसार प्रथम शती के अंतिम चरण में मनुसंहिता ने ही धर्मशास्त्र का स्थान अधिग्रहीत कर लिया था।[1] नासिक की गुफा सं. 3 में वासिष्ठीपुत्र पुलुमावि के शासनकाल के संवत्सर 19 में अभिलिखित कराए गए अभिलेख[2] में गौतमीपुत्र सातकर्णि के विषय में वर्णित है कि, "उसने त्रिवर्गों की प्राप्ति के लिए देश और काल को सुविभक्त कर लिया था (सुविभक्त त्रिवर्ग देशकालस्य) और वह पौर जनों के

सुख–दुख का समान भागी था।" कौटिल्य के अर्थशास्त्र[3] में भी इसी प्रकार का उल्लेख प्राप्त होता है। वर्णित है कि "राजा को चाहिए कि वह त्रिवर्गों–धर्म, अर्थ, काम का, जो परस्पर आश्रित हैं, समान भाव से सेवन करें और प्रजा के सुख में राजा का सुख और प्रजा के हित में राजा का हित, का अनुशीलन करें।"

पुरातात्त्विक साक्ष्यों के अभाव में प्राचीन भारतीय राजनीतिशास्त्र के ग्रन्थों को तत्कालीन प्रशासनिक व्यवस्था के लिए पर्याप्त विश्वसनीय प्रमाण माना जा सकता है। सातवाहनों ने अपने शासन में कौटिल्यकृत अर्थशास्त्र में उपदिष्ट आदर्शों की अवहेलना की हो, ऐसा सोचने के लिए कोई कारण नहीं है।

महाराष्ट्र प्रदेश पर शासन करने वाला सातवाहन प्रथम महत्वपूर्ण राजवंश था। सातवाहन शासकों के लिए उनके अभिलेखों में प्रयुक्त दक्षिणापथपति[4] एवं दक्षिणापथेश्वर[5] उपाधि से यह अनुमान लगाया गया कि नर्मदा नदी के दक्षिण में भारत के एक बड़े भू–खण्ड पर इन्होंने दीर्घावाधि तक शासन किया। काल की अस्थिरता के अनुरूप सातवाहनों और उनके समसामयिक प्रतिद्वन्दी पश्चिमी क्षत्रपों के साम्राज्य की सीमाएं घटती–बढ़ती रहती थीं। पुराणानुसार आन्ध्रों ने काण्वों का उच्छेदन कर मगध का साम्राज्य अधिग्रहीत किया था।[6] किन्तु अभी तक ऐसे साक्ष्य प्राप्त नहीं हुए हैं, जिससे यह धारणा पुष्ट की जा सके, कि आन्ध्रों ने मगध की प्राचीन राजधानी पाटलिपुत्र पर आधिपत्य स्थापित किया था। अभी तक प्राप्त साक्ष्यों के आधार पर यह स्पष्ट है कि वे निश्चित रूप से दकनी शक्ति थे। जिस समय उनके साम्राज्य का सूर्य मध्याह्न पर था, उनका राज्य पूर्व में बंगाल की खाड़ी से लेकर पश्चिम में अरब सागर तक तथा उत्तर में नर्मदा से लेकर दक्षिण में कृष्णा नदी तक विस्तृत था। उत्तर में विन्ध्य के पार मालवा तक तो उनका साम्राज्य निश्चित रूप से था। मालवा जो कि उनके साम्राज्य की उत्तरी सीमा था, को लेकर शकों और सातवाहनों के

मध्य संघर्ष चलता रहता था। अतएव मालवा कभी शक क्षत्रपों के और कभी सातवाहनों के आधिपत्य में रहता था। यही स्थिति पश्चिम में नासिक, जुन्नर और कार्ले के प्रदेशों की भी थी। सामान्यतः नर्मदा के दक्षिण का प्रदेश दक्षिणापथ के नाम से जाना जाता था। वात्स्यायन के कामसूत्र के टीकाकार यशोधर[7] के अनुसार, "नर्मदाया दक्षिणेन देशो दक्षिणापथः।" राजशेखर ने दक्षिणापथ में महाराष्ट्र, माहिषक, विदर्भ, कुन्तल, कोंकण, काच्ची, केरल, चोल, पाण्ड्य, पल्लव आदि दक्षिण भारत के समस्त प्रदेशों को सन्निहित किया हैं। किन्तु सातवाहनों के अधिकार में रहे दक्षिणापथ में विदर्भ, महाराष्ट्र, माहिषक और कोंकण, इतने ही प्रदेश सम्मिलित थे।

साधारणतया भौगोलिक उल्लेख शिलालेखों की अपेक्षा ताम्रपटों में मुख्यतः पाये जाते हैं। किन्तु अभी तक सातवाहन और शक क्षत्रपों के ताम्रपट प्राप्त नहीं हुए हैं। दक्षिण भारत में अब तक प्राप्त सर्वप्राचीन प्रथम ताम्रपट सातवाहन शासन के अन्त में शासन करने वाले मुंडवंशीय आदित्यराज का मल्हारा ताम्रपट है। इसके पश्चात् पल्लवनरेश शिकस्कन्दवर्मा के मयिदवोलू और हीरहडगल्लि ताम्रपट प्राप्त होते हैं। सातवाहन शासकों द्वारा उत्कीर्ण कराए गए अभिलेखों में कुछ भौगोलिक संज्ञाएँ प्राप्त होती हैं।

प्रशासनिक इकाइयाँ

प्राचीन काल में साम्राज्य को राष्ट्र, आहार, कटक, पथक आदि उपविभागों में विभक्त कर दिया जाता था।[12] सातवाहनों का शासन–प्रबन्ध बहुत कुछ मौर्यों के शासन–प्रबन्ध के समान ही था। शासन की सुविधा की दृष्टि से सातवाहन नरेशों ने अपने साम्राज्य का यह प्रशासनिक विभाजन वाकाटक काल में भी जारी रहा।[13] जनपद के बड़े विभागों को राष्ट्र कहा जाता था, किन्तु इसका उल्लेख सातवाहनकालीन अभिलेखों में नहीं किया गया है।

हीरहडगल्लि ताम्रपट में सातवाहनिरट्ठ (सातवाहन राष्ट्र) का निर्देश है।[15] बेल्लारी जिले में स्थित इस भूभाग को सातवाहनों ने विजित किया था और उस पर प्रभुत्व स्थापित होने के पश्चात् ही इस प्रदेश को यह अभिधान मिला होगा। इस प्रदेश के अधिकारी को राष्ट्रिक कहा जाता था।[16] सातवाहनवंशीय नरेश श्री पुलुमावि के शासन काल के संवत्सर 8 में अडोणी तालुके से प्राप्त अभिलेख[17] से यह प्रमाण मिलता है कि आहार जनपद के ही समान थे। जनपद का उल्लेख कौटिल्य के अर्थशास्त्र एवं अशोक के अभिलेखों में भी किया गया है।[18] परन्तु इस जनपद की रचना 3200 ग्रामों को मिलाकर होती थी। सम्भवतः सातवाहनकालीन आहार का क्षेत्रफल मौर्यकालीन जनपद के विस्तार से कम रहा होगा।[19] प्रान्त के लिए राष्ट्र अथवा देश एवं जिलों के लिए आहार, विषय और जनपद का प्रयोग किया जाता था। परन्तु इस विषय में एक ही पद्धति रूढ़ नहीं थी।

प्रदेश के अधिकारी राष्ट्रिक का प्राकृत रूप रठिक का उल्लेख अशोक एवं खारवेल के अभिलेखों में किया गया है।[20] यह राष्ट्र विभाग आकार में यदि बड़ा हो, तो उसका प्रमुख महारठी कहलाता था। सातवाहनों के समय महारठी और महाभोज बड़े जागीरदार अथवा सामन्त थे। नानाघाट,[21] कार्ले,[22] कान्हेरी[23] से प्राप्त सातवाहन कालीन अभिलेखों में महारठी का उल्लेख किया गया है। वहीं महाभोज का उल्लेख कान्हेरी[24] तथा वनवासी[25] में उत्कीर्ण कराए गए अभिलेखों में किया गया है। उन्हें अपने प्रदेश के लिए स्वनामांकित मुद्राएँ प्रचलित कराने का अधिकार था। कर्नाटक से **सदकण कललाय महारठी** मुद्रालेख के अंकन से युक्त मुद्राएँ प्राप्त हुई हैं।[26] सातवाहनकालीन अभिलेखों से स्पष्ट है कि थाना और कुलाबा जिले में महाभोज और नासिक तथा पूना जिले में महारठी सामन्त थे।[27]

जनपद के अनन्तर की इकाई आहार कहलाती थी। आहार की साम्यता वर्तमान समय के जिले से की जा सकती है। यह शालंकायन

राजवंश के अभिलेखों में वर्णित विषय शब्द से मिलता–जुलता है।[28] प्रत्येक आहार का नाम उसके मुख्यालय पर निर्भर होता था। गौतमीपुत्र सातकर्णि के शासन काल के संवत्सर 18 में कार्ले में उत्कीर्ण कराए गए अभिलेख[29] में, मामाल आहार के करजक गाँव का भिक्षुहल के रूप में दान दिया जाना, उल्लिखित किया गया है। राजवाडे के अनुसार मामाल शब्द की व्युत्पत्ति महाभल्ल शब्द से हुई है।[30] अभिलेख में आहार के नामोल्लेख के अतिरिक्त कोई अन्य उल्लेख प्राप्त नही होता है। सतारा जिले में स्थित महाबलेश्वर, जो कि प्राचीनकाल में सम्भवतः महाभल्लेश्वर के नाम से विख्यात था, के नाम के आधार पर इसका समीकरण मामाल आहार से किया जा सकता हैं। सम्भवतः मूल रूप से यह महाभल्लेश्वर रहा होगा, जो कि समयान्तर मामालेशर, मामालेश्वर और अन्ततः महाबलेश्वर में परिवर्तित हो गया।[31] इस आहार में उस समय पूना जिले के सह्याद्रि पर्वत के निकट की मावल तहसील, सतारा जिले का महाबलेश्वर तालुक तथा कोलाबा जिले के करजत तालुक का कुछ भाग सम्मिलित रहा होगा।[32]

नासिक की गुफा सं० 3 में गौतमीपुत्र सातकर्णि के शासनकाल के संवत्सर 18 में उत्कीर्ण कराए गए अभिलेख[33] में उल्लिखित है कि गौतमीपुत्र सातकर्णि की आज्ञा से गोवर्धन आहार के अमात्य विष्णुपालित द्वारा पश्चिमी कखड़ी गाँव के अजकालक नामक खेत त्रिरश्मि पर्वत के भिक्षुओं को दान में देने की घोषणा की गई। इसी आहार का उल्लेख वासिष्ठीपुत्र पुलुमावि के शासनकाल के संवत्सर 19 एवं 22 में उत्कीर्ण गए अभिलेख[34] में भी मिलता है। उल्लिखित है कि वासिष्ठीपुत्र पुलुमावि की आज्ञा से गोवर्धन के अमात्य शिवस्कंदिल द्वारा सुदर्शना गाँव के स्थान पर गोवर्धन आहार के पूर्व मार्ग पर शाल्मलीपद्र गाँव भदायनीय भिक्षुसंघ को दानित करने की घोषणा की गई। इस आहार के अन्तर्गत नासिक जिले में स्थित निफाड और नासिक तालुक का भू–भाग सम्मिलित था।[35]

शोर्पारगाहार का उल्लेख कान्हेरी अभिलेख[36] में किया गया है। उत्तरी कोंकण के सोपारा के चारों ओर का प्रदेश इस आहार में समाविष्ट था, जिसका समीकरण वर्तमान में थाना जिले के वसाई तालुक के सोपारा के आसपास के क्षेत्र से किया जाता है।[37] इसी प्रकार गुजरात में कापुराहार नामक प्रदेश था। उसमें सूरत जिले का अन्तर्भाव होता था।[38] आहार के अधिकारी को अमात्य कहा जाता था।[39] कतिपय आहार के प्रमुख असैनिक राज्यपाल, महासेनापति भी हुआ करते थे, यथा जगलिगुंडि अभिलेख में महासेनापति को एक आहार का प्रधान उल्लिखित किया गया है।[40]

आहार के अन्तर्गत कई विषय सन्निहित होते थे। किन्तु किसी भी सातवाहन अभिलेख में विषय इकाई का उल्लेख नहीं किया गया है। सातवाहनों के समकालीन शकक्षत्रप रूद्रदामन् के जूनागढ़ अभिलेख[41] में यद्यपि इसका उल्लेख किया गया है, तथापि वहाँ पर यह शब्द यमक के रूप में प्रयुक्त किया गया है, वहाँ उसका अर्थ है देश।

सातवाहन अभिलेखों में कटक नामक प्रशासनिक इकाई का भी उल्लेख प्राप्त होता है। साधारणतया नदी के निकटस्थ प्रदेशों के नाम सम्बन्धित नदी के नाम के अन्त में कट अथवा कड शब्द जोड़कर बनाए जाते थे, यथा वेणाकट, वरदाकड, करहाकट इत्यादि। नासिक से गौतमीपुत्र सातकर्णि के शासनकाल के अट्ठारवें वर्ष में उत्कीर्ण कराए गए अभिलेख[42] में एवं वासिष्ठीपुत्र पुलुमावि के शासनकाल के संवत्सर 19 एवं 22 वर्ष में उत्कीर्ण कराए गए अभिलेखों[43] में बेनाकटक का उल्लेख प्राप्त होता है। गौतमीपुत्र सातकर्णि को बेनाकटकस्वामी कहकर सम्बोधित किया गया है। वाकाटकों के अभिलेख में भी बेनाकट या बेनातट का वर्णन किया गया है। इसका समीकरण बालाघाट एवं भंडारा में वैनगंगा नदी के किनारे के क्षेत्र से किया जाता है।[44] मिराशी के अनुसार

सातवाहनों के अभिलेखों में उल्लिखित बेनाकटक तथा वाकाटकों के अभिलेखों में वर्णित बेनाकट अथवा बेनातट एक ही है।[45] नाम में साम्यता के आधार पर ही दोनों को एक माना गया है। लेकिन मात्र यह साक्ष्य पर्याप्त नहीं माना जा सकता है। इसके अतिरिक्त सातवाहन अभिलेखों में वर्णित बेनाकटक गोवर्धन आहार के निकट स्थित था, जो कि सम्भवतः नासिक जिले में सन्निहित था। प्रारम्भिक इतिहासकारों, यथा ब्यूह्लर, ई० जे० रैप्सन, ई० सेना, डी० सी० सरकार, के० गोपालचारी आदि ने गौतमीपुत्र सातकर्णि को इस प्रदेश का संस्थापक माना है।[46] अजयमित्र शास्त्री दोनों को एक ही मानने का विरोध करते है।[49]

अभिलेख में सातकर्णि ने अपना उल्लेख अपने देश से (मूलकस्वामी) अथवा राजधानी से (प्रतिष्ठानस्वामी) न करके बेनाकटकस्वामी के रूप में किया है। इसका कारण यह रहा होगा कि पश्चिमी महाराष्ट्र के नहपान पर विजय पाने के पूर्व उसने विदर्भ के क्षत्रपों पर बेनाकटक (भंडारा जिले में वैनगंगा के तीर पर पौनी के पास का प्रदेश) में विशेष विजय पाई थी।

विषय से छोटी प्रशासनिक इकाई को पथक कहते थे। कान्हेरी से प्राप्त गुहालेख में पैठनपथ का उल्लेख प्राप्त होता है।[48] कभी–कभी दो भिन्न नगरों को जोड़ने वाले मार्गों का नाम उन नगरों के नाम पर रख दिया जाता था। प्रारम्भिक काल में मार्ग जंगलों एवं अनुपयोगी भूमि से होकर गुजरते थे। समय के साथ–साथ मानव ने मार्ग के दोनों ओर के जंगलो एवं अनुपयोगी भूमि को आवासित किया एवं इन मार्गों अथवा पथों की पहचान एक प्रशासनिक इकाई के रूप में की जाने लगी। अभिलेख में वर्णित पैठनपथ इसी प्रकार की प्रशासनिक इकाई थी।

सातवाहनकालीन अभिलेखों में अनेक नगरों का उल्लेख किया गया है। कुछ सातवाहन शासकों ने अपने नाम से नगर स्थापना की। गौतमीपुत्र विजय सातकर्णि के शासनकाल के संवत्सर 6 में

नागार्जुनकोण्डा में उत्कीर्ण कराया गया स्तम्भलेख प्राप्त हुआ है। विजय सातकर्णि ने अपने नाम से विजयपुरी नामक नगर की स्थापना करके उसे अपनी राजधानी बनाया। वर्तमान में यही विजयपुरी नागार्जुनकोण्डा के नाम से विख्यात है। इस नगर का उल्लेख बाद के इक्ष्वाकु राजाओं के अभिलेखों में किया गया।[50] इसी प्रकार वासिष्ठी पुत्र पुलुमावि के संवत्सर 19 और 22 में नासिक की गुफा सं. 3 में उत्कीर्ण कराए गए अभिलेख[51] में वासिष्ठीपुत्र पुलुमावि को नवनगरस्वामी कहकर सम्बोधित किया गया है। सम्भवतः इस नगर की स्थापना पुलुमावि ने ही की थी। किन्तु वर्तमान में इस नगर का समीकरण किस क्षेत्र से किया जाए, निश्चित रूप से नहीं कहा जा सकता है, क्योंकि अभिलेख में इसकी भौगोलिक स्थिति का कोई उल्लेख नहीं किया गया है। कर्नाटक में शिकारपुर तालुक के मलवल्लि गाँव में उत्कीर्ण कराए गए अभिलेख[52] में वैजयन्ती नामक नगर, जिसका समीकरण हम वर्तमान के उत्तरी कन्नड़ प्रदेश के वनवासी से करते हैं, का उल्लेख प्राप्त होता है। यह सातकर्णि की तत्कालीन राजधानी थी। इसी नगर का उल्लेख चुटुकुलानन्द सातकर्णि के शासनकाल के संवत्सर 12 में वनवासी में उत्कीर्ण कराए गए अभिलेख[53] में प्राप्त होता है, किन्तु यहाँ इसका उल्लेख वैयजन्ती न हो सजयन्ती किया गया है। सजयन्ती भी वनवासी का ही प्राचीन नाम है। प्रतिष्ठान दीर्घावधि तक सातवाहनों की राजधानी थी। कालकाचार्य–कथानक में उनकी राजधानी प्रतिष्ठान, जिसका समीकरण महाराष्ट्र के औरंगाबाद जिले में गोदावरी नदी के तट पर स्थित वर्तमान पैठन से करते हैं, ही वर्णित है।[54] टॉल्मी ने भी इसका समर्थन किया है। प्रतिष्ठान की ही भाँति नासिक भी उस समय का प्रमुख नगर था, यहाँ से अनेक सातवाहन शासकों के अभिलेख प्राप्त हुए हैं। डी० आर० भण्डारकर इसका समीकरण आन्ध्र प्रदेश में कृष्णा नदी के तट पर स्थित धरणीकोट से करते

हैं, जोकि सातवाहनकालीन तीस प्राकारयुक्त नगरों में से एक हो सकता था।[55] नानाघाट के निकट स्थित जुन्नर भी सातवाहनयुगीन एक प्रमुख नगर था। यहाँ से सातवाहन शासकों की मुद्राएँ प्राप्त हुईं हैं।[56] मिराशी के अनुसार जुन्नर शक क्षत्रप नहपान की राजधानी थी, जो उसने सातवाहनों को परास्त करने के उपरान्त हस्तगत की थी।[57] पहले यही सातवाहनों की राजधानी रही होगी। फिर उनको परास्त करने के उपरान्त नहपान ने भी वहीं से शासन आरम्भ किया होगा। सातवाहनों ने अपना शासनकेन्द्र गोदावरी नदी के तट पर स्थित प्रतिष्ठान स्थानान्तरित कर लिया। टॉल्मी के विवरण से स्पष्ट है कि पुलुमावि के समय वहाँ राजधानी थी।[58] किन्तु यदि वहाँ सातवाहनों की राजधानी आरम्भ से होती, तो नागनिका का विस्तृत लेख नानाघाट में न उत्कीर्ण कराके औरंगाबाद के निकट किसी गुफा में उत्कीर्ण कराया जाता। इसके अतिरिक्त गिरिनगर (गिरनार पहाड़ के निकट का जूनागढ़), उज्जयिनी, सूर्पारक (सोपारा) आदि नगर प्रसिद्ध थे।[59] भड़ौच तथा कल्याण (जो कि तत्कालीन प्रसिद्ध बंदरगाह थे) के साथ–साथ अरिकमेडु (जहाँ से सातवाहन कालीन रोमन से आयातित मृद्भाण्ड तथा अन्य पुराताविक साक्ष्य प्राप्त हुए हैं), कान्हेरी, कार्ले, गोवर्धन आदि अन्य सातवाहनयुगीन नगर थे। यहाँ से अभिलेखीय साक्ष्य प्राप्त हुए हैं।[60] नगर–प्रशासन[61] में व्यापरियों का महत्वपूर्ण स्थान था। इनमें से अधिकांश नगरों के प्रशासन निगम द्वारा संचालित होते थे।

आरम्भिक काल में मानव ने जो बस्तियाँ आवासित कीं, उसके नाम के साथ पल्ली, पल्लिका, पल्लीग्राम, वल्ली, वल्लीग्राम, खेट, खेटग्राम, खेटक आदि पादान्त प्रयुक्त होते थे। कालान्तर में इन क्षेत्रों में शासन करने वाले राजवंशों ने अपने द्वारा दिए गए दानों में भी इसी परम्परा का अनुसरण किया।[62] किन्तु उल्लेखनीय है कि सातवाहन अभिलेखों में इस प्रकार के स्थल

नामों का अभाव है। इसके स्थान पर सातवाहनकालीन अभिलेखों में जिन स्थानों का उल्लेख किया गया है। उनके पदान्त में पद्रक, पद्र, पद्रग्राम आदि शब्द प्रयुक्त किए गए। वस्तुतः पद्र से तात्पर्य छोटे गाँव से है एवं पद्रक पद्र से भी छोटी इकाई रही होगी। इसी प्रकार पद्रग्राम पद्र का विकसित रूप रह होगा। मोटे तौर में पद्र, पद्रक से तात्पर्य ग्राम से है। यह प्रशासन की सबसे छोटी इकाई थी।

नासिक गुफा में वासिष्ठीपुत्र पुलुमावि के शासनकाल के संवत्सर 19 में उत्कीर्ण कराए गए अभिलेख[63] में उसके द्वारा पिशाची–पद्रक नामक ग्राम का सभी प्रकार के उपभोगों के अधिकारों का त्याग करके भदावनीय भिक्षुसंघ को अपने धर्मदाय के रूप दानित करने का उल्लेख किया गया है। अभिलेख में उसकी स्थिति त्रिरश्मि (पाण्डुलेण) पर्वत के उत्तर–पूर्व में अभिलिखित की गई है। इसका समीकरण वर्तमान में किस क्षेत्र से किया जाए, निश्चित रूप से कुछ नहीं कहा जा सकता है।

पुलुमावि के ही शासनकाल के संवत्सर 19 तथा 22 नासिक में उत्कीर्ण कराए गए एक अन्य अभिलेख [64] में शाल्मलीपद्रग्राम एवं सुदर्शना ग्राम का उल्लेख दान के सन्दर्भ में किया गया है। वर्तमान में नासिक जिले में शाल्मलीपद्र नामक कोई गाँव नहीं है। सम्भव है कि वर्तमान में सावरगाँव शाल्मलीपद्र ग्राम नाम का रूपान्तर है। इस नाम के तीन गाँव नासिक जिले के नासिक एवं नेफाड तालुक में हैं। उनमें से नासिक तालुके का सावरगाँव गोवर्धन के निकट है, किन्तु वह उसके पश्चिम में स्थित है, जबकि अभिलेख में वर्णित शाल्मलीपद्र पूर्व मार्ग पर था। अतः गोवर्धन के निकट का सावरगाँव शाल्मलीपद्र ग्राम नहीं हो सकता। अतएव स्पष्ट है कि निफाड तालुक का सावरगांव, जो कि गोवर्धन की पूर्वोत्तर दिशा में है, का समीकरण शाल्मलीपद्र से किया जा सकता है। इसी अभिलेख में वर्णित सुदर्शना ग्राम, गोवर्धन आहार

के दक्षिण मार्ग पर स्थित था एवं जिसको भदायनीय भिक्षुसंघ को दानित किया गया था, का भी उल्लेख किया गया है।

कार्ले की गुफा में वासिष्ठीपुत्र पुलुमावि के शासन काल में उत्कीर्ण कराए अभिलेख[65] में ओखलकीय गाँव का उल्लेख किया गया है। ओखलक का रूप कालान्तर से उखली या उखलगाँव होगा। अहमदनगर, जलगाँव और औरंगाबाद जिले में इस नाम के गाँव अवस्थित हैं किन्तु पूना जिले में इस नाम का कोई गाँव नहीं है। कार्ले की गुफा को दूर–दूर के लोगों ने दान दिया था। अतएव यह आवश्यक नहीं हैं कि ओखलक गाँव पूना में ही हो। इसकी भौगोलिक स्थिति का कोई उल्लेख नहीं किया गया है। अतः निश्चित स्थान बताना कठिन है।

नासिक की गुफा में गौतमीपुत्र सातकर्णि द्वारा शासनकाल के संवत्सर 18 में अभिलिखित कराए गए अभिलेख[66] में अपरकखड़ी गाँव तथा संवत्सर 24 में अभिलिखित कराए गए, अभिलेख[67] में कखड़ी गाँव का उल्लेख दान के संदर्भ में किया गया है। पहला दान सातकर्णि ने स्वतन्त्र रूप में तथा दूसरे गाँव का दान उसने तथा उसकी माता ने संयुक्त रूप से किया। अतः सेना का मत है कि ये गाँव भिन्न रहे होंगे।[68] किन्तु यह उचित प्रतीत नहीं होता है। दोनों लेखों में उल्लिखित कखड़ी गाँव एक ही है। वर्तमान में इस नाम का कोई भी गाँव नासिक जिले में सन्निहित नहीं हैं।

कार्ले की गुफा में गौतमीपुत्र सातकर्णि द्वारा अभिलिखित कराए गए अभिलेख[69] में करजक ग्राम की भूमि दान में देने का वर्णन किया गया है। एक अन्य स्थान वलुरक का भी उल्लेख किया है। यह भी सम्भवतः गाँव ही रहा होगा। पूना जिले के सह्याद्रि पर्वत के निकट की मावल तहसील में कार्ले नामक गाँव है। उसका प्राचीन नाम वलुरक था। इससे लगभग 5 मील की दूरी पर ईशान्य दिशा में करजगाँव है, जो कि प्राचीन काल में करजग्राम था। नासिक की गुफा में भटपालिका द्वारा अभिलिखित कराए गए

अभिलेख[70] में चलिसीलणक गाँव का उल्लेख दान के संदर्भ में आया है। वर्तमान में नासिक में इस नाम का कोई गाँव नहीं है।

उल्लेखनीय है कि सातवाहन अभिलेखों में उल्लिखित पद्र, पद्रक, गाँव, ग्राम आदि का वर्णन दान आदि के प्रसंग में ही हुआ है, और यह प्रशासन की सबसे छोटी इकाई थी। ग्राम का अधिकारी ग्रामणी अथवा ग्रामिक (गामिक) कहलाता था। कुछ गाँव एवं खेत यक्ष–यक्षणियों के नामों से विख्यात थे। अजकालकिय खेत अजकालक अथवा अजकालापक यक्ष के नाम से एवं सुदर्शना गाँव सुदर्शना यक्षिणी के नाम से प्रसिद्ध था।[71]

नासिक की गुफा में वासिष्ठीपुत्र पुलुमावि के शासनकाल के संवत्सर 19 में उत्कीर्ण कराए गए अभिलेख में कुछ प्रदेशों का उल्लेख किया गया है, यथा असिक, असक, मूलक, कुकर, अपरान्त, अनूप, विदर्भ, आकर, अवन्ति आदि। ये सभी सातवाहन साम्राज्य के अन्तर्गत सन्निहित प्रदेश थे। ये भी एक प्रशानिक इकाई रही होगी। इन प्रदेशों का विस्तृत उल्लेख हम राजनैतिक स्थिति नामक अध्याय में कर चुके हैं।

वासिष्ठीपुत्र, गौतमीपुत्र, माठरीपुत्र आदि सातवाहन राजनामों के आधार पर कुछ विद्धानों ने अपना तर्क दिया कि उस समय मातृसत्तात्मक शासनपद्धति प्रचलित थी। किन्तु राजनाम के आधार पर यह निष्कर्ष निकालना सर्वथा अनुचित हैं क्योंकि माता से पुत्र का नाम रखने की परम्परा अत्यन्त प्राचीन है, यथा देवकी पुत्र कृष्ण। यह परम्परा मात्र राजकुल में ही प्रचलित नहीं थी, वरन् सामान्य जनों में भी इसका प्रचलन था, यथा कौशिकीपुत्र मित्रदेव।[72]

केन्द्रीय शासन

राजा

सातवाहनों की शासन प्रणाली मौर्य शासन–व्यवस्था से अत्यधिक प्रभावित थी। राजा सम्पूर्ण राज्य तथा प्रशासन व्यवस्था का शीर्षस्थ

अधिकारी था। आरम्भ में इस वंश के शासकों ने राजा की उपाधि धारण की। अधिकांश सातवाहन मुद्राओं पर यही उपाधि मिलती है। सातवाहनों के समकालीन शक क्षत्रप ईरानी सम्राटों का अनुकरण कर महाक्षत्रप[75] आदि की उपाधियाँ धारण करते थे।[73] कालान्तर में सातवाहन शासकों ने विदेशी शत्रुओं का उन्मूलन करने के पश्चात् ऐसी उपाधियाँ धारण की। सिमुक एवं पुलुमावि को दक्षिणापथपति[74] एवं दक्षिणापथेश्वर[75] की उपाधियों से विभूषित किया गया। बाद के राजवंशो में प्रयुक्त की जाने वाली परमभट्टारक, महाराजाधिराज, परमेश्वर आदि उपाधियाँ अभी प्रचलन में नहीं आईं थीं। वासिष्ठीपुत्र पुलुमावि के नासिक से प्राप्त अभिलेख[76] में गौतमीपुत्र सातकर्णि को राजराज एवं महाराज कहा गया है। रानियों को उस समय सामान्य रूप से देवी कहा जाता था। बलश्री ने अपने को महादेवी कहा है।[77]

सातवाहनों की शासन व्यवस्था राजतन्त्रात्मक थी। राजा राज्य का प्रमुख होता था। राजा के हाथ में राज्य की अन्तिम शक्ति निहित थी। प्रजारंजन, प्रजापालन एवं प्रजारक्षण उसके निर्धारित कर्त्तव्य थे। मन्त्रियों की सहायता से राजा अलभ्य की प्राप्ति, प्राप्ति की रक्षा, रक्षित की वृद्धि एवं वृद्धि का योग्य पात्रों में वितरण करता था।

सातवाहन राजत्व दैवी सिद्धान्त से अनुप्रेरित था। अभिलेखों में गौतमीपुत्र सातकर्णि की तुलना राम, केशव, अर्जुन, भीम, नाभाग, नहुष, जनमेजय, सगर, ययाति, अम्बरीष, गरूड, सिद्ध, यक्ष, राक्षस, विद्याधर, भूत, गन्धर्व, चारण, चन्द्र, दिवाकर तथा नक्षत्रों से की गई है।[78] सातवाहनों का प्रभाव आगे आने वाली शासन व्यवस्था पर पड़ा। राजत्व के दैवी सिद्धान्त का विकसित रूप गुप्तकाल में देखा जा सकता है। समुद्रगुप्त की प्रयाग–प्रशस्ति में उसे वरूण, कुबेर, इन्द्र और कृतान्त के समान माना गया है। निश्चय ही गुप्तों ने यह परम्परा सातवाहनों से प्राप्त की होगी।

राजसिंहासन पर अधिकार अनुवांशिक था और वह भी पिता–पुत्र परम्परा में था। सातवाहन राजतन्त्र की एक महत्वपूर्ण विशेषता यह है कि शासकों का नामकरण उनकी माताओं के नाम पर हुआ करता था, यथा गौतमीपुत्र सातकर्णि, वासिष्ठीपुत्र पुलुमावि, वासिष्ठी पुत्र सातकर्णि गौतमीपुत्र यज्ञश्रीसातकर्णि इत्यादि। इनमें से किसी ने भी अपने पिता के नाम का उल्लेख नहीं किया है। सम्भवतः इसका कारण बहुपत्नी प्रथा का प्रचलन होना था, जिसमें एक राजा की कई रानियाँ होती थीं।

राजा के निधनोपरान्त उसका उत्तराधिकार उसके ज्येष्ठ पुत्र को मिलता था। सातवाहनों में एक अन्य प्रथा का भी प्रचलन था। गौतमीपुत्र सातकर्णि के निधन के समय उसके चार पुत्र – पुलुमावि, स्कन्द, विजय एवं सातकर्णि थे, जो कि सगे भाई थे। उनमें योग्यतम होने के फलस्वरूप गौतमीपुत्र सातकर्णि के पश्चात् पुलुमावि सिंहासनासीन हुआ, किन्तु उसकी मृत्योपरान्त उसके राज्य का विभाजन स्कन्द सातकर्णि तथा विजय सातकर्णि के मध्य हुआ सा प्रतीत होता है। कालान्तर में स्कन्द की मृत्योपरान्त विभाजित साम्राज्य पुनः विलयित हो गया।[79] स्पष्ट है कि राजा की मृत्यु के पश्चात् कभी–कभी उसके छोटे भाई भी शासन करते थे।

विशेष परिस्थितियों में रानियाँ भी शासन की बागडोर संभालती थीं। सातकर्णि I की मृत्योपरान्त उसकी रानी नागनिका ने अपने अल्पवयस्क पुत्रों की संरक्षिका के रूप में शासन किया था।[80] इसी प्रकार गौतमीबलश्री ने अपने पुत्र के साथ सहशासन किया, जिसकी पुष्टि अभिलेखीय साक्ष्यों से होती है।[81]

राजा के कर्त्तव्य एवं कार्य

राजा की शक्ति सैद्धान्तिक रूप से अमर्यादित एवं असीम थी, किन्तु उनका सारा शासन प्रबन्ध धर्मशास्त्रों में प्रतिपादित नियमों

के अनुसार होता था। राजा के अनियन्त्रित अधिकारों पर धर्म एवं जनमत का अकुंश रहता था।

वासिष्ठीपुत्र पुलुमावि के नासिक अभिलेख के वर्णनानुसार इस बात का अनुमान लगाया जा सकता है कि एक आदर्श नृपति की उस काल में क्या धारणा थी, और एक राजा के प्रधान कर्त्तव्य कौन से थे।

विदेशी आक्रांताओं से अपने राज्य की रक्षा करना तथा घोर हिंसक पशु एवं बीमारी आदि उपद्रवों से सम्पूर्ण जनमानस की रक्षा करना राजा का प्रमुख कर्त्तव्य था।[82] गौतमीपुत्र सातकर्णि ने राजा के लिए निर्धारित इन कर्त्तव्यों का पूर्णतः पालन किया। उसने शक यवन, पह्लव आदि विदेशी शक्तियों का उन्मूलन कर सातवाहन कुल की लक्ष्मी को पुनः प्रतिष्ठित किया।[83]

प्रजा में वर्णसंकरता को नियन्त्रित करना एवं चातुर्वर्ण्य व्यवस्था का अनुपालन करवाना भी राजा का ही कर्त्तव्य था। तत्कालीन लोगों का विचार था कि यदि हर एक वर्ण का व्यक्ति शास्त्र में विहित अपने कार्यों का उचित सम्पादन करता है, तो सामाजिक व्यवस्था सन्तुलित रहती है। गौतमीपुत्र सातकर्णि को नासिक अभिलेख में चातुर्वर्ण्य के संकर को रोकने वाला अभिलिखित किया गया है।[84] स्पष्ट है कि गौतमीपुत्र सातकर्णि का आचरण तदानुसार था। तथापि उस समय हिन्दू धर्म में संकीर्ण विचारों का अभाव था, जिसके फलस्वरूप न केवल विद्यार्थियों अपितु विदेशियों को भी हिन्दू धर्म गृहण करने की मनाही नहीं थी। सातवाहन राजा स्वयं वर्णानुसार ब्राह्मण थे। नासिक अभिलेख में सातकर्णि को **एकबम्हणस** अर्थात एक ब्राह्मण (अनुपम ब्राह्मण) कहकर सम्बोधित किया गया है।[85] वासिष्ठीपुत्र सातकर्णि ने शकक्षत्रप रूद्रदामन् की कन्या से विवाह किया था। स्पष्ट है कि विदेशी यवन, शक, पह्लव जनों को हिन्दू धर्म में सम्मानपूर्वक प्रवेश दिया जाता था। यदा–कदा हिन्दू धर्म से प्रेरित होकर

इन्होंने अपने नाम का भी भारतीयकरण कर दिया, यथा ऋषभदत्त,[86] ऋषभदेव[87] आदि।

प्रजा पर योग्य कर ही लगाना राजा का एक अन्य प्रमुख कर्त्तव्य था। कर के फलस्वरूप प्राप्त धन का प्रयोग प्रजा के कल्याणार्थ किया जाता था। नासिक अभिलेख[88] में गौतमीपुत्र सातकर्णि के लिए उल्लिखित है कि **धर्मोपजितकरविनयोगकरस** अर्थात जो न्याय से प्राप्त करो का उचित विनियोग करता था। स्पष्ट है कि सातकर्णि एक कर्त्तव्यपरायण राजा के कर्त्तव्यों का निर्वहन करने वाला शासक था।

इसके अतिरिक्त राजा का प्रजा के सुख–दुख में सहयोगी होना, प्रजा के कल्याणार्थ तड़ाग बनवाने जैसे जनोपयोगी कार्य करना, विद्या को प्रोत्साहित करना, युद्ध को छोड़कर अन्य किसी प्रकार की हिंसा से निवृत होना इत्यादि राजकर्त्तव्य हैं। गौतमीपुत्र सातकर्णि के साथ–साथ सातवाहनों के समकालीन शक क्षत्रप रूद्रदामन् ने भी ये समस्त कार्य किए। वासिष्ठीपुत्र पुलुमावि के नासिक अभिलेख[89] एवं रूद्रदामन् के जूनागढ़ अभिलेख[90] से इसकी पुष्टि होती है।

अपने राज्य को एक कल्याणपरक राज्य बनाये रखना राजा का प्रमुख कर्त्तव्य था। नागनिका के नानाघाट अभिलेख[91] में वर्णित है कि वेदिश्री ने वैदिक परम्पराओं का अनुसरण करते हुए यज्ञयागों की भाँति पुण्यार्थ कार्य, यथा वापी, कूप, तड़ाग आदि बनवाना, किये थे। इसके साथ ही साथ सातवाहन शासक संन्यासी भिक्षुओं के दिन–प्रतिदिन के व्ययों हेतु भूमि तथा खेतों का दान एवं उनके आवास हेतु गुफाएँ खुदवा कर दान में दिया करते थे[92]

राजा के कर्त्तव्यों में से एक न्यायदान का उल्लेख किसी भी सातवाहन अभिलेख में नहीं मिलता है, किन्तु कुछ का उल्लेख आपस्तम्ब धर्मसूत्र में किया गया है। न्यायनिर्णय का एक प्रमुख तत्व यह है, कि संदेह मात्र के कारण किसी को दण्ड न दिया

जाए। आपस्तम्ब[93] में इसका निर्देश किया गया है। पुरूषवध, भूमि का अपहार आदि अपराधों के लिए अपराधी की समस्त सम्पदा

अधिग्रहीत करने एवं उसे मृत्युदण्ड देने का उल्लेख किया गया है। कुछ अपराधों के लिए प्रयाश्चित का भी प्रावधान था।[94]

यदि राजा इन कर्त्तव्यों के अनुपालनार्थ असमर्थ होता था, अर्थात अन्यायी अथवा दुर्बल राजा के कारण यदि राज्य में अव्यवस्था व्याप्त हो जाती थी, तो प्रजा के सभी वर्णों के लोग उसके विरूद्ध विद्रोह करके उसे पदच्युत करते थे। तत्कालीन धर्मशास्त्रकारों का भी विचार था, कि ऐसी परिस्थितियों में ब्राह्मण भी शस्त्र धारण करे। मनु ने मनुस्मृति[96] में वर्णित किया है कि धर्म पर संकट आने पर सभी द्विज शस्त्र धारण करें।

सातवाहन काल में इस प्रकार के दो अवसर आए। अशोक के निधनोपरान्त केन्द्रीय सत्ता के दुर्बल होने पर महाराष्ट्र में विद्रोह उत्पन्न हो गया, तब सातवाहन नामक ब्राह्मण ने शासन की बागडोर अपने हाथ में ली और अपना राज्य स्थापित किया। इसी प्रकार 230 ई० के लगभग अंतिम सातवाहन राजा पुलुमावि के निधनोपरांत विदर्भ के मुण्ड नामक श्रोत्रिय कुल के राष्ट्रमहाराज अभिधान के वीर पुरूष ने स्रुवा फेंककर तलवार धारण की और विदर्भ में शान्ति एवं सुव्यवस्था स्थापित की।[97]

राज्य के प्रबन्ध में सहायता के लिए राजा अनेक मंत्रियों एवं अधिकारियों की नियुक्ति करता था। इस प्रकार के कुछ पदाधिकारियों का उल्लेख दान देने की सूचना के उद्देश्य से सातवाहन अभिलेखों[98] में किया गया है। साथ–साथ सातवाहनों के समकालीन शकक्षत्रपों के अभिलेखों[99] में भी पदाधिकारियों का उल्लेख किया गया है।

सामन्त अथवा महाभोज एवं महारठी

सातवाहन शासन व्यवस्था में राजा के सामन्तों का महत्वपूर्ण स्थान था। इन्हें महारठी और महाभोज की संज्ञा से अभिहित किया

गया। वे सम्भवतः सामन्त राजा थे, एवं अपने अधीनस्थ भू–क्षेत्र पर उनका अनुवांशिक अधिकार होता था।[100] ये पद उसी प्रकार रठिक और भोज के पदों से बनाये गए थे, जैसे सेनापति से महासेनापति का पद बनाया गया था।[101] इनकी हैसियत और अधिकार क्षेत्र अमात्यों से अधिक होते थे। जहाँ एक ओर अमात्य भूमि अथवा ग्राम का दान राजा की आज्ञा से करते थे, वही दूसरी ओर महारठी और महाभोज इस प्रकार के दान अपने अधिकार से करते थे।[102] नागनिका के नानाघाट अभिलेख[103] एवं नानाघाट प्रतिमा लेख[104] में महारठी त्रनकयिर का उल्लेख किया गया है, जो कि नागनिका का पिता था। इसी प्रकार महारठी कौशिकीपुत्र मित्रदेव एवं वासिष्ठीपुत्र सोमदेव का उल्लेख कार्ले की गुफा में वासिष्ठीपुत्र पुलुमावि के द्वारा उत्कीर्ण कराए अभिलेख[105] में प्राप्त होता है। उल्लिखित है कि ओखलक के महारठी कौशिकीपुत्र मित्रदेव के पुत्र वासिष्ठीपुत्र सोमदेव द्वारा वलुरक गुफा में रहने वाले वलुरक संघ को एक गाँव दान में दिया। अभिलेख से स्पष्ट है कि महारठी के पद वंशानुगत होते थे एवं वे अपने अधिकार का उपयोग कर स्वतन्त्र रूप से दान करते थे।

कान्हेरी की गुफा में चुटुकुलानन्द सातकर्णि के शासनकाल के संवत्सर 9 में उत्कीर्ण कराए गए अभिलेख[106] में नागमुलनिका को महारठी की पत्नी उल्लिखित किया गया है। अभिलेख में उसका उल्लेख भिक्षुसंघ को गुफा दान में देने का वर्णन किया गया है। अभिलेख के आधार पर कहा जा सकता है कि महारठी की पत्नियाँ भी स्वतन्त्र रूप से दान किया करती थीं, अर्थात उन्हें पर्याप्त स्वयत्तता थी।

आरम्भ में रठिक और भोजः वस्तुतः विशेष जातियों से सम्बद्ध एवं नेतृत्व करने वाले थे। सातवाहन साम्राज्य जब अपनी शैशवावस्था में था, उस समय सातवाहन साम्राज्य के निर्माण कार्य में इन्होंने सातवाहनों को बहुमूल्य सहायता प्रदान की।[107] अतः सातवाहनों ने

इन्हे महाभोज और महारठी की महत्वपूर्ण उपाधियों से विभूषित किया। महाभोज उपाधि का उल्लेख कान्हेरी की गुफा में चुकुलानन्दसातकर्णि के संवत्सर 9 में उत्कीर्ण कराए गए अभिलेख [108] में किया गया है।

महारठी तथा महाभोज जैसी उपाधियाँ कुछ कुलीन परिवारों एवं निश्चित प्रदेशों में परम्परागत रूप से प्रचलित थीं, जिसका अधिक प्रचलन महाराष्ट्र के थाना और कोलाबा जिलों मे था। इन उपाधियों को प्राप्त करने वाले पुरूषों की स्त्रियाँ भी महाभोजी आदि पदों को बड़े गर्व से अपने नाम के साथ लगाया करती थीं। वनवासी में हारितीपुत्र चुटुकुलानन्द सातकर्णि के शासनकाल के संवत्सर 12 में उत्कीर्ण कराए गए अभिलेख[109] में एक स्त्री ने स्वयं के लिए महाभुवी अर्थात महाभोजी उपाधि का प्रयोग किया है।

इन दोनों उपाधियों में महाभोज को अधिक ऊँचा माना जाता था, क्योंकि महारठी की उपाधि वाले अभिलखों में सातवाहन शासकों के शासनकाल के वर्षों का उल्लेख किया गया है, जबकि महाभोज का उल्लेख करने वाले अभिलेखों में इस प्रकार के वर्षों का अभाव है।[110] इनमें महारठी उपाधि अधिक प्राचीन है, जिसका उल्लेख तीसरी शती ई० पू० से मिलने लगता है, जबकि भोज का उल्लेख प्रथम शती ई० के पूर्वार्द्ध में सातवाहन शक्ति के विस्तारीकरण के समय उपलब्ध होता है।[111] सम्भवतः इस समय भोजों ने सातवाहनों को उनके साम्राज्य के विस्तार में महत्वपूर्ण सहयोग दिया होगा, जिससे पूर्णतया समर्थ होने पर सातवाहनों ने उन्हें यह गौरवपूर्ण उपाधि प्रदत्त की होगी। नानाघाट में प्राप्त प्रतिमा लेख[112] में महारठी त्रनकयिर का उल्लेख प्राप्त होता है, जो कि नागनिका का पिता था। इसी प्रकार कान्हेरी अभिलेख[113] में वर्णित नागमुलनिका (जो कि महाभोज धणसेण की भार्या है, और महाराजा की कन्या है) ने गुफा भिक्षुसंघ को दानित की। इन अभिलेखों से प्राप्त

विवरणों के आधार पर कहा जा सकता है, कि महाभोज तथा महारठी राजपरिवार के साथ वैसे ही वैवाहिक सम्बन्ध रखते थे, जैसा सम्बन्ध इक्ष्वाकुवंश के राजा महातलवर नामक पदाधिकारियों से रखते थे।

महासेनापति

सातवाहन साम्राज्य जब अपने चरमोत्कर्ष पर था, उस समय प्रशासनिक दृष्टिकोण से एक सैन्य पद महासेनापति का सृजन किया गया। गोपालाचारी के मतानुसार उस समय सातवाहन साम्राज्य में अत्यधिक विस्तार हुआ होगा, जिसके फलस्वरूप उत्पन्न कठिनाईयों के निराकरण एवं समुचित प्रबन्धन हेतु इस नये पद का सृजन किया गया।[114] महासेनापति पद का सर्वप्रथम उल्लेख वासिष्ठीपुत्र पुलुमावि के संवत्सर 19 तथा 22 में नासिक की गुफा सं० 3 में उत्कीर्ण कराए गए अभिलेख[115] में प्राप्त होता है। अभिलेख में महासेनापति मेधुन द्वारा राजाज्ञा लिखने का वर्णन किया गया है जो कि दानित ग्राम के संदर्भ में है। ऐसा प्रतीत होता है कि इस समय महासेनापति सैनिक कार्य के साथ–साथ राजकीय लेख–विभाग को संभालने का कार्य भी करता था। नासिक की गुफा में यज्ञश्री सातकर्णि के शासनकाल के संवत्सर 7 में उत्कीर्ण में कराए गए अभिलेख[116] में महासेनापति भवगोप का उल्लेख किया गया है। महत्वपूर्ण तथ्य है कि इसमें भवगोप की भार्या के लिए महासेनापत्नी उपाधि का प्रयोग किया गया है। स्पष्ट है कि महासेनापति की पत्नी को महासेनापत्नी कहलाने में विशेष अभिमान अनुभव होता था। निश्चित रूप से यह पद कुलीन परिवारों के व्यक्तियों को दिया जाता था। पुलुमावि तृतीय के अडोणी तालुके से प्राप्त अभिलेख[117] में महासेनापति स्कंदनाग का उल्लेख किया गया है। उसे सातवाहनिहार जनपद का प्रमुख उल्लिखित किया गया है। इसके आधार पर यह निष्कर्ष रूप में

कहा जा सकता है कि इस समय महासेनापति सेना का प्रधान होने के साथ ही कभी–कभी राज्यपाल का भी काम करते होंगे।

महातलवर

इसके विषय में फ़ोगेल ने यह कल्पना की है कि यह द्रविड़ भाषा के किसी शब्द से व्युत्पन्न है।[118] महासेनापति की भाँति महातलवर के पद के सृजन का मुख्य उद्देश्य भी साम्राज्य में भारी वृद्धि होने के कारण उत्पन्न होने वाली कठिनाईयों का निराकरण करना था।

अमात्य एवं राजामात्य

सातवाहन युग में मंत्रियों की कई श्रेणियाँ होती थी, जिनमें अमात्य और सचिव प्रमुख होते थे। रूद्रदामन् के जूनागढ़ अभिलेख[119] में भी मतिसचिव एवं कर्मसचिव, दो प्रकार के अधिकारी उल्लिखित हैं। राजा को सलाह देने वाले मतिसचिव को मंत्री एवं राजाज्ञा का अनुपालन कराने वाले कर्मसचिव को अमात्य कहते होंगे। अशोक के समय इन्हें महामात्र की संज्ञा प्रदान की गई थीं। नासिक की गुफा सं० 19 में सातवाहन नरेश कृष्ण के शासनकाल में उत्कीर्ण कराए गए अभिलेख[120] में महामात्र श्रमण द्वारा गुफा खुदवाए जाने का उल्लेख किया है। कालान्तर में उत्कीर्ण कराए गए अन्य किसी सातवाहन अभिलेख में महामात्र का उल्लेख नहीं किया गया है। इसका कारण सम्भवतः यह रहा होगा कि महामात्र का स्थान अमात्य ने ले लिया। सातवाहन अभिलेखों में ही सर्वप्रथम अमात्य शब्द का उल्लेख मिलता है। अमात्यों का तत्कालीन शासन व्यवस्था में वही स्थान था, जो महामात्र का अशोक के शासन में एवं कुमारामात्य का गुप्त–शासन में था। अमात्य शब्द उन दिनों शासकीय मंत्रियों के सामान्य पद को सूचित करता था। अमात्यों को शासन विषयक, आर्थिक एवं जिलों (आहार) के प्रबन्ध सम्बन्धी अनेक कार्य सौपें जाते थे। नासिक से प्राप्त अभिलेखों में अमात्य विष्णुपालित[121], अमात्य सामक[122], अमात्य शिवस्कंदिल,[123] कान्हेरी

से प्राप्त अभिलेख में अमात्य शतरेक,[124] वनवासी से प्राप्त अभिलेख में स्कन्दसाति,[125] कार्ले से प्राप्त अभिलेख में अमात्य पुरूगुप्त[126] का उल्लेख किया गया है।

इनमें से मात्र कान्हेरी अभिलेख में ही अमात्य द्वारा अपने धर्मदाय के रूप में तलैया खुदवाने का उल्लेख किया गया है। अन्य समस्त अभिलेखों में राजाज्ञा के पालनार्थ अमात्यों द्वारा तड़ाग, विहार, ग्राम, खेत, आदि के दान का उल्लेख किया गया है। स्पष्ट है कि सातवाहन अभिलेखों में भूमिदानों के व्यवस्थापकों के रूप में आमात्यों का उल्लेख किया गया है। वे वास्तव में विविध प्रदेशों में नियुक्त होते थे।

अमात्यों के साथ–साथ, वे मंत्रीगण, जो स्वयं राजधानी में राजा के मंत्रिमण्डल में थे, उन्हें राजामात्य कहा जाता था। वस्तुतः अमात्यों की ऊँची श्रेणी राजामात्य कहलाती थी। नासिक की गुफा में भटपालिका द्वारा उत्कीर्ण कराए गए अभिलेख[127] में राजामात्य अरहलय एवं अगियतणक का नामोल्लेख प्राप्त होता है। अभिलेख में राजामात्य अरहलय की कन्या तथा भांडागारिक राजामात्य अगियतणक की भार्या भटपालिका द्वारा चैत्यगृह खुदवाने का उल्लेख किया गया है।

रज्जुक

यह राजस्व विभाग का प्रमुख था। मलवल्लि में चुटुकुलानन्द सातकर्णि के शासनकाल के संवत्सर 1 में उत्कीर्ण कराए गए अभिलेख[128] में सातकर्णि की आज्ञा से रज्जुक महावल्लभ द्वारा सहलाटवी ग्रामाहार ब्रह्मदाय के रूप में दानित करने का उल्लेख किया गया है।

भांडागारिक

यह राजकीय रसद का प्रमुख होता था। भटपालिका के नासिक अभिलेख[129] में भांडागारिक अगियतणक (कोषाध्यक्ष) का नामोल्लेख है। भटपालिका इसी की भार्या थी।

आवेशनिक

यह रचाई के काम को करने वाला अधिकारी था, अर्थात शिल्पशाला के प्रमुख को आवेशनिक कहा जाता था। साँची स्तूप के दक्षिणी तोरणद्वार पर उत्कीर्ण अभिलेख[130] में श्रीसातकर्णि की शिल्पशाला के प्रमुख आवेशनिक वासिष्ठीपुत्र आनन्द द्वारा दिए गए दान का उल्लेख किया गया है।

पनियघरिक

नगर की जलापूर्ति की व्यवस्था करने वाले अधिकारी को पनियघरिक (जलाशयाधीक्षक) कहा जाता था। अमरावती में शिवमकसद के शासनकाल में उत्कीर्ण कराए गए अभिलेख[131] में शासक शिवमकसद (शिवश्री सातकर्णि) के जलाशयाधीक्षक द्वारा दिए गए दान का उल्लेख किया गया है, किन्तु खंडित अवस्था में प्राप्त होने के कारण यह कहना, कि यह दानधर्म किस प्रकार का था, सम्भव नहीं है। किन्तु अभिलेख के आधार पर यह अवश्य कहा जा सकता है कि सातवाहन प्रशासन व्यवस्था में जलाशय के समुचित प्रबन्धन पर विशेष ध्यान दिया जाता था।

कर्मान्तिक

भवनों के निर्माण के निरीक्षण अर्थात् निगरानी करने वाला अधिकारी कर्मान्तिक कहलाता था। वनवासी में हारितीपुत्र चुटुकुलानन्द सातकर्णि के शासनकाल के संवत्सर 12 में उत्कीर्ण कराए गए अभिलेख[132] में कर्मान्तिक का उल्लेख किया गया है।

दंडाधिकारी

नासिक की गुफा में गौतमीपुत्र सातकर्णि के शासनकाल के संवत्सर 18[133] एवं 24[134] में उत्कीर्ण कराए गए अभिलेखों में दंडाधिकारी का उल्लेख किया गया है। अभिलेखों में इसका उल्लेख दानित खेत

में इसके द्वारा किसी प्रकार का हस्तक्षेप न करने के सदंर्भ में किया गया है। नामाधार एवं अभिलेख में वर्णित तथ्यानुसार सम्भवतः न्याय एवं दण्ड व्यवस्था को समुचित प्रबन्धन हेतु इसकी नियुक्ति की जाती होगी। चिन में यज्ञ श्रीसातकर्णि के शासनकाल के संवत्सर 27 में उत्कीर्ण कराए गए अभिलेख[135] में अस्पष्ट रूप से उल्लिखित महादण्डनायक से आशय दंडाधिकारी से ही रहा होगा।

निबन्धकार

यह रजिस्ट्रीकरण अधिकारी होता था।[136] राजा की ओर से जारी किए गए दस्तावेजों की रजिस्ट्री निबंधकार के यहाँ होती थी।

सातवाहनों का राज्य काफी विस्तृत एवं सुसंगठित था। अतएव इन उच्च अधिकारियों के साथ–साथ और भी छोटे–बड़े अधिकारी केन्द्रीय सेवा में रहे होंगे। सातवाहन साम्राज्य के सुसंगठित होने का अनुमान उस प्रक्रिया से ही किया जा सकता है, जिससे होकर कोई शासकीय दानपत्र निकलता था। सर्वप्रथम राजा मौखिक आदेश देता था। फिर दानपत्र का प्रारूप तैयार किया जाता था। तदन्तर अधिकारों को निरूपण और अन्ततः राजकीय अभिलेखागार में उसका पंजीकरण किया जाता था। इस सम्पूर्ण प्रक्रिया से होकर वह दानपत्र प्रतिग्रहिता को दिया जाता था। नासिक की गुफा में गौतमीपुत्र सातकर्णि के शासनकाल के संवत्सर 18 में उत्कीर्ण कराए गए अभिलेख में[137] उल्लिखित है कि गौतमीपुत्र सातकर्णि के द्वारा अमात्य विष्णुपालित को खेत के दान के सन्दर्भ में दिए गए मौखिक आदेश को शिवगुप्त ने लेखानिविष्ट किया एवं तापस के द्वारा बनाई गई इसकी पट्टिका महास्वामिकों को प्रदान की गई।

स्पष्ट है कि पुलिस, वित्त, न्याय, सेना, रसद, कृषि, उद्योग आदि के समुचित संचालन हेतु अलग–अलग विभाग भी अवश्य रहे

होंगे। यद्यपि अभिलेखों में इनका उल्लेख नहीं किया गया है, तथापि इन विभागों के अभाव में इतने सुसंगठित साम्राज्य के संचालन की कल्पना करना ही व्यर्थ है। अभिलेखों में इनका उल्लेख न करने का कारण सम्भवतः यह रहा होगा कि लगभग समस्त अभिलेखों का उद्देश्य दानित ग्राम, खेत, तड़ाग, विहार आदि का उल्लेख करना था, अतएव इसमें दान देने वाले, उसे लेने वाले, दानित वस्तु एवं जिस शासक के राज्यकाल में यह दिया गया, उनका ही उल्लेख किया गया है। विभिन्न विभागों का इनसे प्रत्यक्ष सम्बन्ध न होने के कारण उनका वर्णन करना आवश्यक नहीं समझा गया होगा।

सातवाहन काल में जिस प्रकार शासकों ने बड़ी–बड़ी उपाधियाँ धारण नहीं की थी, उसी प्रकार उनके विविध विभागों के अधिकारियों एवं मंत्रियों के पदनाम भी प्रारम्भिक काल में नहीं बनाए गए होंगे। किन्तु उस समय के अन्त में वे अवश्य प्रचलन में आ गए होंगे। आदित्यराज का मल्हारा ताम्रपत्र[138] सातवाहनों के अस्त के अनन्तर जारी किया गया था। इसमें अनेक शासनसम्बन्धी पदाधिकारियों का वर्णन किया गया है, जिनका उल्लेख कालान्तर में गुप्त तथा वाकाटकों के ताम्रपटों में किया गया है। इनका उल्लेख इस प्रकार है :–

उपरिक

ताम्रपत्र में सर्वप्रथम इस अधिकारी का उल्लेख किया गया है। इससे उसका श्रेष्ठत्व प्रतीत होता है। यह प्रान्त का गवर्नर रहा होगा, जो कि कुमारामात्यों की नियुक्ति करता था।

कुमारामात्य

इसके अधीनस्थ अनेक विभाग थे। वर्तमान के आइ० ए० एस० अधिकारी के समान इसका पदस्थान होगा।

काष्ठिक

न्यायालय के दण्डधारी सेवक काष्ठिक कहलाते थे।

दाण्डपाशिक

यह वर्तमान के पुलिस कमिश्नर जैसा रक्षाधिकारी रहा होगा।

चाट और भट

चाट वर्तमान के पुलिस एवं भट सैनिक प्रतीत होते हैं। दानित ग्राम में इनके जाने की मनाही होने से ऐसा प्रतीत होता है कि आजकल की भाँति उस समय भी ये आम लोगों को परेशान करने की प्रवृत्ति के कारण प्रसिद्ध थे। अपवादस्वरूप चोरों एवं राजद्रोही व्यक्तियों को दंडित करने के लिए वे अग्रहार ग्रामों में भी प्रवेश करके अपराधियों को पकड़ सकते थे।

दूतप्रेषणिक

ग्रामदान पत्र के अन्त में दूतक का उल्लेख किया गया है। दिए गए दान की सूचना योग्य व्यक्ति को देकर उसे भूमि का अधिकार दिलाना इसका काम था।

विनियुक्तक

विशिष्ट कार्यों के लिए नियुक्त समस्त कर्मचारियों को यह संज्ञा प्रदान की जाती थी।

इसके अतिरिक्त अन्य विभाग भी होते होंगे, जिनमें अधीक्षक नियुक्त किए जाते होंगे, किन्तु अभिलेख में उनका उल्लेख नहीं किया गया है।

उपरोक्त समस्त अधिकारियों के उल्लेख मात्र इसी ताम्रपत्र में किए गए हैं। इसका कारण यह रहा होगा कि सातवाहनों के समय ताम्रपत्र की परम्परा प्रचलन में नहीं थी। उसके बाद में शासन

करने वाले आभीर राजाओं के कुछ सामन्तों[139] एवं दक्षिण के पल्लव राजपुरूषों[140] के कुछ ताम्रपत्र प्राप्त हुए हैं किन्तु छोटे होने के कारण उनमें इस प्रकार के अधिकारियों का उल्लेख नहीं किया गया है। किन्तु उस समय वे अस्तित्व में नहीं थे, ऐसा निश्चित रूप से नहीं कहा जा सकता।

नगर प्रशासन

सातवाहन काल में नगर एवं ग्राम प्रशासन की दो सबसे छोटी इकाईयाँ थीं। अभिलेखों मे इनके प्रशासन से सम्बन्धित साक्ष्य अपर्याप्त हैं। नगर प्रशासन में स्वायत्त शासन को समुचित स्थान प्राप्त था। यद्यपि इस युग में कहीं–कहीं सैन्य शासन का प्रचलन था[141] तथापि वहाँ भी स्वायत्त शासन की संस्थाएँ पूर्णरूप से नष्ट नहीं होने पाईं। नगरों में नगर–व्यवहारक एवं ग्रामों में स्थानीय शासन सुचारू रूप से चलता था। यह उनके शासन की विशेषता थी। नगर–सभाओं एवं नगराक्षदर्श नामक अधिकारियों के उल्लेख प्रचुरता से प्राप्त होते हैं।[142] इनका सादृश मौर्ययुग की नगर–प्रशासन–व्यवस्था के साथ स्थापित किया जा सकता है, जिसके सम्बन्ध में हम नगर विपोहालक का नाम सुनते हैं[143] सातवाहनकालीन अभिलेखों में अनेक नगरों का उल्लेख किया गया है। भरूकच्छ, सोपारा, कान्हेरी, कल्याण, पैठन, तगर, जुन्नर, कार्ले, गोवर्धन, धान्यकटक, अमरावती, नागार्जुनकोण्डा, अरिकमेडु आदि इस समय के प्रमुख नगर थे। इनमें से कई नगरों से सातवाहन युगीन अभिलेख भी प्राप्त हुए हैं। कई नगरों का उल्लेख अभिलेखों के अन्तर्गत किया गया है। इनमें से अधिकांश नगरों का प्रशासन निगम सभा द्वारा संचालित होता था। निगम का मूल अर्थ है व्यापारी, किन्तु अभिलेखों में उल्लिखित निगम सभाओं में नगर के प्रतिष्ठित एवं वृद्धजन सदस्य नियुक्त अथवा चयनित किये जाते होंगे। वहाँ निगम का अर्थ नगर प्रतीत होता

है।[144] आपस्तम्ब में उल्लिखित है कि राजा गाँव की और नगर की प्रजा रक्षा (और व्यवहार) के लिए शुद्ध आचरण के सत्यशील आर्य (सज्जन) नियुक्त करे। उनके सेवक भी उसी प्रकार के हों।[145]

निगम सभा के महत्व का अनुमान इस बात से लगाया जा सकता है कि सभी प्रकार के भूमिदानों का पंजीकरण इन निगम सभाओं में कराया जाता था और उनकी प्रतिलिपियाँ, उस व्यक्ति अथवा संघ अथवा संस्था को सौंप दी जाती थीं, जिसे दान दिया जाता था। नासिक की गुफा में गौतमीपुत्र सातकर्णि के शासनकाल के संवत्सर 18 में उत्कीर्ण कराए गए अभिलेख[146] में उल्लिखित है कि गौतमीपुत्र सातकर्णि की आज्ञा से अमात्य विष्णुपालित द्वारा दिए गए खेत के दान को शिवगुप्त ने लेखनिविष्ट किया और एकतापस द्वारा तैयार की गई इसकी पट्टिका महास्वामिकों को सौंप दी गई।

सातवाहन काल में अनेक नगर व्यापार के प्रमुख केन्द्र थे, यथा पैठन, सोपारा, अरिकमेडु, कल्याण, भरूकच्छ आदि। सभी नही तो कुछ नगरों में तो जनता के प्रतिनिधि के रूप में निगम सभा कार्य करती थीं। नासिक अभिलेख[147] से ज्ञात होता है कि ऐसी ही एक सभा में उषवदात ने एक दान की घोषणा की थी और तत्कालीन परम्परानुसार उसका पंजीकरण किया गया। इन सभाओं के माध्यम से ही नगरजन अपनी इच्छाएँ व्यक्त करते थे और ये अपने प्रबन्ध का संचालन करती थीं। इसी जगह से प्राप्त एक अन्य लेख से विदित होता है कि नागरिकों की एक सभा ने तो एक गाँव का दान दिया था।[148] यदि उनका एक संस्था के रूप में गठन न होता, तो यह सम्भव नहीं हो सकता था। इस काल में कतिपय जातियों ने भी अपने हितार्थ अपने–अपने संगठन बना लिए थे, जिन्हें श्रेणी कहा जाता था। इस समय के अनेक अभिलेखों में गृहपति शब्द का प्रयोग हुआ है।[149] वस्तुतः गृहपति से किसानों के परिवार के मुखिया का बोध होता है। इनमें से कुछ गृहपति निगमसभा के भी

सदस्य थे।[150] बौद्ध भिक्षुओं ने भी अपने संघ बना रखे थे। राजवंशों में शासकों के परिवर्तन से इन संगठनों पर कोई प्रभाव नहीं पड़ता था। ये अबाध रूप से अपना प्रबन्धन करते थे। इस प्रकार राजनीतिक क्रान्तियों के कारण साधारण जनता पर कोई विशेष प्रभाव नहीं पड़ता था।

ग्राम प्रशासन

सातवाहन काल में ग्रामों में पंचायत पद्धति प्रचलन में थी, यद्यपि सातवाहन अभिलेखों में इसका उल्लेख नहीं किया गया है। हाल की गाथासतसई में ग्रामणी का उल्लेख किया गया है।[151] इसका अधिकार क्षेत्र पाँच गाँवों तक और कभी–कभी दस गाँवों तक होता था। पुलुमावि के राज्यकाल के वर्ष 8 में म्याकडोनी में उत्कीर्ण कराए शिलालेख[152] में ग्रामिक कुमारदास का उल्लेख किया गया है।

नगरवासियों की भाँति ग्रामवासियों को भी स्वशासन की प्रचुर सुविधाएँ उपलब्ध थीं। सातवाहन शासन प्रणाली की सबसे छोटी इकाई ग्राम के प्रमुख को ग्रामणी, ग्रामिक, ग्रामेयक या ग्रामयोजक कहते थे। ग्राम–महतरों की एक समिति शासनकार्य में उसे सहायता प्रदान करती थी।[153] ग्राम–समिति के माध्यम से जिलाधिकारियों एवं ग्रामवासियों के मध्य सामजंस्य स्थापित होता था। सातवाहनयुगीन अभिलेखों से इस बात के स्पष्ट साक्ष्य मिलते हैं कि ग्राम, श्रेणी, निगम तथा जनपद के अपने–अपने निकाय होते थे, जिनके अधिकार, कर्त्तव्य तथा उत्तरदायित्व परस्पर भिन्न थे। किन्तु एक बात अवश्य है कि कर्त्तव्यों और उत्तरदायित्वों के सम्बन्ध में स्वशासन–मूलक एक सैद्धान्तिक समानता तथा एकरूपता होती थी।

निष्कर्ष रूप में कह सकते हैं कि सातवाहनों ने अपने विशाल साम्राज्य को प्रशासनिक सुविधा हेतु विभिन्न इकाईयों में विभक्त

कर शासन किया। साथ ही विभिन्न विभागों के समुचित संचालन हेतु पदाधिकारियों की नियुक्ति की। नगर तथा ग्रामसभाओ को स्वयत्तता प्रदान की। यद्यपि शासन प्रणाली में ये मौर्यों के उत्तराधिकारी थे, तथापि इन्होंने स्वानुकुल परिवर्तन कर एक आदर्श साम्राज्य का सुनियोजित संचालन किया।

सन्दर्भ

1. जयसवाल, के० पी०, मनु एण्ड याज्ञवल्क्य, पृ० 43.
2. जर्नल ऑफ द बॉम्बे ब्रांच ऑफ द रॉयल एशियाटिक सोसाइटी, V, पृ० 41.
3. कौटिल्य, अर्थशास्त्र I, VII एवं XIX.
4. आर्कियोलॉजिकल सर्वे ऑफ वेस्टर्न इंडिया, V, पृ० 60.
5. जर्नल ऑफ द बॉम्बे ब्रांच ऑफ द रॉयल एशियाटिक सोसाइटी, V, पृ० 41.
6. याज़दानी, जी०, दकन का प्राचीन इतिहास, पृ० 123–124.
7. मिराशी, वा० वि०, सातवाहनों और पश्चिमी क्षत्रपों का इतिहास और अभिलेख, पृ० 101.
8. राजशेखर, काव्यमीमांसा, पृ० 33.
9. मिराशी, वा० वि०, सातवाहनों और पश्चिमी क्षत्रपों का इतिहास और अभिलेख पृ० 101.
10. विदर्भ संशोधन मंडल, 1976.
11. मिराशी, वा० वि०, सातवाहनों और पश्चिमी क्षत्रपों का इतिहास और अभिलेख पृ० 101.
12. मिराशी, वा० वि०, सातवाहन आनि पश्चिमी क्षत्रप यामचा इतिहास आनि कोरिव लेख, पृ० 10, 1.2.
13. राय, मंगला, प्राचीन भारत में जिला शासन, पृ० 36–49.
14. एपिग्राफिया इंडिका, VIII, पृ० 36–49.

15. पूर्ववत्, I, पृ० 5.
16. मिराशी, वा० वि०, सातवाहनों और पश्चिमी क्षत्रपों का इतिहास और अभिलेख पृ० 102.
17. एपिग्राफिया इंडिका, XIV, पृ० 143–155.
18. राय, मंगला, प्राचीन भारत में जिला शासन, पृ० 129.
19. पूर्ववत्, पृ० 129–130.
20. मिराशी, वा० वि०, सातवाहनों और पश्चिमी क्षत्रपों का इतिहास और अभिलेख, पृ० 102.
21. आर्कियोलॉजिकल सर्वे ऑफ वेस्टर्न इंडिया, V, पृ० 60.
22. हिस्टोरिकल रिसर्चेज़, पृ० 58.
23. जर्नल ऑफ द बॉम्बे ब्रांच ऑफ द रॉयल एशियाटिक सोसाइटी, VI, पृ० 10.
24. पूर्ववत्.
25. एपिग्राफिया इंडिका, XXXIV, पृ० 239.
26. ब्रिटिश म्यूजियम कैटलॉग (आन्ध्राज), पृ० 57.
27. मिराशी, वा० वि०, सातवाहनों और पश्चिमी क्षत्रपों का इतिहास और अभिलेख पृ० 102.
28. वेदालंकार, हरिदत्त, प्राचीन भारत का राजनीतिक तथा सांस्कृतिक इतिहास, पृ० 251.
29. जर्नल ऑफ द बॉम्बे ब्रांच ऑफ द रॉयल एशियाटिक सोसाइटी, V, पृ० 46.
30. राजवाडे, वी०के०, नामादि–शब्द–व्युपत्ति–कोश (मराठी), पृ० 273.
31. महाजन, मालती, "ऐडमिनिस्ट्रेटिव डिवीजन्स एण्ड प्लेस नेम्स फ्रॉम सातवाहन इंस्क्रिप्शन्स फाउंड इन महाराष्ट्र" शास्त्री, अजयमित्र (सं०) द एज ऑफ द सातवाहनाज, II, पृ० 401.
32. पूर्ववत्.

33. जर्नल ऑफ द बॉम्बे ब्रांच ऑफ द रॉयल एशियाटिक सोसाइटी, V, पृ० 46.
34. पूर्ववत्, पृ० 45.
35. महाजन, मालती, "ऐडमिनिस्ट्रेटिव डिवीजन्स एण्ड प्लेस नेम्स फ्रॉम सातवाहन इंस्क्रिप्शन्स फाउंड इन महाराष्ट्र," शास्त्री, अजयमित्र (सं०) द एज ऑफ द सातवाहनाज, II, पृ० 401.
36. एपिग्राफिया इंडिका, XLL, पृ० 102.
37. मिराशी, वा० वि०, सातवाहनों और पश्चिमी क्षत्रपों का इतिहास और अभिलेख, पृ० 102.
38. पूर्ववत्.
39. याजदानी, जी०, दकन का प्राचीन इतिहास, पृ० 124.
40. मिश्र, श्याम मनोहर, दक्षिण भारत का इतिहास, पृ० 89.
41. एपिग्राफिया इंडिका, VIII, पृ० 36–49.
42. जर्नल ऑफ द बॉम्बे ब्रांच ऑफ द रॉयल एशियाटिक सोसाइटी, V, पृ० 46; आर्कियोलॉजिकल सर्वे ऑफ वेस्टर्न इंडिया, IV, पृ० 100.
43. जर्नल ऑफ द बॉम्बे ब्रांच ऑफ द रॉयल एशियाटिक सोसाइटी, V, पृ० 45; एपिग्राफिया इंडिका, VIII, पृ० 65.
44. महाजन, मालती, "ऐडमिनिस्ट्रेटिव डिवीजन्स एण्ड प्लेस नेम्स फ्रॉम सातवाहन इंस्क्रिप्शन्स फाउंड इन महाराष्ट्र," शास्त्री, अजयमित्र (सं०) द एज ऑफ द सातवाहनाज, II, पृ० 403.
45. पूर्ववत्.
46. पूर्ववत्.
47. शास्त्री, अजयमित्र, सातवाहनाज एण्ड क्षत्रपास, पृ० 74–76.
48. आर्कियोलॉजिकल सर्वे ऑफ वेस्टर्न इंडिया, V, पृ० 76–77.
49. एपिग्राफिया इंडिका, XXXVI, पृ० 273–274.
50. मिराशी, वा० वि०, सातवाहनों और पश्चिमी क्षत्रपों का इतिहास और अभिलेख पृ० 102.

51. जर्नल ऑफ द बॉम्बे ब्रांच ऑफ द रॉयल एशियाटिक सोसाइटी, V, पृ० 45.
52. एपिग्राफिया कर्नाटिका VII; ल्यूडर्स लिस्ट 1195.
53. एपिग्राफिया इंडिका, XXXIV, पृ० 239.
54. मिश्र, श्याम मनोहर, दक्षिण भारत का इतिहास, पृ० 66.
55. याजदानी, जी०, दकन का प्राचीन इतिहास, पृ० 69.
56. जर्नल ऑफ न्यूमिसमैटिक सोसाइटी ऑफ इंडिया, XXXV, पृ० 106.
57. मिराशी, वा० वि०, सातवाहनों और पश्चिमी क्षत्रपों का इतिहास और अभिलेख, पृ० 14.
58. मजूमदार, आर० सी०, क्लासिकल एकाउन्ट ऑफ इंडिया, पृ० 376.
59. मिराशी, वा० वि०, सातवाहनों और पश्चिमी क्षत्रपों का इतिहास और अभिलेख पृ० 103.
60. राय, मंगला, प्राचीन भारत में जिला शासन, पृ० 131.
61. एपिग्राफिया इंडिका, VIII, पृ० 12.
62. महाजन, मालती, "ऐडमिनिस्ट्रेटिव डिवीजन्स एण्ड प्लेस नेम्स फ्रॉम सातवाहन इंस्क्रिप्शन्स फाउंड इन महाराष्ट्र," शास्त्री, अजयमित्र (सं०) द एज ऑफ द सातवाहनाज, II, पृ० 411–412.
63. जर्नल ऑफ द बॉम्बे ब्रांच ऑफ द रॉयल एशियाटिक सोसाइटी, V, पृ० 41.
64. पूर्ववत्, पृ० 45.
65. हिस्टोरिकल रिसर्चेस, पृ० 58.
66. जर्नल ऑफ द बॉम्बे ब्रांच ऑफ द रॉयल एशियाटिक सोसाइटी, V, पृ० 46.
67. पूर्ववत्, VII, पृ० 46.
68. मिराशी, वा० वि०, सातवाहनों और पश्चिमी क्षत्रपों का इतिहास और अभिलेख, खण्ड II, पृ० 29.

69. आर्कियोलॉजिकल सर्वे ऑफ वेस्टर्न इंडिया, IV, पृ० 112.
70. एपिग्राफिया इंडिका, VIII, पृ० 91.
71. मिराशी, वा० वि०, सातवाहनों और पश्चिमी क्षत्रपों का इतिहास और अभिलेख, खण्ड I, पृ० 103.
72. हिस्टोरिकल रिसर्चेज़, पृ० 58.
73. वेदालंकार, हरिदत्त, प्राचीन भारत का राजनीतिक तथा सांस्कृतिक इतिहास, पृ० 249.
74. आर्कियोलॉजिकल सर्वे ऑफ वेस्टर्न इंडिया, V, पृ० 60.
75. जर्नल ऑफ द बॉम्बे ब्रांच ऑफ द रॉयल एशियाटिक सोसाइटी, V, पृ० 41.
76. पूर्ववत्.
77. पूर्ववत्.
78. पूर्ववत्.
79. मिराशी, वा० वि०, सातवाहनों और पश्चिमी क्षत्रपों का इतिहास और अभिलेख, पृ० 104–105.
80. मिश्र, श्याम मनोहर, दक्षिण भारत का इतिहास, पृ० 89.
81. एपिग्राफिया इंडिका, VIII, पृ० 73.
82. आपस्तम्ब धर्मसूत्र, 2.10.25.15.
83. जर्नल ऑफ द बॉम्बे ब्रांच ऑफ द रॉयल एशियाटिक सोसाइटी, V, पृ० 41.
84. पूर्ववत्.
85. पूर्ववत्.
86. एपिग्राफिया इंडिका, VIII, पृ० 75.
87. एपिग्राफिया इंडिका, XVI, पृ० 19–25.
88. जर्नल ऑफ द बॉम्बे ब्रांच ऑफ द रॉयल एशियाटिक सोसाइटी, V, पृ० 41.

89. पूर्ववत्.
90. एपिग्राफिया इंडिका, VIII, पृ० 36–49.
91. आर्कियोलॉजिकल सर्वे ऑफ वेस्टर्न इंडिया, V, पृ० 60.
92. जर्नल ऑफ द बॉम्बे ब्रांच ऑफ द रॉयल एशियाटिक सोसाइटी, V, पृ० 46.
93. आपस्तम्ब धर्मसूत्र, 2.5.11.2.
94. मिराशी, वा० वि०, सातवाहनों और पश्चिमी क्षत्रपों का इतिहास और अभिलेख, पृ० 109.
95. पूर्ववत्.
96. पूर्ववत्, पृ० 104.
97. पूर्ववत्.
98. जर्नल ऑफ द बॉम्बे ब्रांच ऑफ द रॉयल एशियाटिक सोसाइटी, V, पृ० 46; VII, पृ० 46; एपिग्राफिया इंडिका, VII, पृ० 64.
99. ल्यूडर्स लिस्ट, 1174.
100. याज़दानी, जी०, दकन का प्राचीन इतिहास, पृ० 125.
101. वेदालंकार, हरिदत्त, प्राचीन भारत का राजनीतिक तथा सांस्कृतिक इतिहास, पृ० 250.
102. हिस्टोरिकल रिसर्चेज़, पृ० 58.
103. आर्कियोलॉजिकल सर्वे ऑफ वेस्टर्न इंडिया, V, पृ० 60.
104. ल्यूडर्स लिस्ट, 1116.
105. एपिग्राफिया इंडिका, VII, फूलक 2.
106. जर्नल ऑफ द बॉम्बे ब्रांच ऑफ द रॉयल एशियाटिक सोसाइटी, VI, पृ० 10.
107. वेदालंकार, हरिदत्त, प्राचीन भारत का राजनीतिक तथा सांस्कृतिक इतिहास, पृ० 250.
108. जर्नल ऑफ द बॉम्बे ब्रांच ऑफ द रॉयल एशियाटिक सोसाइटी, VI, पृ० 10.

109. एपिग्राफिया इंडिका, XXXIV, पृ० 238.
110. वेदालंकार, हरिदत्त, प्राचीन भारत का राजनीतिक तथा सांस्कृतिक इतिहास, पृ० 250.
111. पूर्ववत्.
112. ल्यूडर्स लिस्ट, 1116.
113. जर्नल ऑफ द बॉम्बे ब्रांच ऑफ द रॉयल एशियाटिक सोसाइटी, VI, पृ० 10.
114. वेदालंकार, हरिदत्त, प्राचीन भारत का राजनीतिक तथा सांस्कृतिक इतिहास, पृ० 251.
115. एपिग्राफिया इंडिका, VIII, पृ० 65.
116. पूर्ववत्, पृ० 60.
117. पूर्ववत्, XIV, पृ० 143–155.
118. वेदालंकार, हरिदत्त, प्राचीन भारत का राजनीतिक तथा सांस्कृतिक इतिहास, पृ० 251.
119. एपिग्राफिया इंडिका, VIII, पृ० 36–49.
120. वेदालंकार, हरिदत्त, प्राचीन भारत का राजनीतिक तथा सांस्कृतिक इतिहास, पृ० 432.
121. एपिग्राफिया इंडिका, VIII, पृ० 71.
122. पूर्ववत्, पृ० 73.
123. पूर्ववत्, पृ० 65.
124. ल्यूडर्स लिस्ट, 994.
125. एपिग्राफिया इंडिका, XXXIV, पृ० 239.
126. पूर्ववत्, VII, पृ० 64.
127. पूर्ववत्, VIII, पृ० 91.
128. ल्यूडर्स लिस्ट, 1195.
129. एपिग्राफिया इंडिका, VIII, पृ० 91.
130. मार्शल और फुशे, मॉन्युमेन्ट्स ऑफ साँची, I, भाग–2, पृ० 34.

131. शिवराममूर्ति, एस०, अमरावती स्कल्पचर्स इन द मद्रास गवर्मेन्ट म्यूजियम, पृ० 291.
132. एपिग्राफिया इंडिका, XXXIV, पृ० 239.
133. पूर्ववत्, VIII, पृ० 71.
134. पूर्ववत्, पृ० 73.
135. जर्नल ऑफ द रॉयल एशियाटिक सोसाइटी, 1905, पृ० 305.
136. याज़दानी, जी०, दकन का प्राचीन इतिहास, पृ० 125.
137. एपिग्राफिया इंडिका, VIII, पृ० 71.
138. विदर्भ संशोधन मण्डल, 1976.
139. कॉर्पस इंस्क्रिप्शनम इंडिकैरम, IV, पृ० 5.
140. एपिग्राफिया इंडिका, I, पृ० 5.
141. राय, मंगला, प्राचीन भारत में जिला–शासन, पृ० 1.130.
142. पूर्ववत्.
143. पूर्वतत्.
144. मिराशी, वा० वि०, सातवाहनों और पश्चिमी क्षत्रपों का इतिहास और अभिलेख, पृ० 107.
145. आपस्तम्ब धर्मसूत्र, 2.10.26.5–6.
146. एपिग्राफिया इंडिका, VIII पृ० 71.
147. हिस्टोरिकल रिसर्चेस, पृ० 59.
148. याज़दानी, जी०, दकन का प्राचीन इतिहास, पृ० 126.
149. शिवराममूति, एस०, अमरावती स्कल्पचर्स इन द मद्रास गवर्मेन्ट म्यूजियम, पृ० 283, जर्नल ऑफ द बॉम्बे ब्रांच ऑफ द रायल एशियाटिक सोसाइटी, XV, पृ० 313.
150. याज़दानी, जी०, दकन का प्राचीन इतिहास, पृ० 126.
151. गाथासप्तशति (काव्यमाला 21), 728, 731.
152. एपिग्राफिया इंडिका, XIV, पृ० 143–155.
153. राय, मंगला, प्राचीन भारत में जिला शासन, पृ० 131.

अध्याय–सात

कला एवं साहित्य

ऐरावत समारूढ़ नानामणि विभूषितम्
चतुः षष्टिकलाविद्या निपुणं वदनोज्ज्वलं,
भुजद्वये सुगर्भां च अपरे मानधारकम्
बंदे विष्णुंमहातेजो विश्वकर्मन नमोस्तुतं।

कला मानव संस्कृति की उपज है। मानव के द्वारा कला की प्रतिष्ठा हुई और उसके द्वारा वह आत्मचैतन्य एवं आत्मगौरव प्राप्त करता रहा है। कला का उद्गम सौंदर्य की मूलभूत प्रेरणा से हुआ है। सौन्दर्य की अभिरूचि मनुष्य की अनुकरण–प्रवृत्ति द्वारा प्रमाणित होती है। मानव की सर्वोपरि चेतना प्रकृति के अनुकरण में निहित है। कला में प्रत्यक्ष की अपेक्षा अप्रत्यक्ष तथा सत्य की अपेक्षा कल्पना को अधिक महत्व दिया जाता है। सामाजिक प्राणी होने के नाते मनुष्य की भावनाओं तथा विचारों का प्रत्यक्षीकरण कला के द्वारा हो जाता है। प्रत्येक प्रकार की कलात्मक प्रक्रिया का ध्येय है, सौन्दर्य तथा आनन्द की अभिव्यक्ति। वस्तुतः कला एक कलाकार की वर्षों की मनोरम कल्पना का परिणाम होती है, एवं आन्तरिक मनोभावों की सच्ची परिचायिका है। कलाकृतियाँ समान रूप से समाज के सभी अंगो को प्रभावित करती हैं। मानव के मस्तिष्क एवं

हस्तकौशल का अद्भुत समन्वय कला के ही माध्यम से अभिव्यक्त होता है।

सातवाहनयुगीन कला भारतीय कला के इतिहास का स्वर्णिम पृष्ठ है। इस काल में कला के विभिन्न आयाम पुष्पित एवं पल्लवित हुए। सातवाहन शासकों के काल में न केवल स्थापत्यकला, अपितु मूर्तिकला, चित्रकला तथा अन्य बहुपयोगी कलाओं का अभूतपूर्व विकास हुआ। दक्षिण भारत की आर्थिक सम्पन्नता ने इस कला के विकास में महत्वपूर्ण भूमिका निभाई थी। विदेशों से विशेष रूप से रोम से, समुन्नत व्यापारिक सम्बन्ध होने के कारण कृष्णा तथा गोदावरी का मध्यवर्ती भाग आर्थिक रूप से सुदृढ़ हो चुका था। इस काल की कला के विकास में समाज के विभिन्न वर्गों का भी योगदान रहा है। नासिक, कार्ले, अमरावती आदि से प्राप्त अनेक अभिलेखों में राजाओं, अधिकारियों, तथा सामान्यजन द्वारा दिए गए दानों का उल्लेख किया गया हैं। धर्म एवं कला के विकास में सहयोग देना एक पवित्र कार्य के रूप में मान्य हो चुका था, और जनता का यह विश्वास अधिक दृढ़ हो गया था कि स्तूपों, चैत्यों आदि के निर्माण में सहयोग देना एक आध्यात्मिक उपलब्धि होने के साथ–साथ पुण्य का भागी होना भी है। अमरावती में अनेक ऐसे अभिलेख प्राप्त हुए है, जिनमें दानकर्त्ताओं ने अपने पुण्य में अपने माता–पिता, पत्नियों, भाईयों, पुत्र–पुत्रियों एवं पौत्रों, प्रपौत्रों को भी सहभागी बनाया हैं।[1]

कला के विकास में प्रशासन का भी महत्वपूर्ण योगदान था। कान्हेरी से प्राप्त यज्ञश्रीसातकर्णि के शासनकाल में उत्कीर्ण कराए गए अभिलेख[2] में एक अधिदर्शक का उल्लेख किया गया है, जिसके निर्देशन में कलाकारों द्वारा गुफा का निर्माण कराया गया था। इन अधिदर्शकों में कुछ कुशल कर्मिक भी होते थे।[3] कभी–कभी ऐसी कलाकृतियों के निर्माण हेतु नगर के निवासी सामूहिक रूप

से भी सहयोग देते थे। अमरावती के तक्षणों में धान्यकटक नगर द्वारा दिए गए अनुदानों का उल्लेख किया गया है।[4] व्यापारियों का संगठित वर्ग भी इस युग के सांस्कृतिक जीवन के विकास में सहयोग प्रदान करता था। इस प्रकार इस युग की कला के विकास में राज्य–प्रशासन, राजपरिवारों के सदस्यों एवं सामान्य नागरिकों में ब्राह्मणों, अभिजात्यवर्ग के लोगों, कृषकों एवं व्यवसायियों तथा व्यापारियों की श्रेणियों आदि का महत्वपूर्ण योगदान रहा है। दूसरी शती ई० पू० से लेकर दूसरी शती ई० तक, लगभग चार सौ वर्षों की सुदीर्घ अवधि में कला का चतुर्मुखी विकास हुआ।

स्थापत्य कला

बौद्ध धर्म के प्रचार–प्रसार के साथ भारत में एक विशिष्ट स्थापत्य का श्रीगणेश हुआ। महात्मा बुद्ध के महापरिनिर्वाणोपरान्त उनके तथा अन्य ज्ञानी बुद्धों के शरीरावशेषों तथा उनके द्वारा प्रयुक्त की गईं भिक्षापात्र जैसी वस्तुओं पर स्तूप निर्मित किए जाने लगे। उन्हें धातुगर्भ (दागोब) कहते थे। बौद्ध भिक्षुओं की प्रार्थना के लिए चैत्यगृह बनवाए जाने लगे। बौद्ध भिक्षु वर्ष में शरद एवं ग्रीष्म ऋतु के आठ महीने में धर्मप्रचारार्थ भ्रमण करते थे, किन्तु वर्षा ऋतु में उन्हें आश्रय की आवश्यकता होती थी। अतएव विहारों का निर्माण किया जाने लगा।

सातवाहनकाल से पूर्व निर्मित भवनों, स्तूपों आदि के निर्माण में लकड़ी, कच्ची ईंटों तथा मिट्टी का प्रयोग किया जाता था, किन्तु सातवाहनकाल में प्रस्तर का प्रयोग करना आरम्भ किया गया। इस युग की कला में लोकजीवन के दर्शन होते हैं। कलाकार का एकमात्र लक्ष्य मानवजीवन के ऐहिक स्वरूप का दिग्दर्शन कराना था।

पहाड़ियों मे गुफाएँ खुदवाने का कार्य अशोक के शासनकाल से आरम्भ किया गया। अशोक तथा उसके पौत्र दशरथ ने बिहार

में गया के निकट सात गुफाएँ खुदवायी[5] जिनमें से चार बराबर की पहााड़ियों में एवं तीन नागार्जुनी की पहाड़ियों पर थीं।

यहां उत्कीर्ण अभिलेखों से स्पष्ट है कि सम्राट अशोक तथा दशरथ ने आजीवक सम्प्रदाय के भिक्षुओं को निवास हेतु ये गुफाएँ दान में प्रदान की। ये गुफाएँ काष्ठ की प्रस्तर में अनुकृति हैं। मौर्यकालीन चमकदार ओप इन गुफाओं की मुख्य लाक्षणिकता है।

इन्हीं का अनुसरण करके सातवाहनकाल में अनेक गुफाएँ महाराष्ट्र में खोदी गईं। पश्चिमी महाराष्ट्र की गुफाएँ विस्तार, सौन्दर्य आदि में विशिष्टतापूर्ण हैं। पश्चिमी महाराष्ट्र के अनेक जिलों में सह्याद्रि पर्वत की बेसाल्ट प्रस्तर खोदने के लिए सर्वथा अनुकूल है। इसकी खड़ी चट्टानों को काटकर गुफा मंदिर निर्मित किए गए। महाराष्ट्र में अपने प्रकार का यह प्रथम प्रयास था, लेकिन काष्ठ कला में निपुण इस काल के कलाकार शीघ्र ही इस प्रकार की तक्षण कला में पारंगत हो गए। चूँकि ये कार्य तत्कालीन बढ़इयों द्वारा किया गया इसीलिए काष्ठकला का प्रभाव एवं उपयोग प्रारम्भिक गुफाओं में देखने को मिलता है। जैसे–जैसे वे प्रगति करते गए वैसे–वैसे काष्ठशिल्प कमतर होता चला गया और अन्ततः विलुप्त हो गया।

सातवाहनकालीन अभिलेख इस तथ्य की पुष्टि करते हैं कि इस युग में अनेक चैत्यों, विहारों, स्तूपों आदि का निर्माण कराया गया। इसके साथ ही साथ विहारों में रहने वाले भिक्षुओं की आजीविका एवं वस्त्रादि के लिए धनोपार्जनार्थ संसाधनों की भी व्यवस्था की गई। पूर्वनिर्मित स्तूपों का परिवर्द्धन एवं विस्तारीकरण किया गया, जिसकी पुष्टि अभिलेखीय साक्ष्यों से होती है। महत्वपूर्ण तथ्य यह है कि सातवाहनों के ब्राह्मण धर्म के अनुयायी होने के बाद भी सातवाहन कालीन किसी भी अभिलेख में किसी देवालय अथवा मंदिर का उल्लेख नहीं किया गया है, यद्यपि देवताओं का उल्लेख कई अभिलेखों के आरम्भ में किया गया है। नागनिका के

नानाघाट अभिलेख[7] में इन्द्र, संकर्षण (बलराम), वासुदेव (कृष्ण), चन्द्र, सूर्य, चतुर्दिकपाल, यम, वरूण, कुबेर, वासव (इन्द्र) एवं कुमारवर (कार्तिकेय) आदि की वन्दना की गई हैं। इसी प्रकार आन्ध्र प्रदेश के कृष्ण जिले के चिन्न गाँव में यज्ञ श्रीसातकर्णि के शासन काल के संवत्सर 27 में उत्कीर्ण कराए गए शिलालेख[8] के आरम्भ में भगवान को नमस्कार! (नमो भगवतो) उल्लिखित है। दुर्भाग्यवश महाराष्ट्र तथा इसके आसपास सातवाहनों द्वारा प्रशासित क्षेत्रों में वैदिक धर्म से सम्बन्धित कोई भी सम्पूर्ण स्थापत्य सम्बन्धी संरचना प्राप्त नहीं हुई है, जबकि अभिलेखीय साक्ष्य, यथा नानाघाट अभिलेख एवं चिन्न अभिलेख इस तथ्य की पुष्टि करते हैं, कि बौद्ध धर्म के साथ–साथ वैदिक धर्म भी लोकप्रिय था।

वीरापुरम्, कुडवेल्ली, संगमेश्वरम्, सिद्धेश्वरम् आदि पुरास्थलों में किये गए पुरातात्विक उत्खनन अभिलेखीय साक्ष्यों को बल प्रदान करते हैं। जी० बी० देगलुरकर ने इन पुरास्थलों में किए गए पुरातात्त्विक उत्खनन तथा अभिलेखीय तथा साहित्यिक साक्ष्यों के सम्मिलित अध्ययन के आधार पर इस युग में मंदिरों के अस्तित्व को स्वीकार किया।[9] उनके अनुसार सातवाहन काल के अंतिम चरण में निर्मित की गई छतविहीन स्थापत्य सम्बन्धी संरचनाएँ उत्खनन में प्राप्त हुईं हैं। इन पुरास्थलों का प्रथम चरण प्रथम शती ई० का है, और इसी काल में मंदिर निर्मित किए गए। तलविन्यास में वर्गाकार सोपानयुक्त तथा इष्टिका निर्मित इन शैव मंदिरों के गर्भगृह के धरातल पर लिंग प्रतिष्ठित था।[10]

देगलुरकर के अनुसार इनका अधिष्ठान अपेक्षाकृत ऊँचे उपान से युक्त साधारण मंचक प्रकार का था। अभिषिक्त जल की निकासी हेतु वारिमार्ग भी बनाये जाते थे।[11] यद्यापि इनके ऊपर की छत नहीं प्राप्त हुई है, तथापि यह अनुमान लगाया जा सकता है कि इन मंदिरों की छत सपाट और सम्भवतः बाँस की तथा क्रूसाकार धरन और लम्बवत् काष्ठ स्तम्भ के ऊपर छाजन अवलम्बित

रहता होगा।[12] इनके निर्माण में 54 x 27 x 9 एवं 49 x 24 ग 9 सेमी० की इष्टिका प्रयुक्त की जाती थीं, तथा ये 1.30 से 3.40 वर्ग मी० परिमाप के होते थे।[13] मंदिरों के दिग्विन्यास और इसके सहायक अंग, जो कि इस समय सुव्यवस्थित नहीं हुए थे, के आधार पर आई० के० शर्मा ने इन्हें मंदिरों की प्रारम्भिक संरचनात्मक अवस्था माना है।

उपर्युक्त साक्ष्यों के सम्मिलित अध्ययन के आधार पर निष्कर्ष रूप में कहा जा सकता है कि सातवाहन युगीन मंदिरों की निम्नवत् लाक्षणिकताएँ थीं[14]:–

1. ये मंदिर आकार में छोटे तथा इष्टिका निर्मित थे।
2. ये मुख्यतः वर्गाकार, आयताकार तथा कभी–कभी अर्द्धवृत्ताकार भी होते थे।
3. इनकी छत सपाट तथा बाँस से बनी होती थी, जिसका छाजन काष्ठ स्तम्भों पर अवलम्बित होता था।
4. इनका दिग्विन्यास, वारिमार्ग तथा मंदिर के अन्य अंग इस समय सुव्यवस्थित रूप से निर्धारित नहीं थे।
5. उत्खनन में सातवाहनकाल से सम्बन्धित स्तरों से प्राप्त मृद्भाण्डों तथा मुद्राओं के आधार पर इनका तिथिक्रम निर्धारण सम्भव हुआ है।

गाथासप्तशती में सातवाहनों से सम्बन्धित उल्लेख में, चंडिका[15] तथा अन्य देवी–देवताओं को समर्पित मंदिरों का वर्णन किया गया है। नासिक के एक अभिलेख[16] में सातवाहनों के समकालीन शक क्षत्रप नहपान के दामाद ऋषभदत्त द्वारा भगवान देव एवं ब्राह्मणों को सत्तर हजार कार्षापणों के दिए जाने का उल्लेख है। ब्राह्मणों को तो यह दक्षिणा दी गई होगी, किन्तु देवों को यह दान किस प्रकार दिया गया होगा? सम्भवतः यह उनके देवालयों के पुजारियों को देवों के अक्षयदीप, पूजा, नैवेद्य आदि की व्यवस्था हेतु दिया

गया होगा। तात्पर्य यह है कि उस समय मंदिर अवश्य रहे होंगे। सर्वविदित है कि विदिशा के पास भगवान वासुदेव (कृष्ण) का सुप्रसिद्ध मंदिर था।

बेसनगर के गरूड स्तम्भलेख के विदित है कि तक्षशिला के राजा अन्तलिकित के शुंगों के दरबार में नियुक्त राजदूत हेलियोडोरस ने उस मंदिर का ध्वजस्तम्भ स्थापित कर उस पर अपना लेख उत्कीर्ण करवाया।[17] एक अन्य अभिलेख से विदित होता है कि दूसरी शती ई० पू० में घोसुंडी (चित्तौड़गढ़ जिला) में संकर्षण और वासुदेव का मंदिर था।[18] नागनिका के नानाघाट अभिलेख[19] के आरम्भ में बलराम और वासुदेव को नमन किया गया है। चिन्न में यज्ञश्री सातकर्णि के शासन काल के संवत्सर 27 में उत्कीर्ण कराए गए अभिलेख[20] के आरम्भ में भगवान को नमस्कार उल्लिखित किया गया है, यद्यापि इसमें देवी–देवताओं की पहचान स्पष्ट नहीं है, किन्तु फिर भी नागनिका तथा यज्ञश्री के अभिलेखों के साथ–साथ शक क्षत्रपों के अभिलेखों एवं तत्कालीन उत्तर भारत से प्राप्त अभिलेखों के आधार पर यह कहा जा सकता है कि सातवाहनों के शासनकाल में बलराम तथा वासुदेव की पूजा प्रचलन में थी। कृष्ण, वामन, प्रजापति, शिव, गणेश, सूर्य, राम जैसे देवताओं तथा पार्वती, दुर्गा, लक्ष्मी जैसी देवियों के सातवाहन अभिलेखों तथा गाथासप्तशती में अनेक उल्लेख प्राप्त होते हैं।[21] एक तरफ विभिन्न धार्मिक संरचनाओं के संदर्भ तथा दूसरी तरफ विभिन्न देवी–देवताओं का उल्लेख, दोनों प्रकार के साक्ष्य, महाराष्ट्र क्षेत्र में सातवाहन काल में प्रचुर मात्रा में मंदिरों के अस्तित्व की पुष्टि करते हैं। महाराष्ट्र में सातवाहन काल में निर्मित मंदिर मूलतः शीघ्र नष्ट होने वाले पदार्थों, यथा बाँस, काष्ठ तथा मिट्टी से बने होने के कारण वर्तमान में प्राप्त नहीं होते हैं। गाथासप्तशती की विभिन्न गाथाओं में शुंडाकार शिखर तथा चौड़े प्रांगण से युक्त मंदिरों के उल्लेख प्राप्त होते हैं।[22] इनमें से कुछ गाँवों के बाहर तथा बहुत से जीर्ण

शीर्ण अवस्था में थे। ऐसा सम्भवतः शकों के आक्रमण के कारण था। महत्वपूर्ण तथ्य यह है कि उत्खनन में प्राप्त मंदिर के भग्नावशेष इंगित करते है कि ये सपाट छत से आच्छादित रहे होंगे।

सातवाहन काल में निर्मित जैन धर्म सम्बन्धी स्थापत्य की अभिलेखीय पुष्टि नहीं होती है। इसके साथ ही साथ साहित्यिक साक्ष्यों का भी अभाव है।

सातवाहन काल में बौद्ध धर्म पर्याप्त पुष्पित एवं पल्लवित हुआ। महाराष्ट्र की सह्याद्रि पर्वतश्रृंखला में निर्मित कराए गए स्तूप, विहार तथा चैत्यगृह इसके प्रमाण हैं। सातवाहन युगीन अभिलेखों में इनके निर्मित तथा दानित किए जाने का उल्लेख किया गया है। ये दानकर्म राजा, कुलीन परिवारों के तथा जनसामान्य द्वारा सम्पन्न किया गया।

भाजा

भाजा की सर्वप्राचीन गुफाएँ मुम्बई–पूना एक्सप्रेसवे पर मालावली रेलवे स्टेशन से 2 किमी० दक्षिण में स्थित हैं। भाजा की मुख्य गुफा एक चैत्यगृह है। इसके अतिरिक्त यहाँ एक विहार तथा चौदह स्तूप, एक समूह के रूप में निर्मित किए गए हैं। चैत्यगृह की ढोलाकार छत को अवलम्बन देने हेतु निर्मित धरनियों में से एक धरनी पर अभिलिखित है कि यह दान एक धमभग का है।[23]

16.50 x 7.90 मी० परिमाप के इस चैत्यगृह के प्रदक्षिणापथ का गलियारा 76.2 सेमी. चौड़ा है। 3.35 मी. ऊँचे इसके स्तम्भ अपने ब्रह्मसूत्र से भीतर की ओर 12.7 सेमी. झुके, पूर्णतया सादे, अष्टकोणीय आधार वाले तथा शुंडाकार हैं। इसकी ढोलाकार छत भूमितल से 8.83 मी. ऊँची है, जिसमें झुकी हुई समानान्तर धरनियों का एक महापंजर नीचे की ओर अभी तक जड़ा हुआ है। चैत्यगृह के पिछले भाग में चट्टान में काटा हुआ, गोल अधिष्ठान तथा लम्बोत्तर अण्ड भाग (जिस पर कभी काष्ठ की हर्मिका तथा

छत्रावली थी) से युक्त ठोस स्तूप है।[24] इस चैत्यगृह की मुख्य विलक्षणता मुखमण्डप में पाषाण तथा काष्ठ शिल्प का परस्पर अद्‌भुत् समन्वय था, जो अब नष्टप्राय है।

चैत्य का कीर्तिमुख काष्ठ शिल्प से अलंकृत था, जो अब नहीं है, यद्यपि अवशेष के रूप में उन्हें फँसाने वाली कीलों के बारीक छिद्र अभी भी विद्यमान हैं। कीर्तिमुख के गोलम्बर में लगा हुआ काष्ठ पंजर यद्यपि अब नष्ट हो चुका है, तथापि उसकी आकृति की कल्पना अन्यत्र बोधगया, भरहुत आदि में उत्कीर्ण आकृतियों को देखकर की जा सकती है। सम्भवतः इस चैत्यगृह का निर्माण दूसरी शती ई० पू० में किया गया था।[25]

नासिक

महाराष्ट्र के नासिक जिले में नासिक की गुफाएँ अवस्थित हैं। पंतजलि ने इस प्राचीन नगरी का उल्लेख नासिक्या के रूप में किया है।[26] गोदावरी के तट पर स्थित अपनी अनुकूल परिस्थितियों के कारण यह प्रसिद्ध धार्मिक केन्द्र बन गया। इसी कारण बौद्ध भिक्षुओं ने भी इसे अपने एकान्तावास एवं ध्यान हेतु चयनित किया।

नासिक में कुल सत्रह गुफाएँ हैं। उनमें एक चैत्यगृह तथा सोलह विहार हैं। इनमें से छः सात गुफाएँ उत्कृष्ट कोटि की हैं। किसी समय नासिक के विहारों की भित्तियाँ भी अंजता के सदृश चित्रित थीं, किन्तु मानवीय एवं प्राकृतिक क्षरण के कारण अब ये विनष्ट हो चुकी है।[27]

नासिक में सबसे प्राचीन विहार लगभग दूसरी शती ई० पू० का है। इसमें सातवाहन वंशीय शासक कृष्ण के शासन काल में अभिलिखित कराया गया एक लेख प्राप्त होता है।[28] जिसमें उल्लिखित है कि सातवाहन कुल के राजा कृष्ण के शासनकाल में नासिक के श्रमण नामक महामात्र ने यह गुफा खुदवाकर भिक्षुसंघ को दानित

की। उन दिनों अनेक खानगी व्यक्ति गुफाएँ खुदवाकर उनके लेखों में अपना नाम निर्देश करते थे।

इस विहार का आन्तरिक वर्गाकार मण्डप 4.26 x 4.26 मी. का है। इसके तीन ओर दो–दो वर्गाकार कक्ष है, जबकि चौथी ओर के बाहर दो अष्टकोणीय स्तम्भों से युक्त एक मुखमण्डप है। तीन ओर के वर्गाकार कक्षों (अपवरक) के प्रवेशद्वार के ऊपर वायु एवं प्रकाश की आपूर्ति हेतु चैत्यमुखी वातायन निर्मित है।[29] यह विहार अंजता के दो प्राचीनतम विहारों के सदृश है।

नासिक में इसके अतिरिक्त तीन अन्य बड़े तथा महत्वपूर्ण विहार–नहपान विहार, गौतमीपुत्र सातकर्णि का विहार तथा यज्ञश्री सातकर्णि का विहार, अवस्थित हैं। इनमें नहपान विहार सबसे प्राचीन है। इन तीनों का समय प्रथम शती ई० पू० से लेकर दूसरी शती ई० के मध्य में हैं।[30]

गौतमीपुत्र सातकर्णि ने नहपान के उच्छेदोपरान्त अपनी अधिसत्ता उत्तरी महाराष्ट्र में प्रतिस्थापित की। तदन्तर उसने नासिक के भिक्षुसंघ के लिए अपनी माता गौतमीबलश्री के नाम एक गुफा खुदवाने की व्यवस्था की थी।[31] अतः इसे गौतमीपुत्र की गुफा कहा गया। किन्तु वास्तव में इस गुफा का प्राचीन नाम देवी गुफा था, जो कि गौतमीपुत्र सातकर्णि द्वारा प्रदान की गई थी। कालान्तर में वासिष्ठीपुत्र पुलुमावि के शासनकाल के संवत्सर 19 तथा 22 में इस गुफा में उत्कीर्ण कराए गए अभिलेखों में इसे देवी गुफा कहा गया है।[32]

नासिक की इस गुफा संख्या तीन में गौतमीपुत्र सातकर्णि के शासनकाल के दो अभिलेख तथा उसके उत्तराधिकारी वासिष्ठीपुत्र पुलुमावि के शासन काल के तीन, अतः कुल पाँच अभिलेख उत्कीर्ण हैं।

अपने शासनकाल के अट्ठारहवें वर्ष तक नासिक प्रदेश गौतमीपुत्र सातकर्णि के अधिकार में नहीं था। उस वर्ष उसने नहपान पर

विजय प्राप्त करने के पश्चात् नासिक के भिक्षुओं को अजकालक नाम के खेत से 200 निवर्तन भूमि प्रदान करने का आदेश दिया।[33] उसमें गुफा खुदवाने का कोई उल्लेख नहीं किया गया है। इसके बाद ही उसने अपने शासनकाल के अट्ठारवें और चौबीसवें वर्ष के मध्य में किसी समय इस विहार का निर्माण करवाया होगा। कालान्तर में शिल्पादि के द्वारा अंलकरण का कार्य पुलुमावि के शासनकाल के उन्नीसवें वर्ष तक जारी था। इसकी पुष्टि वासिष्ठीपुत्र पुलुमावि के शासन काल के संवत्सर 19 में उत्कीर्ण कराए गए अभिलेख से होती है।[34] अभिलेख में उल्लिखित है कि दक्षिणापथेश्वर पुलुमावि ने नासिक में अपनी पितामही, महादेवी गौतमीबलश्री, के नाम पर खुदवाई इस गुफा के अलंकरणार्थ तथा अपने पिता गौतमीपुत्र सातकर्णि के पुण्योपार्जनार्थ त्रिरश्मि पर्वत की नैऋत्य में स्थित पिशाचीपद्रक गाँव भदावनीय भिक्षुसंघ को अपने धर्मदाय के रूप में दानित किया। कालान्तर में इसी गुफा में निवास करने वाले भदावनीय भिक्षुसंघ को इस गुफा की देखभाल के लिए अक्षयनीवि का निर्माण करने के प्रयोजन से शाल्मलीपद्र गाँव पुलुमावि द्वारा दानित किया गया, जिसकी पुष्टि गुफा में पुलुमावि के शासनकाल के संवत्सर 19 तथा 22 में उत्कीर्ण कराए गए अभिलेख से होती है।[35]

विहार के रूप में खोदी गयी यह देवीगुफा 14 मी. लम्बी तथा 12.49 मी. चौड़ी है। इसके भीतरी वर्गाकार मण्डप के तीन ओर बीस कक्ष खोदे गए हैं। उनमें से दाहिनी ओर सात, बाँयी ओर पाँच, पिछली दीवार में छः तथा प्रांगण में दोनों ओर एक–एक कक्ष खोदे गए हैं।[36] मध्य के द्वार के दोनो बाजुओं में स्तम्भों पर छः–छः शिल्पपट्ट हैं, जिन पर तत्कालीन ऐतिहासिक घटनाओं को अभिव्यंजित किया गया है।[37] मण्डप के दोनों बाजुओं में दीवार से लगा हुआ, उत्कीर्णनयुक्त एक–एक अर्द्धमण्डप तथा मध्य में छः अष्टकोणीय पूर्णस्तम्भ हैं, जो अत्याधिक शोभायुक्त तथा अलंकृत

है। ये पद्मवर वेदिका से वेष्टित हैं। इस वेदिका के स्तम्भों तथा सूचियों पर कमलपुष्पों का अलंकरण है। इसी प्रकार का अलंकरण मथुरा के कंकाली टीले से प्राप्त शीर्ष पर चार पशु–बैल, हाथी, घोड़ा इत्यादि, विपरीत दिशाओं में मुँह किए बैठे प्रदर्शित किए गए हैं। शीर्षकों के ऊपर चतुष्पद पंक्तियों की कई बेलों से अलंकरण किया गया है।[38] विद्धानों का अभिमत है कि इस देवीगुफा का उत्कीर्णित शिल्प ऋषभदत्त की गुफा के शिल्प से निम्न स्तर का है।

नासिक की इन गुफाओं में क्रमांक 20 की गुफा के प्रांगण के पीछे की दीवार पर यज्ञ श्रीसातकर्णि के शासनकाल के संवत्सर 7 में उत्कीर्ण कराया गया लेख अभिलिखित है।[39] अभिलेख से विदित होता है कि इस विहार का निर्माण यज्ञश्रीसातकर्णि के कौशिकगोत्रीय महासेनापति भवगोप की भार्या महासेनापत्नी वासु ने करवाया था। यह विहार मूलतः प्राचीन काल में कुछ बौद्ध भिक्षुओं की प्रेरणा से बना था, जो कि किसी कारणवश अपूर्ण रह गया था। अतएव इसका पुनः संस्कार यज्ञ श्रीसातकर्णि के शासनकाल के सातवें वर्ष में हुआ। यह कार्य द्वितीय शती ई० के द्वितीयार्ध में किया गया होगा।

यज्ञ श्रीसातकर्णि के महाविहार के नाम से जनविश्रुत यह विहार नासिक के समस्त गुहा–विहारों में सबसे विशिष्ट है। इसका महामण्डप 18.59 मी. लम्बा, बाहर की ओर 11.43 मी. एवं भीतर की ओर 44 फुट चौड़ा है। महामण्डप के तीनों ओर आठ लघु कक्ष निर्मित हैं। आरम्भ में यह विहार मात्र 13.41 मी. लम्बा था, किन्तु कालान्तर में इसे पीछे की ओर बढ़ाकर 18.59 मी. कर दिया गया।[40] इस विहार की मुख्य लाक्षणिकता यह है कि इसमे मण्डप के पृष्ठ भाग में एक गर्भगृह है, जिसके सामने की ओर उत्कीर्णित अलंकरण से युक्त दो स्तम्भ हैं।[41]

उपरोक्त महत्वपूर्ण विहारों के अतिरिक्त एक अन्य विहार, भी यहाँ निर्मित है, जो कि अपूर्ण रह गया। नासिक की गुफाओं में

क्रमांक 23 की गुफा से हटकर एक गुफा के सामने की भित्ति पर वासिष्ठीपुत्र पुलुमावि के शासनकाल के संवत्सर 2 में उत्कीर्ण कराया गया एक अभिलेख प्राप्त होता है।[42] इसमें अभिलिखित है कि धणम नामक कुटम्बिन् ने अपने माता–पिता तथा भगिनियों के पुण्योंपार्जनार्थ इस गुफा को खुदवाया। यह लेख वासिष्ठीपुत्र पुलुमावि के शासनकाल के बिल्कुल प्रारम्भ का है। ऐसा प्रतीत होता है कि पुलुमावि के शासनकाल में किसी कुटुम्बिन् ने बौद्ध धर्म में निष्ठा के कारण इस गुफा को खुदवाना आरम्भ किया था, किन्तु उसके द्वारा वह पूर्ण न हो सका, और अर्द्धनिर्मित ही रह गया।

उपरोक्त वर्णित विहारों के अतिरिक्त नासिक में अन्य कई विहार हैं, जो सातवाहनकाल में निर्मित किए गए, किन्तु उनकी अभिलेखीय पुष्टि नहीं होती है।

नासिक का चैत्यगृह

नासिक का चैत्यगृह पाण्डुलेण नाम से प्रसिद्ध है। इस चैत्यगृह के दाहिनी ओर के पाँचवें एवं छठे स्तम्भों पर दो–दो पंक्तियों में सातवाहनकालीन लेख अभिलिखित हैं।[43] अभिलेख में उल्लिखित है कि चलिसलिण के अरहलय राजामात्य की कन्या, महाहकुसिरि की पोती, भांडागारिक (कोषाध्यक्ष) राजामात्य अगियतणक की भार्या तथा कपणणक की माता, भटपालिका, ने तिरण्हु अर्थात त्रिरश्मि पर्वत में इस चैत्यगृह को खुदवाया। इस चैत्यगृह का निर्माणकाल लगभग प्रथम शती ई० निर्धारित किया जा सकता है। इस चैत्यगृह में एक अन्य अभिलेख भी प्राप्त होता है। यह लेख प्रवेशद्वार के ऊपर के वातायन के अंदर की पट्िटका पर अभिलिखित किया गया है,[44] और उसमें 'नासिकवासियों का धंमिक गाँव का दान' निर्दिष्ट है।

इन दोनो लेखों का परस्पर क्या सम्बन्ध है, और यह गुफा कब और किसने खुदवायी, विचारणीय प्रश्न हैं। नासिक की कुल सत्रह

गुफाओं में से यही एक मात्र चैत्यगुफा है। ऐसा प्रतीत होता है कि उन दिनों भिक्षुओं के निवास के लिए विहार की आवश्यकता होती थी। अतः कुलीन परिवारों के लोग तथा जनसाधारण पुण्योपार्जनार्थ इन विहारों को खुदवाकर भिक्षुसंघ को दानित करते थे। इसी प्रकार प्रार्थना के लिए चैत्यगृह की आवश्यकता थी। अतएव इस आवश्यकता को अनुभूत कर राजकुल से सम्बद्ध भटपालिका ने यह चैत्यगृह खुदवा कर भिक्षुसंघ को दानित किया। यह महाहकुश्री की पोती थी। इसी हकुश्री का उल्लेख नानाघाट के प्रतिमालेख में कुमार हकुसिरि के रूप में किया गया है।[45] कालान्तर में वह सिंहासनारूढ़ हुआ होगा, क्योंकि **रञो सिरि सतस** लेख वाली मुद्राएँ सम्भवतः उसी ने प्रचलित करवाईं होगी। यद्यपि भटपालिका के इस अभिलेख में महाहकुश्री के लिए **'रञो'** जैसी उपाधि का प्रयोग नहीं किया गया है, तथापि इसका कारण सम्भवतः यह रहा होगा कि यह गुफा उसके समय खोदी न जाकर बाद में किसी समय पूरी हई होगी। फिर भी अभिलेख में उसके लिए 'महा' उपपद उसके राजकुल में जन्म लेने की ओर संकेत करता है।

यह गुफा भटपालिका ने खुदवा कर अवश्य दानित की, किन्तु इस गुफा का प्रवेशद्वार उस समय अस्तित्व में नहीं आया था। कालान्तर में नासिक जिले के कुछ लोगों ने सम्मिलित रूप से इस गुफा का प्रवेशद्वार, उसके ऊपर का अश्वत्थ पत्राकृति वाला वातायन एवं उसकी मेहराबों पर प्राणियों की आकृतियाँ आदि निर्मित करवाईं एवं वातायन की पट्टिका पर अपने धंमिक ग्राम का दान उत्कीर्ण करवाया।

सर्वथ पहाड़ी में निर्मित किए गए इस चैत्यगृह में कहीं भी काष्ठ कर्म का प्रयोग नहीं किया गया है। यह चैत्यगृह पूर्ववर्ती विहारों से अपेक्षाकृत कुछ बाद का, लगभग प्रथमशती ई० पू० के मध्य चरण में, निर्मित किया गया प्रतीत होता है।[46] स्तम्भों की दो

पंक्तियों द्वारा मध्य भाग तथा दोनों पार्श्व के मत्तवारणों को विभक्त किया गया है। भीतरी मण्डप के स्तम्भ सीधे तथा पतले हैं। इनमें झुकाव कदापि परिलक्षित नहीं होता है। वास्तुविन्यास की श्रेष्ठता के इस उत्कृष्ट उदाहरण के मुखमण्डप में दो तल निर्मित हैं। नीचे के तल में गोलम्बर सहित प्रवेशद्वार तथा ऊपरी तल में महाकीर्तिमुख अथवा सूर्यद्वार निर्मित है। द्वार के पार्श्व में एक महाकाय यक्षाकृत रक्षापुरूष है। चैत्यगृह के भीतरी स्तम्भ पर उत्कीर्णिन लेख से स्पष्ट है कि चैत्यगृह का वास्तुविन्यास तथा शिल्पाकृतियाँ कई दानकर्त्ताओं की उदारता का परिणाम है।[47]

चैत्यगृह का आन्तरिक भाग 11.61 मी., 7.74 मी. तथा 7.10 मी. ऊँचा है। चैत्यगृह के भीतरी मण्डप के पृष्ठ भाग में धातुगर्भ अवस्थित है। इसका लम्बोत्तर भाग 1.70 मी. व्यास का तथा 1.92 मी. ऊँचा है। इस पर स्तूप का अण्ड भाग और उसके ऊपर हर्मिका है। अधिष्ठान की ऊँचाई बढ़ने के कारण स्तूप कुछ अधिक लम्बा हो गया है। स्तूप के चारों ओर स्तम्भ पूर्णतया सादे हैं।

इस चैत्य में द्वारमण्डप नहीं है। इसका मुखपट्ट प्रवेशद्वार के ऊपर चन्द्राकृत गोलम्बर के रूप में उत्कीर्ण किया है। प्रवेशद्वार के दोनों ओर के द्वारस्तम्भों के शीषकों पर पशुसंघाट सुशोभित हैं।

नासिक चैत्यगृह में चैत्य–स्तम्भ के आधार के अलंकरण का प्रारम्भिक रूप दृष्टिगोचर होता है। इसको घटनुमा आधार कहते हैं। तत्कालीन शिल्पियों ने अुनभव किया कि स्तम्भों के आधार में तथा ऊपर शीर्ष पर पूर्णकुम्भ मध्ययष्टि को अद्भुत सौन्दर्य प्रदान करता है। पूर्णकुम्भ का यह अभिप्राय मांगलिक था, और सम्भवतः इसीलिए इसका प्रयोग किया गया। मण्डप के चतुष्कोणीय स्तम्भों के चौकोर अण्डभाग के ऊपर अत्यन्त भव्य शिल्पगत मूर्तियाँ हैं। उनमें पशुओं की आकृतियाँ तथा अन्य अलंकरण अभिप्राय हैं।

इस चैत्यग्रह में एक संगीतशाला भी थी, जो बाहर की ओर न होकर मण्डप के भीतर चूलों में अटकाई हुई धरनियों पर अवलम्बित थी।[48]

अजंता

अजंता की गुफाएँ जलगाँव, औरंगाबाद जिले (महाराष्ट्र) के फरदापुर ग्राम के निकट पहाड़ियों में स्थित हैं। वस्तुतः अजंता का प्राचीन नाम अजिंठा था,[49] जिसका परिवर्तित आधुनिक नाम अजंता है। अजंता की गुफाएँ एक साथ निर्मित न होकर विभिन्न कालों में निर्मित की गईं। लगभग दूसरी शती ई० पू० से लेकर सातवीं शती ई० तक यहाँ पर कुल 30 गुफाएँ (सं० – 9, 10, 11, 19, 26 तथा 29) चैत्यगृह हैं, तथा शेष पच्चीस विहार हैं। बौद्ध धर्म की हीनयान शाखा की छः गुफाओं में क्र० 9 तथा 10 चैत्यगृह तथा क्र० 8, 12, 13 और 15, विहार हैं। अन्य गुफाएँ महायान शाखा से सम्बन्धित हैं। हीनयान शाखा की छः गुफाओं में क्र० 9 तथा 10 की चैत्य गुफाएँ सर्वप्राचीन हैं, एवं सातवाहनयुगीन हैं।[51]

प्रारम्भ की सभी गुफाओं में क्र० 10 का चैत्यगृह भव्य तथा विशाल है। इसके वातायन के बाँयी तरफ अभिलेख उत्कीर्ण है[52], जिसमें अभिलिखित है कि यह दान वासिष्ठीपुत्र का है, जो कराड का निवासी था।

इस लेख में वासिष्ठीपुत्र द्वारा उस गुफा के सामने वाले भाग को अपने व्यय से खुदवाकर वहाँ के भिक्षुसंघ को अर्पित किये जाने का उल्लेख है। इस संदर्भ में बर्जेस ने माना कि यह वासिष्ठीपुत्र, सातवाहनवंश का प्रसिद्ध शासक वासिष्ठीपुत्र पुलुमावि होगा और उन्होंने इस चैत्यगृह को प्रथम शती ई० में निर्मित स्वीकार किया।[53] किन्तु बर्जेस का यह मत उचित प्रतीत नहीं होता, क्योंकि यदि यह वासिष्ठीपुत्र सातवाहनवंशीय शासक होता, तो उसके नाम के पूर्व 'रञो' आदि शब्द अवश्य प्रयुक्त किए गए होते।

मिराशी ने इस संदर्भ में सुझाव दिया कि, प्राचीन काल में माता के नाम का उल्लेख पुत्र के नाम के पूर्व करने की परम्परा उत्तर तथा दक्षिण भारत में प्रचलन में थी। इस कारण अभिलेखों से अनेक वासिष्ठीपुत्र ज्ञात हुए हैं।[55] अजंता की हीनयानयुगीन गुफा में एक भी राजा का उल्लेख नहीं किया गया हैं। ये सभी गुफाएँ व्यापारियों तथा सामान्य जनों ने निर्मित करवाई। इस लेख की अक्षरवाटिका अशोक के लेखों की अक्षरवाटिका से बहुत बाद की नहीं लगती।[55] इस चैत्यगुफा में निर्मित चित्रों में अंकित स्त्रीपुरूषों की वेशभूषा भी साँची आदि स्थानों पर अंकित शिल्पों की वेशभूषा से साम्यता रखती है।[56] अतएव इस गुफा का निर्माण काल दूसरी शती ई० पू० प्रतीत होता है।

अजंता की चैत्यगुफा 12.52 मी. लम्बी, 28.95 मी. चौड़ी एवं 10.97 मी. ऊँची है। 39 अष्टकोणीय स्तंभों की दो पंक्तियों द्वारा इसके मत्तवारण तथा मुख्यमण्डप को विभक्त किया गया है। मुखमण्डप की ऊपर की मेहराबें कार्ले की गुफाओं की तरह काष्ठ निर्मित थीं, जो अब नष्ट हो चुकी हैं[57] किन्तु मत्तवारणों के ऊपर की मेहराबें प्रस्तर निर्मित हैं। स्तंभों की मध्ययष्टि चौकोर तथा कुछ भीतरी झुकाव लिए हुए हैं।[58] इनके ऊपरी सिरे तथा नीचे का आधार नहीं है। चैत्यगृह के स्तूप भाग की छत में टेढ़ी धरन है, जो स्तम्भों के शीर्ष से निकली है। चैत्यगृह के गर्भगृह में चट्टान में काटकर स्तूप उत्कीर्ण किया गया। स्तूप के नीचे का अधिष्ठान वृत्ताकार तथा उसके ऊपर लम्बोत्तर अण्डभाग निर्मित किया गया।

चैत्यगृह गुफा सं 9 पूर्ववर्ती चैत्यगृह से आकार में छोटी तथा आयताकार है। इसके मुखमण्डप की ढोलाकार छत की मेहराबें काष्ठ निर्मित थीं,[59] जबकि मत्तवारणों के ऊपर की मेहराबें प्रस्तर निर्मित हैं। इसके मुखपट्ट के मध्य में एक प्रवेशद्वार तथा दो पार्श्व गवाक्ष हैं। इन तीनों के ऊपरी भाग में छज्जा सा निकला

हुआ है, जिससे उथले मुखमण्डप का आकार बन जाता है। इसके ऊपर संगीतशाला है। इसके ऊपर कुछ पीछे की ओर 3.65 मी. ऊँचा कीर्तिमुख, चैत्यगृह के भीतरी भाग को वायु एवं प्रकाश के आवागमन हेतु, निर्मित है। इसके स्तम्भ सीधे एवं पतले हैं।

कार्ले

महाराष्ट्र में बम्बई–पूना मार्ग पर बम्बई से 126.33 किमी. दूर मलावली रेलवे स्टेशन से 4.42 किमी. दक्षिण में कार्ले की गुफाएँ अवस्थित हैं। यहाँ विश्वविश्रुत भव्य चैत्यगृह तथा तीन विहार हैं। वास्तु तथा शिल्प के इस अद्भुत समन्वय से स्पष्ट है कि यहाँ के शैलवर्धकी चिर अभ्यास से अपने कर्म में अत्यन्त प्रवीण हो चुके थे एवं तक्षण कला पर पूर्ण आधिपत्य स्थापित कर चुके थे। पश्चिमी भारत के हीनयानकालीन चैत्यगृहों में कार्ले चैत्यगृह सर्वोत्कृष्ट तथा अत्यन्त भव्य है।[60] चैत्यगृह के अग्रभाग पर अभिलिखित लेख से इसकी पुष्टि होती है,[61] जिसमें वर्णित है कि वैजयन्ती के भूतपाल नामक श्रेष्ठी ने अखिल जम्बूदीप में (भारत में) उत्कृष्ट यह चैत्यगृह पूरा किया।

इस चैत्यगृह के भव्य परिमाण तथा उसके स्तम्भ की उत्कृष्ट नक्काशी प्रेक्षकों का मन विशेष आकृष्ट करती है। इस चैत्यगृह के निर्माण के विषय में विद्धानों में मत विभेद हैं। कुछ विद्वत्‌जन इसे प्रथमशती ई० पू० का[62] जबकि कुछ दूसरी शती ई०[63] के प्रथम चरण में निर्मित मानते हैं। अभिलेख में वर्णित तथ्यों से इस समस्या पर प्रकाश पड़ता है। अभिलेख में उल्लिखित है कि वैजयन्ती के एक श्रेष्ठी ने यह चैत्यगृह खुदवाया। उत्तरी कानडा प्रान्त के वैजयन्ती (वनवासी) नगर के सम्पन्न व्यापारी महाराष्ट्र के कार्ले जैसे स्थान में इस प्रकार के सर्वोत्कृष्ट चैत्यगृह का निर्माण कराते हैं। इससे इन दो प्रदेशों की यातायात व्यवस्था पर भी महत्वपूर्ण प्रकाश पड़ता है। इस प्रकार की यातायात व्यवस्था

वासिष्ठीपुत्र पुलुमावि के समय से पहले स्थापित हो चुकी थी। वाटेगाँव से प्राप्त मुद्रासंग्रह से स्पष्ट होता है कि गौतमीपुत्र सातकर्णि के शासनकाल में कुन्तल देश सातवाहनों के अधिकार में नहीं था।[64] वनवासी से वासिष्ठीपुत्र पुलुमावि के शासनकाल में उत्कीर्ण कराए गए अभिलेख[65] में वर्णित है कि सातकर्णि के पुत्र वासिष्ठीपुत्र पुलुमावि ने वह प्रदेश विजित किया एवं वैजयन्ती की राजकन्या से विवाह किया, जिसके फलस्वरूप महाराष्ट्र तथा कुन्तल प्रदेशों के मध्य परस्पर मैत्रीय सम्बन्ध स्थापित हो गए, और कालान्तर में प्रगाढ़ होते गए। उसी समय वनवासी के किसी सम्पन्न व्यापारी ने उत्तरी महाराष्ट्र की यह सर्वोत्कृष्ट गुफा खुदवायी होगी। अतएव इसका काल दूसरी शती ई० का मध्य चरण निर्धारित किया जा सकता है।

कार्ले की इसी चैत्यगुफा के मध्य के द्वार के बायीं ओर ऊपर की पट्टिका पर वासिष्ठीपुत्र पुलुमावि के शासनकाल का एक अभिलेख उत्कीर्ण हैं,[66] जिसमें अभिलिखित है कि ओखलक के महारठी कौशिकीपुत्र मित्रदेव के पुत्र महारठी वासिष्ठीपुत्र सोमदेव ने एक गाँव वलुरक गुफा के वलुरक संघ को दिया।

वलुरक कार्ले का प्राचीन नाम है। दान देने वाला महारठी ओखलक गाँव का निवासी था। ओखलक कालान्तर में उखली या उखलगाँव में रूपान्तरित हो गया। अहमदनगर, जलगाँव तथा औरंगाबाद जिले में इस नाम के गाँव मिलते हैं, किन्तु पूना जिले में इस नाम का कोई गाँव नहीं हैं। चूंकि कार्ले की गुफा को दूरस्थ गाँवों के लोगों ने भी दान दिया होगा, अतः यह आवश्यक नहीं है कि ओखलक गाँव पूना जिले में ही हो।

चैत्यगृह के समक्ष अशोक स्तम्भ की भाँति दो सिंहशीर्षक युक्त कीर्तिस्तम्भ थे,[67] परन्तु अब मात्र एक ही शेष रह गया है। मूलतः यह दोनों कीर्तिस्तम्भ प्रदक्षिणापथ के पार्श्वद्वारों के सम्मुख चारों ओर से कोर कर बनाये गए थे। अवशिष्ट स्तम्भ 15.24 मी. ऊँचा

है। इसकी षोड्शकोणीय यष्टि के ऊपर आवाग्मुखी पद्मकोश, उसके ऊपर त्रिमेधियुक्त चौकी एवं शीर्ष पीठिका पर चार महाकाय सिंह चारो दिशाओं में मुँह किये पीठ सटाकर बैठे हैं।[68]

दोनों स्तम्भों के पृष्ठ भाग का मुखमण्डप चैत्यगृह के लिए अन्तराल मण्डप का भी काम देता था। मुखमण्डप के आगे–पीछे दो भित्तियाँ थीं।[69] द्वितीय मुखमण्डप का प्रथमतल दो अष्टकोणीय स्तम्भों तथा द्वितीय तल चार स्तम्भों तथा दो पार्श्व स्तम्भों पर अवलम्बित है। यह मुखमण्डप 5.18 मी. गहरा तथा 15.84 मी. लम्बा है, जो भीतरी मण्डप से 2.13 मी. अधिक है। इसकी पिछली भित्ति में दबंग, बलशाली तथा प्रभविष्णु युक्त मिथुनों की महाकाय मूर्तियाँ हैं। मुखमण्डप के पार्श्व भागों में, धौली के गजतम की भाँति महाकाय एवं सम्मुखदर्शन वाली दो गजराज मूर्तियाँ हैं। ये मूर्तियाँ जिन अधिष्ठानों पर स्थापित हैं, वे वेदिकामय अंलकरण से युक्त हैं।[70]

मुखमण्डप के मध्य में चट्टान में काटी गई चूलें यह इंगित करती हैं कि किसी समय यहाँ धन्नियों पर झूलती हुई काष्ठशिल्प की संगीत शाला निर्मित थी, जो अब उपलब्ध नहीं है।[71]

मुखमण्डप के द्वितीय तल में पीछे की ओर, मण्डप को प्रकाश तथा वायु से भरने के लिए विशाल कीर्तिमुख उत्कीर्ण हैं। कीर्तिमुख की कल्पना उपयोगिता तथा सौन्दर्य, दोनों ही दृष्टि से भारतीय कला में अपना विशिष्ट स्थान रखती है। उसके गोलम्बर में किसी समय काष्ठ निर्मित एक पंजर था, जो अब विनष्ट हो चुका है।[72]

मण्डप के भीतर वास्तु–शिल्प का अद्भुत् संगम है। उसमें प्रमुख भाग के दोनों ओर प्रभावशाली स्तम्भावलि पार्श्वगत प्रदक्षिणापथ को मण्डप से पृथक् करती है, जो कण्ठावली के सदृश स्तूप के पीछे तक चली गई है। भीतरी मण्डप सम्मुख द्वार से अन्तिम छोर तक 37.79 मी. लम्बा तथा प्रदक्षिणापथ सहित 13.86 मी. चौड़ा हैं।[73] भीतरी मण्डप का पार्श्वगत प्रदक्षिणापथ 3 मी. चौड़ा तथा दोनों ओर की खड़ी दीवारों से परिवेष्टित है।

मण्डप से जुड़ा हुआ वृत्तभाग, गोल छत के ठीक नीचे मध्य बिन्दु पर उत्कीर्ण स्तूप से अलंकृत है। दो भागों में विभक्त स्तूप की पीठिका का ऊपरी भाग वेदिकामय अलंकरण की मेखला से युक्त है, जो दोनों भागों को एक दूसरे से पृथक् करती है। चौकी के ऊपर के सादे अण्ड भाग के शीर्ष पर चौकोर वेदिका से वेष्टित एवं काष्ठ से निर्मित यष्टि तथा छत्र से युक्त हर्मिका सुशोभित है।[74]

भीतरी मण्डप में विराट कण्ठहार के रूप में सुशोभित 39 स्तम्भों की पंक्ति में दोनों ओर 15–15 तथा स्तूप के पीछे 7 स्तम्भ हैं। अष्टकोणीय मध्य यष्टि से युक्त स्तम्भों के अधिष्ठान पूर्णघट में निविष्ट हैं, साथ ही शीर्ष पर उसी प्रकार का, किन्तु कमल की लहराती हुई पंखुड़ियों से आच्छादित, आवाग्मुखी पूर्णघट है। शीर्ष पर चौकी के ऊपर आरोहक दम्पत्ति मूर्तियों से अलंकृत मण्डप की ओर गज–संघाट एवं प्रदक्षिणापथ की ओर हय–संघाट निर्मित हैं। स्तूप के साथ के सात अष्टकोणीय स्तम्भ पीठिकाविहीन तथा पूर्णरूपेण सादे हैं।[75]

स्तम्भों के ऊपर की ढोलाकार छत भूमितल से 13.71 ऊँची है। छत के नीचे चट्टान में चूलें काटकर काष्ठनिर्मित बड़ी–बड़ी धन्नियाँ फँसाई गई थीं, जो अवशेष के रूप में विद्यमान हैं।[76] स्पष्ट है कि शिलावर्धन में पारंगत शिल्पी अपने पूर्ववर्ती काष्ठवर्धन का प्रयोग इस प्रकार के वास्तुखण्डों के निर्माण में कर रहे थें।

चैत्यगृह के अतिरिक्त कार्ले में तीन विहार भी निर्मित है। कार्ले चैत्यगृह के उत्तर में निर्मित एक विहार की अर्द्धचन्द्राकार तलैया के दोनों ओर वासिष्ठीपुत्र पुलुमावि के शासनकाल के संवत्सर 5 में उत्कीर्ण कराए गए अभिलेख[77] में उल्लिखित है कि किसी भदन्त की शिष्याओं ने अपनी श्राविका भगिनियों के पुण्योपार्जनार्थ बौद्ध संन्यासियों के संघ को यह विहार एवं उसके समीप की तलैया अपने दान के रूप में अर्पित की।

इसी प्रकार वासिष्ठीपुत्र पुलुमावि के शासनकाल के संवत्सर 24 में कार्ले की चैत्यगुफा के उत्तर की ओर की विहार गुफा के द्वार के दाहिनी ओर के कक्ष सं० 2 की ऊपर की भित्ति पर लेख[78] अभिलिखित हैं, जिसमें वर्णित है कि अबुलामा में रहने वाले, सेतफरण के पुत्र सुवर्ण अथवा काश्यपीय संघ के अनुयायी, उपासक हरफरण ने नौ कक्षों का मण्डप अर्थात् विहार गुफा महासंघीय भिक्षुसंघ को अपने मातापिता के सम्मानार्थ दिया था। उसके इस कार्य में बुद्धरक्षित तथा उसकी माता ने उसकी सहायता की थी। यद्यपि यह गुफा वासिष्ठीपुत्र पुलुमावि के शासनकाल के इक्कीसवें वर्ष में पूर्ण हो गयी थी; तथापि उसका वितरण तीन वर्षोपरान्त संवत्सर 24 में किया गया। अभिलेख में उल्लिखित अबुलामा भारतीय नाम नहीं है। ब्यूह्लर के अनुसार यह ईरान के किसी प्रदेश या स्थल का नाम होगा।[79] इसके अतिरिक्त हरफरण तथा सेतफरण नाम ईरानी हैं। हरफरण फारसी का होरोफर्नेस अथवा होलोफर्नेस प्रतीत होता है। फारसी भाषा में 'फरण' का अर्थ स्वामी है। स्पष्ट है कि उन दिनों विदेशी मूल के नागरिक भारतीय धर्म से प्रभावित होकर पुण्योर्पाजनार्थ इस प्रकार के धार्मिक कृत्य करते थे।

कार्ले में अवस्थित तीन विहारों में से सबसे प्राचीन विहार लगभग 8.53 मी. लम्बा, 8.22 मी. चौड़ा 2.43 मी. ऊँचा है।[80] इसमें दोनों तरफ 4–4 कक्ष तथा पृष्ठ भाग में पाँच कक्ष निर्मित हैं। इसमें से छः कक्षों में बैठने अथवा शयन के उपयोगार्थ पत्थर को काटकर चौकियाँ बनायी गई थीं। इसी विहार से थोड़ी ऊँची चट्टान पर निर्मित 10.54 मी. लम्बे तथा 14.63 मी. चौड़े एवं 2.74 मी. ऊँचे विहार में तीन कक्ष दाहिनी ओर, पाँच कक्ष बाँयी ओर, तथा छः पीछ की ओर हैं। विहार के सामने की दीवार में चार प्रवेशमार्ग हैं। इसका प्रांगण 12.22 मी. लम्बा, 2.13 मी. चौड़ा तथा 3.74 मी. ऊँचा हैं, जिसके अग्र भाग पर चार स्तम्भों पर अवलम्बित

प्रस्तर की यवनिका है। इस यवनिका के बाहर, उत्तरी किनारे पर एक तलैया भी विद्यमान है।[81]

उत्तर की तरफ ही एक अन्य विहार भी है। 11.58 मी. लम्बे तथा 5.18 मी. चौड़े इस विहार के दोनों तरफ 2–2 कक्ष तथा पीछे की ओर चार कक्ष, जिनमें से पाँच कक्षों में प्रस्तर में काटकर शयन एवं बैठने हेतु चौकियाँ बनाई गईं हैं। विहार के सामने की दीवार पर एक प्रवेशद्वार तथा दो खिड़कियाँ निर्मित हैं। इसी विहार की पूर्वी दीवार पर अभिलेख उत्कीर्ण हैं, जो कि लिपिशास्त्रीय आधार पर दूसरी शती ई० का लगता है।[82]

पीतलखोरा

इसका प्राचीन नाम पीतंगल्य था।[83] महाराष्ट्र के औरंगाबाद जिले से चालिसगाँव जाने वाले मार्ग पर शतमाला नामक पहाड़ी पर पीतलखोरा की 13 गुफाएँ उत्कीर्ण की गईं। प्राचीन सार्थवाह पथ पर स्थित ये गुफाएँ अजंता से दक्षिण पश्चिम की ओर 80.46 किमी. तथा एलोरा से उत्तर–पश्चिम की ओर 37 किमी. पर हैं।

पीतलखोरा में तक्षण वास्तु का आरम्भ दूसरी शती ई० पू० में हुआ,[84] जिसके फलस्वरूप चैत्यगृह तथा विहार अस्तित्व में आए। कालान्तर में लगभग दो शताब्दियों तक यह स्थान निर्जन रहा। तदन्तर बौद्ध भिक्षुओं ने फिर इसे अपना केन्द्र बनाया और यहाँ के विहारों में मूर्तियाँ तथा चैत्यगृह में भित्तिचित्र उकेरे गए, जो अजंता शैली के हैं।

पीतलखोरा की गुफाओं में गुफा सं० तीन, एक चैत्यगृह है तथा चार एवं पाँच विहार हैं। हीनयान काल में निर्मित इन तीनों गुफाओं में लगभग 12 अभिलेख प्राप्त हुए हैं,[85] जिसमें से गुफा सं० तीन में तीन, चार से आठ एवं पाँच से एक अभिलेख प्राप्त हुआ है।

गुफा सं० तीन (चैत्यगृह) के स्तम्भ सं० 27 तथा 28 में दो अभिलेख तथा एक गुफा के मलबे से प्राप्त यक्ष मूर्ति पर एक

अभिलेख उत्कीर्णित है। पहले स्तम्भ के अभिलेख[86] में उल्लिखित है कि यह दान गंधिक (इत्रसाज़) परिवार के मितदेव के द्वारा किया गया, जबकि दूसरे स्तम्भ पर उल्लिखित है कि यह दान गंधिक के पुत्रों का है।[87] दोनों अभिलेखों में वर्णित व्यक्ति पैठन से सम्बन्धित है। जैसा कि विदित है कि गोवर्धन प्रदेश (नासिक) एवं शूर्पारक की ओर आता हुआ सार्थपथ सातवाहनों के प्रसिद्ध व्यापारिक केन्द्र प्रतिष्ठान की ओर बढ़ता हुआ इन गुफाओं के पास से निकलता था, और यही कारण रहा होगा कि प्रतिष्ठान के नगरजनों ने यहाँ आकर पुण्योपार्जनार्थ दान किया।

यह चैत्यगृह 10.66 मी. लम्बा तथा 26.21 मी. चौड़ा है। मूलतः भीतरी मण्डप में 37 अष्टकोणीय स्तम्भ थे, जो मण्डप तथा प्रदक्षिणापथ को विभक्त करते थे।[88] वर्तमान में इनमें से मात्र 12 स्तम्भ ही अपने पूर्वरूप में विद्यमान हैं। इसके अतिरिक्त दाहिनी ओर के 5 स्तम्भ तथा बायीं ओर के 4 स्तम्भ विनष्ट हो चुके हैं किन्तु उनके चिह्न भूमि पर अवशेष के रूप में विद्यमान हैं। शेष 16 स्तम्भ कालान्तर में हैदराबाद राज्य द्वारा आयताकार चिनाई विधि द्वारा पुन निर्मित किये गए।[89]

इन स्तम्भों का झुकाव भाजा तथा अजंता की गुफा सं० 10 के चैत्यगृहों के स्तम्भों की भाँति थोड़ा अंदर की ओर है। दोनों तरफ का प्रदक्षिणापथ 1.25 मी. चौड़ा है एवं इसकी छत में प्रस्तर की धन्नियाँ काटी गईं हैं। जबकि मध्यमण्डप की ढोलाकार छत में इसके स्थान पर काष्ठनिर्मित घुमावदार धन्नियाँ बनायी गईं हैं।[90] उनके अवशिष्ट भाग ही अब मात्र शेष रह गए हैं। इन काष्ठनिर्मित धन्नियों के बीच–बीच में निर्मित चौखूँटे चित्रफलक भी अब अवशेष के रूप में ही विद्यमान हैं। कालान्तर में स्तम्भों तथा भित्तियों पर महायानकाल में वाकाटककालीन चित्र बुद्ध तथा बोधिसत्वों के रूप में बनाए गए।[91] चित्रित दीवारों के सम्बन्ध में ध्यान देने योग्य यह तथ्य है कि मूल दीवार की सतह परतों के विघटित होने के कारण

बुरी तरह अपक्षरित हो गई थी, जिसकी प्रस्तर पट्टों के द्वारा मरम्मत करके उस पर पलस्तर किया गया और पुनः इस गुफा के द्वितीय चरण में इन पर चित्रकारी की गई।[92] प्राचीनकाल में किए गए संरक्षण कार्य का यह एक उत्तम उदाहरण है।

चट्टान के भुरभुरी प्रकृति का होने के कारण इसके स्तूप का कुछ भाग संरचनात्मक तथा कुछ चट्टान में काट कर बनाया गया। इसका ऊपरी अण्ड भाग, जो इष्टिका निर्मित था, अब शेष नहीं है।[93] इसके आधार की परिधि 10.97 मी. है। स्तूप के गर्भ के आयताकार कटावों मे स्फटिक की मंजूषा शरीर–धातुओं के निधान हेतु किसी समय रखी गई थीं। इन्हें चूलों में फँसे हुए शिलामय पिधान से ढक दिया गया था।[99]

गुफा सं० 4 (विहार) में सात अभिलेख उत्कीर्णित हैं, जिसमें से पाँच इस गुफा के दूसरे, तीसरे, चौथे, पाँचवें तथा छठे कक्ष की द्वारशाखा पर अभिलिखित हैं।[95] इसमें उल्लिखित है कि राजवैद्य तथा उसके परिवार के सदस्यों द्वारा यहाँ पाँच बार दान दिया गया, जो कि उनकी बौद्ध धर्म में निष्ठा का सूचक है। ऐसा प्रतीत होता है कि दक्षिण भारत में बौद्ध धर्म के प्रसार की आरम्भिक अवस्था में साधारण लोगों से दान अपेक्षित था। इसका कारण सम्भवतः पीतलखोरा में धनाभाव था। अतएव राजकीय वैद्य मगिला तथा उसके परिवारजनों ने यहाँ प्रभूत रूप से दान किया अभिलेख में मगिला के लिए राजवेज अर्थात राजवैद्य उल्लिखित है। लेकिन यह किस शासक के समय राजवैद्य था, विचारणीय है। दूसरी शती ई० पू० के लगभग सातवाहन इस प्रदेश पर शासन कर रहे थे।[96] अतः स्पष्ट है कि यह किसी सातवाहन शासक का राजवैद्य रहा होगा, जो कि प्रतिष्ठान से सम्बन्धित था। उल्लेखनीय है कि गुफा सं० 3 में उल्लिखित दान भी प्रतिष्ठान से सम्बन्धित जनों का था।

इसी विहार में उत्कीर्णित अश्व के ऊपर एक अभिलेख[97] अंकित है, जिसके अक्षर अधिकांशतः विनष्ट हो चुके हैं। दो

पंक्तियों वाले इस अभिलेख में उल्लिखित है कि यह धान्यकटक के निवासी समस के पुत्र कण्ह (कृष्ण) का दान है।[98] इस अभिलेख में वर्णित कृष्ण सम्भवतः वही हिरण्यकार होगा, जिसका उल्लेख गुफा सं० 3 की यक्ष मूर्ति के अभिलेख में किया गया है।

अभिलेख में उल्लिखित धेनुकाकट निसन्देह आन्ध्रप्रदेश का वर्तमान धरणीकोट है। धेनुकाकट का उल्लेख कार्ले, कान्हेरी[99] तथा सेलवढ़ी से प्राप्त अनेक अभिलेखों में किया गया हैं।

इसी विहार की एक दीवार पर एक अन्य अभिलेख में एक भिक्षुणी द्वारा दिए गए दान का उल्लेख किया गया है। सम्भवतः यह अभिलेख दूसरी शती ई० पू० का है।[100]

गुफा सं० 4 (विहार) का मुख्यपट्ट भव्य मूर्तियों से अंलकृत था। इसके ऊपर कीर्तिमुख शोभायमान था,[101] परन्तु अब इनके मात्र अवशेष ही विद्यमान हैं। अग्रभाग पर छः चैत्यगवाक्षों की पंक्ति है। मिथुन मूर्तियाँ इसे और अधिक भव्यता प्रदान करती हैं। विहार के आन्तरिक भाग में निर्मित पार्श्वस्तम्भों पर विभिन्न मूर्तियाँ हैं। स्तम्भों के शीर्ष पर नरव्याल एवं पशुसंघाट सुशोभित हैं।[102] विहार में खोदे गए कक्षों के प्रवेशद्वार के ऊपर के चैत्यगवाक्षों के अर्द्धचन्द्राकार भाग भी अलंकरण युक्त हैं।

भीतरी मण्डप में सात कक्ष तथा सामने एक प्रांगण है। इसके अधिकांश स्तम्भों को चिनाई विधि द्वारा पुर्ननिर्मित किया गया। ऐसा प्रतीत होता है कि स्तम्भों की दो पंक्तियाँ विहार की छत को अवलम्बन देने हेतु निर्मित की गई थीं, किन्तु अब मात्र उनके चिह्न धरातल पर अवशेष के रूप विद्यमान हैं।[103]

विहार के मुख्यद्वार के दोनो पार्श्व में रक्षापुरूष हैं। एक ऊँची पीठिका के नीचे गजों की एक सम्मुखीन पंक्ति हैं, जिन पर महावत आरूढ़ हैं। प्रवेशद्वार के पार्श्वस्तम्भों पर त्रिरत्न एवं फुल्लों के अलंकरण हैं।[104] द्वारपालों की मूर्तियाँ विशेष प्रभावशाली हैं। आरम्भिक युग की कला में इतनी परिमार्जिता कम ही देखने को

मिलती हैं। प्रत्येक के ऊपर के भाग में एक–एक हाथी का अंकन हैं। इन दो हाथियों के बीच में एवं द्वार के ऊपर गजलक्ष्मी की मूर्ति थी, जो अब अपने मूल स्थान पर नहीं है। हाथी के पार्श्व में एक अश्वारोही की विशालकाय मूर्ति है। उसके सामने एक अनुचर तथा चामरधारी है। दानदाताओं के नामों से उल्लिखित यह मूर्तियाँ सम्भवतः उस युग की हैं, जिस समय इस गुफा का पुनर्संस्कार किया गया।[105]

गुफा सं० 5 एक विहार है, किन्तु इसका अधिकांश भाग विनष्ट हो चुका है। इस गुफा से एक भग्न कक्ष की द्वारशाखा पर उत्कीर्ण अभिलेख प्राप्त हुआ है, जो कि अत्यन्त खंडितावस्था में है। एम० एन० देशपाण्डे[106] ने इसे य **अथिसेनिय** उद्वाचित किया तथा इसे बैंकरों की श्रेणी द्वारा दिया गया दान, स्वीकार किया। किन्तु एस० के० मित्रा[107] इसे **'या आवेसनिय'** उद्वाचित कर इसका अर्थ शिल्पियों की कार्यशाला गृहण करते हैं, एवं इसे उन्हीं के द्वारा दानित मानते हैं। इससे इस युग की आर्थिक संरचना पर भी पर्याप्त प्रकाश पड़ता है। लिपिशास्त्रीय आधार पर इस अभिलेख की तिथि दूसरी शती ई० पू० निर्धारित की जा सकती है।

गुफा से प्राप्त भग्नावशेषों, यथा कक्षों के प्रवेशमार्ग, बैठिका इत्यादि, के गहन अध्ययन से ऐसा प्रतीत होता है कि इस विहार के दोनों पार्श्व में 5–5 कक्ष थे जिनमें बैठने एवं शयन हेतु चौकी भी थी। पृष्ठ भाग में 4 कक्ष निर्मित किए गए। इस विहार की एक मुख्य लाक्षणिकता यह है कि इस गुफा के बाँये पार्श्व में 4 मी. × 2.13 मी. परिमाप का एक प्रक्षेपी कक्ष है। अंशतः संरचनात्मक रूप से निर्मित इसका अन्तिम सिरा अर्द्धवृत्ताकार है। आश्चर्य की बात है कि यह कक्ष संरचनात्मक स्तूप से युक्त एक चैत्य था, जिसका अन्तिम सिरा अर्द्धवृत्ताकार था।[108] इसके प्रवेशमार्ग के निकट एक पार्श्व में एक छोटी चौकी तथा दो सोपान हैं, जिसमें से नीचे के सोपान का बायां सिरा अर्द्धवृत्ताकार है।

विहार में दीर्घायत प्रक्षेपी सोपानों से युक्त एक छोटा प्रांगण है। अधिष्ठान पर अवशेष के रूप में उत्कीर्ण चिह्न पूर्ववर्ती चिनाई विधि से निर्मित स्तम्भों की उपस्थिति के परिसूचक हैं।

कान्हेरी

कान्हेरी का प्राचीन नाम कृष्णगिरि था, यह बम्बई से 25.74 किमी. उत्तर तथा बोरीवली स्टेशन से 8 किमी. पर है। सुन्दर हरे–भरे वनों तथा पर्वतों के मध्य स्थित इस पहाड़ी चट्टान में प्रचुर मात्रा में भिक्षुओं के निवास हेतु गुफाएँ बनाई गई थीं। द्विकक्ष तथा चर्तुकक्षों से युक्त इन गुफाओं में बैठने तथा शयन हेतु पीठिका भी निर्मित की गई थीं। इनमें से कुछ गुफाएँ बड़े आकार की थीं, जिनमें बड़ी संख्याँ में भिक्षु निवास करते थे।[109] कुछ गुफाओं में जल का भी उचित प्रबन्धन था। प्रबन्धन हेतु पानियधरिक नामक जलाशयाधीक्षक की नियुक्ति की जाती थी, जिसकी पुष्टि शिव श्रीसातकर्णि के अमरावती से प्राप्त अभिलेख में होती है।[110]

सातवाहन काल में पश्चिम भारत में बौद्ध धर्म के प्रचार का सबसे बड़ा केन्द्र कान्हेरी बन गया था। यज्ञ श्रीसातकर्णि के शासनकाल में यहाँ स्थापत्य सम्बन्धी संरचनाएँ अस्तित्व में आईं।

हीनयान चैत्य के क्रम में कान्हेरी की स्थिति विचित्र है। इसका चैत्य–मंडपों के इतिहास में अपना विशेष स्थान है। यहाँ पर दूसरी शती तक चैत्यमण्डप निर्मित किए जाते रहे थे। भाजा में जहाँ चैत्यगृह का उत्थान दृष्टिगोचर होता है, वहीं कान्हेरी से अवनतिकाल के चैत्य का परिज्ञान होता है। यहाँ कई चैत्य–मंडप अधूरे रह गए हैं। सम्भवतः उनको पूरा करने का अवसर न मिल सका।[111] यज्ञश्री सातकर्णि के समय आरम्भ किया गया यह तक्षणकार्य लगभग एक हजार वर्षों तक जारी रहा। पाँचवी शती में महायान का प्रचार–प्रसार होने पर भिक्षुओं ने कान्हेरी को भी केन्द्र बनाया।

कान्हेरी में अनेक विहार तथा चैत्यगृह निर्मित किए गए। इनमें सबसे विशिष्ट यहाँ का चैत्यगृह सं० 3 है। इस चैत्यगृह के निर्माण में कार्ले के चैत्यगृह का अनुकरण किया गया। यह लगभग उतना ही बड़ा है, जितना की कार्ले चैत्यगृह। वास्तु–विन्यास की दृष्टि से भी यह कार्ले से साम्यता रखता है, परन्तु कलात्मक दृष्टिकोण से कार्ले से निम्नतर है।

कान्हेरी की इस चैत्यगुफा के द्वार के दाहिने स्तम्भ पर सातवाहन शासक गौतमीपुत्र यज्ञश्रीसातकर्णि के शासनकाल में अभिलिखित कराया गया लेख[112] उत्कीर्ण है। अभिलेख के विवरणानुसार गजसेन तथा गजमित्र श्रेष्ठियों ने इस गुफा को खुदवाना आरम्भ किया। यह गुफा बौद्ध धर्म के भदायनीय भिक्षुसंघ के उपयोगार्थ खोदी गई थी। उल्लेखनीय है कि इसी शाखा के भिक्षु विदर्भ के बेणाकट प्रदेश से आए थे।[113] इस गुफा को स्थविर अचल, भदन्त गहल, भदन्त विजयमित्र, भदन्त बोधि, भदन्त धर्मपाल एवं उपासक अपरेणुक श्रेष्ठी ने पूर्ण करवाया। भदन्त बोधिक ने, गुफा खोदने वाले सिलावट (शैलवर्धकि), शिल्पी एवं रोगन करने वाले स्कंदरकि की सहायता से यह काम पूरा किया।

कान्हेरी चैत्यगृह की एक मुख्य लाक्षणिकता इसके घरमुख के समक्ष निर्मित प्रांगण हैं, जो अन्य चैत्यग्रहों में नहीं मिलता है। इस प्रांगण के सिरे पर निर्मित वेदिका अलंकृत स्तभों तथा सूचियों से युक्त है। नीचे की पट्टिका पर भारवाहक यक्षों की मूर्तियाँ उत्कीर्णित हैं।[114]

प्रांगण के दोनों पार्श्व में पीछे की ओर चट्टान से जुड़े दो अर्द्धस्तम्भ उकेरे गए। ये स्तम्भ ऊँचाई तथा आकार में कार्ले चैत्य के कीर्तिस्तम्भ के समकक्ष हैं। इनके शीर्ष पर तीन यक्षों के मस्तक पर आश्रित चौकी पर तीन सिंहों की भव्यमूर्तियाँ है।[115] सम्भवतः सिंहों के मण्डप पर बड़ा धर्मचक्र भी रहा होगा। बायीं ओर के स्तम्भ पर मात्र यक्ष अवशिष्ट है, सिंह की मूर्ति नष्ट हो चुकी है।

इस चैत्यगृह की शिल्पकला उत्कृष्ट कोटि की है, एवं हीनयान युग से सम्बन्धित हैं। यहाँ की महायानयुग की मूर्तियों में कला का ऐसा परिमार्जित स्वरूप दृष्टिगोचर नहीं होता है।

कान्हेरी में चैत्यगुफाओं के अतिरिक्त कई विहार भी निर्मित किए गए। जिनके साथ जलापूर्ति हेतु तलैया भी निर्मित की गई। सातवाहन शासकों के काल में इन विहारों तथा तलैयों पर कई अभिलेख उत्कीर्ण किए गए। तत्कालीन समाज के कुलीन तथा सभी वर्गों के लोगों ने बौद्ध भिक्षुओं के आवासीय उपयोगार्थ इन विहारों को चट्टान में खुदवाया। कान्हेरी की सं० 87 की गुफा के प्रांगण के बाहर बाँये पार्श्व की भित्ति पर यज्ञश्रीसातकर्णि के शासनकाल के संवत्सर 16 में उत्कीर्ण कराए गए लेख[116] में अभिलिखित है कि कल्याण के निवासी आनन्द के पुत्र, उपासक अपरेणु व्यापारी, तथा उसके परिवार के समस्तजनों ने अपने माता–पिता के पुण्योपार्जनार्थ कृष्णगिरि पहाड़ में यह गुफा तथा सभागृह, चारों दिशाओं के भिक्षुसंघ के लिये खुदवाया। साथ ही उसने भिक्षुसंघ के लिए 200 कार्षापणों का स्थायी निक्षेप दिया। इसी प्रकार माठरीपुत्र शकसेन के शासनकाल के संवत्सर 8 में उत्कीर्ण कराए गए अभिलेख[117] में वर्णित है कि कल्याण के निवासी एवं व्यापारी विष्णुनन्दी के पुत्र, व्यापारी गृहपति ने कान्हेरी को गुफा सं० 81 अपने एवं अपने पिता विष्णुनन्दी, माता बोधिसमा, भाई हस्ती तथा अपने अन्य व्यापारी बांधवों के पुण्योपाजनार्थ खुदवायी थी। यह लेख कान्हेरी की सं० 36 की गुफा के प्रांगण के बाहर दाँये पार्श्व की भित्ति पर उत्कीर्ण किया गया है। इसी ने कान्हेरी में दूसरी एक अन्य गुफा खोदवायी थी।[118]

कान्हेरी में ही गुफा सं० 77 में प्रांगण के बाहर दाँये पार्श्व की भित्ति पर चुटुकुलानन्द सातकर्णि के शासनकाल में उत्कीर्ण कराया गया एक अभिलेख[119] उत्कीर्णित है, जिसमें अभिलिखित है कि महाराज की कन्या एवं महारठी की पत्नी, स्कन्दनाग सातक

(सातकर्णि) की माता तथा महाभोज धणसेण की भगिनी नागमुलनिका ने अपने माता–पिता के नाम पर यह गुफा भिक्षुसंघ को दान स्वरूप प्रदान की।

विहारों की भाँति तलैया भी खुदवाकर दान में दी जाती थी। कान्हेरी की गुफाओं के निकट सं० 5 की तलैया के ऊपर के आले में उत्कीर्ण लेख[120] में अभिलिखित है कि वासिष्ठीपुत्र सातकर्णि की रानी, जो कार्दमक वंश में जन्मी थी, तथा महाक्षत्रप रूद्रदामन् की कन्या थी, के विश्वासी अमात्य ने अपने धर्मदाय के रूप में यह तलैया दान स्वरूप प्रदान की।

उपरोक्त समस्त गुफाएँ विहार के रूप में निर्मित की गई थीं। स्पष्ट है कि गुफाओं को विहारों के रूप में निर्मित कराकर दान में देने की परम्परा का प्रचलन राजपरिवार के सदस्यों के साथ–साथ व्यापारीगण एवं जनसामान्य में भी था। अभिलेखीय आधार पर कहा जा सकता है कि उन दिनों चैत्यगृह एवं विहारों के निर्माण का कार्य प्रगति पर था। इसके लिए शिल्पियों का एक अलग अनुभाग अर्थात शिल्पशाला भी होती थी,[121] जिस पर शासकीय नियन्त्रण रहता था।

चैत्यगृह तथा विहारों के साथ–साथ इस युग में अनेक स्तूपों का निर्माण किया गया एवं पहले से ही विद्यमान स्तूपों का परिवर्द्धन एवं विस्तार किया गया।

बड़े पैमाने पर स्तूप निर्माण की परम्परा का शुभारम्भ मौर्य सम्राट अशोक के शासनकाल में आरम्भ हुआ। यद्यपि अशोक के समय में निर्मित किए गए स्तूप अब प्राप्त नहीं होते हैं, तथापि इस सम्बन्ध में यह माना जाता है कि अशोक ने बुद्ध के महापरिनिर्वाणोपरान्त निर्मित कराए गए आठ स्तूपों को खुलवा कर, अस्थियों को 84000 भागों में विभक्त कर स्तूप निर्मित करवाए, किन्तु कालान्तर में अन्य राजवंशों, यथा शुंग, सातवाहन आदि के शासनकाल में इनका विस्तार किया गया, जिसके कारण मूल स्तूप ढक गए।

विश्वविश्रुत साँची स्तूप का निर्माण शुंग काल में किया गया। किन्तु इसके चार भव्य प्रवेशद्वारों का निर्माण सातवाहनों के शासनकाल में करवाया गया। साँची स्तूप सं० 1 के दक्षिणीद्वार के तोरण पर अंदर की ओर सातकर्णि के शासनकाल में उत्कीर्ण कराया एक अभिलेख[122] प्राप्त होता है। इसमें अभिलिखित है कि राजा सातकर्णि के आवेशनि (शिल्पशाला का प्रमुख) वासिष्ठीपुत्र आनन्द ने यह दान दिया। अभिलेख के वर्णन से स्पष्ट है कि सातकर्णि स्वयं वैदिक धर्म का अनुयायी था, किन्तु उसका शिल्पिमुख्य बौद्ध धर्म का अनुयायी प्रतीत होता है। उसी ने साँची स्तूप के तोरण पर स्वयं काम करके अथवा अन्य लोगों से करवाकर अपने दान को अंकित कराने हेतु यह लेख उत्कीर्ण कराया। साँची स्तूप से प्राप्त सातवाहनयुगीन यह अभिलेख इस तथ्य की ओर संकेत करता है कि यह क्षेत्र कुछ समय के लिए सातवाहनों के आधिपत्य में रहा होगा। अभिलेखीय साक्ष्य के साथ–साथ मुद्राशास्त्रीय साक्ष्य भी इस तथ्य की पुष्टि करते हैं। जबलपुर के समीप तेवर (प्राचीन त्रिपुरी) से चौकोर सीसे की मुद्रा[123] प्राप्त हुई है। इस पर **सिरि–सातकणिस** मुद्रालेख अंकित है। अक्षरवाटिका से यह मुद्रा सातकर्णि प्रथम की प्रतीत होती है। स्पष्ट है कि सातकर्णि ने साँची तक का प्रदेश विजित कर कुछ समय अपने आधिपत्य में रखा था।

इसी प्रकार साँची स्तूप के पश्चिमी प्रवेशद्वार पर उसी व्यक्ति का उल्लेख अभिलेख में प्राप्त होता है, जिसका उल्लेख दक्षिणी द्वार के मध्यप्रस्तरपाद पर उत्कीर्ण लेख में किया गया है।[124] अच्युत के शिष्य, बलमित्र, ने यह तोरणद्वार निर्मित कराकर दान में दिया। ऐसे ही पूर्वी तोरणद्वार का दक्षिणी स्तम्भ तथा दक्षिणी तोरण द्वार का उत्तरी स्तम्भ कुकर के निवासी तथा अक्षवत् की श्रेष्ठी नागपिय द्वारा दान में दिया गया उल्लिखित है।[125] सम्भवतः सभी अभिलेख प्रथम शती ई० पू० के हैं, जिस समय सातकर्णि शासन कर रहा था।

साँची स्तूप के तोरणद्वारों के निर्माण के अतिरिक्त सातवाहनों के शासनकाल में गोली, जगय्यपेट, गुण्टपल्ले, भट्टिप्रोलु, घंटशाल तथा अमरावती में स्तूपों का निर्माण करवाया गया। इनके मात्र अवशेष ही विद्यमान हैं। इनमें अमरावती का महास्तूप सर्वप्रमुख है।

आन्ध्रप्रदेश के गुन्टूर जिले से 28.96 किमी. दक्षिण की ओर अमरावती का महास्तूप हैं। यहीं से 800 मी. पश्चिम की ओर धरणीकोट नामक स्थान है, जो किसी समय सातवाहनों की धान्यकटक नामक राजधानी थी।[126] अपने मूल स्वरूप में यह विश्व की महानतम् कलाकृतियों में से एक था। किन्तु अब उसका वह स्वरूप विनष्ट हो चुका है, और मूल स्थान पर प्रायः कुछ भी शेष नहीं है। इसके भग्नावशेष मद्रास, कोलकाता तथा लन्दन के संग्रहालयों में सुरक्षित हैं, तथापि स्तूप के पट्टों पर उत्कीर्ण स्तूप की आकृति से इसके स्वरूप का अनुमान लगाया जा सकता है।

अमरावती में स्तूप के छज्जे के एक द्वार स्तम्भ पर लगे उत्कीर्ण शिलापट्ट पर वासिष्ठीपुत्र पुलुमावि के समय का एक अभिलेख[127] उत्कीर्ण है। जिसमें अभिलिखित है कि वासिष्ठीपुत्र पुलुमावि के शासनकाल में पिंडसुतरिय वंश के कहुतर गृहपति और पुरि गृहपति के पुत्र इसिलि ने महाचैत्य के स्तूप के पश्चिमी द्वार के ऊपर के धर्मचक्र को दान के रूप में स्थापित करवाया। इसमें से दूसरे गृहपति इसिलि के साथ उसके भाई–बहनों तथा पुत्रों सहित भार्या नाकानिका (नागस्त्री) उसके इस दानधर्म के भागी है।

अमरावती में अशोक के स्तम्भ का एक छोटा सा टुकड़ा मिला है। अतः ऐसा प्रतीत होता है कि भारत के अन्य स्थानों की भाँति अमरावती में भी अशोक ने स्तूप बनवाया था,[128] जिसका परिवर्द्धन एवं विस्तार सातवाहन काल में करवाया गया।

महास्तूप का अत्यन्त महत्वपूर्ण अंग भूमिस्थ महावेदिका थी जिसमें लगभग स्तम्भ 136, सूचियाँ 348, तथा उष्णीष 243.84 मी.

लम्बे थे[129] महावेदिका का व्यास 58.82 मी. था, जिसका गोल घेरा लगभग 182.88 मी. का था। वेदिका की प्रत्येक दिशा में 7.92 मी. चौड़ा तोरणद्वार था, जिसमें तोरण के पंजर एवं बडेरियों का अभाव था। उष्णीष के अग्र भाग में मालाधारी देवों तथ पृष्ठ पर बुद्ध के जीवन की घटनाओं तथा जातकों को अंकित किया गया था।[130]

वेदिका के बाहरी मार्ग की अपेक्षा भीतर का प्रदक्षिणापथ 1.52 मी. ऊँचा था, जहाँ तक पहुँचने के लिए एक छोटा सोपान निर्मित किया गया था,[131] जिसके अन्त में पद्मांकित चन्द्रशिला थी।

इसमें प्रत्येक तोरणद्वार के पृष्ठभाग में स्तूप से निकलता हुआ एक आर्यक मंच बनाया गया था। मेकेंजी के रेखाचित्रों के अनुसार प्रत्येक आर्यक मंच 9.75 मी. लम्बा तथा 1.82 मी. चौड़ा था एवं स्तूप के अधिष्ठान से 6 मी. की ऊँचाई पर निर्मित किया गया था।[132] प्रत्येक आर्यक के पार्श्व भागों में दो सोपान ऊपर के प्रदक्षिणापथ तक पहुँचने के लिए बनाए गए थे। प्रत्येक आर्यक के सामने के किनारे पर 3 मी. से 4.57 मी. ऊँचे पाँच अष्टकोणीय स्तम्भ थे।[133]

स्तूप के मध्य की कमरपेटी की वेदिका, आर्यक मंचों द्वारा चार भागों में बँट जाती थी। मध्य की वेदिका स्तूप के अण्ड भाग से 1. 52 मी. निकली हुई थी और उसके स्तम्भ 2.43 मी. ऊँचे थे। दो स्तम्भों के मध्य में सूचियों के स्थान पर एक बड़ा शिलापट्ट लगाया गया था, जो दोनों तरफ से उत्कीर्ण था। सम्भवतः लेखों में इसे पेण्डक कहा गया है।[134]

स्तूप के शीर्ष पर 7.31 की चौकोर महाहर्मिका थी, जो स्तूप के मध्य में मोटी यष्टि के अण्ड भाग में गहराई तक प्रविष्ट थी और उसके ऊपर छत्र लगा हुआ था। हर्मिका के चारों ओर वेदिका की वेष्टनी थी।[135]

इस प्रकार विविध रूपों से उत्कीर्ण शोभापट्टों का विकास कई शताब्दियों में परिपूर्ण हुआ। अमरावती के महाचैत्य में पाषाणिक

शिलापट्टों का शिल्पियों ने भरपूर प्रयोग किया। सम्पूर्ण आन्ध्र देश में धान्यकटक का महास्तूप सबसे विशाल था, जो परिमाण में भरहुत एवं भट्टिप्रोलु से दुगुना था। वास्तुविद्या के जिन आचार्यों ने इस महाचैत्य का विन्यास किया, वे कल्पना की मौलिक एवं विशाल चिन्तनशक्ति से सम्पन्न थे। सातवाहन युग का वैभव इस महान स्तूप में मूर्तिमान हो उठा था।

मूर्तिकला

भारतीय विचार, धर्म, तत्वज्ञान एवं संस्कृति का दर्पण है सातवाहनयुगीन मूर्तिकला। भारतीय जनजीवन की पुष्कल व्याख्या सातवाहनयुगीन मूर्तियों के माध्यम से प्रस्फुटित होती है। तत्कालीन लोगों का रहन, उनके भाव, विचार मूर्तियों में दृष्टिगोचर होते हैं।

महाराष्ट्र की सातवाहनयुगीन गुफाएँ हीनयान बौद्ध शाखा की है; अतएव उनमें कहीं भी बुद्ध की मूर्ति नहीं निर्मित की गई। मात्र पादुका, भद्रासन, स्तूप, बोधिवृक्ष आदि के अंकन से उनकी उपस्थिति का भान होता है। इसी कारण उस काल के अधिक शिल्प नहीं दिखाई देते हैं। उस समय यक्ष पूजा का प्रचलन था। स्तूपों के छज्जों में उत्कीर्ण यक्ष–यक्षणियों की मूर्तियाँ इसी परम्परा का परिणाम थीं। पौनी के स्तूप के निकट से एक यक्ष मूर्ति का आधा भाग प्राप्त हुआ है।[136] दूसरी एक खरमुख यक्ष की मूर्ति मिली है।[137] सम्मुख मुद्रा में खड़े यक्ष दाहिना पैर घुटने के पास से झुका है। उसके बाँये हाथ की हथेली सीने पर रखी है। दाहिना हाथ अभय मुद्रा में है। यज्ञोपवीत मेखला तथा कंकणादि आदि अंलकरण से युक्त यक्ष महीन धोती पहने है।

पौनी स्तूप में मुचलिंद नाम की कथा फणधारी नाग की आकृति उत्कीर्ण कर अंकित की गई है।[138] साथ में लेख **मुचरिंदो नागो** अंकित है। नाग के दोनो ओर एक–एक पुरूषाकृति है, जिनके हाथ छाती पर एक के ऊपर एक रखे हैं। यह तत्कालीन

नमस्कार करने की प्रथा थी।[139] हारितीपुत्र चुटुकुलानन्द सातकर्णि के शासनकाल के संवत्सर 12 में उत्कीर्ण कराया गया शिलालेख[140] वनवासी के मधुकेश्वर मंदिर में एक विशाल स्लेट पत्थर के दोनों पार्श्व में तीन पंक्तियों में अंकित है। उसी पत्थर पर पाँच फणों वाले सुन्दर नाग की आकृति उत्कीर्ण की गई है। अभिलेख में अभिलिखित है कि शिवस्कन्दनागश्री युवराज की माता ने अपने धर्मदाय के रूप में नाग, तालाब एवं विहार बनवाया। सजयंती के इंद्रमयूरक आचार्य के नटक नामक शिष्य ने यह नाग बनाया।

पौनी की मूर्तियों से सातवाहन काल के शिल्पकौशल की कल्पना नहीं की जा सकती है। भाजा की क्र० 20 की विहार गुफा में कुछ उत्कृष्ट शिल्प के दर्शन होते हैं। इस विहार में एक योद्धा का शिल्प विशेष लक्षणीय है।[141] कर्णाभरण, केयूर, वलय तथा रत्नहार से विभूषित यह मूर्ति शिल्प तत्कालीन व्यक्तिशिल्पों में गणना किए जाने योग्य है।

सातवाहन काल में राजव्यक्तियों की प्रतिमा बनाने का प्रचलन था। नानाघाट में सातवाहन नरेश सिमुक, उसके पुत्र सातकर्णि और रानी नागनिका, उसके सम्बन्धी त्रनकयिर, पुत्र भायिल, वेदिश्री, सातवाहन और हकुश्री की मूर्तियाँ स्थापित की गईं थीं और शीर्ष भाग में उनके नाम उत्कीर्ण हैं।[142] किन्तु अब ये लगभग नष्ट हो चुकी हैं। मात्र उनके पैर गोलाकार लट्ठे के रूप में अवशिष्ट हैं। इसमें सिमुक की प्रतिमा के पैर तथा उनके बीच का धोती का पल्ला पूर्व की दीवार से 45.72 सेमी. पर दिखाई देता है। इसी प्रकार वनवासी में वासिष्ठीपुत्र पुलुमावि के शासनकाल में उत्कीर्ण कराए गए अभिलेख[143] में अभिलिखित है कि यह छायाप्रस्तर राजा वासिष्ठीपुत्र शिवश्री पुलुमावि की महादेवी का है। वस्तुतः ऐसे प्रस्तरों एवं स्तम्भों पर उस व्यक्ति की मूर्ति खोदी जाती थी, जिसके स्मरणार्थ वह स्थापित किया गया था। इसी प्रकार का एक प्रतिमालेख नागार्जुनकोण्डा में भी प्राप्त हुआ है।[144] विदर्भ में पौनी

में छाया स्तम्भ[145] एवं कर्नाटक में वनवासी में छाया प्रस्तर मिले हैं। लेखों के साथ मूर्ति भी अवश्य निर्मित की गई होगी। किन्तु मूर्ति वाले शिलाखण्ड प्राप्त नहीं होते हैं। जिस शिलाखण्ड पर यह अभिलेख अंकित है, उसके शीर्ष भाग पर चैत्याकृति एवं नीचे के भाग में छिद्र में बिठाने के लिए कुछ कम चौड़ी लम्बोतरी खड़ी खूँटी है। इसी से लगता है कि यह शिला किसी स्तम्भ पर बिठाई गई होगी।

पीतलखोरा की गुफा सं० 4 (विहार) का मुखपट्ट भव्य मूर्तियों से अंलकृत था। विहार के पार्श्वस्तम्भों पर विभिन्न मूर्तियाँ हैं, तथा स्तम्भों पर नरव्याल एवं पशुसंघाटों के शीर्षक हैं।[146] मुख्यद्वार पर दो महाकाय रक्षापुरूष अंकित हैं, जो भव्य एवं आकर्षक हैं। इसमें द्वारपालों की मूर्तियाँ अत्यन्त प्रभविष्णु हैं। वे धोती के ऊपर कसा हुआ चोलक, और सिर के ऊपर भारी उष्णीष अथवा पगड़ी धारण किए हैं तथा कानों में भारी–भरकम कुण्डल पहने हुए हैं। उनके एक हाथ में कुन्त और दूसरे में ढाल है। रक्षापुरूषों की ये दोनों मूर्तियाँ अपने शरीर के गठन, पुष्ट माँसल तथा मुस्कराते हुए चेहरों के कारण विशेष प्रभावशाली हैं। इसी विहार में उत्कीर्ण गजलक्ष्मी कमलासन पर बैठी, दोनो हाथों में कमलनाल लिए हुए है। दो गज आवर्जित घटों से देवी को स्नान करा रहे है।[147] श्रीलक्ष्मी की यह अंकन आरम्भ युग की कला में अत्यन्त प्रभावशाली है।

इसी प्रकार पीतलखोरा की गुफा सं० 3 (चैत्यगृह) में भी सातवाहनयुगीन मूर्तिकला के दर्शन होते हैं। इस अभिलिखित चैत्यगृह के दोनों पार्श्व में चट्टान में ही उत्कीर्ण किए, थोड़ा बाहर की ओर निकले हुए सपक्ष अश्व हैं, जिनके आगे–पीछे दो यक्ष उत्कीर्ण हैं। भारी–भरकम काययुक्त, ऊपर की ओर उठी भुजाएँ, प्रस्फुटित नेत्र तथा मोटे ओष्ठ युक्त इन यक्षों के कान में बालियों के गुच्छे हैं।[148] पीतलखोरा की ये यक्ष मूर्तियाँ न केवल सातवाहन युग की, वरन् भारतीय मूर्तिकला की, अमूल्य निधियाँ हैं।

नासिक की गुफा सं० 3 (चैत्यगृह) को खुदवाने का कार्य गौतमीपुत्र सातकर्णि के शासनकाल में प्रारम्भ हो गया था,[149] और उसको शिल्पादि से अंलकृत करने का कार्य पुलुमावि के शासनकाल के उन्नीसवें वर्ष तक जारी रहा, जिसकी अभिलेखीय पुष्टि होती है।[150] अतएव इस गुफा के द्वार के स्तम्भों के पट्टों में उन दोनों के शासनकाल की प्रमुख घटनाओं के दृश्य अंकित किए गए हैं।

चैत्यगुफा के मंडप के द्वार पर उत्कृष्ट कोटि के शिल्प कर्म के दर्शन होते हैं। इसमें लगभग उन्नीस अंलकृत शिल्पपट्ट हैं, जिनमें सात द्वार के सिरदल पर तथा छः छः द्वार के दोनों पार्श्व स्तम्भों पर हैं।[151] सिरदल की मध्य की पट्टिका पर छत्रयुक्त बौद्ध स्तूप हैं, जिसके दोनों पार्श्व में अनुचर खड़े हैं। इसके बाँये पार्श्व के शिल्पपट्टों पर धर्मचक्र तथा हाथ जोड़े बौद्ध उपासक अंकित किए गए हैं। बौद्ध धर्म की हीनयान शाखा से सम्बन्धित होने के कारण यहाँ बुद्ध की उपस्थिति स्तूप के माध्यम से व्यक्त की गई है, जो कि लक्षणीय है।

पार्श्व स्तम्भों में सबसे निचले शिल्पपट्ट में भारवाहक यक्ष उत्कीर्ण हैं।उन्हें देखकर ऐसा भान होता है, मानों वे ऊपर के पट्टों का भार वहन कर रहे हों। शेष पाँच–पाँच शिल्पपट्टों पर भिन्न–भिन्न कथाएँ उत्कीर्ण की गई हैं।

बांयी तरफ के स्तम्भ पर नीचे से दूसरे शिल्पपट्ट पर एक युगल प्रदर्शित है, जिसमें पुरूष ने स्त्री का हाथ पकड़ रखा है। तीसरे पट्ट में उन्हें एक दूसरे के गले में हाथ डाले खड़ा, दिखाया गया है। चौथे में पुरूष को स्त्री का अनुनय करते हुए तथा पाँचवें में उसी पुरूष द्वारा स्त्री को जबरन उठाकर ले जाते हुए उत्कीर्ण किया गया है।[152]

कार्ले चैत्यगृह न केवल उत्कृष्ट वास्तुगत विन्यास के लिए वरन् मूर्तिशिल्प के लिए भी विश्वविश्रुत है। यहाँ के शैलवर्धकी चिर अभ्यास से अपने कर्म में अत्यन्त प्रवीण हो चुके थे एवं तक्षणकला पर पूर्ण आधिपत्य स्थापित कर चुके थे।

कार्ले चैत्य के मुखमण्डप की पिछली भित्ति में मिथुनों की महाकाय, दबंग, बलधारी तथा प्रभविष्णु मूर्तियाँ उत्कीर्ण हैं। सम्पूर्ण भारत में कार्ले की ये मूर्तियाँ सर्वोत्तम मूर्तिशिल्प में से एक हैं। इसी प्रकार मुखमण्डप के पार्श्व भागों में सम्मुखदर्शन तथा बाहर निकली हुई दो गजराज मूर्तियाँ उत्कीर्ण हैं। धौली के गजतम की भाँति महाकाय ये मूर्तियाँ अधिष्ठानों पर खड़ी हुई हैं, जो वेदिकामय अंलकरण से युक्त हैं।[153]

कान्हेरी की गुफा सं० 3 में दूसरी शती ई० के द्वितीय चरण में युगल दानदाताओं की कुछ मूर्तियाँ उत्कीर्ण की गई। गोलमटोल पैरों तथा कान्तिविहीन मुख से युक्त कुछ भारी–भरकम अनुपात में निर्मित ये मूर्तियाँ कुछ प्राणविहीन सी प्रतीत होती हैं। उनकी वेशभूषा, आभूषण एवं शिरोभूषा कार्ले से अधिक भिन्न नहीं हैं।[154] आश्चर्य का विषय है, कि यह वह समय था जब यज्ञश्रीसातकर्णि के शासनकाल में सातवाहन साम्राज्य चरम उत्कर्ष पर था एवं सामुद्रिक व्यापार भूमध्य–सागरीय क्षेत्रों तक प्रसारित था। किन्तु यह ध्यान में रखने योग्य बात है कि इस समय दक्षिणी दकन के क्षेत्र की कला गतिविधियों में व्यवधान उत्पन्न हो जाने के कारण यहाँ के शिल्पी स्थानान्तरित हो रहे थे। ऐसा प्रतीत होता है कि कान्हेरी की इस गुफा का यह मूर्तिशिल्प द्वितीय श्रेणी के शिल्पियों द्वारा उत्कीर्ण किया गया होगा। तीसरी शती ई० में सातवाहनयुगीन यह कला क्षरित होती चली गई। कुडा चैत्य सं० 6 में उत्कीर्ण युगल दानदाताओं की मूर्तियों में यह क्षरण दृष्टिगोचर होता है।[155] इसी चैत्यगृह के वेदिका स्तम्भों के बीच–बीच में कुछ चौड़े स्तम्भ है जिन पर उपासक पुरूषों की मूर्तियाँ उत्कीर्ण की गई हैं।[156] इनका शिल्प उत्तमकोटि का है।

साँची स्तूप के चार तोरणद्वार लगभग प्रथम शती ई० पू० में सातकर्णि द्वितीय के शासनकाल में निर्मित किए गए। इसके दक्षिणी प्रवेशद्वार पर प्राप्त अभिलेख[157] में उल्लिखित है कि यह

दान विदिशा के एक हाथीदाँत की नक्काशी का काम करने वाले व्यक्ति का है। उत्कृष्ट कोटि की नक्काशी से स्पष्ट है कि सम्भवतः उसने स्वयं भी इसमें नक्काशी की होगी।

बड़े–बड़े शिल्पपट्टों पर जातक कथाएं उत्कीर्ण की गई हैं। इसके अतिरिक्त बुद्ध के जीवन की विभिन्न घटनाओं तथा अन्य अभिप्रायों से स्तम्भों को अलंकृत किया गया है। वस्तुतः साँची में चार प्रकार के अंलकरण अभिप्राय उत्कीर्ण किए गए हैं, जिनमें बुद्ध के जीवन की चार घटनाएँ, यक्ष मूर्तियाँ, पशु–पक्षियों की मूर्तियाँ तथा फूल–पत्तियाँ आदि सन्निहित हैं।[158]

कलाविशारदों के अनुसार अमरावती स्तूप का शिल्पवैभव चार विभिन्न कालखण्डों में सँजोया गया।[159] दूसरी शती ई० पू० से पहली शती ई० पू० के मध्य उनमें अर्द्धस्तम्भ, स्तम्भशीर्ष पर विभिन्न प्राणी, बुद्ध के प्रतीक चिह्न, यथा बोधिवृक्ष, पादुकाएँ, पूजकों की मूर्तियाँ, आदि उत्कीर्ण किए गए। आरम्भ काल में निर्मित इन शिल्पटट्टों की मूर्तियाँ कम उभार वाली हैं। मध्यम कोटि के वस्त्रालंकार मुक्त इन मूर्तियों में से कुछ बेढ़ंगी सी हैं।

दूसरे कालखण्ड में, जो पहली शती ई० पू० से पहली शती ई० तक का है, का शिल्प पूर्ववर्ती शिल्प की अपेक्षा अधिक भव्य तथा स्वाभाविक प्रतीत होता हैं।[160] इस काल में गौतमबुद्ध की उपस्थिति बोधिवृक्ष, धर्मचक्र आदि चिह्नों के साथ–साथ यदा–कदा मूर्तियों से भी प्रकट की गई है।

तीसरा कालखण्ड लगभग 150 ई० का है। इस समय वासिष्ठीपुत्र पुलुमावि की अधिसत्ता आन्ध्र में स्थापित थी। स्तूप के छज्जे पर उत्कीर्ण लेख में इसके शासनकाल का उल्लेख किया गया है।[161] इस छज्जे के स्तम्भों, सूचियों तथा उनके उष्णीषों पर अर्द्धपद्म, प्रफुल्लित पद्मकोश तथा बुद्ध के जीवन की घटनाओं को उत्कीर्ण किया गया है। इस छज्जे का उत्कृष्ट शिल्प किसी अन्य स्तूप में दृष्टिगोचर नहीं होता है।

अमरावती का चौथा कालखण्ड 200 से 250 ई० तक का है। इस काल में इस पूर्ण स्तूप की आकृति से अभिलिखित शिल्पपट्ट स्तूप के चारों ओर लगाए गए।[162] इनमें से कुछ पुराने शिल्पपट्टों को निकालकर उन्हें पुनः उत्कीर्ण कर लगाया गया था।[163] इन शिल्पों की मानवीय आकृतियाँ लम्बी तथा छरहरी कायायुक्त है।

अमरावती के शिल्पपट्टों की कलाविदों ने मुक्तकंठ से प्रशंसा की है। विषय धार्मिक होते हुए भी तत्कालीन जीवन का सर्वांगीण स्वरूप इनमें प्रतिबिम्बित होता है। कुमारस्वामी इसकी भूरि–भूरि सराहना करते हुए कहते है कि, 'अमरावती की शिल्पकला, भारतीय कला का अत्यन्त विलासी और अतिसुकुमार पुष्प है।'[164]

चित्रकला

सातवाहन युगीन चित्रकला के उत्कृष्ट दर्शन अजंता की गुफा सं० 9 तथा 10 में होते हैं। यद्यपि नासिक के चैत्यगृह तथा विहारों की भित्तियों पर भी अजंता के सदृश चित्र बनाए गए थे, तथापि अब वे अपक्षय के कारण धूमिल हो चुके हैं।[165]

अजंता की इन गुफाओं में बनाए गये चित्रों की वेशभूषा साँची आदि स्थानों के शिल्पों की वेशभूषा से भिन्न नहीं हैं।[166] इन दोनों चैत्यगृहों में सर्वत्र रंगीन चित्र बनाए गए थे। अब उनमें से बहुत थोड़े से चित्र छोटे–छोटे टुकड़ों में अवशिष्ट हैं। फ्रेस्को तकनीक से निर्मित इन चित्रों के निर्माण हेतु सर्वप्रथम गुफा तथा उसके स्तम्भादि के पृष्ठभाग को खुरदरा रखकर उस पर धान की भूसी की राख मिलाकर अच्छी तरह घोटी गई मिट्टी का पलस्तर कर दिया जाता था। तदन्तर उन पर सफेद रंग देकर चित्र खींचे जाते थे।[167] गुफा सं० 10 के अवशिष्ट चित्रों की प्रतिकृतियाँ कहीं भी नहीं पाई जाती।[168]

क्रं० 10 की गुफा की दाहिनी भित्ति पर षड्दन्त जातक की कथा चित्रित की गई है। इसकी रंगीन प्रतिलिपि उपलब्ध नहीं है।

किन्तु इसकी सादी प्रतिलिपि बर्जेस ने प्रकाशित की है।[169] इस कथा की विभिन्न घटनाओं को चित्रकार ने बड़ी कुशलता से चित्रित किया है।[170] बायीं ओर के लगभग आधे भाग में षड्दन्त हाथी अपने साथियों के साथ हर्षोल्लास के साथ विहार करते हुए दिखाया गया है। तदन्तर बाद के दृश्य में, शिकारी द्वारा उसका घायल होना और उसका स्वयं ही दाँत उखाड़कर दे देना, चित्रित किया गया है।

अगले दृश्य में वह शिकारी एक–एक पलड़े में तीन–तीन हस्तिदन्त रखकर बेगी लाता प्रदर्शित है। राजा द्वारा रानी को सम्पूर्ण वृतान्त बताना, रानी का खिन्न हो जाना तथा हस्तिदन्तों को रानी के सामने लाने पर रानी का मूर्छित हो जाना और तदन्तर उसका निधन हो जाना, आदि घटनाओं को अत्यन्त सजीवता से चित्रित किया गया है।[171]

इसी गुफा में बुद्ध को धर्मचक्रप्रवर्तन मुद्रा में बैठे, एक शिष्य को उपदेश देते अंकित किया गया है। इसमें वे बिना आभूषण के, धोती तथा संघाटी एकांसिक रूप में धारण किए, कमलासीन हैं। उनके पीछे एक चित्र में हरे रंग का मसनद तथा दूसरे चित्र में सफेद मसनद पर चारखाने में चौफुलिया डिजाइन बनी हुई है।[172]

श्याम जातक कथानक पर आधारित चित्र श्रृंखला के शिकार दृश्य में पुरूषों पर विभिन्न शैलियों में बँधी शिरोभूषा को चित्रित किया गया है। चित्र में शरसंधान की मुद्रा में तीर–धनुष लिए तथा वृक्ष के निकट खड़े पुरूष की शिरोभूषा कुछ विलग है,[173] जिसे मोतीचन्द्र ने शंखाकार पद्धति से अंलकृत बताया है।[174]

इसी गुफ़के अन्य दृश्यों में बोधिवृक्ष की पूजा करते एक पुरूष का अंकन किया गया है। उसके सिर पर बालों का उष्णीष बना है, जिसमें वस्त्र को लपेटा दिखाया गया है, जिस पर बीच–बीच में सम्भवतः मोतियों का अंलकरण है। इसी दृश्य में पीछे खड़ी आकृति को मोरपंखी से अलंकृत शिरोभूषा धारण किए दिखाया गया है।[175]

यद्यपि काष्ठ के ठप्पे से ली गई इस प्रतिकृति में रंगो के अभाव में मूल चित्र के सौंदर्य का खरा उतरना सम्भव नहीं है, तथापि उससे भी सातवाहनकालीन कलाकारों की कृतियों का सृष्टिसादृश्य, वाह्यरेखाओं के आलेखन में कौशल और भावों का अंकन दृष्टिगोचर होता हैं। लगभग दो हजार वर्ष पूर्व भारतीय कलाकारों ने चित्रकला के जिन आयामों को छुआ, वह अचरज का विषय है।

साहित्य

सातवाहन–काल में सामान्य जनों की तथा राजदरबार की भाषा प्राकृत थी। सातवाहन वंश के शासकों ने सुबोध तथा उच्चारसौकर्य के कारण अपने अभिलेखों को उत्कीर्ण कराने हेतु प्राकृत भाषा का चयन किया। सातवाहनों ने प्राकृत भाषा को राजाश्रय दिया तथा इसी भाषा में अपने समस्त अभिलेख उत्कीर्ण कराए। शासकों के अतिरिक्त राजपरिवारों के अन्य सम्बन्धियों तथा जनसाधारण द्वारा अभिलिखित कराए गए अभिलेख भी प्राकृत भाषा में हैं।

कुछ विद्वानों के अनुसार सातवाहनों के समय समाज के उच्चवर्ग के लोगों में भी संस्कृत भाषा प्रचारित नहीं थी। सातवाहनों के पूर्व लगभग छठी शती ई० पू० में बुद्ध तथा महावीर स्वामी ने सामान्य जनों में अपने धर्म का प्रचार करने के लिए प्राकृत भाषा का ही प्रयोग किया था। तदन्तर अशोक ने भी अपनी अधिकांश राजाज्ञाएं प्राकृत भाषा में ही उत्कीर्ण करवाईं।

आरम्भ में सातवाहन नरेशों ने अनेक श्रौत यज्ञ किये थे, जिसकी पुष्टि नागनिका के नानाघाट अभिलेख[176] से होती हैं। उसमें उल्लिखित है कि नागानिका ने सातकर्णि के साथ संयुक्त रूप से, तथा अकेले भी अनेक श्रौत यज्ञ किए। किन्तु उन श्रौतयज्ञों का वर्णन करने वाला अभिलेख संस्कृत में न होकर प्राकृत में है। आश्चर्य का विषय है कि एक भी सातवाहन शासक का अभिलेख संस्कृत में नहीं है।

अपवादस्वरूप कान्हेरी गुफा में क्र० 5 की तलैया के ऊपर के आले में वासिष्ठीपुत्र सातकर्णि के शासनकाल का एक अभिलेख[177] प्राप्त हुआ है, जिसमें उल्लिखित है, कि वासिष्ठीपुत्र सातकर्णि की रानी के विश्वासी अमात्य ने अपने धर्मदाय के रूप में इस लेख के पास की तलैया बनवा कर दान में दी। इस लेख की भाषा कुछ अशुद्ध सी संस्कृत है। यह रानी महाक्षत्रप रूद्रदामन् की कन्या थी। रूद्रदामन् ने संस्कृत भाषा को प्रोत्साहन प्रदान किया था।[178] इसी कारण उसकी कन्या के अमात्य के प्रस्तुत लेख में संस्कृत भाषा का प्रयोग किया गया है।

सातवाहनों के प्राकृत प्रेम के कारण अनेक आख्यायिकाएँ प्राचीनकाल से प्रचलित हुई थीं। राजशेखर लिखता है कि कुन्तल देश में सातवाहन ने नियम बनाया था, कि अपने अन्तःपुर में प्राकृत भाषा का ही प्रयोग करना चाहिए।[179]

सातवाहन नरेश हाल ने अपने ग्रन्थ गाथासप्तशती की रचना के लिए भी प्राकृत भाषा का ही चयन किया।[180] उसके दरबार के कवियों में पालित (जिसने तरंगवती की रचना की), पोट्टिस, नन्दिवृद्ध, आढ्यराज आदि ने प्राकृत भाषा में ही ग्रन्थों की रचना की।[181] गुणाढ्य ने वृहत्कथा की रचना पैशाची भाषा में की।[182] शर्ववर्मन ने कातन्त्र नामक सुबोध संस्कृत व्याकरण की रचना की।[183]

उपरोक्त समस्त विवरण के आधार पर निष्कर्ष रूप में कहा जा सकता है कि सातवाहनों के शासनकाल में न केवल स्थापत्य कला वरन् मूर्तिकला, चित्रकला तथा प्राकृत साहित्य का उत्कृष्ट सृजन हुआ, जो हमारी अमूल्य धरोहर हैं।

सन्दर्भ

1. बर्जेस, जे०, द बुद्धिस्ट स्तूपाज ऑफ अमरावती एण्ड जगय्यापेट, पृ० 86, 87, 91, 100, 103, 105.

2. आर्कियोलॉजिकल सर्वे ऑफ वेस्टर्न इंडिया, V, पृ० 75.
3. पूर्ववत्.
4. शिवराममूर्ति, सी, अमरावती स्कल्पचर्स इन द मद्रास गवर्मेन्ट म्यूजियम, बुलेटिन ऑफ द मद्रास गवर्मेन्ट म्यूजियम, जनरल सेक्शन, IV, पृ० 275, 285.
5. मिराशी, वा० वि०, सातवाहनों और पश्चिमी क्षत्रपों का इतिहास और अभिलेख, पृ० 199.
6. धवलीकर, एम० के०, सातवाहन आर्ट, पृ० 25.
7. आर्कियोलॉजिकल सर्वे ऑफ वेस्टर्न इंडिया, V, पृ० 60.
8. एपिग्राफिया इंडिका, I, पृ० 95–96.
9. देगलुरकर, जी० बी०, "स्ट्रक्चरल टेम्पिल अंडर द सातवाहनाज", शास्त्री, अजयमित्र (सं०), द एज ऑफ द सातवाहनाज, II, पृ० 467.
10. शर्मा, आई० के०, द डेवलेपमेन्ट ऑफ अर्ली शैव आर्ट एण्ड आर्किटेक्चर, पृ० 87–90.
11. देगलुरकर, जी० बी०, "स्ट्रक्चरल टेम्पिल अंडर द सातवाहनाज", शास्त्री, अजयमित्र (सं०), द एज ऑफ द सातवाहनाज, II, पृ० 468.
12. हर्टल, एच, "रिजल्ट्स ऑफ द एक्सकेवेशन्स ऐट सोंख", जर्मन स्कॉलर्स ऑन इंडिया, II, पृ० 94, चित्र 6.
13. शर्मा, आई० के०, द डेवलेपमेन्ट ऑफ अर्ली शैव आर्ट एण्ड आर्किटेक्चर, पृ० 88–89.
14. देगलुरकर, जी० बी०, "स्ट्रक्चरल टेम्पिल अंडर द सातवाहनाज", शास्त्री, अजयमित्र (सं०), द एज ऑफ द सातवाहनाज, II, पृ० 468.
15. जोगलेकर, एस० ए० (सं०), गाथासप्तशती, गाथा सं० 172.
16. ल्यूडर्स लिस्ट, 1131.

17. जर्नल ऑफ द बॉम्बे ब्रांच ऑफ द रॉयल एशियाटिक सोसाइटी, XXIII, पृ० 104.
18. एपिग्राफिया इंडिका, XVI, पृ० 27.
19. आर्कियोलॉजिकल सर्वे ऑफ वेस्टर्न इंडिया, V, पृ० 60.
20. एपिग्राफिया इंडिका, I, पृ० 95–96.
21. देगलुरकर, जी० बी०, "स्ट्रक्चरल टेम्पिल अंडर द सातवाहनाज", शास्त्री, अजयमित्र (सं०), द एज ऑफ द सातवाहनाज, II, पृ० 468.
22. पूर्ववत्, पृ० 469.
23. धवलीकर, एम० के०, सातवाहन आर्ट, पृ० 27.
24. अग्रवाल, वासुदेवशरण, भारतीय कला, पृ० 237.
25. धवलीकर, एम० के०, सातवाहन आर्ट, पृ० 27.
26. अग्रवाल, वासुदेवशरण, भारतीय कला पृ० 245.
27. पूर्ववत्.
28. ल्यूडर्स लिस्ट, 1144.
29. अग्रवाल, वासुदेवशरण, भारतीय कला, पृ० 245.
30. पूर्ववत्.
31. मिराशी, वा० वि०, सातवाहनों और पश्चिमी क्षत्रपों का इतिहास और अभिलेख, पृ० 98.
32. जर्नल ऑफ द बॉम्बे ब्रांच ऑफ द रॉयल एशियाटिक सोसाइटी, V, पृ० 45.
33. पूर्ववत्, पृ० 46.
34. पूर्ववत्, पृ० 41.
35. पूर्ववत्, पृ० 45.
36. मिराशी, वा० वि०, सातवाहनों और पश्चिमी क्षत्रपों का इतिहास और अभिलेख, पृ० 203.

37. बर्जेस एण्ड फर्ग्युसन, केव टेम्पिल्स ऑफ इंडिया, XIX, (ए).
38. अग्रवाल, वासुदेवशरण, भारतीय कला पृ० 246.
39. एपिग्राफिया इंडिका, VIII, पृ० 94.
40. अग्रवाल, वासुदेवशरण, भारतीय कला, पृ० 246.
41. पूर्ववत्.
42. एपिग्राफिया इंडिका, VIII, पृ० 94.
43. पूर्ववत, पृ० 91.
44. मिराशी, वा० वि०, सातवाहनों और पश्चिमी क्षत्रपों का इतिहास और अभिलेख, पृ० 201.
45. ल्यूडर्स लिस्ट, 1117.
46. अग्रवाल, वासुदेवशरण, भारतीय कला, पृ० 247.
47. पूर्ववत्,
48. पूर्ववत्, पृ० 248.
49. पाण्डेय, सुमन, अजंता के भित्तिचित्रों में अंकित वस्त्र एवं वेशभूषा का आलोचनात्मक अध्ययन, पृ० 19.
50. मिराशी, वा० वि०, सातवाहनों और पश्चिमी क्षत्रपों का इतिहास और अभिलेख, पृ० 217.
51. पूर्ववत्.
52. आर्कियोलॉजिकल सर्वे ऑफ वेस्टर्न इंडिया, IV, पृ० 116.
53. बर्जेस एण्ड फर्ग्युसन, केव टेम्पिल्स ऑफ इंडिया, पृ० 295.
54. मिराशी, वा० वि०, सातवाहनों और पश्चिमी क्षत्रपों का इतिहास और अभिलेख, पृ० 218.
55. आर्कियोलॉजिकल सर्वे ऑफ वेस्टर्न इंडिया, IV, फलक LVI.
56. बर्जेस एण्ड फर्ग्युसन, केव टेम्पिल्स ऑफ इंडिया, फलक XXIX.
57. मिराशी, वा० वि०, सातवाहनों और पश्चिमी क्षत्रपों का इतिहास और अभिलेख, पृ० 218.

58. अग्रवाल, वासुदेवशरण, भारतीय कला, पृ० 247.
59. धवलीकर, एम० के०, सातवाहन आर्ट, पृ० 29.
60. पूर्ववत्, पृ० 31.
61. 'वेजयन्तितो सेठिना भूतापालेना सेलघरं परिनिठपितं जबुदिपम्हि उतम', ल्यूडर्स लिस्ट, 1087.
62. रैप्सन, ई० कैम्ब्रिज हिस्ट्री ऑफ इण्डिया, I, पृ० 144.
63. हिस्ट्री एण्ड कल्चर ऑफ द इण्डियन पीपल, II, पृ० 502.
64. मिराशी, वा० वि०, सातवाहनों और पश्चिमी क्षत्रपों का इतिहास और अभिलेख, पृ० 205.
65. स्टडीज़ इन एपिग्राफी, I, पृ० 34–39.
66. हिस्टोरिकल रिसर्चेज़, पृ० 58.
67. अग्रवाल, वासुदेवशरण, भारतीय कला, पृ० 251.
68. धवलीकर, एम० के०, सातवाहन आर्ट, पृ० 31.
69. अग्रवाल, वासुदेवशरण, भारतीय कला, पृ० 252.
70. पूर्ववत्.
71. पूर्ववत्.
72. धवलीकर, एम० के०, सातवाहन आर्ट, पृ० 32.
73. मिराशी, वा० वि०, सातवाहनों और पश्चिमी क्षत्रपों का इतिहास और अभिलेख, पृ० 203.
74. धवलीकर, एम० के०, सातवाहन आर्ट, पृ० 32.
75. अग्रवाल, वासुदेवशरण, भारतीय कला, पृ० 253.
76. धवलीकर, एम० के०, सातवाहन आर्ट, पृ० 32.
77. जर्नल ऑफ द बॉम्बे ब्रांच ऑफ द रॉयल एशियाटिक सोसाइटी, V, पृ० 158.
78. ल्यूडर्स लिस्ट, 1106.
79. आर्कियोलॉजिकल सर्वे ऑफ वेस्टर्न इंडिया, IV, पृ० 112.

80. बर्जेस एण्ड फर्ग्युसन, केव टेम्पिल्स ऑफ इंडिया, पृ० 240.
81. पूर्ववत्.
82. पूर्ववत्, पृ० 241.
83. अग्रवाल, वासुदेवशरण, भारतीय कला पृ० 239.
84. पूर्ववत्.
85. मिश्रा, एस० के०, 'पीतलखोरा इंस्क्रिप्शन्स; शास्त्री, अजयमित्र (सं०), द एज ऑफ द सातवाहनाज़, II, पृ० 391.
86. एन्शियन्ट इंडिया, 15, पृ० 72.
87. पूर्ववत्.
88. पूर्ववत्.
89. पूर्ववत्. (स्वतन्त्रता के पूर्व पीतलखोरा हैदराबाद रियासत के अन्तर्गत सन्निहित था तथा इसके संरक्षण एवं परिवर्द्धन का कार्य उनका उत्तरदायित्व था।)
90. अग्रवाल, वासुदेवशरण, भारतीय कला, पृ० 239.
91. पूर्ववत्.
92. एन्शियन्ट इंडिया, 15, पृ० 72.
93. अग्रवाल, वासुदेवशरण, भारतीय कला, पृ० 240.
94. पूर्ववत्.
95. मिश्रा, एस० के०, 'पीतलखोरा इंस्क्रिप्शन्स; शास्त्री, अजयमित्र (सं०), द एज ऑफ द सातवाहनाज, II, पृ० 393.
96. पूर्ववत्, पृ० 396.
97. मिश्रा, एस० के०, 'डिस्कवरी ऑफ द अर्ली इंस्क्रिप्शन फ्राम पीतलखोरा' पुरातत्व, सं० 21 पृ० 84–85.
98. एन्शियन्ट इंडिया, 15, पृ० 76.
99. ल्यूडर्स लिस्ट, 1020, 1090, 1092, 1093, 1096, 1097.

100. मिश्रा, एस० के०, 'पीतलखोरा इंस्क्रिप्शन्स; शास्त्री, अजयमित्र (सं०), द एज ऑफ द सातवाहनाज़, II, पृ० 397.
101. अग्रवाल, वासुदेवशरण, भारतीय कला, पृ० 240.
102. पूर्ववत्.
103. पूर्ववत्.
104. एन्शियन्ट इंडिया, 15, पृ० 74.
105. अग्रवाल, वासुदेवशरण, भारतीय कला, पृ० 241.
106. एन्शियन्ट इंडिया, 15, पृ० 77.
107. मिश्रा, एस० के०, 'पीतलखोरा इंस्क्रिप्शन्स; शास्त्री, अजयमित्र (सं०), द एज ऑफ द सातवाहनाज़, II, पृ० 397.
108. एन्शियन्ट इंडिया, 15, पृ० 76.
109. अग्रवाल, वासुदेवशरण, भारतीय कला, पृ० 255.
110. शिवराममूर्ति, अमरावती स्कल्पचर्स इन द मद्रास गवर्मेन्ट म्यूजियम, 291.
111. उपाध्याय, वासुदेव, प्राचीन भारतीय स्तूप, गुहा एवं मंदिर, पृ० 170.
112. आर्कियोलॉजिकल सर्वे ऑफ वेस्टर्न इंडिया, V, पृ० 75.
113. जर्नल ऑफ द बॉम्बे ब्रांच ऑफ द रॉयल एशियाटिक सोसाइटी, V, पृ० 41.
114. धवलीकर, एम० के०, सातवाहन आर्ट, पृ० 36.
115. पूर्ववत्.
116. ल्यूडर्स लिस्ट, 1024.
117. जर्नल ऑफ द बॉम्बे ब्रांच ऑफ द रॉयल एशियाटिक सोसाइटी, VI, पृ० 6.
118. पूर्ववत्, पृ० 7.
119. जर्नल ऑफ द बॉम्बे ब्रांच ऑफ द रॉयल एशियाटिक सोसाइटी, VI, पृ० 10.

120. ल्यूडर्स लिस्ट, 994.

121. मार्शल और फुशे, मॉन्युमेन्ट्स ऑफ साँची, I, भाग 2, पृ० 34.

122. पूर्ववत्.

123. जर्नल ऑफ न्यूमिस्मैटिक सोसाइटी आफ इण्डिया, XXXV, पृ० 106.

124. धवलीकर, एम० के०, सातवाहन आर्ट, पृ० 46.

125. पूर्ववत्, पृ० 47.

126. मिराशी, वा० वि०, सातवाहनों और पश्चिमी क्षत्रपों का इतिहास और अभिलेख, पृ० 211.

127. शिवराममूर्ति, अमरावती स्कल्पचर्स इन द मद्रास गवर्मेन्ट म्यूजियम, 283.

128. एपिग्राफिया इंडिका, XXXV, पृ० 40.

129. रामास्वामी, एन० एस०, अमरावती, पृ० 34.

130. धवलीकर, एम० के०, सातवाहन आर्ट, पृ० 53.

131. अग्रवाल, वासुदेवशरण, भारतीय कला, पृ० 352—353.

132. पूर्ववत्, पृ० 353.

133. मिराशी, वा० वि०, सातवाहनों और पश्चिमी क्षत्रपों का इतिहास और अभिलेख, पृ० 214.

134. अग्रवाल, वासुदेवशरण, भारतीय कला, पृ० 354.

135. धवलीकर, एम० के०, सातवाहन आर्ट, पृ० 52.

136. पौनी एक्सकेवेशन, फलक XXV, (2).

137. पूर्ववत्, फलक XXV, (1).

138. पूर्ववत्, फलक XXII.

139. मिराशी, वा० वि०, सातवाहनों और पश्चिमी क्षत्रपों का इतिहास और अभिलेख, पृ० 208.

140. एपिग्राफिया इंडिका, XXXIV, पृ० 238.
141. मिराशी, वा० वि०, सातवाहनों और पश्चिमी क्षत्रपों का इतिहास और अभिलेख, फलक 13.
142. ल्यूडर्स लिस्ट, 1113 से 1118.
143. स्टडीज इन एपिग्राफी, I, पृ० 34–39.
144. एपिग्राफिया इंडिका, XXXIV, पृ० 20.
145. पूर्ववत्, XXXVII, पृ० 201.
146. अग्रवाल, वासुदेवशरण, भारतीय कला पृ० 241.
147. पूर्ववत्.
148. पूर्ववत्.
149. एपिग्राफिया इंडिका, VIII पृ० 73.
150. जर्नल ऑफ द बॉम्बे ब्रांच ऑफ द रॉयल एशियाटिक सोसाइटी, V, पृ० 41.
151. मिराशी, वा० वि०, सातवाहनों और पश्चिमी क्षत्रपों का इतिहास और अभिलेख, पृ० 98.
152. पूर्ववत,98–99.
153. अग्रवाल, वासुदेवशरण, भारतीय कला, पृ० 254.
154. धवलीकर, एम० के०, सातवाहन आर्ट, पृ० 61.
155. पूर्ववत्.
156. अग्रवाल, वासुदेवशरण, भारतीय कला, पृ० 256.
157. धवलीकर, एम० के०, सातवाहन आर्ट, पृ० 62.
158. अग्रवाल, वासुदेवशरण, भारतीय कला, पृ० 195.
159. शिवराममूर्ति, अमरावती स्कल्पचर्स इन द मद्रास गवर्मेन्ट म्यूजियम, पृ० 27.
160. मिराशी, वा० वि०, सातवाहनों और पश्चिमी क्षत्रपों का इतिहास और अभिलेख, पृ० 214.
161. पूर्ववत्, 215.

162. पूर्ववत्.
163. रामास्वामी, एस० एन, अमरावती, पृ० 32.
164. कुमारस्वामी, हिस्ट्री ऑफ इण्डियन एण्ड इण्डोएशियन आर्ट, पृ० 71.
165. अग्रवाल, वासुदेवशरण, भारतीय कला, पृ० 245.
166. मिराशी, वा० वि०, सातवाहनों और पश्चिमी क्षत्रपों का इतिहास और अभिलेख, पृ० 219.
167. बर्जेस एण्ड फर्ग्युसन, केव टेम्पिल्स ऑफ इंडिया, फलक XXIX.
168. मिराशी, वा० वि०, सातवाहनों और पश्चिमी क्षत्रपों का इतिहास और अभिलेख, पृ० 220.
169. आर्कियोलॉजिकल सर्वे ऑफ वेस्टर्न इंडिया, IV, फलक XVI.
170. मिराशी, वा० वि०, सातवाहनों और पश्चिमी क्षत्रपों का इतिहास और अभिलेख, पृ० 220.
171. पूर्ववत्.
172. पाण्डेय, सुमन, अजंता के भित्तिचित्रों में अंकित वस्त्र एवं वेशभूषा का आलोचनात्मक अध्ययन, पृ० 68.
173. आनन्द, मुल्कराज, एल्बम ऑफ इण्डियन पेंटिग्स, पृ० 17.
174. मोतीचन्द्र, प्राचीन भारतीय वेशभूषा, पृ० 77–78.
175. घोष, ए०, अजंता म्यूरल, रेखाचित्र 1.
176. आर्कियोलॉजिकल सर्वे ऑफ वेस्टर्न इंडिया, V, फलक 60.
177. ल्यूडर्स लिस्ट, 994.
178. एपिग्राफिया इंडिका, VIII, पृ० 36–49
179. मिराशी, वा० वि०, सातवाहनों और पश्चिमी क्षत्रपों का इतिहास और अभिलेख, पृ० 150.
180. पूर्ववत्.
181. पूर्ववत्. पृ० 159.
182. पूर्ववत्. पृ० 165.
183. पूर्ववत्. पृ० 178.

Select Bibliography

(Most of the books, articles etc. pertaining to the subject understudy are available in English. Therefore I though it fit to give the bibliography in that language.)

Acharya Hariram, *Mahākavi Hāla aura Gahâsatasai*, Jaipur, 1982.

Agnipurâna, Calcutta, 1957.

Agrawal, Vasudev Sharan, *Bhāratīya Kalā*, Varanasi, 1987.

Agrawal, Vasudev Sharan, *Kalâ Aura Samskriti*, Allahabad, 1958.

Apastamba Dharmasutra, Bombay.

Aitareya Brahamana, ed. Anant Krishna Shastri, Trivendrum, 1942.

Altekar, A.S., *Prachina Bharatiya Sasana Paddhati*, Allahabad.

Anand, Mulkraj, *Album of Indian Paintings*, Delhi, 1973.

Arthasastra (Kautilya), ed. R. Shamasastri, Mysore, 1919.

Ashtadhyayi (Panini), trns. S.C. Vasu, 2 Vols, Varanasi, 1891-98.

Atharvaveda Samhita, ed. Damodar Bhatta, Bombay, 1943.

Barua, Benimadhav, *Bharhut,* Calcutta, 1934.

Barret, Douglas, *Sculptures from Amaravati in British Museum*, London 1954.

Bhandarkar, R.G., *The Early History of Deccan*, Bombay, 1895.

Bongad Levin, G.M., *Ancient Indian History and Civilization*, 1998.

Brihat - Samhita (Varahamihira) ed. H. Kern, Calcutta, 1865.

Burgess and Fergusson, *Cave Temples of India*, New Delhi, 1969.

Charakasamhita (Charaka) Bombay, 1922.

Chattopadhyaya, *Brajadulal, Studing Early India*, Delhi, 2003.

Coomaraswamy, A.K., *History of Indian and Indonesian Art*, New York, 1965.

Corpus Inscriptionum Indicarum, IV.

Das, S.K., *The Economic History of Ancient India*, Calcutta, 1925.

Dehejia Vidya, *Early Buddhist Rock Temples*, London, 1972.

Deshpande, M.N., "The Rock-cut Caves at Pitalkhora in the Deccan", *Ancient India,* No. 15, 1959.

Dhavalikar, M.K., *Ajanta - A Cultural Study*, Poona, 1973.

Dhavalikar, M.K., *Ajanta Murals... An Album of Eighty Five Reproduction in Colours*, Poona, 1973.

Dhavalikar, M.K., *Late Hinayana Caves of Western India*, Poona, 1984.

Dhavalikar, M.K., *Masterpieces of Indian Terracottas*, Bombay, 1977.

Dhavalikar, M.K., *Satavahana Art*, Delhi, 2004.

Dutt, Sukumar, *Buddhist Monks and Monasteries of India*, London, 1962.

Gairola, Vachaspati, *Bharatiya Chitrakala*, Allahabad, 1963.

Gathasaptasati (Hala), S.A. Jogelekar, Bombay.

Ghosh, A., (ed), *Ajanta Murals*, New Delhi, 1967.

Gopalachari, K., *The Early History of the Andhra Country*, Madras, 1942.

Goyal, S.R., *The Dynastic Coins of Ancient India*, Jodhpur, 1995.

Grifith John, *The Paintings in the Buddhist Cave Temples of Ajanta*, London, 1897.

Gupta, P.L., Prachina Bharatiya Mudraein, Varanasi, 1989.

Gupta, R.K., *Prachina Bharata Mein Samaja, Dharma, Kala, evam Vastukala*, Jaipur, 2004.

Gupte, R.S. and Mahajan, *B.D., Ajanta, Ellara and Aurangabad Caves*, Bombay, 1962.

Harle, J.C., *Art and Architecture of the Indian Sub-Continent*, London, 1986.

Jaiswal, K.P., *History of India*, Lohare, 1934.

Jataka, ed. Va. Fausboll, 7 Vols., London, 1877-97.

Kamasutra (Vatsyayana), Banaras, 1912.

Kane, P.V., *Dharmasastra Ka Itihasa*, Lucknow, 1965.

Kathasaritsagara (Somdev), tr CH Tawney and ed NM Perzer, London

Khanna, Kailash, *Prachina Bharata Ka Itihasa*, New Delhi, 2003.

Knox, Robert, *Amaravati - Buddhist Sculpture from the Great Stupa*, London, 1992.

Kramrisch, Stella, *A Surevey of Paintings in the Deccan*, New Delhi, 1983.

Krishna Rao, B.B., *Early Dynasty of the Andhra Desh*, Madras, 1942.

Luders, H, Luders, *List of Brahmi Inscriptions upto 400 A.D.*

Mahabharata, (ed. T.R. Krishnacharya and T.R. Vyasacharya), Bombay,1905-10.

Mahabhashya (Patanjali), ed. F Keilhorn, Bombay, 1880-1985.

Majumdar, R.C., *Classical Account of India*, Calcutta, 1960.

Majumdar, R.C., *Prachina Bharata*, Delhi, 1962.

Manusmriti, tr G Buhlers as *The Laws of Manu*, SBE, XXV, Oxford, 1886.

Marshall, John, A Foucher and N.G. Majumdar, *Monuments of Sanchi*, 3 Vols., Calcutta, 1935-36.

Milar, W, (ed.), *Geographica*, London, New York, 1914.

Milindapanho, (tr. Jagdish Kasyap), Varanasi

Yajnavalkya Smriti, Nirnaye Sagar, Bombay.

Mirashi, V.V., *Satavahanon aur Paschimi Kshatrapom Ka Itihasa aur Abhilekha*, Allahabad, 1982.

Mishra, K.K., *Prachina Bharata Ki Arthavyavastha*, New Delhi, 2004.

Mookerji, R.K., *Prachina Bharata*, Delhi, 1962.

Motichandra, *Prachina Bharatiya Vesabhusha, Prayag*, Samvat 2007.

Motichandra, *Sarthavaha*, Patna, 1966.

Motichandra, *Trade and Trade Routes in Ancient India*, New Delhi, 1997.

Murthy, A.V.N., *Studies in South Indian Coins*, Vol. I, Madras, 1991.

Nath, Amarendra, *Futher Excavation of Pauni*, Delhi 1994.

Pandey, Rajabali, *Prachina Bharata*, Varanasi, 2000.

Pandey, Rajendra, *Bharata Ka Samskritika Itihasa,* Varanasi, 1983.

Pandey, Chandrabhan, *Andhra Satavahana Samrajya Ka Itihasa*, Delhi, 1963.

Pandey, *Suman, Ajanta Ke Bhittichitro Mein Ankita Vastra evam Vesabhusha ka Alochanatmaka Adhyayana, Varanasi*, 2006.

Pandey, V.C., *Prachina Bharata Ka Rajanaitika Tatha Samskritika Itihasa*, Allahabad, 1990.

Pargiter, FE, *Dynasties of the Kali Age*, Oxford, 1913.

Rai, Nandaji, *Prachina Bharata Ke Yatayata Ke Sadhana*, (Hindi), Delhi, 1992.

Raichaudhari, H.C., *Political History of India*, Calcutta, 1938.

Rao, Bhadant Shrimant and Rao, Shrinivas, *Ajanta*, Bombay, 1932.

Rapson, E.J., *British Museum Catalogue of the Coins of the Andhra Dynasty*, London, 1908.

Rawal, R.S., *Ajanta Ke Kalamandapa*, Ahemdabad, 1936,

Rawlinson H.G., *Intercourse Between India and the Western World*, Cambridge, 1916.

Rigveda Samhita, (ed. F Max Muiiller), Varanasi, 1966.

Ronald, Benjamin, *The Ajanta Caves (Early Buddhist Paintings from India)*, London, 1963.

Rostowajef, *Social and Economic History of the Helenertic World,* Oxford, 1941.

Rowland Bejamin, *The Art and Architecture of India - Buddhist, Hindu, Jain*, London, 1953.

Scoff, W.A. (ed.) *The Periplus of the Erythraean Sea*, New York, 1912.

Sharma S.P., *History of the Ancient India*, Delhi, 1996.

Sharma, I.K., *Coinage of the Satavahana Empire*, Delhi, 1980.

Sharma, Rita, *Prachina Bharata Ka Itihasa*, Jaipur, 1988.

Shastri, Ajaymitra, *The Age of the Satavahanas*, Delhi, 1999.

Shastri, K.A.N., *Mauryas and Satavahanas*, Madras, 1939.

Shastri, K.AN. *Dakshina Bharata Ka Itihasa*, Patna, 1972.

Sircar, D.C., *Select Inscriptions*, I, Delhi, 1986.

Sircar, D.C., *Studies in Indian* Coins, Delhi, 1968.

Sircar, DC, *Indian Epigraphical Glossary*, Delhi, 1966.

Sivaramamurti C., *Amaravati Sculptures in the Madras Government Museum, Madras*, 1942.

Smith, V., Jain *Stupas and Other Antiquities from Mathura*, Allahabad, 1901.

Smith, V.A., *Early History of India,* 1924.

Srivastava, Balram, *Dakshina Bharata,* Varanasi, 1992.

Strabo, *Geography,* London, New York, 1917-32.

Subramanyan, K.R., *Buddhist Remains in Andhra and Andhra History*, Madras, 1932.

Torn, W, *The Greeks in Bactria and India*, Cambridge, 1938.

Upadhyaya, *Vasudev, Prachina Bharatiye Mudrain*, Patna, 2000.

Vedalankar, H. *Prachina Bharata Ka Rajanaitika tatha Samskritika Itihasa*, Lucknow, 1972.

Vedalankar, H., *Bharata Ka Samskritika Itihasa*, Delhi, 1962.

Vidyalankar, S., *Prachina Bharata Ka Dharmika, Samajika evam Arthika Jivana*, New Delhi, 1988.

Vidyalankar, S., *Prachina Bharatiya Sasana Vyavastha aura Rajasastra*, Delhi, 1968.

Warmington E.H., *Commerce between Roman Empire and India,* Cambridge, 1927.

Willium, V.D.D., T*he Periplus of the Erythraean Sea,* London, 1800-05.

Journals & Memories

Ancient India.

Andhra Epigraphical Series.

Annals of the Bhandarkar Oriental Reseach Institute.

Annual Reports of the Archaeological Survey of India.

Bombay Gazetteer (old ed.).

Bullitin of the Prince of Wales Museum, Bombay.

Epigraphia Carnatica.

Epigraphia Indica.

Gazetteer of the Maharashtra State - History, Vol. I.

Indian Antiquary.

Indian Historical Quarterly.

Journal of the Bombay Branch of the Royal Asiatic Society.

Journal of Ancient Indian History.

Journal of the Bihar and Orissa Research Society.

Journal of the Numismatic Society of India.

Journal of the Royal Asiatic Society of Great Britain and Ireland.

Memoires of Archacological Survey of India.

Numismatic Supplement of the Journal of the Asiatic Society of Bengal.

SATAVAHANA EMPIRE

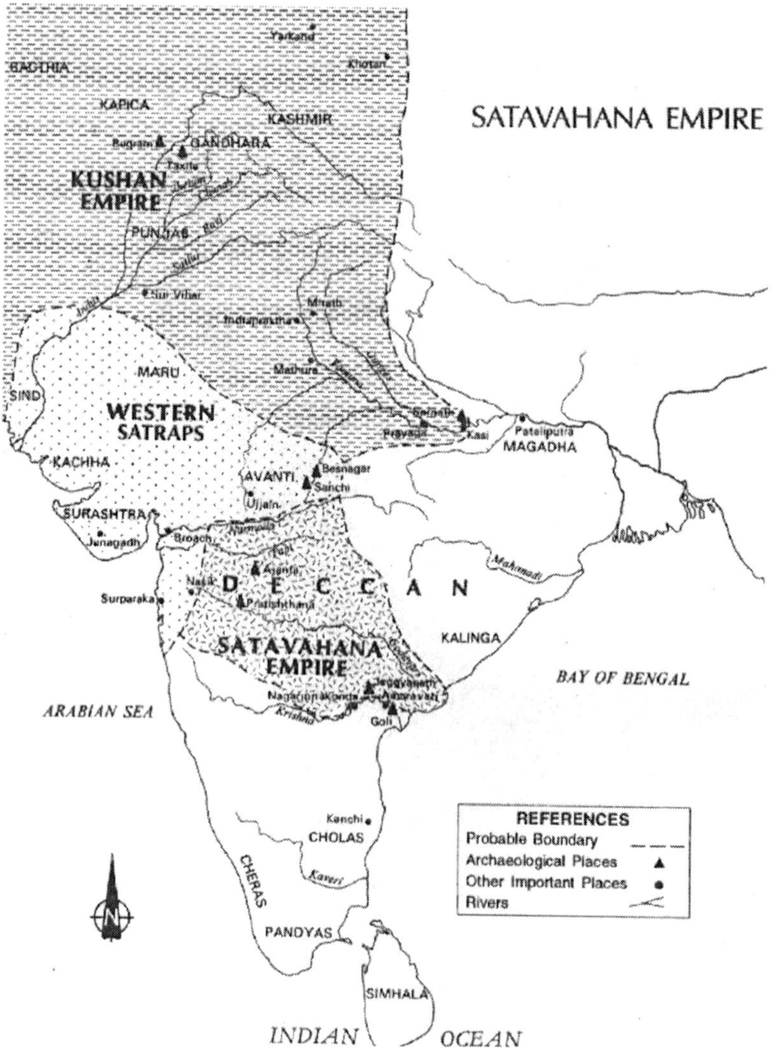